长沙县年鉴 2022

长沙县地方志编纂室 编

方志出版社
Publishing House of Local Records

图书在版编目（CIP）数据

长沙县年鉴. 2022 / 长沙县地方志编纂室编. —北京 : 方志出版社, 2022.12
ISBN 978-7-5144-5618-9

Ⅰ. ①长… Ⅱ. ①长… Ⅲ. ①长沙县－2022－年鉴 Ⅳ. ①Z526.44

中国版本图书馆 CIP 数据核字(2022)第 252508 号

责任编辑：齐笑
责任校对：刘玉霞
责任印制：梅中英
出 版 者：方志出版社
地　　址：北京市朝阳区潘家园东里 9 号（国家方志馆 4 层）
邮　　编：100021
网　　址：http://www.zgfzcb.cn
发　　行：方志出版社图书营销中心（010-67110500）
印　　刷：湖南宏图印务有限公司
开　　本：889 毫米×1194 毫米　1/16
印　　张：20.25
字　　数：749 千字
版　　次：2022 年 12 月第 1 版
印　　次：2022 年 12 月第 1 次印刷
定　　价：200.00 元

《长沙县年鉴（2022）》组稿人员

马　智	马凤仙	王　乐	王　刚	王　昊	王　蓉
王　新	王利娟	王知敏	王晓梅	王凌倩	王紫馨
韦　维	毛　宇	毛　也	文　婷	方　芳	方　奕
尹旻剀	龙世华	龙石河	田雨静	代灵珠	朱文沁
朱颖绮	向　芳	刘　武	刘　容	刘　婕	刘　锋
刘　鑫	刘贝嘉	刘庆玺	刘丽娜	刘金华	刘建辉
刘香娥	刘晋芳	刘晓平	刘海龙	汤　准	许　文
孙　洁	孙启翔	李　莎	李　遂	李钒溦	李建松
杨　宁	杨　伶	杨　柱	杨　艳	杨　维	杨　棒
杨孟兰	吴　峰	吴　琼	吴红杰	吴作忱	何颖慧
余　浪	余　果	余向阳	余克梦	沈子瞻	沈建波
张　颖	张　毅	张卫荣	张子妮	张贺明	张校银
张湘杰	陈　宇	陈　均	陈　卓	陈　迪	陈　亮
陈　谊	陈　蓉	陈日伟	陈炭如	林利兰	欧阳志
欧阳婷	易　向	易李卓玛	易识远	易洪波	易爱玲
罗　兰	罗轶慧	周　思	周　静	周　瑶	周吉杨
周梦哲	郑　杰	赵蒲珍	胡　偲	胡　颖	胡宇濠
胡爱国	钟　晴	段　慧	饶　锦	洪　亮	姚尧平
姚依辰	袁　吟	袁志国	夏　花	夏姝姝	夏敏洁
顾守文	徐　婷	徐　赛	高晓恬	唐　姣	唐　圆
唐川川	唐新宇	黄　玉	黄　宁	黄　洲	黄　莎
黄　锋	黄伊利	黄丽玲	黄媛圆	黄楚云	黄睿智
黄赛军	曹　斌	龚宇鹄	盛　彪	盛国勋	章　耘
梁　婷	谌巍伟	彭　晶	彭国安	彭铃涵	粟宇航
傅　进	曾慧芬	鄢思雨	雷凤仙	蔡永胜	裴　航
廖　洁	廖国君	谭　佳	谭云鹤	熊艾迪	熊志青
樊　曦	黎　璇	颜　婷	颜琳慧	潘　芳	瞿龙轩

编辑说明

一、《长沙县年鉴》是由中共长沙县委、长沙县人民政府主办，长沙县地方志编纂室承编的年度资料性文献。1999年编纂首部年鉴，2013年起每年出版1卷，本卷为第14卷。

二、《长沙县年鉴（2022）》以马克思列宁主义、毛泽东思想、邓小平理论、“三个代表”重要思想、科学发展观、习近平新时代中国特色社会主义思想为指导，坚持辩证唯物主义和历史唯物主义的立场、观点和方法，全面系统记述长沙县（含长沙经济技术开发区）自然、政治、经济、文化、社会和生态文明建设等方面情况。记述时限为2021年1月1日至12月31日。

三、本卷年鉴采用分类编辑法，设类目、分目、条目3个层次，条目为记述基本单元。卷首彩页设“长沙县庆祝中国共产党成立100周年”“项目建设”2个版块。

四、本卷年鉴在上卷的基础上对框架结构进行了适当调整：“党史研究”分目调整至“文化”类目下；“人口与计划生育”分目改为“生育健康服务”，“人物·荣誉”类目下“全国劳动模范”“湖南省劳动模范”“其他先进人物”改为“先进个人”“立功军人”“先进集体”。

五、本卷年鉴所载资料均由全县各部门各单位撰写和审核，《长沙县年鉴》编辑部整理后再反馈给原单位审核，最后由编辑部定稿；部分资料由《长沙县年鉴》编辑部根据各单位提供资料进行整理和综合。主要数据采自《长沙县国民经济和社会发展统计年鉴（2021）》，统计部门未提供的采用各部门提供的数据。

六、本卷年鉴收录组织机构及负责人名录均由各单位提供。组织机构名称第一次出现时使用全称，再次出现时使用规范简称；负责人名录以2021年1月1日至12月31日在职者为准。

七、本卷年鉴文字按《出版物汉字使用管理规定》等国家标准使用，标点符号按《标点符号用法》（GB/T 15834-2011）等国家标准使用，数字按《出版物上数字用法的规定》》(GB/T 15835—1995)等国家标准使用，计量单位按《中华人民共和国法定计量单位》（1984年2月27日国务院发布）等国家标准使用。

2021 · 长沙县荣誉

1月

15日 长沙经济技术开发区被工业和信息化部评为2021年度国家级绿色工业园区。

18日 长沙县被国家卫生健康委员会授予2018—2020年全国计划生育优质服务先进单位。

27日 长沙经济技术开发区在商务部公布的2020年国家级经开区综合发展水平考核评价结果中排名第17位。

4月

2日 装备制造（工程机械）· 长沙经济技术开发区被工业和信息化部评定为2020年国家新型工业化产业示范基地（五星）。

26日 长沙县在第四届数字中国建设峰会工业互联网论坛上入选“全国工业互联网发展十强县”。

5月

7日 长沙县落实重大政策、商事制度改革、财政管理、战略性新兴产业发展工作获国务院激励。

7月

6日 长沙县通过住房和城乡建设部复查，继续保持“国家园林县城”荣誉称号。

24日 长沙县在中国城市高质量发展与国际合作大会上被评为“中国国际化高质量发展环境建设标杆县(市)”。

9月

10日 长沙经济技术开发区被商务部定为首批国家加工贸易产业园。

28日 长沙县在中国中小城市高质量发展指数研究课题组、国信中小城市指数研究院发布的2021年中国中小城市高质量发展指数研究成果中排名2021年度全国综合实力百强县市第五位、2021年度全国投资潜力百强县市第四位、2021年度全国绿色发展百强县市第六位、2021年度全国科技创新百强县市第六位。

是月 长沙县入选国家发改委公布的第二批国家先进制造业和现代服务业融合发展试点名单。

10月

12日 长沙县入选生态环境部公布的第五批国家生态文明建设示范区。

26日 长沙经济技术开发区被国家知识产权局定为2021年度国家知识产权信息公共服务网点。

是月 长沙县被中国茶叶流通协会评为中国茶叶百强县、2021年度智慧茶业样板县域。

11月

7日 长沙县在2021“中国城市高质量发展案例暨城市品牌”发布活动中入选中国文旅融合发展示范县。

23日 长沙县位居赛迪投资竞争力百强县全国第九位。

26日 长沙县被农业农村部信息中心评为2021年全国县域农业农村信息化发展先进县。

12月

6日 长沙县在中郡研究所发布《2021县域经济与县域发展监测评价报告》中排名全国县域经济基本竞争力第五位、全国县域经济与县域综合发展第三位，被评为县域现代化发展质量指数获评A+优等级县。

30日 长沙县在“2021中国幸福城市论坛”上被评为“中国最具幸福感城市(县级)”。

2021 · 长沙县数字

面积：1755.5638平方千米

户籍人口：83.4万人

常住人口：140.01万人

地区生产总值：2003.2亿元

第一产业增加值：88.5亿元

第二产业增加值：1068.1亿元

第三产业增加值：846.6亿元

农林牧渔业总产值：149.6亿元

农业机械化水平：82.8%

新型农村合作经济组织：2030家

规模以上工业增加值：比2020年增长7.0%

建筑业总产值：551.3亿元

房屋建筑施工面积：2021.1万平方米

房屋建筑竣工面积：887.8万平方米

固定资产投资：比2020年增长9.9%

房地产开发投资：291.5亿元

商品房销售面积：357.6万平方米

社会消费品零售总额：643.4亿元

进出口总额：152.6亿美元

引进省外境内资金：168.4亿元

旅游总收入：197.6亿元

AAA级以上（含）旅游景区：8处

公路通车里程：6342.5千米

公路客运量：3785.3万人

旅客周转量：11328万人千米

公路货运量：2680万吨
货物周转量：149832万吨千米
邮电通信业务总量：17.4亿元
财政总收入：457.7亿元
公共财政预算支出：177.8亿元
金融机构人民币存款：1639.2亿元
居民储蓄：809.6亿元
高新技术总产值：1543亿元
高新技术增加值：439.4亿元
国家高新技术企业：790家

专利申请量：7070件
专利授权量：831件
全日制学校（不含幼儿园）：205所
免除学生杂费：13.5万人次
资助贫困学生金额：1622.8万元

文化设施面积：157.8万平方米
体育设施面积：326万平方米
卫生机构：596个
建成区绿化覆盖面积：3600.6公顷
城镇化率：74.65%
城乡居民人均可支配收入：50267元
城乡居民人均生活消费支出：32219元
企业职工基本养老保险人数：82.8万人
城镇职工基本医疗保险人数：30.3万人
失业保险参保人数：19.8万人
养老机构：28个

长沙县 庆祝中国共产党成立100周年

The 100th Anniversary of the Founding of The Communist Party of China

▲2021年6月25日，长沙县、长沙经开区、长沙会展城庆祝中国共产党成立100周年表彰大会举行 （县委宣传部 供图）

◀2021年5月20日，“永远跟党走”长沙经开区主办庆祝中国共产党成立100周年职工歌咏比赛举行 （长沙经开区志办 供图）

2021年6月1日，“青春心向党·我把我讲给你听”长沙经开区机关青年干部“开讲十分钟”暨庆祝中国共产党成立100周年主题演讲比赛举行 ▶ （长沙经开区志办 供图）

▲ 2021年6月10日，“永远跟党走”长沙县庆祝中国共产党成立100周年群众合唱比赛总决赛在田汉实验剧场举行（星沙时报社 供图）

▲ 2021年6月23日，职工群众心向党·长沙县党史知识竞赛决赛活动在长沙县市民会议中心举行（县总工会 供图）

▲2021年6月27日，“书写红色家训·共庆百年华诞”硬笔书法现场创作活动在星沙举行

（星沙时报社 供图）

◀2021年6月28日，“百年风华 红动星沙”——长龙街道庆祝中国共产党成立100周年暨“华·杨祠文教基地”揭牌

（长龙街道 供图）

2021年6月29日，长沙县湘龙街道在百熙中学大礼堂举行“礼赞百年风华 逐梦犇赴新程”庆祝中国共产党成立100周年表彰大会▶

（湘龙街道 供图）

2021年6月28日，长沙县人社局举办“百年华诞·红色引领”庆祝中国共产党成立100周年机关风采展示晚会

（星沙时报社 供图）

2021年6月29日，榔梨街道举行庆祝中国共产党成立100周年表彰暨文艺晚会

（星沙时报社 供图）

2021年6月29日，长沙县果园镇庆祝中国共产党成立100周年表彰大会暨文艺汇演举行

（星沙时报社 供图）

▲ 2021年6月30日，“奋斗百年路 启航新征程”北山镇庆祝中国共产党成立100周年文艺晚会暨七一表彰大会开幕（星沙时报社 供图）

▲ 2021年6月30日，长沙县市场监督管理局举行“百年礼赞·市监赤子心”喜迎中国共产党成立100周年表彰大会暨文艺汇演（星沙时报社 供图）

▲ 2021年7月1日，星沙街道灰埠社区举办庆祝中国共产党成立100周年暨第四届社区文化艺术节文艺晚会

（星沙时报社 供图）

▲ 2021年7月1日，“百年风华励茶乡·乡村振兴奏华章”金井镇庆祝中国共产党成立100周年表彰晚会举行

（星沙时报社 供图）

2021年7月1日，长沙县司法局举行庆祝中国共产党成立100周年文艺汇演　　（星沙时报社 供图）

2021年7月2日，长沙县庆祝中国共产党成立100周年文艺晚会举行　　（星沙时报社 供图）

2021年7月9日，长沙县·长沙经开区中国共产党星沙百年座谈会召开　　（星沙时报社 供图）

2021年7月8日，“百年风华·同心向党”长沙县统战系统党史知识竞赛举行

（星沙时报社 供图）

2021年7月22日，长沙经开区举办“赓续工运精神，汲取百年力量——庆祝中国共产党成立100周年主题创作展”活动

（长沙经开区志办 供图）

2021年6月29日，“礼赞百年风华聚变致美安沙”长沙县安沙镇庆祝中国共产党成立100周年表彰大会暨合唱大会在湖南信息学院举行

（安沙镇政府 供图）

长沙县 项目建设 Project Construction

▲ 2021年4月9日，长沙经开区、长沙县、长沙会展新城高质量建设中国（湖南）自由贸易试验区半年度改革创新经验发布会暨2021年第二次重大项目集中签约活动举行 （长沙经开区志办供图）

▲ 2021年5月18日，蓝思科技股份有限公司黄花生产基地揭牌

（长沙经开区志办供图）

▲ 2021年6月22日，中国铁建重工集团股份有限公司在上海证券交易所首次公开发行股票

（长沙经开区志办 供图）

▲ 2021年6月25日，长沙经开区、长沙县2021年第二季度重大项目集中开竣工活动举行

（长沙经开区志办 供图）

▲ 2021年7月8日，福田汽车长沙超级卡车工厂投产　（长沙经开区志办 供图）

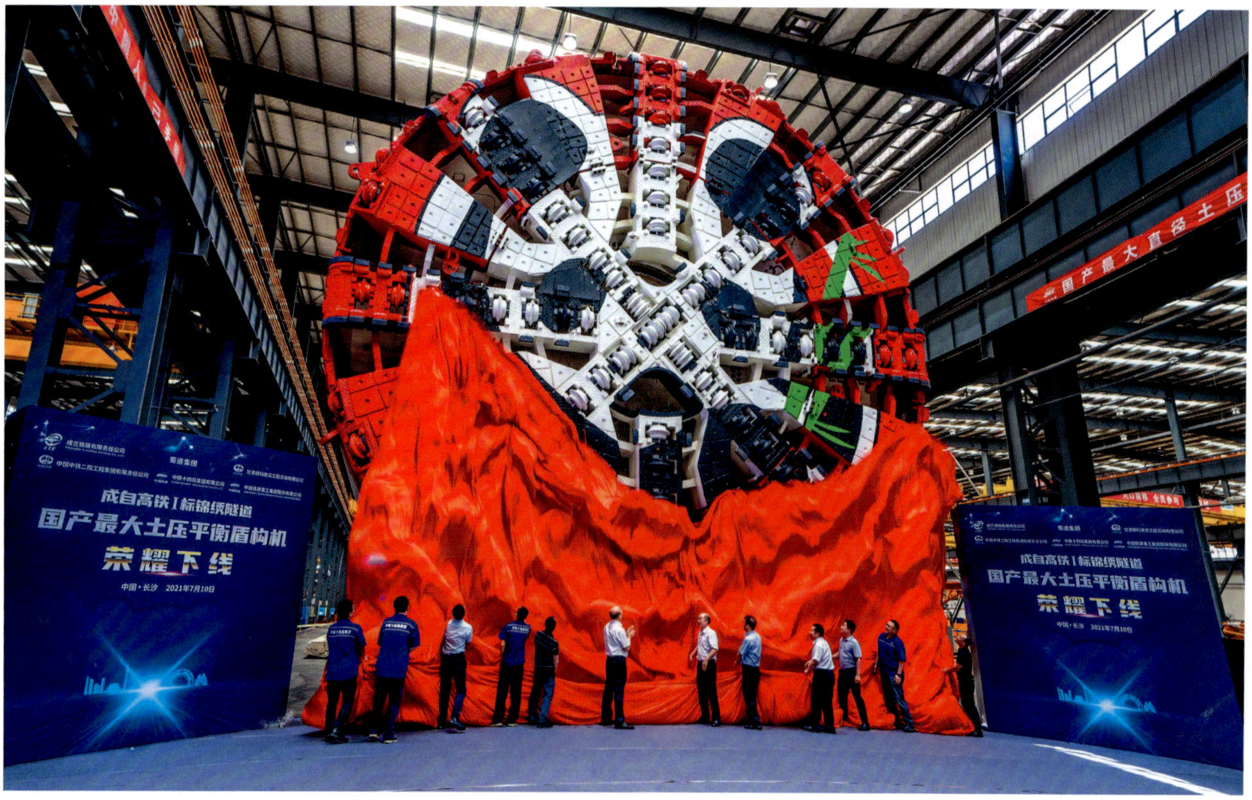

▲ 2021年7月10日，国产最大土压平衡盾构机下线　（长沙经开区志办 供图）

▲ 2021年9月6日，湖南自贸试验区知识产权服务中心运营　　（长沙经开区志办 供图）

▲ 2021年9月7日，山河智能SWRM155W轮履两用多功能开带机下线　　（长沙经开区志办 供图）

2021年10月8日，2021年全省第三次重大项目集中开竣工活动长沙主会场

（长沙经开区志办供图）

2021年10月15日，湖南丽臣实业股份有限公司股票在深圳证券交易所主板上市

（长沙经开区志办供图）

2021年11月19日，国科微电子成功研发中国首款8K超高清芯片GK6525V100

（长沙经开区志办供图）

▲2021年11月30日，长沙经开区承办湖南省汽车产业协作配套对接会　　（长沙经开区志办 供图）

▲　　2021年12月1日，山河智能“I”系列5G+智能钻机下线　　（长沙经开区志办 供图）

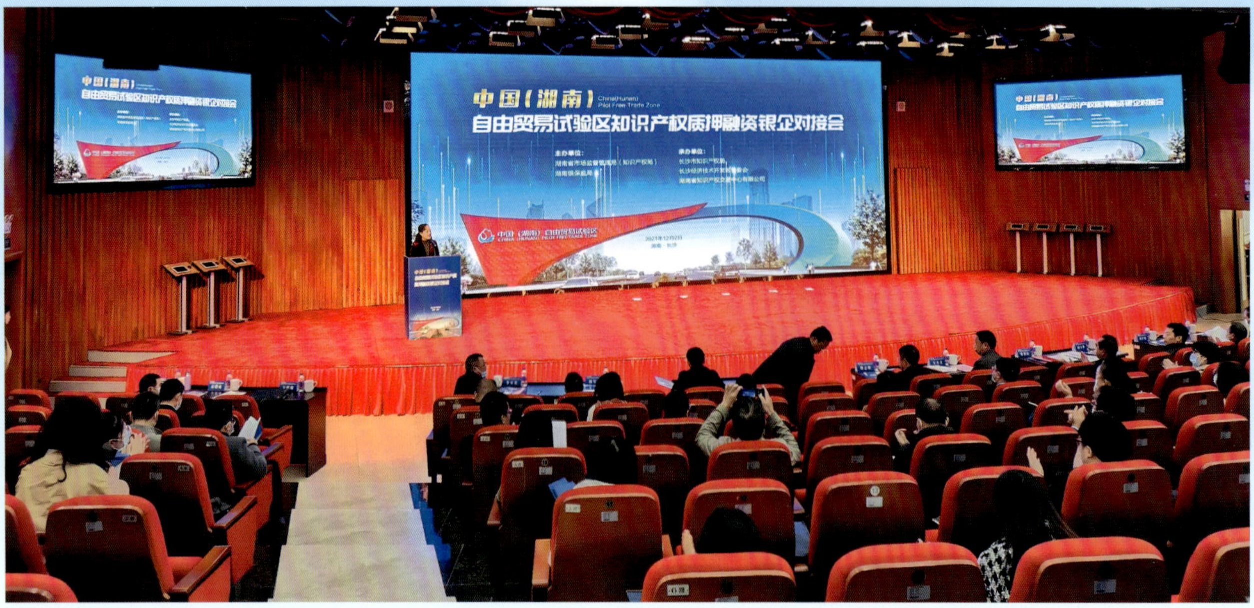

▲ 2021年12月2日，中国（湖南）自由贸易试验区知识产权质押融资银企对接会举行

（长沙经开区志办供图）

▲ 2021年12月10日，广汽三菱合资新能源SUV车型阿图柯下线仪式在长沙经开区举行 （蒋炼 摄）

长沙县行政区划图

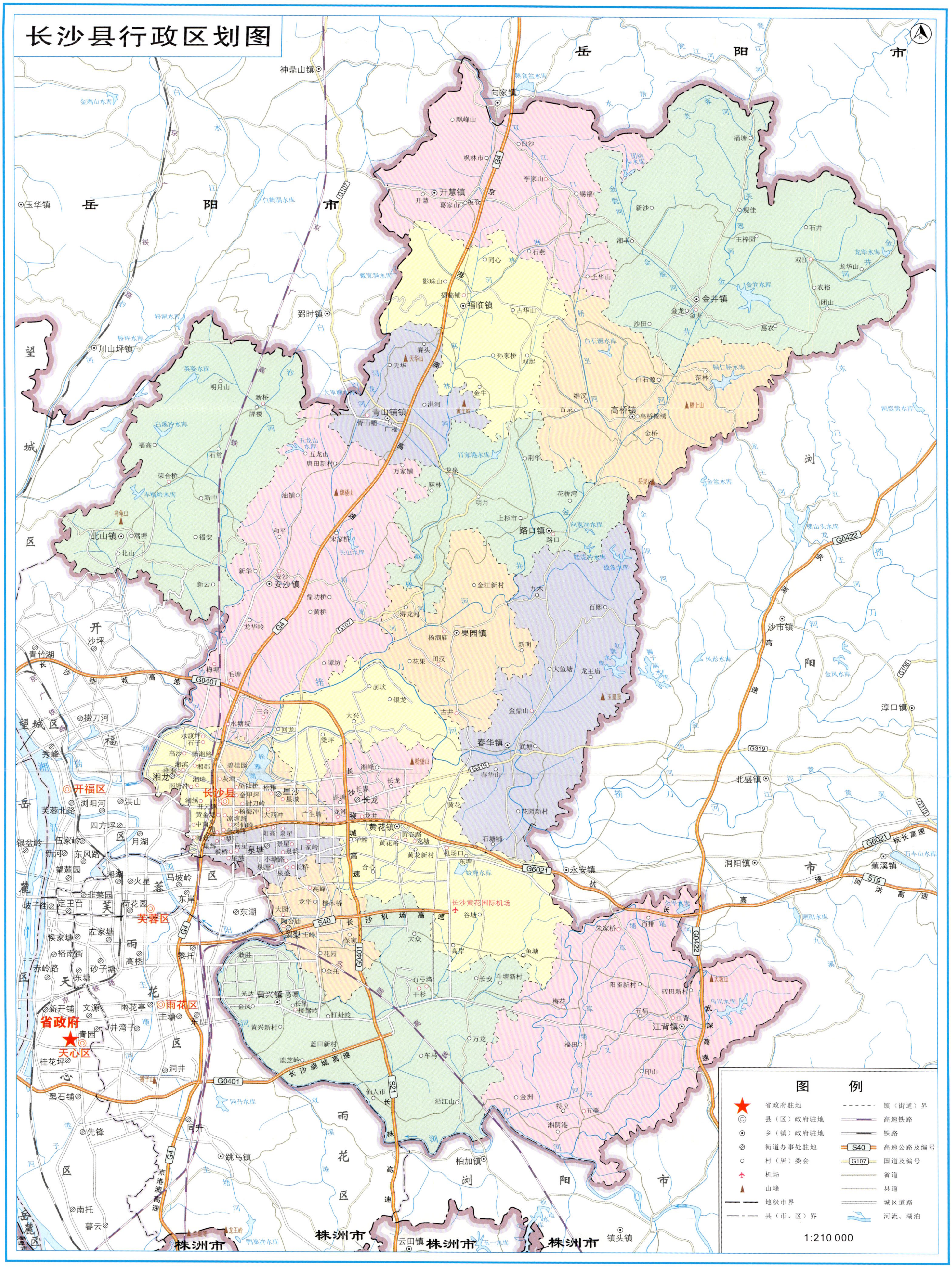

湖南省第三测绘院制作 湖南省自然资源厅监制

审图号 湘S（2021）109号　二〇二一年九月

目 录

特 载

专 文

长沙县概览

大事记

中国共产党长沙县委员会

长沙县人民代表大会

长沙县人民政府

中国人民政治协商会议长沙县委员会

中共长沙县纪律检查委员会 长沙县监察委员会

群众团体

法 治

军 事

经济管理

农 业

工业·建筑业

经济园区建设

商贸服务业

金 融

旅 游

交通·邮政·通信

生态环境

城乡建设与管理

科学技术

教　育

文　化

卫生健康·体育

应急管理

社会生活

镇·街道

人物·荣誉

统计资料

附　录

索　引

特　　载

编辑　周进银

在中国共产党长沙县第十四次代表大会上的报告（摘要）

中共长沙县委书记　付旭明

（2021年8月3日）

中国共产党长沙县第十四次代表大会，是恰逢中国共产党百年风华，在“两个一百年”奋斗目标历史交汇的关键节点，在习近平总书记考察长沙县、长沙经开区一周年即将到来之际召开的一次十分重要的大会。

大会的主题是：以习近平新时代中国特色社会主义思想为指导，全面贯彻中共十九大和十九届二中、三中、四中、五中全会精神，深入学习贯彻习近平总书记“七一”重要讲话精神，深入贯彻落实习近平总书记对湖南工作和中部地区高质量发展的系列重要讲话指示精神，坚决贯彻落实中央和省委、市委决策部署，牢记嘱托，创新实干，勇攀高峰，全面抬高坐标，聚力打造“四区”，持之以恒忠实践行“三高四新”[1]战略，坚定不移朝着率先打造“三个高地”、建设现代化示范区目标奋勇前进。

一、过去五年工作回顾

县第十三次党代会以来的五年，是长沙县大事要事叠加、急事难事交织、喜事盛事频至的五年。五年来，我们深入贯彻落实习近平总书记考察湖南系列重要论述和重要指示，在省委、省政府和市委、市政府的正确领导下，县委团结带领全县各级党组织和广大党员干部群众牢记嘱托，勇担使命，勠力同心，实干致强，一路披荆斩棘、破浪前行，胜利完成县第十三次党代会主要任务，交出了令人瞩目的“星沙答卷”。

盘点过去的五年，星沙人用奋斗重塑了发展的自信和雄心！其中有六项工作成果值得载入发展史册。

——最激动人心的是，习近平总书记亲临长沙县、长沙经开区考察。习近平总书记发表重要讲话，作出重要指示，县区发展迎来重大机遇，“三高四新”战略落实取得明显进展。

——最鼓舞人心的是，综合实力持续攀升，产业集群不断壮大。县域经济基本竞争力和中国中小城市综合实力百强排名均上升至第5位，稳居县域经济与县域综合发展实力百强第4位，均居中西部第一位；首次获评中国国际化高质量发展环境建设标杆县、县域发展质量优等级县市、企业家幸福感最强县。长沙经开区晋升至17强，连续三年获评国家新型工业化五星示范基地。产业集群不断壮大，三一集团挺进全球500强，工程机械产业产值突破1600亿元，创历史新高；汽车产业趋稳回暖，电子信息产业产值突破800亿元。

——最铭记人心的是，全力打赢疫情防控阻击战，守好了湖南“空中大门”。面对2020年初突发的新冠疫情，不到20天实现新增病例和疑似病例清零，不到50天住院确诊病例清零（无死亡病例），黄花机场疫情防控指挥部荣获党中央、国务院、中央军委嘉奖。

——最温暖人心的是，坚持人民至上、重在民生，“两有两富”[2]深入人心。总体幸福度位列全国前三甲，连续14年蝉联中国最具幸福感城市（县级），荣获全国文化先进县、全国群众体育先进单位、全国书香城市（区县级）。

——最振奋人心的是，发力“右岸经济”，加快长株融城，“一核三城”“两轴四区”发展格局全面拉开。地铁2号、3号、4号、5号线开通运营，主城区全面进入地铁时代，城市品质大幅提升；长沙国际会展中心、长沙国际会议中心建成投入使用。

——最凝聚人心的是，深化“五零”创建、“厚德星沙”创建，“在星沙，都挺好”人文理念得到广泛认同。“党建+‘五零’村（社区）”建设深入推进，成功创建国家级信访工作“三无”县，荣获全国“双拥模范县”。“厚德星沙、好人之城”建设成效显著，“在星沙，都挺好”享誉全国。

五年来，县委着重抓了五个方面的工作：

五年奋进，我们办成了一批接续奋斗、开花结果的喜事。持续深耕实体经济，地区生产总值达到1808.3亿元，年均增速8.83%，人均地区生产总值突破2万美元大关；规模以上工业产值达2767亿元，年均增长10.6%；固定资产投资累计达4545亿元，年均增长13.7%；社会消费品零售总额达561.5亿元，年均增长8.0%；三次产业结构由2015年的5.8:70.3:23.9优化为2020年的4.8:52.3:42.9，城乡居民人均可支配收入达46587元，年均增长8.3%。紧扣“两主一特”[3]，持续发力“4+2+3”[4]产业链建设，制造业发展获习近平总书记、韩正副总理视察肯定。三一集团成为全市首家千亿企业，三一重工跻身全球工程机械三强，铁建重工、山河智能位列全球工程机械前50强，工程机械产业区位熵高达3.82，汽车产业整车产能突破100万辆。五新隧装成为今年全国第一家成功闯关新三板挂牌企业，铁建重工创造央企分拆上市首例、工程机械行业首家科创板上市企业等多项记录。始终把制造业作为星沙的灵魂，果敢将333.33公顷商业用地调整为工业用地，把土地资源交给产业、交给未来，五年累计铺排市级以上重大产业项目354个，完成投资1600.9亿元。坚持创新赋能，三一、远大等六个国家级企业创新中心聚集发力，国家电网防灾减灾实验室和国家盐碱地水稻种植实验室成功落户，长沙经开区获批国家“芯火”双创基地、全省首个“5G+工业互联网”先导区、首批省“上云上平台”先进园区，三一“灯塔工厂”工程被央媒誉为“中国智造”的骄傲，三一树根互联“根云”成为国际一流的“双跨”工业互联网平台，在全省率先成立县级海外人才创新创业服务中心，R&D支出占GDP比例提升至4.2%，居全国百强县首位。对外开放再攀新高，黄花综保区、长沙临空经济示范区、自贸区先后获批建设。黄花国际机场进入“双跑道”时代，4小时航程可通达境外城市50余个。全省投资规模最大单体项目——长沙机场改扩建暨综合交通枢纽工程全面开工开建。对省市外贸增长贡献逐年加大，2020年进出口额分别占全省、全市的两成和四成。

五年奋进，我们办成了一批攻坚克难、示范引领的难事。强化政治担当，“三大攻坚战”交出高质量答卷。连续3年超额完成年度化债目标，防范化解政府债务风险考核获得优秀。全面打赢脱贫攻坚战，全县建档立卡贫困户4584户12962人实现高质量脱贫，12个省定贫困村全部摘帽，携手龙山、沅陵、科右中旗同步取得脱贫攻坚战全面胜利，县对口帮扶领导小组办公室获评全国脱贫攻坚先进集体。深入践行“两山”理念，成功获评国家生态县、国土资源节约集约模范县、全国农村生活垃圾分类和资源化利用示范县、全国农村生活污水治理示范县，垃圾无害化处理率、农村生活垃圾治理率达100%，城镇集中式饮用水、农村供水水质达标率均为100%。强园富县改革有效推进，星沙产业基地体制改革顺利完成，“两水”IPO上市进展顺利，在全省率先完成平台公司整合任务；行政执法改革、改革开放等多项经验被《人民日报》、中央电视台、《新闻联播》等媒体重点推介，入选国家级农村综合性改革试点县。激励奖励成果丰硕，仅2020年获得国家级荣誉23项、省级荣誉50项，其中落实重大政策、商事制度改革、财政管理、战略性新兴产业发展4项工作获国务院激励，是全国县（市区）中获激励最多的县；在全市绩效考核中，2019年、2020年长沙县实现两连冠。率先推广“区块链+政务协同办公平台”系统，在全省首推“四即”[5]改革试点，“7310”[6]模式领跑全省企业开办速度，长沙经开区推行“一枚印章管审批”，成为全省首家实现审批权限全划转的园区；自贸区复制推广“113+X”[7]项制度试点任务，首单便利化批量付汇业务在长沙经开区落地，区港联动、跨境电商O2O线下自提等试点取得实质进展。

五年奋进，我们办成了一批破题开局、谋变创强的要事。主动割舍“县域印记”，“一核三城、两轴四区”[8]城市发展新格局加速构建，城镇化率提高至74.5%，县城建成区面积扩大到126平方千米，常住人口突破137万人。全面对标中心城区，出台实施《星沙新城建设品质管控导则》，城市提质改造成效明显。东部临空产业城重大项目建设提速，黄花综保区二期验收合格。长沙国际工程机械展成为全球最大的工程机械行业盛会，现场成交额突破400亿元，中非经贸博览会筹备工作有序推进。北部新城20多个项目务实推进。与株洲经开区、湘潭县等三市七区县协同推进34项重点任务和23个重点项目，产业协作、城际交通等领域合作持续深化。公路密度为全省的3倍、全国的7倍，在全省率先实现城乡公交镇村全覆盖，获评“四好农村路”全国示范县。乡村振兴模式获评“2019中国改革年度十佳案例”，获评湖南省2020年实施乡村振兴战略先进县、全国旅游强县、全省美丽乡村建设先进县。入选全国“开展农村人居环境整治成效明显的地方”，为全省唯一上榜县。持续发力“一茶一花一民宿”产业，茶园面积稳定在6666.67公顷以上，花卉年产值近3亿元，慧润“631”模式在全省推广；坚决扛起粮食安全责任，黄花银龙、春华龙王庙、路青片区等万亩高标准粮食生产基地加快建设，获评全国粮食生产大县。突出企业主导，探索形成浔龙河、慧润、哲农、湘丰、盈商小镇等九种新型村级集体经济发展模式，全县145个村（农村社区）集体经济年收入均达20万元以上。优先推动红色乡村振兴，打造了田汉艺术小镇、开慧文旅小镇、福临红旅小镇等一批红色乡村振兴典范。金井、春华、江背分别获评省级“绿茶小镇”“种业小镇”“机械制造小镇”，路口镇成功创建省农业产业强镇。

五年奋进，我们办成了一批群众关切、急难愁盼的实事。坚持人民至上，每年新增财力的80%以上投入民生领域，五年民生支出663.4亿元。深入实施精准惠民微建设行动，扎实推进人民满意的现代化教育强县、医卫健康强县、充分就业强县建设。五年累计投资近30亿元，新建义务教育学校24所、扩建学校30所，增加公办义务教育学位近5万个；压缩部门公用经费为全县中小学安装空调，惠及近10万学生。新增医疗机构131家，常态化巩固疫情防控成效，每千人拥有病床数6张，总投资达24.5亿元的县人民医院建设进入主体施工阶段。坚决落实就业优先政策，新增城镇就业8.1万人，零就业家庭实现动态清零。为30万产业工人提供公租房，累计建设公租房项目56个2.59万套（户）。落实“四个最严”要求，守护群众“舌尖上的安全”。实施重大疾病补充医疗保险，建设社会救助综合服务信息平台，完善多层次社会保障体系。在城市社区推出长者餐厅，为23名“无名氏”流浪者落户。全力防事故、保平安，成功获评湖南省安全发展工作示范县。

五年奋进，我们办成了一批凝心聚力、清风正气的大事。充分发挥党总揽全局、协调各方的领导核心作用，党的建设迈出新步伐。扎实开展“两学一做”学习教育、“不忘初心、牢记使命”主题教育、党史学习教育，隆重举行长沙县庆祝中国共产党成立100周年系列活动，“把工作做实，解群众所困”“我为群众办实事”等获中组部、中央电视台《新闻联播》《人民日报》专题推介。深入推进“党建+‘五零’村（社区）”建设，打造先进村（社区）153个，“三五”新模式等3项经验做法先后获评全国基层党建创新最佳案例，党建020模式获评全国基层党建最佳案例。突出“三重三用”[9]导向，圆满完成村（社区）“两委”和乡镇党委换届，从经济发展、急难险重等基层一线选拔优秀干部574人次，干部队伍结构进一步优化。深入落实人才新政22条，全县高层次人才认定达472人，占全市1/4。县融媒体中心成立运行，“制度+科技+网上网下”群众工作被中央网信办推介。扫黑除恶、政法队伍教育整顿扎实推进。加强党的作风建设和纪律建设，统筹推进纪检监察体制改革，向园区和镇（街道）派出监察机构，创新开展村级巡察、换届风气专项巡察，政治巡察在全市率先实现全覆盖。省委巡视整改工作扎实推进。积极支持人大、政协依法履职，人大代表建议、政协提案办理取得实效。武装、统战、党校、工商联、史志档案、工青妇科侨、残联等各项工作开创新局面。

今年是中国共产党成立100周年。一百年来，一代又一代星沙人在中国共产党的领导下，以“为有牺牲多壮志，敢教日月换新天”的大无畏气概，书写了恢宏壮丽的红色史诗，在中国共产党历史上书写了浓墨重彩的辉煌一页。从革命战争时期的“星沙解放”，到社会主义建设时期的“星沙探索”，再到改革开放时期的“星沙崛起”，直至进入新时代以来成就的“星沙辉煌”，可以说，回顾百年星沙发展史，就是一部敢为人先、敢于斗争、敢于拼搏的奋进史。铭记历史，光照未来，我们必须致敬前人，永远不能忘记在党的领导下为革命事业英勇献身的革命先烈，永远不能忘记为了长沙县建立、巩固、发展付出心血和汗水的历任老领导、老同志，永远不能忘记过去和现在为星沙发展付出了艰辛努力的每一位奋斗者，正是因为他们干成了过去的“星沙之事”，才成就了今日的“星沙之绩”，他们的功绩永载史册！他们的精神永续传承！

百年正青春，星沙都挺好。此时此刻，我们可以自豪地说，今日之星沙，没有辜负组织和领导的信任，没有辜负无数革命先烈矢志奋斗的毕生追求，没有辜负历届老领导、老同志奠定的发展基业，没有辜负历史和人民的期望。同时，我们深切感受到，星沙的每一步发展、每一次跨越、每一个成就，都得益于党中央和省委、市委的正确领导，得益于历届班子打下的坚实基础和广大星沙建设者的接续奋斗，得益于各民主党派、工商联、无党派人士、人民团体、海外华人华侨、港澳台同胞和社会各界共同努力，得益于广大党员干部和137万星沙人民的奋力拼搏。在此，我代表县委表示衷心的感谢！

成绩来之不易，经验弥足珍贵。这些年的奋斗实践，深刻启示我们：格局决定大局，只有谋划高远才能行稳致远。我们始终牢记嘱托，感奋前行，胸怀“两个大局”，心系“国之大者”，“跳出星沙看星沙，跳出星沙谋星沙”，用国际视野、全球眼光，坚持在大局下谋划、在大势中推进、在大事上作为，不断调高发展坐标，一脉相承、一以贯之，下好“先手棋”、抢占“制高点”，善打“主动仗”、赢得“新优势”，开创了“五区”[10]叠加、大城崛起新局面。思路决定出路，只有谋变创强才能全面致强。我们牢牢把握“三新一高”要求，紧扣上级决策部署，与时俱进，不断创新和完善发展思路，始终秉持“勇争一流、耻为二手”的决心信心、“星沙应有英雄气，战在高地勇向前”的干劲闯劲，立足高地攀高峰，着眼标杆树样板，既为一域争先，又为全国出力，拒绝平庸，追求卓越，不断提高了“强园富县”发展“含金量”。细节决定成败，只有谋事精实才能成效丰实。我们始终从大处着眼、小处着手，由浅入深，精准发力、重点突破，真正做到谋在要处、干在实处，积小胜为大胜，积跬步至千里，构建了项目化、节点化、责任化、绩效化抓落实的常态机制，营造了“比实干、比发展、比贡献”的浓厚干事氛围。民生连着民心，只有谋政为民才能发展惠民。我们始终牢记“江山就是人民，人民就是江山”，不管甲方乙方，始终站在人民一方，坚持“两有”发展、建设“两富”星沙，努力让每一个民评民说都能被关注，每一个民情民意都能被重视，每一个民怨民痛都能被解决，形成发展过程与民共建、发展成果与民共享的生动局面，让发展更有“温度”、民生福祉更有“质感”。

进入新时代，踏上新征程，我们必须清醒地看到发展中存在的不足，突出表现在：面对发展空间受限之困、产业深度调整之痛、园区转型升级之难，创新举措、破解力度有待加强；产业大而不强，有技术但少核心，有平台但少场景，有高地但缺高峰；少数同志仍身在新时代、心在过去时，“县域印记”较浓，思想思维固化，缺乏主动拥抱工业化、城市化、信息化的眼界与视野；文教卫体水平偏低，缺乏一流的基础教育名校与高校品牌，缺乏高等级文化、体育等公共服务设施。对于这些矛盾和问题，在今后的工作中，我们务必高度重视，采取有效措施，系统加以解决。

二、未来五年形势与任务

未来五年，是世界百年未有之大变局按下“快进键”的五年，是我国全面开启向第二个百年奋斗目标进军的首个五年，也是长沙县率先打造“三个高地”、建设现代化示范区的关键五年，更是长沙县依托“五区”叠加之势，加速大城崛起，全面迈向大都市区经济时代的黄金五年。我们唯有放眼全球观大势、着眼全国谋大局、紧跟省市抓大事，切实强化战略思维、系统思维、法治思维、民本思维，才能在现代化高质量发展赛道上跑出加速度，在实施“三高四新”战略中勇当新标兵。

未来之星沙，必将是战略驱动力越来越强的“热地”。一个时代有一个时代的使命。在逆全球化的国际大背景下，在两个百年的历史交汇期，习近平总书记为湖南擘画了“三高四新”的全新蓝图，省委要求长沙“当好领头雁、建设示范区”，市委要求长沙县“全面抬高坐标，奋力打造‘四区’”。这是改革开放以来，星沙迎来的新的重大战略机遇，既是嘱托，更是使命。作为青春之星沙，在新时代竞相赶超的浪潮中，能不能永葆青春活力，这是我们必须回答的时代之问。面对新的重大战略之机、之势、之责，我们必须牢记嘱托，胸怀“两个大局”，心系“国之大者”，主动把忠实践行“三高四新”战略与贯彻“三新一高”战略有机融合起来；必须把自身发展全面融入到“一带一路”、长江经济带、粤港澳大湾区、中非经贸深度合作等国家战略之中去，充分释放“化学反应”“乘数效应”，方能在现代化高质量发展赛道上，成就战略“热地”，抢占战略“高峰”，续写更多青春故事，创造更大“星沙奇迹”。

未来之星沙，必将是区域辐射力越来越强的“高地”。一个地方有一个地方的作为。放眼全局，立足当下，中心城市和城市群正在成为承载发展要素的主要空间形式。推动中部地区高质量发展、推进长江中游城市群协同发展已上升为国家战略。省委提出构建“一核两副三带四区”区域经济发展格局，打造“3+5”城市群，加快长株潭区域一体化发展，市委提出创建国家中心城市。作为改革开放后崛起的青春之城，星沙在区域一体化高质量发展的大势下，能不能以青春之我提质青春之城，这是我们必须答好的时代之卷。面对县域经济时代迈向大都市区经济时代的阶段特质，我们必须主动割舍“县域印记”，主动拥抱工业化、城市化、信息化，推进数字化、智能化、绿色化，主动融入长株潭；必须充分发挥“五区”叠加之势，让“五区”叠加政策优势转化成“五区”叠加发展动能；必须创新实干，方能在前有标兵在发展、侧有同行在发力、后有追兵在发狠的竞争态势中勇立潮头、先行示范，方能把优势化成胜势、把愿景变为实景，锻造出青春常在、活力永续、辐射更强的融城发展创新“高地”。

未来之星沙，必将是环境吸引力越来越强的“洼地”。一代人有一代人的担当。一个城市要发展，短期靠项目，中期靠政策，长期靠环境，优化营商环境就是解放生产力、提高竞争力。跳出星沙，环视四方，各地“你追我赶”的环境竞赛，无不是以“硬措施、软实力”来托底。作为全国十八个改革开放典型地区之一的星沙，过去我们用青春之动力赢得了中西部第一位、全国前十位的营商环境排名，未来我们能不能打造成越来越青春、引力越来越强的环境“洼地”，这是我们必须答优的时代之题。面对转型之考和高质量发展的竞争压力，我们必须坚持正向优化，推进产城共兴，建设“五好”园区，打造“五心”[11]营商环境；必须坚持负向优化，持续聚焦问题抓整改，全力查办破坏营商环境行为；必须坚持开放优化，持续提升诚信环境、政务环境、城乡环境；必须树牢数据意识、速度意识、市场意识、风险意识，方能建设“风景这边更好”的大美星沙，成就永远充满青春活力的力量之都。

基于以上形势，今后五年全县工作的指导思想是：坚持以习近平新时代中国特色社会主义思想为指导，全面贯彻中共十九大和十九届二中、三中、四中、五中全会精神，深入学习贯彻习近平总书记“七一”重要讲话精神，深入贯彻落实习近平总书记对湖南工作和中部地区高质量发展的系列重要讲话指示精神，坚持稳中求进工作总基调，立足新发展阶段，贯彻新发展理念，构建新发展格局，坚持统筹发展和安全，以推动高质量发展为主题，以深化供给侧结构性改革为主线，以改革创新为根本动力，以满足人民日益增长的美好生活需要为根本目的，认真落实中央和省委、市委的决策部署，牢记嘱托，创新实干，勇攀高峰，全面抬高坐标，奋力打造“四区”，强化“五高”支撑，奋力谱写率先打造“三个高地”、建设现代化示范区新篇章，在忠实践行“三高四新”战略、推进现代化高质量发展中走前列、当先锋、作示范。

立足新时代，迈上新征程，县委牢记习近平总书记的殷殷嘱托，紧扣中央和省市的决策部署，紧扣全县人民的共同愿望，与时俱进、丰富完善、提炼形成了“1345”发展思路。其中，“1”即是“率先打造‘三个高地’、建设现代化示范区”战略目标，3即是“牢记嘱托，创新实干，勇攀高峰”战略要求，“4”即是市委赋予的打造“四区”战略任务，“5”即是“产业高质量发展、城乡高品质建设、开放高层次推进、社会高效能治理、民生高水平保障”战略支撑。四者相辅相成，是战略目标、任务、要求与支撑的有机统一。

率先打造“三个高地”、建设现代化示范区，必须全面抬高坐标，奋力打造“四区”。在“十四五”规划指标的基础上，按照“跳起来摘桃子”的标准，主动自我加压，全面提升工作目标。一是打造“三高四新”战略引领区。不断提升综合实力，到“十四五”期末，力争地区生产总值达到2400～2500亿元，年均增长8%。打造以先进制造业为主导的现代化产业高地，建设“五好园区”[12]，产业基础高级化和产业链现代化水平显著提高，工程机械世界级产业集群更具规模，打造一批“单项冠军”“小巨人”“独角兽”配套企业，力争先进制造业增加值占GDP比例达45%。打造以产学研协同为主方向的科创高地，突破一批关键核心技术，涌现一批创新型领军企业，力争研发经费投入占GDP比重达4.5%，高新技术产业增加值占GDP比重超40%。打造以自贸区为主载体的改革开放高地，高水平建成自由贸易试验区，打造中非经贸深度合作先行区，在全国自贸试验区建设中走在前列，力争进出口总额占GDP比重达65%。二是打造融城发展创新区。突出精细管理、精致建设，着力打造居安业乐、城美人兴的现代化文明城市。力争全县常住人口城镇化率达82%左右，亩均投资强度、亩均产出效益显著提升，5G网络用户普及率100%，城市精细化管理达标率100%。三是打造乡村振兴标杆区。推动农业高质高效、乡村宜居宜业、农民富裕富足，乡村振兴取得决定性进展，农业农村现代化基本实现。力争县级以上文明村和文明乡镇占比达70%以上，村级集体经济年收入达50万元以上，每个镇（街道）至少打造1个新型集体经济发展样板。四是打造文旅融合样板区。红色星沙、健康星沙、绿色星沙、品质星沙品牌影响力提升，形成可复制、可推广的文旅深度融合“星沙模式”。力争年旅游总收入突破290亿元，年均增速达10%；建成文旅融合示范点8个、示范村30个以上。

率先打造“三个高地”、建设现代化示范区，必须牢记嘱托，创新实干，勇攀高峰。牢记嘱托，就是要牢记习近平总书记对湖南工作和中部地区高质量发展的系列重要讲话指示精神，就是要牢记习近平总书记两次亲临长沙县、长沙经开区视察时强调的“关键核心技术必须牢牢掌握在自己手里”“要坚定不移把制造业和实体经济做强做优做大”等殷殷嘱托，就是要牢记省委、市委对长沙县寄予的殷切厚望，真正把嘱托厚望转化为奋进新征程的强大动力，以工作实绩来回报习近平总书记和省委、市委的亲切关怀和深情厚望。创新实干，就是要以开放的视野、创新的思维、实干的作风，敢想他人未曾想，敢谋他人未曾谋，敢干他人未曾干，不断拓展新空间，发展新产业，争创新优势；就是要发扬“三牛”精神，知责于心、担责于身、履责于行，用实干创造实绩。勇攀高峰，就是要立足长远、着眼未来，抬高坐标，锁定目标，与最优者“对标”、与最强者“比拼”、与最快者“赛跑”，在关键处用功、在核心处发力，始终先人一步、快人一拍、胜人一筹，不断抢占“制高点”，在高质量发展“高地”上立起更多“高峰”。

率先打造“三个高地”、建设现代化示范区，必须加快推动产业高质量发展、城乡高品质建设、开放高层次推进、社会高效能治理、民生高水平保障。具体分两步走，到2025年，奋力打造“四区”、强化“五高”支撑初见成效，基本达到现代化水准，成为建设现代化新湖南和中部高质量发展排头兵。到2030年，奋力打造“四区”、强化“五高”支撑示范效应全面凸显，在全国率先基本实现社会主义现代化，成为全国最具竞争力的高质量发展标杆。

三、高质量建设现代化示范区

蓝图已经绘就，实干成就未来。在目标追求上，务必坚持“率先、争先、领先”，打头阵，当表率；在路径选择上，务必着力“试验、试点、示范”，创一流，走在前；在价值取向上，务必注重“实在、实干、实绩”，打基础，利长远。重点抓好五个方面的工作：

（一）在抓产业、强实体上抬高坐标，奋力争当打造“三个高地”的示范引领。深耕实体经济，秉持“项目为王、项目为先、项目为大”的理念，紧扣省市“三个十大”“五个十大”项目，率先打造“三个高地”。率先打造以先进制造业为主导的现代化产业高地。牢牢把握高端化、数字化、集聚化、绿色化、融合化五大趋势，发力“4+2+3”产业链建设，加速突破6个“关键零部件”[13]，发力硬科技揭榜挂帅，加快建立无极化配套产业链供需体系，推动材料产业企业集聚，建成中部地区竞争优势明显的材料产业基地，制造业优势产业链的本地配套率达50%以上。加快三一智联重卡、大众电动汽车、蓝思科技视窗触控玻璃面板扩产、铁建重工第三产业园、山河工业城（三期）等重大项目建设，争取早日投产。紧扣“五好园区”创建，实施先进制造业倍增工程，着力引进一批产业链头部企业、核心零部件企业，力争培育1家世界500强企业，打造世界级工程机械产业集群。壮大战略型新兴产业，积极推进6G技术、量子信息、类脑智能、超材料等领域发展，超前布局未来产业，建设全国领先的生物技术科创中心和产业孵化中心。大力引进“中字号”先进轨道交通装备企业区域总部及国家重大项目，加快高端临空产业集聚发展，坚持航空运输与通用航空“两翼齐飞”，探索建设通用航空产业园。率先打造以产学研协同为主方向的科创高地。抢占前沿科技研发和高端产品制造制高点，探索建立“需求方出题、科研界答题”新机制，支持企业开展核心技术和关键技术攻关。突出“数字产业化”和“产业数字化”，实施新一代信息技术与制造业深度融合重点工程，支持三一集团、蓝思科技等企业实施“三位一体”（5G+AI+区块链）试点，推进铁建重工、博世汽车等六个“5G+工业互联网+区块链”标杆项目建设，探索建立“科技+产业+平台+金融”的产业互联网，率先在工程机械、汽车及零部件产业集群内试点建设一批应用场景示范工程，推广“互联网+应急产业”模式应用。错位建设集数据汇聚、数据治理、数据共享开放为一体的园区数据治理中心，全力打造计算产业小镇。进一步深化校地校企合作，积极建设国家实验室和大科学装置。探索建立靶向引才、专家荐才及柔性引才用才机制，建设国际人才港。率先打造以自贸区为主载体的改革开放高地。坚持“为国家试制度，为地方谋发展”，促进自由贸易试验区与长株潭国家自主创新示范区、国家级跨境电商综合试验区、全省经开区和高新区等各类平台协同配合、联动发展。充分发挥“五区”叠加优势、“空铁陆磁”复合交通优势，吸引更多世界

500强企业和大型跨国企业落户星沙。加快口岸经济发展，全力争取第五航权落地，支持长沙机场改扩建暨综合交通枢纽工程建设，助力长沙构建四小时航空经济圈，不断提升区域航空枢纽功能。推进全球装备维修再制造中心建设工程，结合企业实施品牌输出战略，构建民族品牌走向国际的智造后端服务基地。高质量办好中非经贸博览会、博鳌亚洲论坛全球经济发展与安全论坛，建设国际交流区，吸引更多国家领事馆进驻南部国际会议会展城，打造响亮的长沙国际工程机械展览会“名片”，力争加工贸易占全市外贸总量的30%以上。加速推进自贸区三一科学城、国际金融港、国际先进制造业总部经济中心、知识产权保护服务中心等重大创新平台建设。

（二）在抓建管、提品质上抬高坐标，奋力争当建设美丽城乡的示范引领。坚持内外兼修，全面实施“规划融城、产业兴城、建管优城、开放强城、人文润城”五大行动，按照中心城区标准提升长沙县规划建设管理水平。着力构筑居安业乐的品质之城。深入落实“做大城区、做强园区、做优片区、做实县区、做靓社区”和“四精五有”[14]要求，按照“一核三城、两轴四区”空间发展规划，以及“西融、北进、东拓、南联、中优”的差异化战略布局，持之以恒抓实《星沙新城建设品质管控导则》。紧扣“对标上海、提质星沙”要求，优化主城区综合服务功能，高标准建成花园新城，提升经开区产业能级。塑造千亿会展产业和“会展湘军”品牌，积极探索建设奥体中心，高品质建设画田垸湿地和融城小镇，将南部国际会议会展城建设成为具有国际影响力的会议会展业高地。充分发挥平台优势，构建以机场为核心、向外圈层辐射的产业布局，打造机场核心、航空服务等七大产业集聚区，辐射带动东南部梅花工贸新区，扮靓“湖南门户”，做强东部临空产业城。按照“北产南住”布局，围绕松雅湖打造高品质商务区、科创基地，布局标志性建筑、引领性产业，加快建设北部生态服务城。紧扣一体化和高质量两个关键，奋力打造融城发展创新区，在助力湖南构建“一核两副三带四区”和长沙创建国家中心城市中贡献星沙力量。着力构筑为民而兴的标杆之区。以产业链思维做大精细农业，加速打造两大县级“双创”平台、十大创业特色园区、若干农创实训基地。持续推广新型村级集体经济发展“九种模式”，大力发展直播电商新业态，加强供应链产业发展。坚决扛起粮食安全责任，确保粮食安全。持续推进“一茶一花一民宿”产业发展，支持金井茶叶、湘丰集团等龙头企业上市，确保农业企业上市新增1家，省级以上著名品牌或商标达到60个以上，实现农业科技进步贡献率达65%以上，打造“国家现代农业示范区”升级版。优化新城、镇域、乡村“三个空间”规划，坚持最小干预原则，不贪大求洋，不搞千村一面，留住“乡愁”；深度挖掘本地红绿蓝文化资源，加快国家级新型城镇化标准化试点、全国示范农业产业强镇、全国十佳康养小镇建设。全力推进基于区块链技术的农村产权交易市场建设，打造湖南数字农业标杆。着力构筑城美人兴的生态之地。实施产业园区循环化建设和改造工程，多路径驱动工业领域低碳转型绿色制造，推动县区水污染防治设备（碳中和环保装备）产业健康快速发展，到“十四五”期末，实现单位GDP能耗累计下降17%。强化科技引领，深化智慧“大交通”建设，实施长沙智慧电网建设行动，在全域范围内统筹建设“水地空天”一体化智能感知体系，推进大数据、物联网、AI等新技术在城市管理领域中的应用。结合“15分钟生活圈”建设、“城市双修”[15]，推动城市有机更新，探索生态细胞—生态社区—生态片区三级居住模式。突出抓好乡村“五化”[16]建设，开展大气污染联防联控，深入推进垃圾、污水、厕所“三大革命”，打造农村人居环境整治升级版。高质量推进浏阳河文化旅游产业带、捞刀河风光带建设，着力打造一批“水清、河畅、岸美、鱼欢、人和”的水美“名片”。加快“无废星沙”、韧性城市建设，构建分类分级资源循环利用系统，营造绿色低碳生产生活新时尚。

（三）在抓关键、求突破上抬高坐标，奋力争当推动改革创新的示范引领。坚持向思想解放要动力，向机制创新要活力，以系统集成思维谋深谋实一批标志性、关键性、引领性改革创新举措，不断拓展新空间、发展新产业、争创新优势。着力寻求创新突破。坚持系统集成、协同高效，完善全链条、全周期、全县域改革创新推进机制，力争率先在重点领域和关键环节上取得决定性成果。突出减量发展、精明增长，聚焦“五好园区”建设，坚持向外拓展和向内挖潜相结合，在深度、高度、强度、密度上做文章，强化投资强度、亩均产值、亩均税收等指标考核，向地下要空间，向空中要增量，向密度要效益，向强度要质量，不断提高土地“含金量”。着力推动重点改革。坚持县区共谋大发展、共创大事业，深化强园富县改革，完善园区托管模式。分类分步深入推进单一行政区内平台（复合）运营模式改革，打破县区、园区、产业、行业的政策壁垒、业态壁垒和管理壁垒，融合“五区”政策叠加优势。加快推动街道社区析置，持续探索经济强镇准区级功能区（副县级）建设，激发经济发达镇发展内生动力。探索“协同招商”，形成“县重统筹、园区主阵地、镇（街道）部门全配合”的大招商格局，建立项目引进分类评估机制。有序推进供销合作社综合改革、县属国有公司市场化再改革。着力优化营商环境。坚持审批标准化、办理网络化、数据集成化、服务精益化，深化“放管服”改革，扩大“一件事一次办”覆盖面，建立完善市场准入负面清单管理和容缺审批制度，深化“双随机、一公开”监管，努力建设人民满意的服务型政府。推行“互联网+政务服务”一体化平台全流程、标准化、穿透式监管，打造24小时“不打烊”数字政府。建立“企业服务包”制度和常态化政企沟通机制，持续实施领军企业“登峰行动”、中小企业“拔尖行动”、小微企业“强身行动”、“单独小隐”企业“护育行动”，涵养尊重激励企业家的文化氛围，努力打造服务效率最高、发展环境最优、创新活力最强、人民群众获得感最多的改革发展示范区。

（四）在抓共建、促共治上抬高坐标，奋力争当基层高效治理的示范引领。坚持党建引领，大胆创新，不断提升“五治”协同水平，以“星沙之为”贡献“中国之治”。全面提升法治水平。一体化推进法治政府、法治园区、法治社会建设，引导办事依法、遇事找法、解决问题用法、化解矛盾靠法，使法治成为全县上下的共同信仰和行为准则。深入推进司法规范化建设，不断完善城乡居民公共法律服务体系建设。健全群众利益表达、协调保障机制，形成有机衔接、协调联动、高效便捷的矛盾纠纷和疑难信访问题多元化解体系。持续深化基层治理。健全党组织领导下的城乡基层社会治理体系，综合运用大数据、云计算、人工智能等技术，持续深化“党建+‘五零’村（社区）”建设，升级党建020服务平台，推行“12345+网格化”模式，持续走好“制度+科技+网上网下”群众路线，健全末端抓纠纷处理、中端抓风险防控、前端抓文明引领工作机制，不断提升基层治理智能化、专业化水平。坚决守住“五安”底线。统筹抓好发展与安全两件大事。落实党管意识形态、党管数据、党管互联网，落实意识形态工作责任制，全面提升用网、管网、治网的本领。落实安全生产责任制，持续深化17个重点行业领域专项整治。切实绷紧常态化疫情防控这根弦，毫不放松抓好防灾减灾救灾工作，持续加大对涉黑涉恶、非法集资、新型网络犯罪等违法犯罪活动的打击力度，实施最严格的食品药品安全监管，坚决守护人民群众生命财产安全。

（五）在抓民生、增福祉上抬高坐标，奋力争当推进共同富裕的示范引领。深入践行以人民为中心的发展思想，高层次、高水平提升城乡居民共同幸福指数。力促公共服务优质均衡。持续深化精准惠民微建设行动，统筹办好涉及学位、床位、车位、厕位等现实问题。扎实推进“三个强县”[17]建设，聚力打造县域特色名校，优化升级“职业教育+产业”生态系统，率先创建全国学前教育普及普惠县、义务教育优质均衡县；深化“三医联动”改革和“智慧医疗”建设，完善公共卫生应急管理体系，构建整合型优质健康卫生服务体系；大力推进“互联网+人社”工作，加强对重点行业、重点群体就业支持，不断增加中等收入群体，实现更加充分、更高质量就业，率先推动共同富裕。扩大保障性租赁住房供给，确保房地产市场平稳健康发展。力促社会保障扩面提质。实施全民参保计划，健全灵活就业人员社保制度，保障快递员等新业态从业人员的合法权益。逐步提高基本养老、基本医疗保险待遇，合理提高孤、残、困、病、老等特殊群体社会福利保障。大力推进镇（街道）综合性养老服务中心建设，推动城市家庭养老床位建设和农村互助养老服务，为贫困重度残疾人、老年人家庭实施家庭无障碍改造。实施三孩生育政策及配套支持政策，降低生育、养育、教育成本。持续推进双拥、史志档案社会化共建共享事业。力促文化事业繁荣发展。实施公共文化服务力、文化艺术生产力、文化产业竞争力、文化品牌影响力提升行动，推出一批主题精深、艺术精湛、制作精良的精品力作，建设一批特色鲜明、富有活力、效益明显的文化创意载体。加强社会公德、家庭美德、职业道德和未成年人思想道德建设，加强志愿服务，弘扬凡人善举，壮大好人群体，让“厚德星沙、好人之城”深入人心，“力量之都、大美星沙”响彻四方，创建“全国文明城市”。

星沙的现代化高质量发展，慢进就是退，不进更是退。我们只要牢记嘱托、砥砺奋进，坚持“谋”字当先、“快”字为要、“实”字托底，发扬“拼、抢、超”的作风和钉钉子精神，敢于挑最重的“担子”、啃最硬的“骨头”、接最烫的“山芋”，以满怀激情的精神状态干事创业，就一定能够换道超车、快马加鞭、加速前行，鼎新致远开创更加美好的未来！

四、高质量党建引领现代化示范区建设

率先打造“三个高地”、建设现代化示范区，关键要在推动党的建设上发挥示范引领作用，各级党组织和广大党员干部务必弘扬伟大建党精神，强化示范引领作用，努力推动各项工作在加压奋进中开创发展新篇章。

（一）坚持立根铸魂，永葆对党忠诚的政治本色。推动学习贯彻习近平新时代中国特色社会主义思想走深走实，切实增强“四个意识”、坚定“四个自信”、做到“两个维护”，自觉在思想上政治上行动上同以习近平同志为核心的党中央保持高度一致，让对党的绝对忠诚成为长沙县党员干部最鲜明的政治品格、成为长沙县政治生态最鲜明的政治底色。深入学习领会习近平总书记“七一”重要讲话精神、习近平总书记对湖南工作系列重要讲话指示精神，巩固拓展“不忘初心、牢记使命”主题教育、党史学习教育和“四史”宣传教育成果，确保入脑入心、见行见效。旗帜鲜明加强和改进思想政治工作，强化对理论热点、舆论热点的引导，突出学校、宗教场所、新媒体等阵地管理，不断增强意识形态领域的主导权和话语权。

（二）坚持固本强基，筑牢勤政爱民的战斗堡垒。牢固树立大抓基层的鲜明导向，把“党建聚合力”工程作为全面启航现代化建设的基础性工程来推进。大力实施党建十大行动，着力打造一批可听、可看、可复制、可推广的党建载体，持续擦亮基层党建的“星沙品牌”。推动支部“五化”建设实现更高质量全覆盖，常态化整顿软弱涣散基层党组织；建立“我为群众办实事”长效机制，强化共商、共建、共管、共治、共享，切实把好事办好、实事办实；健全“组织联建、党员联管、资源联享、实事联办”工作机制，建强互联网行业、快递物流行业等新兴领域党组织，打造城市基层党建发展联盟。持续推动基层建设“1+5”文件精神落地，深入推进“一门式”服务，加强基层智慧治理能力建设，积极推广党员联户“135”[18]模式，争创全国和谐社区。

（三）坚持严管厚爱，锻造担当有为的干部队伍。切实加强各级领导班子和干部队伍建设，不断强化争分夺秒、争资立项、争先进位“三争”意识，真正做到“起跑即冲刺、出手即出彩、完成即完美”。牢固树立“干与不干不一样、干多干少不一样、干好干坏不一样”的鲜明导向，注重从一线发现、培养、锻炼、选拔干部，准确把握干部选用短期需求与长期需要、数量充足与质量优良、政治过硬与本领高强、用当其时与健康成长的关系，大力实施“育雁工程”，做好干部梯次任用和培养，努力锻造适应现代化建设的“先锋队”。严格执行干部选任“凡提四必”、选任纪实等制度，用准用实用足“三个区分开来”要求，以有强度的激励、有底线的包容，让能干实干者扬眉吐气、敢闯敢干者暖心提气、得过且过者愧而争气。

（四）坚持标本兼治，涵养风清气正的政治生态。坚持严字当头、细处着力，建设清廉星沙，纵深推进党风廉政建设和反腐败工作。按照“四个坚持”要求，深入推进政治巡察，强化对“一把手”和领导班子监督，统筹推进纪律监督、监察监督、派驻监督、巡察监督“四个全覆盖”，构建权力监督新格局。发挥问责“利器”作用，紧盯“四风”新形式、新动向，常态化开展整治，以优良作风保持党同人民群众的血肉联系。坚持零容忍，持续加大对群众身边的不正之风和重点领域、关键环节违法违纪案件的查处力度，一体推进不敢腐、不能腐、不想腐，不断推动党风政风持续向好。

（五）坚持同心同德，凝聚携手领跑的强劲合力。充分调动一切积极因素，团结一切可以团结的力量，凝心聚力、共同奋斗。发挥县委统揽全局、协调各方的领导核心作用，支持人大、政府、政协、法检两院依法、依章程行使职权，发挥各自职能优势，服务引导各自对象群体，引导形成携手参与建设的生动局面；切实做好人民武装、民族、宗教、对台、老干部等工作，画好同心圆，巩固发展爱国统一战线；支持工青妇科侨等群团组织积极作为，最大限度凝聚共识、汇聚力量，全面形成推动现代化高质量发展的强大动力。

专用名词注释：

[1]“三高四新”战略：着力打造国家重要先进制造业、具有核心竞争力的科技创新、内陆地区改革开放的高地，在推动高质量发展上闯出新路子，在构建新发展格局中展现新作为，在推动中部地区崛起和长江经济带发展中彰显新担当，奋力谱写新时代坚持和发展中国特色社会主义的湖南新篇章。

[2]“两有”“两富”：有质效、有温度；物质富裕、精神富有。

[3]“两主一特”：“两主”即工程机械、汽车及零部件两大主导产业；“一特”即电子信息特色产业。

[4]“4+2+3”产业链：“4”即工程机械（含农用机械）、汽车及零部件、新一代半导体和电子信息、轨道交通等卓越型产业链；“2”即工业互联网、生物科技和生命科学等战略型产业链；“3”即应急装备（含特种装备）、碳中和与水污染防治设备、工业母机等成长型产业链。

[5]“四即”改革：交房即交证、开户即开业、拿地即开工、开工即开建。

[6]“7310”模式：企业开办不超过7份材料、3个环节、1个工作日、0收费。

[7]“113+X”项制度试点：“113”即《中国（湖南）自贸试验区长沙片区实施方案》在湖南省实施方案121项改革事项框架内新提出113条体现“长沙元素”的创新举措；“X”即经开片区、临空片区、会展片区探索自主创新试点事项。

[8]“一核三城、两轴四区”：“一核”即以星沙、经开区为核心；“三城”即北部生态服务城、东部临空产业城、南部国际会展新城；“两轴”即沿人民路和地铁6号线的东西向轴和黄兴大道的南北向轴；“四区”即核心城市国家智能制造基地、南部会议会展区、东部临空产业开放区、北部高端生态宜居区。

[9]“三重三用”：重德才、重实绩、重公认；用正、用准、用顺。

[10]“五区”：自贸区、经开区、综保区、临空区、会展区。

[11]“五心”：最省心、最贴心、最放心、最暖心、最安心。

[12]“五好园区”：规划定位好、创新平台好、产业项目好、体制机制好、发展形象好。

[13]6个“关键零部件”：发动机、液压元器件、变速箱和减速机、传感器、电控装置、芯片。

[14]“四精五有”：“四精”即精准规划、精美建设、精致管理、精明增长；“五有”即更加有颜值、有气质、有内涵、有格调、有品位。

[15]城市“双修”：生态修复、城市修补。

[16]乡村“五化”建设：乡村洁化、绿化、净化、序化、美化。

[17]“三个强县”：教育强县、医卫健康强县、充分就业强县。

[18]“135”模式：以支部为单位，1名党员联系5户以上群众，每年走访5次以上，解决5个以上“五零”建设相关问题。

政府工作报告（摘要）

——在长沙县第十八届人民代表大会第二次会议上

长沙县人民政府县长 陈永高

2022年2月13日

一、2021年工作回顾

2021年是党和国家历史上具有里程碑意义的一年，迎来了“两个一百年”奋斗目标的历史交汇，开启了全面建设社会主义现代化国家新征程。一年来，在县委的坚强领导下，全县上下深入贯彻落实中共十九大和十九届历次全会精神，认真落实习近平总书记对湖南重要讲话重要指示批示精神，按照“1345”发展思路，有效应对新冠肺炎疫情反复冲击，聚精会神办好发展经济这个最大实事，交出了优异的“强省会”星沙“成绩单”。全年地区生产总值突破2000亿元大关，达到2003.2亿元，同比（下同）增长7.6%；规模工业增加值增长7%；地方一般公共预算收入增长6.6%；固定资产投资增长9.9%；社会消费品零售总额增长14.6%；外贸进出口总额增长19.1%，较好地完成了年初确定的各项任务。

这一年，综合实力勇攀新高。跻身全国县域经济与县域综合发展实力百强第3位、投资潜力百强第4位、县域经济基本竞争力百强第5位、科技创新百强第6位、工业百强第7位、投资竞争力百强第9位、社会治理百强第9位，落实重大决策等7项工作获省政府真抓实干表扬激励，科技创新等12项工作获市政府创新实干表扬激励，连续15年获评中国最具幸福感城市（县级）。

这一年，重大建设大干快上。顺利推进湖南投资规模最大单体项目长沙机场改扩建工程；总投资约80亿元的上汽大众新能源车项目全面开工，成为全省第三次重大项目集中开竣工活动标杆项目；南昌—长沙1000千伏特高压交流输变电工程竣工，刷新了同类工程建设速度记录，填补了湖南1000千伏特高压输变电工程的空白。

这一年，活力新城强势崛起。全面启航松雅湖生态新城，全面推出水渡河片区产城融合项目；全新谋划黄花国际贸易港，致力打造产城融合新样板；国际会议中心成为长沙“城市会客厅”，承办博鳌亚洲论坛经安峰会、全省脱贫攻坚表彰大会等重大活动13场。

这一年，美丽乡村舒展画卷。投入2.68亿元建设162个美丽宜居村庄，以现场拉练观摩开展大比拼，广袤乡村正朝着“各美其美”“美美与共”悄然蝶变。

这一年，自贸试验区扬帆领航。争当湖南自贸试验区制度创新“优等生”，形成12项制度创新成果，7项入选长沙片区一周年“十大改革创新实践案例”，5项为全国首创。

一年来，我们重点抓好了五个方面的工作：

（一）产业实力在转型升级中显著提升。主导产业根基更实。工程机械、汽车及零部件产业分别实现产值572亿元、631亿元，先进制造业发展质效领跑全省。依托蓝思科技、国科微电子、维胜科技等企业快速壮大电子信息产业集群，产值突破192亿元，获批全省首个“5G+工业互联网”先导区。第三产业活力更足。服务业新增入统62家，亿元以上企业35家，其中10亿元以上7家。金融业贡献税收13.23亿元，增长24.6%。铁建重工、五新隧装和丽臣实业分别登陆上交所、北交所和深交所，首次实现三大交易所“大满贯”。湘商世纪城、世景广场等商务楼宇“空中开发区”拔节生长，成为全国首个入选国家“两业融合试点”县级城市。增长潜力释放更强。全面打赢“项目大会战”“征拆攻坚战”“要素保障战”，铺排重大项目258个，投资完成率达140%。着力创建“五好”园区[1]，长沙经开区综合发展水平位列国家级经开区第14位。工业技改投资增长33%，31家企业完成智能化技术改造，天河国云入选国家区块链创新应用试点名单，底层区块链技术入围全省“十大技术攻关项目”。全社会研发投入增长21.3%，发明专利拥有量增长24%，率先全市设立“县长质量奖”。引进高层次人才121人，面向全球招聘博士30名。

（二）开放能级在改革创新中显著提升。平台建设再提速。国家级加工贸易产业园成功获批，黄花综保区整区封关，进出口商品展示交易中心、长沙航空科技体验中心等建成运营，黄花数字贸易港、国际人才港、知识产权公共服务中心加快赋能，总规模10亿元的临空产业投资基金顺利启动。重点改革再深化。锻造“无改革、不星沙”金字招牌，“邮快跨”集约发展新模式成为自贸试验区获批以来首个国家级创新案例，“同飞工程”[2]、工程机械二手设备再制造等创新课题取得实质性进展。全面推行企业开办“1+N套餐”，实现“准入即准营”“领照即开业”。“一件事一次办”150项政务服务事项赋权园区，245个套餐事项实现线上办理。长沙经开区创新实施相对集中行政许可权改革，外贸企业套餐办理量同比增长49%。开放格局再拓展。新增外资企业411家，国际货邮吞吐量增长22%，跨境电商贸易额占全省40%。长株潭一体化23个重点项目和34项重点任务有序落实，东部融城经济示范带建设成效初显。

（三）城乡品质在融合发展中显著提升。城市骨架全面拉伸。大力实施“南征北战、东拓西融”区域发展战略，县城建成区面积扩大至126平方千米。地铁6号线通车试运行，建成香堤北路、凉塘东路、望新路等市政道路，临空北路、思源路等园区主干道顺利通车。城乡功能全面优化。万家丽路电力隧道全线贯通，完成开元路、金茂路、特立路等城区道路及茶培线、泉沿线等干线公路提质改造，盼盼路东延线竣工通车，新建开元互通、特立路人行天桥，新增停车位2.8万个。首批星沙驿站向市民免费开放，16个老旧小区蝶变一新，星沙生态公园创建为“人民满意公园”。提质改造12个高速公路出入口，新改建农村公路198千米，城乡公交全面进入新能源时代。乡村振兴全面铺开。粮食总产量超5亿千克，成功举办中国农民丰收节（湖南主场）。茶产业实现综合产值45.1亿元，获评中国茶叶百强县。农村电商销售超45亿元，获评全国县域农业农村信息化发展先进县，全县村级集体经济总收入破亿元。江背镇、春华镇分别获评全省机械制造小镇、种业小镇。开慧镇获评全国乡村旅游重点镇，影珠山景区升级为国家AAAA级旅游景区。成功承办2021湖南阳光娱乐旅游节。获评中国文旅融合发展示范县。

（四）民生福祉在精准惠民中显著提升。公共服务更有幸福感。深入实施“五好”[3]教育工程，新扩建中小学校7所，新增学位9780个。县人民医院项目主体封顶，妇幼保健院成为全省首家县域三级妇幼保健机构。文化场馆服务总数达870万人次。获评全国群众体育先进单位。建成公租房2.59万套，全省最大规模公租房英萃园交付使用。民生保障更有获得感。举办招聘活动48场，2万余名劳动者顺利就业。深入开展社保、医保、低保基金专项整治，率先全省实施重大疾病补充医疗保险，城乡居民基本养老保险基础养老金全省最高。建成12家养老服务中心，获评全国智慧健康养老示范基地、全省“五化民政”[4]建设示范县。生态建设更有责任感。蓝天、碧水、净土保卫战成效持续巩固，空气质量优良率达90.4%，县级以上集中式饮用水水源地水质达标率100%，中小河流治理建成全国样板，“林长制”全面推行，获评国家生态文明建设示范区。

（五）治理水平在共建共享中显著提升。法治建设取得新成效。严格履行新形势下依法治县、依法行政责任，修订《长沙县人民政府工作规则》，扎实推进行政复议体制改革。认真执行县人大及其常委会决议决定，主动接受人大依法监督、政协民主监督、司法监督和社会监督，用心办理县人大代表建议49件、政协委员提案44件。开发全省首个村（社区）法律顾问线上管理系统，建成公共法律服务实体平台，新建村级法治文化阵地102个，获评全国普法工作先进单位。基层治理形成新局面。生动践行新时代“枫桥经验”，“党建+五零”村（社区）治理持续深化，青山铺镇、春华镇春华山村分别获评全国乡村治理示范镇、村。依托智慧城管、智慧执法全面提速治理现代化，“五级五员”网络综合治理模式获中央网信办推介，成功创建全省信访工作“三无”[5]县。获评省根治拖欠农民工工资工作先进地区，“我为群众办实事”实践活动6次被央视《新闻联播》推介。平安建设再上新台阶。重拳出击道路交通顽瘴痼疾，严格实行道路交通安全“七条断然”措施和渣土运输“十个一律”，道路交通事故下降13.7%。集中攻坚仓储物流、消防等17个行业领域安全问题，安全生产事故下降21.6%。禁毒人民战争、反电诈、打击跨境赌博等专项行动有力有效，㮾梨街道获评全省禁毒工作先进集体。综治民调跃居全市第一位，获评省安全发展工作示范县，“善治久安”铸就坚实底座。

2021年，我们牢固树立“过紧日子”思想，不折不扣落实中央八项规定精神，压缩一般性项目支出，用于保障民生。完成审计项目139个，促进增收节支和挽回经济损失1.37亿元。落实减税降费政策，累计减税降费超17亿元。出台“暖企十二条”，营商环境排名全省前列。实施春节期间稳岗留工促生产专项行动，兑现十项“暖心”福利。与此同时，人民武装和国防动员、双拥共建、退役军人事务工作迈出新步伐，民族宗教、史志档案、保密、对台、外事、侨务、工商联、机关事务、公积金、科协、气象、通信等工作取得新成效，工会、老龄、老干、青少年、妇女儿童、残联、红十字等事业取得新进步。

在总结成绩的同时，我们也清醒地看到，长沙县正处在爬坡过坎的关键阶段、滚石上山的创业时期，发展中仍然存在一些困难和问题。一是国内外宏观经济形势严峻复杂，投资增长依然乏力，企业生产困难加大，利润空间进一步压缩。二是产业结构较为单一，“两主一特”增速下滑。三是要素制约加剧，自然资源约束趋紧，土地市场疲软，融资渠道不畅，还债进入高峰期，财政压力增大。四是政务服务效能、营商环境对标沿海先进地区仍有差距。对于这些问题，我们必须高度重视，认真研究解决。

二、2022 年形势和目标

2022 年是党的二十大召开之年，是实施“十四五”规划的关键之年。“三十而立再出发，二次创业攀新高”集结号已经吹响。再出发、再创业，我们要将困难踩在脚下。当前世纪疫情仍在蔓延，百年变局加速演进，国际环境错综复杂，面对需求收缩、供给冲击、预期转弱三重压力，我们要坚定信心、排除万难、勇毅前行，“闯”出星沙新路子。再出发、再创业，我们要将机遇抓在手上。我国正处于大有可为的重要战略机遇期、高质量发展的关键期，特别是强省会战略的实施，为长沙发展注入强大动力，我们要顺应时势、抢抓机遇、砥砺前行，“创”出星沙新空间。再出发、再创业，我们要将人民放在心中。江山就是人民，人民就是江山，引领人民走上共同富裕的康庄大道，不负 137 万星沙人民的重托，我们要聚焦民生、携手同心、阔步前行，“干”出星沙新作为。

2022 年政府工作的总体要求是：以习近平新时代中国特色社会主义思想为指导，全面贯彻中共十九大和十九届历次全会精神、中央经济工作会议精神，深入落实习近平总书记对湖南重要讲话重要指示批示精神，全面落实省委、市委决策部署，弘扬伟大建党精神，坚持稳字当头、稳中求进，完整、准确、全面贯彻新发展理念，服务和融入新发展格局，全面落实“三高四新”战略定位和使命任务，坚持“1345”发展思路，全面吹响“三十而立再出发、二次创业攀新高”战略号角，大力推进实施强省会战略和“双五”[6]工程，全力以赴打造“四区”[7]，全面开展“四个年”行动，统筹疫情防控和经济社会发展，统筹发展和安全，继续做好“六稳”“六保”工作，持续改善民生，保持经济运行在合理区间，保持社会大局稳定，奋力谱写率先打造“三个高地”、建设现代化示范区新篇章，以优异成绩迎接党的二十大胜利召开。

2022 年全县经济社会发展的主要预期目标是：地区生产总值增长 8% 以上；规模工业增加值增长 9% 以上；固定资产投资增长 8% 以上；社会消费品零售总额增长 8% 以上；地方一般公共预算收入增长 8% 以上；进出口总额增长 15% 以上；城乡居民人均可支配收入与经济增长基本同步；城镇调查失业率控制在 5.5% 以内；粮食总产量稳定在 5 亿千克以上。

三、2022 年重点工作任务

2022 年，我们将全面贯彻强省会战略，致力于打造“四区”，全面开展“项目建设提速年、招商引资提效年、营商环境提升年、城乡品质提档年”行动，把握“稳进高新”工作要求，具体抓好六项重点工作任务。

（一）突出项目建设，推进产业升级。全力开展“项目建设提速年”行动，以项目建设之“进”，保经济发展之“稳”。坚持项目为王。按照“一季度开工 80%、半年度开工 90%、三季度开工 100%”的目标要求，加快推进三一智联装备基地、山河工业城（三期）、上汽大众新能源车等 268 个重大项目，力争完成年度投资 522.5 亿元以上，产业投资占比达 55% 以上。力争引进投资过 10 亿元的项目 10 个以上，其中过 100 亿元的项目 1 个以上、过 50 亿元的项目 2 个以上。深入实施“项目管家”制度，对项目实行全周期监管，着力破解项目建设用地、融资、审批、能耗等难题，全面压减项目准入落地投产时间。打造产业高地。深入实施“挖潜、补缺、培优、倍增”三年行动，率先打造以先进制造业为主导的现代化产业高地。加快工程机械产业转型升级，积极进军高端市场，构建工程机械后市场，打造世界级产业集群。促进汽车产业高端化、差异化、电动化、绿色化，加快建设比亚迪新能源汽车零部件产业园。瞄准集成电路设计和功率半导体器件领域，力促蓝思科技黄花基地达产增效。建立“企业培育库”，推进“制造业强基实施清单”。发力总部经济，建好星沙算中心、水务集团结算中心等总部项目。打造特色楼宇，力争商务楼宇总面积突破 200 万平方米，楼宇年度税收突破 7 亿元。加快建成“金融超市”，积极引入银行、券商、基金等金融机构，主动融入长株潭普惠金融发展示范区建设。全力推进“两业融合”[8]，培育 2—3 个“单项冠军”。力推上汽大众奥迪新车型等重大产业项目落地，实现产业链—产业集群—产业生态有效衔接。狠促科技项目。深化“揭榜挂帅”模式，加速推进顶立科技第三代半导体用关键材料等十大技术攻关项目，攻克一批“卡脖子”技术难题。全力争取环形正负电子对撞机大科学装置落户，启动长沙特种工程装备、长沙干细胞与再生医学等工业技术研究院建设。支持星沙机床、星通汽车等企业智能化改造，新培育国家级专精特新“小巨人”企业 4 家以上，力争全县高新技术企业达 888 家，科技型中小企业达 720 家。

（二）突出招商引资，推进片区建设。全力开展“招商引资提效年”行动，按照“包装一批、洽谈一批、开工一批、投产一批”招商要求，突出高效实效，助力片区腾飞。全心全力推动县区一体。深化县区招商联席会议工作机制。支持长沙经开区“腾笼换鸟”，聚焦主导产业，抓好主题招商。在高端车型导入、新能源车壮大上再发力，促成一批10亿元以上在谈重大项目落地。全力支持长沙经开区建设二期发展平台，加快青山铺配套产业园建设。做强做优自贸临空区。突出自贸特色、临空优势、综保特点，紧盯临空产业头部企业精准招商，力争将自贸临空区打造成总部经济区、产业科创区。加快爱尔国际医学院、湖南航空主运营基地、百度百微云超级智算产业园等一批投资50亿元以上项目签约。推动声迅安防高科技产业园、中铁五局五公司总部基地等一批10亿元以上项目落地开工。提质提效自贸会展区。做好会展核心区、国际交流区、中轴大道两厢等重要组团产城规划设计。围绕会议会展、总部经济、高端商贸等产业，聚焦国际交流区三期，大力开展项目招商。启动国际会展中心二期建设，推进会展配套产业园、自贸总部产业园和国际化学校、人才公寓等项目建设。组建会展产业集团，承办重点国际性品牌展会，实现展览面积120万平方米以上。精致精美建设松雅湖生态新城。全面建设水渡河片区产城融合项目，加快新城基础设施建设。支持高校科创中心进驻，引进数字经济、人工智能等产业创新平台、国家级产业研究中心落户，建设松雅湖智算中心、海创中心，在打造国家科技创新中心和国际文化创意中心上迈出坚实步伐。

（三）突出改革创新，升级营商环境。全力开展“营商环境提升年”行动，打造市场化、法治化、国际化的星沙营商环境4.0版。高效推进自贸试验区制度创新。高标准完成自贸试验区113项改革试点任务。落地跨境电商新零售、“同飞工程”模式，加快形成“区港联动”“国际文化艺术品展示交易”“二手工程机械出口”等创新案例，系统集成推出一批具有临空特色的制度创新成果。建立展会知识产权保护机制，探索会展片区水土保持监测改革。着力深化重点领域改革。深化要素市场化配置改革，支持和引导资本规范健康发展。强化县区审批、审管联动机制。推进预算管理一体化改革，建立政府采购“四横三纵两联合”[9]全过程管理机制。深度盘活“三资”[10]，实现国有资产的保值增值。深化供销合作社改革，打造供销合作星沙样板。培大育强市场主体。深化商事制度、工程建设项目审批制度、财产登记便利化“三大改革”，营造高效便捷政务环境。升级改造县政务大厅，高标准运营自贸临空区和会展区综合服务中心。加大对重点企业挂牌、上市的培育辅导，力争新增上市企业2家以上。办好“企业家日”活动，依法平等保护民营企业产权和企业家权益，助力长沙争创全国民营经济示范城市。持续开展“千人帮千企”暖企行动，营造亲清政商关系，市场主体总量增长14%以上，企业总量增长16%以上，新注册“三类500强”企业2家以上。

（四）突出城乡品质，推进融城发展。全力开展“城乡品质提档年”行动，努力创建全国文明城市。加速融城步伐。按照“南征北战、东拓西融”区域发展战略，加强长株潭规划衔接，完成国土空间总体规划和各片区规划编制，构建区域协调的空间格局。抓实长株潭区域文旅合作互融等7项重点工作。推进长沙机场改扩建等重大基础设施项目。支持长赣铁路建设。实现江杉高速通车。加快城市建设。有序推进劳动东路、机场中轴大道南北段、香樟路高架及辅道等7条机场集疏运道路建设，新建黄花大道、农科路等道路，打造“空铁联动轴”。加快推进湘府路等基础设施建设。启动安沙大道（二期）、金安大道东延和西延、东升路快速化改造和星沙大道—滨湖路立交等项目，构建松雅湖生态新城“三纵三横”骨架路网。推进凉塘东路、梨江大道西延等道路建设。实现万家丽路快速化北延线通车。建成南阳—荆门—长沙1000千伏特高压交流输变电等工程。加强城市管理。落实星沙新城建设品质管控导则，建设新型智慧城市，持续提升城区风貌。新建一批城市驿站。创建绿色社区10个以上。改造城区易涝点24个。坚持城管市县考核“一把尺子量到底”，深入实施“六制”[11]考核办法，推进城市精细化管理。有序推进“百街千巷”环境综合整治工作，扎实开展“文明星沙365”[12]市民素质提升行动，推动文明创建工作实现质的飞跃。

（五）突出文旅融合，推进乡村振兴。锚定产业发展、文旅融合、人居环境三篇文章，坚定不移打造乡村振兴标杆区、文旅融合样板区。做强“兴农产业”文章。抓好农业生产，扛牢粮食安全责任，实施《长沙县促进粮食生产十条措施》。严格耕地用途管制，坚决遏制耕地“非农化、非粮化”，新建高标准农田2666.67公顷，实现农业机械化率83%以上，粮食播种面积稳定在7.53万公顷以上，粮食总产量稳定在50万吨以上。深入实施种业振兴行动，支持种业小镇、隆平稻作公园建设。推进星农智谷、杨祠小镇等田园综合体项目。茶产业综合产值突破48亿元，花木种植面积8000公顷以上，打造一批民宿集聚区。实施“星沙味道”百店连锁工程。新增一批省市级重点农业龙头企业。推动巩固拓展脱贫攻坚成果同乡村振兴有效衔接，30%以上村级集体经济组织收入突破50万元。做精“文旅融合”文章。落实落细“十大行动”，构建“一核一圈四区”发展格局。加快启动县体育中心建设。推进开慧、果园文旅小镇和影珠山景区、浏阳河文化旅游产业带等项目建设。支持天华山和紫竹山创建AAAA级景区、珠塘湖创建AAA级景区，支持春华、福临、青山铺建设红色产学研示范区，联动发展路口麻林温泉—大山冲森林公园，建设金井绿茶文化和天文科普特色镇，建成一批文旅融合示范点和示范村，精心打造“七星聚力”文旅品牌。做好“人居环境”文章。完善“七张网”建设，新建河道治理、城乡供水一体化二期等项目，启动8座水库除险加固。提质改造宋水公路、X032等道路，启动黄兴大道南延、G0401至G107联络线等公路建设，力推京港澳高速增设福临互通。新增美丽宜居村庄示范片6个以上，让乡村颜值再提升。

（六）突出惠民利民，增进民生福祉。坚持基本民生投入只增不减，用心用情办好县“10件民生实事”。一是新增义务教育学位8880个；二是推进食品安全放心工程，放心肉智能监管平台推广与应用1000户，建立镇（街）食品安全快检室14个；三是新建城市社区养老服务中心（站）8家；四是既有多层住宅增设电梯100台；五是改造老旧小区38个；六是新增停车场27个，新增停车位1.8万个以上；七是新改建农村公路160千米以上，建设农村旅游路、资源路、产业路提质改造工程48千米以上，建设农村公路安防设施8千米以上；八是创建美丽宜居村庄130个；九是新建长沙县公共卫生救治中心；十是建设防洪保安大堤。努力促进充分就业。抓好农村转移劳动力、高校毕业生、退役军人等重点群体就业，帮扶残疾人、零就业家庭成员等困难人员就业。落实创业扶持资金和担保贷款。新增城镇就业1.7万人以上。全力推进“五好”教育。落实“双减”[13]政策，推广幸福教育，构建教育高质量发展体系。建设湘龙二小、龙峰小学、开慧中学等20所学校，稳妥调减民办义务教育阶段学位数量。引进长郡双语、麓山国际等优质品牌，实现南雅星沙（经开）、雅礼田汉开学招生。加大教育评价改革，新招聘教师500名，引进教育人才200名。奋力建设医卫强县。实施“名院、名科、名医”战略，推进县人民医院等15个项目建设，大力引育学科带头人。落实健康中国行动，深入开展爱国卫生运动，促进中医药传承创新，做实家庭医生服务。探索老年友好型社区和老年友善医疗机构建设。推进医疗、医药、医保“三医联动”。着力完善保障体系。深化社会救助综合改革，压实社会保险基金监管主体责任。聚焦“一老一小”服务，建设干杉敬老院，推进小区适老化改造，落实“三孩”政策，加快县托育综合服务中心建设。开建县生活无着人员救助站，发展慈善、志愿服务，加强妇女儿童、青少年、残疾人权益保障，建设有温度的爱心之城。

四、2022年工作举措

为做好全年工作任务，我们将强化六大举措：

（一）强化要素保障。扩大政府投资，抓好项目储备，推动37个专项债项目落实落地，争取更多项目纳入国家“盘子”。坚决防范化解政府性债务风险，守住不发生系统性区域性债务风险底线。出台财源建设方案，实施主导产业税收提升等“四大计划”。设立“三高四新”战略投资基金，运营好临空产业基金。激活社会投资，吸引更多社会资本进入。全力推动生产要素畅通循环，抓好煤、电、油、气、运调度。接续推进“百日会战”攻坚清零，保障产业、民生、基础设施和重点片区用地需求。促进房地产业和建筑业健康发展。充分发挥高层次人才服务中心和星沙海外人才创新创业服务中心引才聚才效能，引进更多高精尖等各类人才。

（二）强化对外开放。发挥自贸试验区主阵地优势，出台新一轮稳外贸政策举措，推动外向型市场主体蓬勃发展，加快引进落地一批保税物流、加工贸易等进出口企业，大力招引全国外贸200强企业总部落户。坚定发展跨境电商产业，推动井贝跨境电商产业园开工，助推友阿跨境荟如期营业。稳步开展对非和RCEP[14]国家贸易，支持企业“借船出海”。借助机场、综保区开放功能，争取肉类口岸资质。统筹联动机场、海关、口岸、外汇、金融等部门，提升外贸企业通关便利化水平。执行外资负面清单管理制度，积极吸引外资入县。

（三）强化消费升级。全面启动黄花国际贸易港建设，坚持高标准规划、高起点设计、高品质建设、高水平管理，打造中部地区现代仓储、国际贸易和展示交易集散中心。发挥中南汽车市场集聚效应，支持创设汽车主题街区，力争打造新能源汽车应用场景及服务配套示范区。加快海吉星国际农产品物流园（二期）建设，推进农贸市场智能化提质。促进商业综合体差异化发展，鼓励品牌连锁企业新开门店。加快促进住房消费、绿色消费、节庆消费等，鼓励发展智慧零售、“夜间经济”等新型消费，举办汽车消费节等特色主题活动，擦亮“星沙商圈”消费名片。

（四）强化安全保障。深入开展“四进四查五到位强基保安行动”[15]，筑牢“平安长沙县”基层基础。强化常态化防控措施，慎始如终抓好疫情防控。推进“区块链+食品药品监管平台”建设，创成省级食品安全示范县。扎实推进“路长制”，持续集中整治道路交通顽瘴痼疾，抓好S206安全文明示范路创建。巩固“河湖长制”“林长制”，落实好“田长制”。常态化开展扫黑除恶、禁毒、反电诈工作，坚决落实网络安全和网络安全意识形态工作责任制。全力推动信访积案化解，做好星沙善治大文章。积极推进碳达峰碳中和，深入打好污染防治攻坚战，加强生态环保督察交办反馈问题整改，确保空气质量优良率90%以上，国省河湖断面水质达标率100%，创建国家“两山”实践创新基地。

（五）强化自身建设。坚持党对经济工作的集中统一领导，忠诚拥护“两个确立”[16]、坚决做到“两个维护”，着力建设政治坚定、担当有为、人民满意的政府班子。深入学习贯彻习近平法治思想，带头尊法学法守法用法，完善各项决策程序制度，促进政府治理规范化、程序化、法治化，争创全国法治政府建设示范县。自觉接受县人大及其常委会的法律监督和工作监督，认真落实各项决议决定，办理好人大议案和代表建议、批评、意见。积极支持县政协履行政治协商、民主监督、参政议政职能，办理好政协提案。广泛听取人大代表、政协委员及社会贤达意见。坚持依法统计、强化审计监督，牢固树立“过紧日子”思想。全力支持“清廉单元”[17]创建，打造清廉星沙。

（六）强化工作作风。严格落实中央八项规定精神，深化整治形式主义、官僚主义，进一步精文减会，为基层松绑减负，以高效率工作作风推动长沙县高质量发展。永葆“闯”的精神、“创”的劲头、“干”的作风，坚持“率先、争先、领先”，突出“实在、实干、实绩”，向“庸懒散、软浮推”亮剑。加强经济知识、科技知识、历史知识的学习，不断提高抓经济工作的专业能力。强化负责思维，用政府的“担当指数”提升星沙的“发展指数”，用干部的“辛苦指数”换来人民的“幸福指数”。

名词解释

［1］“五好”园区：即规划定位好、创新平台好、产业项目好、体制机制好、发展形象好的园区。

［2］“同飞工程”：即实施地区合作和利益分享的飞地经济模式，通过与其他地区合作发挥各自优势招引企业入驻自贸临空区，共享政策、税收、业绩等，从而实现经济同飞。

［3］“五好”教育：即好学校、好校长、好班主任、好老师、好学生。

［4］“五化民政”：即人本化、法治化、标准化、信息化、社会化。

［5］信访工作“三无”县：即无重复上访、无集体上访、无信访积案。

［6］“双五”工程：即“五区建设”和“五个十大”，其中“五区建设”为做大城区、做强园区、做优片区、做实县区、做靓社区（村），“五个十大”即“十个重大城市片区”“十个重大引领性产业项目”“十个重大科技创新标志性项目”“十个重大基础设施项目”“十个重大民生项目”。

［7］打造“四区”：即“三高四新”引领区、融城发展创新区、乡村振兴标杆区、文旅融合示范区。

［8］“两业融合”：即先进制造业与现代服务业深度融合。

［9］“四横三纵两联合”全过程管理机制：即横向整合财政部门预算、资产、采购和绩效评价四个职能，纵向贯穿政府采购项目采购前、中、后三个环节，联合纪检监察、巡察、审计等部门和第三方机构两个主体参与的监管新机制，发挥政府采购政策功能，持续优化营商环境，促进市场公平竞争，围绕措施更精准、管理更协同、监督更全面、执行更高效，实现“物有所值”采购目标。

［10］“三资”：即资金、资产、资源。

［11］“六制”考核：即扣分扣款销号制、排名制、通报制、约谈制、淘汰制、黑名单制。

［12］“文明星沙365”市民素质提升行动：即实施“志愿服务365”、“全民大扫除365”、“厚德星沙365”工程；开展文明城市、文明单位、文明校园、文明村镇、文明家庭、文明行业创建；开展文明出行、文明餐桌、文明旅游、文明养宠、文明上网行动。

［13］“双减”：即减轻学生作业负担和压减学科类校外培训机构。

［14］RCEP：即《区域全面经济伙伴关系协定》。

［15］“四进四查五到位强基保安行动”：即开展“进农村、进社区、进企业、进单位”“安全生产大排查、消防安全大排查、疫情防控大排查、社会稳定大排查”“政策宣讲到位、隐患排查到位、矛盾化解到位、风险管控到位、依法处置到位”集中行动。

［16］“两个确立”：即确立习近平同志党中央的核心、全党的核心地位，确立习近平新时代中国特色社会主义思想的指导地位。

［17］“清廉单元”创建：即全面推进清廉机关、清廉行业、清廉园区、清廉企业、清廉学校、清廉医院、清廉村居、清廉家庭等清廉单元创建。

专　文

编辑　周进银

长沙县党史学习教育综述

2021年党史学习教育开展以来，长沙县贯彻落实习近平总书记关于党史学习教育、“七一”重要讲话精神和中共十九届六中全会精神，以及中央和省委、市委党史学习教育决策部署，推进党史学习教育深入开展。推出12个现场教学点，承办省委、市委理论学习中心组到长沙县开展专题学习。原创红色文艺作品，创新推出爱国主义教育场馆“一馆一剧”，开发红色精品课程，全县红色场馆接待党史学习教育团队8000余批次、近90万人次。举办“中国共产党星沙百年座谈会”、纪念刘少奇湖南农村调查60周年学术研讨会暨刘少奇思想生平研究会年会、杨开慧烈士诞辰120周年书画创作活动和《中国共产党星沙百年》展览等。推出大型系列报道《星沙百年记》11期。利用网上群众工作云平台，采纳意见1629条，办成民生实事5126余件，办结率98.2%，满意率99%。省委党史学习教育巡回指导组3次到县指导，长沙县为民办实事相关工作被中央电视台《新闻联播》报道6次，开展爱国主义教育相关情况被中央党史学习教育简报（184期）刊载。

——全面抬高坐标，组织有力度。强化组织领导。成立工作领导小组，制定县委党史学习教育实施方案，县委常委会专题研究党史学习教育工作3次，召开全县党史学习教育动员大会、县党史学习教育领导小组会、县党史学习教育巡回指导工作培训暨宣讲工作动员大会等相关会议。抽调30人组成工作专班，负责全县党史学习教育工作，抽调24人成立6个巡回指导组对全县各单位进行督促指导。年内，推出工作简报59期。注重思想引领。开展党史学习教育、“七一”重要讲话精神、中共十九届六中全会精神和省、市、县党代会精神征文活动，在县级媒体推出《红色星沙》综述和相关评论文章，开设《党史上的今天》《追寻红色胜迹》《百年风华群英谱》《讲好党史故事，传承红色基因》等专栏。县委领导撰写理论、调研文章，其中《从革命英烈事迹中汲取砥砺奋进力量，加快推动经济社会迈向新高地》在光明网刊发，县委理论学习中心组理论文章《弘扬建党精神，勇攀时代高峰》在《长沙晚报》刊发，《深化党史学习教育 赓续红色精神血脉》《用“三让”精神提升“三为”境界》《建党百年 建功有我》等多篇理论文章在省、市主流刊物发表。县委理论学习中心组5次开展党史学习教育专题学习。全体成员深入学习贯彻习近平总书记在党史学习教育动员大会上重要讲话精神，持续深入学习习近平总书记考察湖南重要讲话精神，到许光达故居、中共湘区委员会旧址、长沙党史馆、岳麓书院、新民学会旧址、半条被子故事发生地汝城沙洲村实地参观学习。举办学习贯彻习近平总书记“七一”重要讲话精神专题读书班，开展学习贯彻中共十九届六中全会和省党代会精神专题研讨，传达学习习近平总书记系列重要讲话精神，以及中央、省、市相关会议精神，不断增强“四个意识”、坚定“四个自信”、做到“两个维护”。

——用好红色资源，学习有深度。推出党史学习教育现场教学点12个，印制党史学习教育地图，构建遍布全县的党史学习教育红色矩阵。深挖红色精神“富矿”，承办纪念刘少奇湖南农村调查60周年学术研讨会暨刘少奇思想生平研究会年会、举办杨开慧烈士诞辰120周年书画创作活动、启动“追寻红色胜迹”活动，提炼陈树湘“断肠明志”、徐特立“三个第一”、杨开慧“忠贞不渝”、许光达“三让——共产党人自身的明镜”等精神内涵，开发《国歌的力量》《断肠明志铸忠魂》《功名利禄淡如水——许光达大将“让衔”的启示》等系列精品党课，纳入党史学习教育课程菜单。5月13日、17日，省委、市委理论学习中心组先后到长沙县开展专题学习教育。匠心打造文艺精品。以本地红色人物的英勇事迹为题材，创作舞台剧《血红的名册》《田汉眼中的中国》，儿童剧《巨人计划之信仰》、廉政教育舞台剧《传承》、湘剧《国歌时候》、花鼓戏《徐特立》等，在全国率先打造爱国主义教育基地“一馆一剧”情景式教学，首推行进式实景演出《田汉与国歌》，编辑《湖湘首善耀忠魂》《徐特立和他的学生们》等红色书籍，出版长篇小说《铁血师长陈树湘》。创新开展特色宣教。举办《中国共产党星沙百年》主题展览、开展“千名书记讲党史”“党史茶话会”、红色家书经典诵读、党史移动课堂、“学习强国”达人暨党史知识竞赛等活动。推出系列报道《星沙百年记》，以微纪录片、短视频、手绘漫画、动画视频、文字评论等形式展示中国共产党在长沙县的百年历程。成立由专家领导、老干部、老教师、微宣讲员等57人组成的县委党史学习教育宣讲团，举办“百名宣讲员讲百年党史”研讨班、“就认这个理 星沙微宣讲”比赛及微理论宣讲进学校、进机关、进农村、进企业、进社区、进网络示范宣讲活动，全年宣讲3000余场次。开展“光影铸魂”电影党课，5万人观看学习。以“百年风华·红动星沙”为主题，推出“薪火传承”“魅力文旅”“融城绽放”三大红色文旅活动，打造个性化红色精品线路，设有主题党课及现场教学15堂、情景体验剧1场、主题舞台剧3场，为党史学习教育提供菜单式服务。年内，全县红色场馆接待党史学习教育团队8000余批次、90万人次。

——营造浓厚氛围，宣传有热度。唱响激昂主旋律。以“奋斗百年路 启航新征程”为主题，推出系列报道。“长沙县收集整理近百项民生实事，正探索集中解决群众急难愁盼的问题”和“长沙县连日来在党史学习教育中利用多种形式，推动学习教育走深走实”“山河智能牢记初心使命，在制造业关键领域攻坚克难，解决‘卡脖子’问题”等专题分别被《新闻联播》《新闻直播间》《朝闻天下》报道10次。《人民日报》专题刊发朱有志主动扎根乡村11年，谋发展、促振兴的典型事迹。全年在中央、省、市媒体推出党史学习教育稿件近1300篇次，其中，中央媒体报道83篇次，省级报道近600篇次。画好网上同心圆。紧扣庆祝中国共产党成立100周年，组织参与“奋斗百年路 启航新征程”“湖南为什么这么红”“长沙这么红”“三湘红色密码微党课”等重大主题网上宣传。组织开展由中央网信办主办的“在这里读懂初心使命网络媒体革命老区行‘在这里读懂湖南人’”网络主题采访活动及启动仪式、“开着汽车看乡村”“走进红色美丽村庄”网络主题宣传采访活动。在各大平台发布《建四区、战高地，长沙县为什么能？》等自媒体文章10余篇，其中《践行“三高四新”战略 彰显星沙担当》被人民网、新华网、红网、凤凰网等40个媒体平台转载。开展新媒体宣传，在官方平台“微星沙”开设“百年党史展芳华”专栏，以图文、海报、短视频、H5等形式创新党史学习教育。推出红色初心故事11篇，原创短视频30条，各平台阅读量100万余次。加强网络评论引导，运用网评管理系统，提升网络正能量。2021年11月，湖南省政务新媒体10月排行榜公布，“微星沙”排名全省第1位。

——坚持心在人民，办事有温度。抓好发展大事。引领全县干部群众聚焦率先打造“三个高地”、建设现代化示范区发展目标，聚力打造“四区”，出台3年行动方案。全力创建“五好”园区，紧扣省市“三个十大项目”“五个十大项目”，发力“4+2+3”产业链建设。年内，全县铺排重大项目177个，投资1594.37亿元，其中续建项目102个，实现党史学习教育与项目建设同步推进，力推经济高质量发展、城市高品质建设，助力长沙创建国家中心城市。办好民生实事。推进乡村振兴、学有优教、病有良医、住有宜居、弱有强扶、文旅悦民、稳岗引才、优化营商环境、志愿服务、治理提质“十大民生工程”，形成实事项目清单382项，以星沙“治”慧办好“学位、床位、车位、厕位、房位、岗位、梯位”等群众关切的现实问题，新增学位1.55万个、床位845张、停车位9950个、改造公厕124座、农户厕所12万余个。聚焦“一老一小”民生热点，公办幼儿园占比54%以上，民办普惠幼儿园占比77.5%。突出医养结合，智慧医养，打通服务群众“最后一公里”，辐射服务人群10万余人，接单医疗上门护理2000余起。坚持“房住不炒”，为30万产业工人提供公租房，建设公租房项目56个25940套（户）。投资163497万余元，公租房长沙经开区英萃园员工小区建成并交付使用；落实就业优先政策，开展技能培训16880人次，新增城镇就业1.7万人；实施老旧小区电梯安装工程。解决治理难事。践行“科技+制度+网上网下”群众路线，开通“我为群众办实事”专栏，畅通覆盖全县各部门单位的民生诉求反映渠道。聚焦群众“急难愁盼”，开展“访民情、听民意、出实招、办实事”大走访、大调研、大服务行动。通过网上群众工作部、党建“020”服务平台、文明实践中心等实现网上接单、网下落实，线上问需、线下解难，采纳意见1629条，办成民生实事5126件，办结率98.2%，满意率99%。办理和回应问政湖南群众网上来信，信访工作获国家信访局嘉奖。年内，组织19.61万余名志愿者投身疫情防控、文明创建一线，有效服务人民。

——立足主题主线，思想有高度。长沙县贯彻执行《关于新形势下党内政治生活的若干准则》和《中国共产党党内监督条例》，以“学党史、悟思想、办实事、开新局”为主题，以加强和规范党内政治生活、加强党内监督为着力点，抓好专题组织生活会落实。年内，长沙县82家部门单位全部召开专题组织生活会，全县34名县处级以上领导干部参加专题组织生活会，谈心谈话105次，查摆问题119个，制定整改措施122条，查摆问题整改完成119个，讲专题党课30场。

（中共长沙县委党史学习教育领导小组办公室）

长沙县开展“党建聚合力书记领航行动”综述

2021年，长沙县深入贯彻落实市委“党建聚合力”工程，实施“党建聚合力书记领航行动”，由各镇（街道）和县直单位党（工）委书记重点围绕中央和省委部署的年度基层党建重点任务、市委“党建聚合力”工程、全县党建十大行动等内容进行选题，突出小切口、寓新意、有实效，确定34个基层党建工作创新项目竞争性推进，解决当前基层党建工作中的一批重点难点问题，压紧压实全县各级党组织书记抓党建“第一责任”，凝聚起以高质量党建引领现代化示范区建设的强劲合力。

一、实施背景

（一）*履行主体责任有要求*。习近平总书记指出：“各级党委（党组）要加强对党的建设的领导，扛起主责、抓好主业、当好主角，把每条战线、每个领域、每个环节的党建工作抓具体、抓深入。党委（党组）书记作为第一责任人，推动党建责任层层落实落地，把党建工作抓实、抓细、抓到位。市委“党建聚合力工程”提出，各级党组织书记要履行好第一责任人职责，当好“一线总指挥”，带头研究、带头推进，把“责任田”踩实踩热，形成一级带一级的工作格局。如何推动党组织书记扎实履行抓党建第一责任人责任，推动党建责任层层落实落地，成为新形势下全面从面治严治党的重要课题。

（二）*县委大抓党建有部署*。县第十四次党代会，提出要以高质量党建引领现代化示范区建设，牢固树立大抓基层的鲜明导向，把“党建聚合力”工程作为全面启航现代化建设的基础性工程来抓；要大力实施党建十大行动，着力打造一批可听、可看、可复制、可推广的党建载体，持续擦亮基层党建的“星沙品牌”。“党建聚合力书记领航行动”是县委提出的党建十大行动之首，是统揽的举措，是有效的抓手。如何落实县委大抓党建的全局部署，推动以高质量党建引领现代化示范区建设，成为全县各级基层党组织书记抓基层党建工作的题中要义。

（三）*夯实基层基础有需要*。近年来，县委始终高度重视基层党建工作，注重抓基层、打基础、利长远，基层党建工作连续7年在区县（市）委书记履行基层党建责任述职评议中评为“好”，党建020模式等3项党建创新案例获得国家级荣誉。但是，客观而言，部分基层党组织书记抓党建的意识仍然不够强，党建基础仍然不够实，党建精品仍然不够多，齐抓共管的合力仍然没有很好的凝聚起来。实施“党建聚合力书记领航行动”，就是要坚持创新实干的理念，以项目化、竞争性为主要方式，推动基层党组织书记深入一线调研指导、解决问题，着力打造一批叫得响、有影响力的党建工作品牌，切实形成“书记抓、抓书记”的浓厚氛围。

二、主要做法

“党建聚合力书记领航行动”参加对象为各镇（街道）党（工）书记及县直单位党组、党（工）委书记，其他领域基层党组织书记由相关党组、党（工）委结合实际参加组织实施。“党建聚合力书记领航行动”采取项目化、竞争性方式推进，主要包括项目申报、方案制定、全面推进、成效评估、擂台比武和绩效激励等步骤，确保把“党建聚合力书记领航行动”落实到每一个基层党支部、每一名基层党组织书记。重点从以下四个方面实施“党建聚合力书记领航行动”。

（一）*坚持“书记抓、抓书记”，推动第一责任压紧压实*。将“党建聚合力书记领航行动”作为发挥党建引领作用的重要载体，县委召开观摩推进会1次、组织部组织召开调度会议3次，实地调研30余次，县委书记、组织部长面对面点评党组织书记50余人次，肯定成绩、指出不足，明确努力方向，全面压紧压实各级党组织书记第一责任。各党组织书记扎实做到勤调度、勤调研、勤推动，围绕创新项目召开调度会70余次，实地走访调研、推动解决问题1500余起，形成一级抓一级、层层抓落实的良好局面，全县大抓基层党建工作的氛围越来越浓厚。春华镇结合乡村振兴工作，将“基层网格微治理‘三五’模式”作为“党建聚合力书记领航行动”的创新项目全力推进，镇党政领导、村（社区）党总支书记、下设支部书记一级抓一级，和全镇326个村组的网格员一道，围绕“五进农村、五会引领、五零共抓”，召开“春华夜话”屋场会700余场，有效解决村级发展忧心事、烦心事600余件，办结率99.3%，全镇抓党建工作氛围日益浓厚，推动乡村振兴各项工作进展顺利、成效显现。

（二）*坚持“项目化、竞争性”，推动党建目标脱虚向实*。长沙县“党建聚合力书记领航行动”改变以往党建工作缺乏量化竞争的问题，坚持问题导向设立创新项目，按照项目推进的方式推动党建工作开展，形成系统性的党建工作成果。县委组织部在党建020公众号开辟“书记领航书记谈”“书记领航进行时”“书记领航成果展”3个专栏，专题推送党组织书记在推进“党建聚合力书记领航行动”过程中的所思所想、所做所得。推出“书记谈”14期，“进行时”20期，“成果展”4期，增强思维碰撞、提升竞争活力。黄花镇是长沙县征地拆迁的主战场，镇党委突出党建聚合力作用，将支部建在拆迁一线，4个拆迁指挥部临时党支部同项目方党组织、村（社区）党组织联建共建，突出党员作用，指挥部临时党支部之间开展竞赛，项目腾地工作火热开展，交出“百日会战”优秀成绩单，项目开展以来，黄花镇累计签约400余户，腾地386.67公顷，完成33个项目清零。

（三）坚持“建机制、抓落实”，推动领航行动靶向推进。县委组织部建立创新项目“周调度、双周通报、月观摩”的调度机制，及时发掘特色亮点、了解问题困难、督促深入推进，形成周调度情况12期、通报4期，组织镇（街道）党（工）委书记开展观摩活动2次。特别是县委书记带领四大家班子成员开展1次全县范围的拉练观摩，掀起书记领航行动热潮。各单位明确责任清单，制定时间表路线图，坚持周计划、周小结扎实推进落实。路口镇针对农村党员管理难、作用发挥难等问题，探索务实管用的党员分类积分管理模式。试点党支部设置党员积分“先锋指数”评价栏，依据实时累计积分动态公开，设立“红黄绿”三色预警机制，按月调度推进。绿色（积分排名前10位）评为月度党员标兵，黄色（日常表现积分扣分5分以上）及时书面提醒，红色（日常表现积分扣分10分以上）由支部书记进行约谈，给党员上紧“紧箍咒”。项目开展以来黄色提醒8人，红色预警1人，各支部书记分别对其进行提醒和约谈，使其强化党性意识，促进作用发挥。

（四）坚持“小切口、大作用”，推动创新项目求真务实。以聚焦基层党建工作中的小事为重点，从“小切口”入手解决“大问题”，抓一件成一件，成一件带一片，让基层党建工作解决问题、凝聚力量、产生成效。“三务积分管理”、党员管理“三分法”、“四好四有”流动党员管理、“头雁课堂”、支部建在小区上等一批小切口项目全面实施生效。自10月起，小区治理“三个全覆盖”按下“加速键”，出台“十条措施”，召开联席会议，“三个全覆盖”的覆盖率提升。同时，常态化疫情防控、拆迁项目一线、五零建设、美丽宜居村庄建设等各条战线，党组织战斗力也不断提升、党员模范带头作用不断显现，小切口项目显现出连绵用力的大作用。星沙街道创新推出“党建＋网格”基层治理项目，以党员网格员为纽带，引导群众共建共治，项目化推进网格基层治理任务。党员在网格内均有自己的“责任田”，所有群众都是党员的服务对象，网格长、网格员都是居民的“代办员”“跑腿员”。2021年，星沙街道173名网格员采集基础数据108599条，处理网格事件99643条，处置城管数字化案件455661条，走访25340户，办理有关审批536件。街道管理更精细、服务更贴心。

三、经验镜鉴

（一）讲好“书记故事”，“头雁效应”得到倍增。如何把党组织堡垒作用巩固好，党组织书记是关键所在。“党建聚合力书记领航行动”促进党组织书记与党员群众、重点服务对象“面对面”交流，听取意见建议，查找问题短板，研究对策措施。着重要求党组织书记摸实情、找问题，定项目、出对策，勤调度、抓落实。实践证明，只有各级党组织书记率先垂范带头抓、带头干，一级带一级、层层抓落实的“头雁效应”才能显现，基层党组织讲得起话、办得成事、喊得拢人的良好局面才能实现。

（二）搭好“比武擂台”，“赛马效应”得到激发。如何提升党建工作效果，闭门造车是无法实现的。“党建聚合力书记领航行动”设立周调度、半月通报、月观摩等制度，打造党组织书记“比武擂台”。各单位交叉观摩、互评打分、交流心得经验，提升“比学赶超”的竞争性，增强“火药味”。实践证明，多种方式展示各单位的工作成效，打造一个竞相争先的“赛马场”能够有效激发担当作为的创造性、积极性和主动性，充分发挥各级党组织的主动性，发挥基层党组织战斗堡垒作用和党员先锋模范作用，

（三）作好“融合文章”，“蝴蝶效应”得到释放。如何强化党的领导核心作用，凝聚推动改革发展强大合力，党的建设是关键所在。“党建聚合力书记领航行动”促进党建与中心工作深度融合，避免党建与业务“两张皮”，着重解决群众“急难愁盼”问题。坚持把党的建设与发展大势结合起来，与改革大局贯通起来，与中心工作统筹起来。实践证明，党建融入的领域有多宽广，党建工作的空间就有多宽广，党员干部群众心往一处想、劲往一处使，就必能凝聚起推动经济社会发展的磅礴力量。

（中共长沙县委组织部）

长沙县乡村振兴工作纪实

2021年，长沙县紧扣“强”农业、“富”农民、“美”农村三大主题，全面打造乡村振兴标杆区，推进农业“六化”［规模化经营、社会化服务、机械化生产、融合化提升、智能（信息）化管理、绿色化发展］和农村“六好”（规划编制好、环境改善好、人才培育好、基层治理好、设施配套好、共同富裕促进好）工作，促进农业高质高效、乡村宜居宜业、农民富裕富足，奋力书写新时代“三农”高质量发展的“星沙答卷”。

提高政治站位，党建引领乡村振兴。长沙县始终把党建引领作为推动乡村振兴的“第一抓手”和“红色引擎”，坚持以党建为先、“五零”为基、文化为魂、产业为要，以基层党建高质量发展引领乡村振兴跑出“加速度”。紧扣抓党建促乡村振兴重点任务，成立县、镇（街道）、村三级领导机构，以美丽宜居村庄建设为核心抓手，纵深推进“党建聚合力书记领航行动”，同时紧密切合基层实际和工作目标，通过制定任务书、路线图、时间表，明确责任人等方式进行项目化管理，稳步构建“全域推进做示范，勇争一流当先锋”的推进格局。从提高政治站位上不断巩固拓展脱贫攻坚成果同乡村振兴有效衔接。2021年2月1日，长沙县召开巩固拓展脱贫攻坚成果同乡村振兴有效衔接会议，传达学习省委农村工作会议精神和省委巩固拓展脱贫攻坚成果同乡村振兴有效衔接会议精神，安排部署全县巩固拓展脱贫攻坚成果同乡村振兴有效衔接工作，明确做好全面推进脱贫攻坚与乡村振兴有效衔接的总体要求，以更实的举措推动两者的有效衔接，突出抓好城乡融合，持续做强乡村产业，探索打造乡村全面振兴示范片；以更严的作风保障两者的有效衔接。

强化工作保障，推动工作重心转变。2021年5月8日，长沙县乡村振兴局挂牌，推动工作重心从打赢脱贫攻坚战向巩固拓展脱贫攻坚成果转变、工作任务从脱贫攻坚向推进乡村振兴转变。以“产业兴旺、生态宜居、乡风文明、治理有效、生活富裕”的乡村振兴20字方针为指导，长沙县高起点、高标准编制全域乡村振兴规划，以“一年打基础、两年见成效、三年基本建成”为要求，先后制定《全面打造乡村振兴标杆区加快农业农村现代化的实施意见》《全域打造乡村振兴标杆区的三年行动方案（2020—2022）》《建设乡村振兴标杆区规划纲要（2021—2025）》等系列文件，科学铺排一系列项目和举措，加快全县农业农村现代化高质量发展步伐。9月4日，长沙县委乡村振兴工作推进会议召开。

从落实工作成效上力促乡村振兴。长沙县通过实施农村人居环境整治、启动美丽乡村建设、提质民宿产业、壮大农产品加工业、发展休闲农业、实施生态移民等，不断巩固脱贫攻坚成果，全面推进乡村振兴。2021年11月26日，78个村（社区）入选省级乡村振兴示范创建村。

开展农村人居环境整治。2021年，长沙县改造农村户用无害化厕所5400座、新建农村公共厕所10座，农村无害化户厕普及率98%以上；推广农村生活垃圾分类“多网融合”模式，完善农村垃圾收转运处置体系，年回收利用农村低值可回收物1.35万吨、集镇厨余垃圾1.1万吨、集镇餐厨垃圾1.13万吨，无害化处置有害垃圾126.5吨，使农村生活垃圾回收利用率增长至31%，有5个镇垃圾排放量连续两年负增长、5个镇维持总体控量。统筹推进河湖管理与保护工作，在长龙街道湘峰村、安沙镇新华村创建2个市级小微水体管护示范片。全县有13个镇需编制镇国土空间总体规划，125个村庄需编制“多规合一”村庄规划，125个村庄全面启动村庄规划编制，其中91个村庄规划完成初步成果、25个村庄获县人民政府批复。20个省级试点村庄通过县人民政府审批并报送省、市备案。

启动美丽乡村建设。2021年，长沙县以改善农村人居环境整治为核心，启动实施美丽乡村建设，拟创建美丽宜居村庄162个，总投资2.86亿元。印发系列政策文件，建立常态化考评观摩机制。年内，全县创建省级美丽乡村示范村7个、省级乡村振兴示范村78个、美丽宜居村庄158个。生态优势带来产业兴旺，美丽环境创造美丽经济，让村级经济活起来，乡村旅游火起来，村民口袋富起来。依托美丽宜居村庄建设，长龙街道湘峰村杨祠组发展民宿产业，村民在家门口从事旅游服务业。黄花镇银龙村打造农旅融合特色田园乡村。巴山子组朱铁牛等村民自发筹资115万余元，建设文化广场、景观湖等。围绕银龙粮食生产基地，集中布点4个美丽宜居村庄，依托银龙小顽国、博野、新江3家农旅企业，打造集中连片的乡村振兴示范区。结合本地农耕文化，建设生产基地水稻博物馆。青山铺镇洪河村以兰春塘美丽宜居村庄为核心示范片，利用乡村生态材料，形成原汁原味、本地独有的朴素美学；挖掘历史文化，传承腰塘古址、老樟古树、民俗古风、农耕古韵，展现振兴新貌、文明新风、治理新学、农业新事，建设人杰地灵、山清水秀的“古韵新村”。金井镇金龙村花园片区依托“村企农”共建共享模式，村企“掌舵”、村民“扬帆”、政府“护航”，做好“农业+”文章，因地制宜打造茶旅融合美丽乡村示范样板。依托湖南名优茶技术创新中心，开发旅游休闲农业，建设观光茉莉花种植基地等，与村民代表签订“村企共建共享协议书”，带动村民致富，不断壮大村集体经济。开慧镇开慧村结合红色基因升级乡村文化内涵，构建“五共”乡村善治新格局。坚持以党建引领，评定“五零星级户”，夯实基层组织建设。开慧村余家坳百岁老人杨淑云讲述烈士杨开慧之母向振熙的6个家风故事，激发村民树立文明和谐的社会新风尚。11月12日，长沙县“党建聚合力——书记领航行动”暨美丽宜居村庄建设拉练活动举行，与会人员实地观摩14个镇（街道）和黄兴会展经济区“党建聚合力书记领航行动”实施情况和美丽宜居村庄建设示范点；同时召开相关会议，通报全县“党建聚合力书记领航行动”情况和美丽宜居村庄建设工作情况，金井镇、黄花镇、江背镇、开慧镇、青山铺镇主要负责人交流发言。是年，全县村级集体经济总收入突破1亿元，全县145个村集体收入全部实现25万元以上，其中经营收入6万元以上。

提质民宿产业。出台《2021年民宿产业发展项目申报指南》《长沙县民宿产业发展专项资金使用管理办法》和《“慧润模式”集中连片打造工作方案》。高桥、路口、开慧、福临、果园、青山铺、春华、江背、金井、安沙、长龙街道等12个镇（街道）新建民宿床位711张，其中自主发展118张，37处民宿庭院提质改造及周边配套设施完善。8月对新申报民宿运营主体、镇（街道）、村组有关人员进行民宿专业培训。是年，全县民宿接待游客23.6万人次，销售收入4970万元，集体增收135万元，农户产品收入2872万元，直接从业人数168人，间接从业人数585人，带动农户220户。

壮大农产品加工业。全县有加工企业235家，有国家级农业产业化龙头企业7家（新增2家），省级农业产业化龙头企业16家，市级重点龙头企业35家（新增10家），农产品加工完成产值200.65亿元。10个市级、13个县级项目申报完成，市级重点龙头企业的监测工作全部合格。

发展休闲农业。全县有市级以上休闲农庄36家，其中，国家五星级农庄9家、国家四星级农庄3家，湖南省五星级农庄21家、湖南省四星级农庄12家、湖南省三星级2家、长沙市五星级3家。2021年有4家湖南省星级农庄升级为湖南省五星级农庄，新评定湖南省四星级农庄6家、长沙市五星级农庄3家。2021年接待游客840万人次，经营收入24.2亿元。8个市级、37个县级项目申报完成，省星级农庄运行监测工作全部合格。

实施生态移民。北山镇集中安置：荣合桥二期132户房屋在建，其中，125户主体竣工，第一次验收及第一批资金基本完成；放弃宅基地安置91户290人。高桥镇集中安置：生态移民第3期95户村民建房主体工程基本完工，第4期项目启动实施。年内，长沙县生态移民工程项目资金6000万元全部拨付到位（北山镇、高桥镇各3000万元）。

巩固脱贫攻坚成果。健全监测帮扶工作机制。出台《关于健全防止返贫动态监测和帮扶机制的实施方案》等文件，常态化开展监测对象识别、落实和跟踪帮扶措施、成效及风险消除。全县组织开展集中脱贫质量集中排查3次、监测对象动态调整工作2次，2021年识别纳入187户424人，全县监测户有433户1072人。落实走访帮扶制度，实行网格化的排查管理，村干部分片包干进行跟踪监测与帮扶，镇级以上干部开展结对联系帮扶。巩固拓展脱贫攻坚成果。落实产业发展，2021年铺排各类产业项目176个，项目总投资3277.16万元，其中财政专项扶贫资金2239.8万元。截至2021年11月，长沙县小额信贷的贷款余额为149户479万元，其中全县投放95笔305.9万元。自2016年以来累计投放贷款3240笔10217.1万元。推进义务教育，全县发放春季学期雨露计划补助资金378人56.7万元，发放秋季学期雨露计划补助资金415人62.25万元；资助贫困学生16070人次1462万元，全县义务教育阶段无1例“五类”学生（从农村到城市读书的学生、寄宿制学生、在民办学校就读的学生、小规模学校的学生、因贫失学辍学学生）。开展基本医疗服务，组建217个家庭医生签约服务团队，免费开展家庭医生签约服务；低保对象及脱贫人员医疗救助比例分别达到80%、70%，实现特困人员救助全覆盖。加强住房和饮水安全保障，出台《长沙县2021年农村危房改造工作实施方案》，专项预算农村危房改造资金200万元，对新增农村危房户及时改造；建立“农村低收入群体”房屋动态监测机制，持续开展农村危房改造动态清零；出台《长沙县农村饮水安全巩固脱贫攻坚成果同乡村振兴有效衔接实施方案》，安排专项资金50万元，对脱贫户及监测户安装自来水的予以减免1500元入户管网建设费和每月6吨用水费用，落实农村供水工程维修养护经费810万元，实现全县农村饮水安全问题动态清零。开展农村低收入人口常态化帮扶，2021年纳入单人户低保的有230余户，落实低保保障标准每人每月750元、特困人员基本生活费每人每月975元；全县有留守儿童152人，通过公益创投项目累计服务留守儿童60余人次，开展各项活动30余场，开展个案服务10余次。开展易地扶贫搬迁后续扶持，县级每年安排专项资金30万元用于完善安置点基础设施建设，易地扶贫搬迁对象就业的有90人，有38户80人享受社会兜底保障，实现产业项目帮扶全覆盖；统筹安排53万元资金专项支持易地扶贫搬迁后续产业项目。加强扶贫资产管理，出台《长沙县扶贫项目资产管理办法（暂行）》，对每个扶贫项目的资产明确管护单位和责任人，建立县、镇、村三级扶贫项目资产后续管理台账，全县确权2801个项目，确权金额19547.07万元。开展就业帮扶，全县共计就业帮扶车间18家，开发岗位132个，吸纳脱贫劳动力就业111人；系统中采集脱贫户务工4769人，其中，开发县、镇、村三级公益性岗位108个。加强项目库建设，2021年项目库内录入项目345个，资金总量15783.14万元；2022年乡村振兴项目库储备项目194个，资金总量28308.23万元。全年培训乡村振兴致富带头人23名，28个乡村振兴示范创建村选派驻村帮扶工作队43支98人。

（徐　赛　周进银）

长沙县概览

编辑　周进银

自然环境

【区域位置】 长沙县位于湖南省东部偏北，湘江下游东岸，湖南省会长沙市近郊。东邻浏阳市，南接长沙市雨花区，西毗长沙市芙蓉区、开福区、望城区，北靠岳阳市。地处北纬28°02′04″～28°39′51″，东经112°58′23″～113°30′09″。2021年，全县总面积1755.5638平方千米。（王知敏）

【地质地貌】 长沙县位于上扬子地层分区和湘中地层分区的交汇地带，新华西东西向和南北向一级二级构造分区从域内通过，共同组成辖区主要构造体系格架。域内断裂带发育，走向多以北东向为主，控制辖区内大的隆起和坳陷，使之呈现北北东向斜列，少部分见北西向和东西向断裂。褶皱构造主要有黄花向斜、雷神庙背斜和九木背斜3类。出露地层有冷家溪群、板溪群、泥盆系、石炭系、二叠系、侏罗系下统、白垩系及第四系，其中出露最广的有冷家溪群、板溪群及泥盆系、白垩系、第四系地层，岩性主要为浅变质碎屑岩夹板岩或互层。白垩系广泛分布于南部，岩性为一套紫红色碎屑岩；第四系冲积物分布在县域南部捞刀河、浏阳河流域，岩性上部为粉质亚黏土，下部为砂砾层、砾石层。地形以丘陵平原为主，分平原、丘陵、山地3个地貌类型。有大小山峦200余座。北部明月大山海拔659米，为全县最高峰。（王斯杰）

【气候】 长沙县地处东亚季风区，属中亚热带向北亚热带过渡的大陆性季风湿润气候，四季分明，寒冷期短，炎热期长。全县年平均气温（1981—2010年）17.6℃，最冷月（1月）平均气温5.0℃，最热月（7月）平均气温29.4℃。历年极端最高气温41.1℃（2003年8月2日），极端最低气温-11.7℃（1991年12月29日）。年平均无霜期260天，年平均日照时数1510.9小时，占可照时数的34%，年平均风速2.0米/秒，多为西北风，最大风速19.7米/秒（1997年6月7日），域内雨水充足，年均降水量1472.9毫米，年平均蒸发量1194.9毫米，平均相对湿度81%，年雷暴日数36.4天，年雾日22.9天。2021年，全县平均气温18.8℃，年降水量1472.9毫米，全年日照时数1500.6小时，无霜期日数349天。（毛　宇）

【水文】 长沙县地处湘江东岸，域内河流众多，属于长江流域，洞庭湖水系。主要河流（流域面积10平方千米以上的河流和部分在此范围以下的重要河道）54条，其中，市管河流2条，县管河流9条、乡管河流43条。流域面积200平方千米以上河流4条，流域面积50～200平方千米的河流9条，流域面积10～50平方千米的河流37条，总长约610千米。域内主要河流有浏阳河、捞刀河及其支流和汨罗江二级支流双江口河。有水库132座，其中，中型水库5座（乌川水库、桐仁桥水库、金井水库、红旗水库、白石洞水库），总库容8130万立方米，小（1）型水库25座，小（2）型水库102座。全县多年平均水资源量14.03亿立方米，其中，地下水资源量3.058亿立方米，地下水径流模数17.4万米^3/平方千米·年。过境水资源量丰富，其中，浏阳河全流域多年平均地表水资源量39.41亿立方米，捞刀河全流域多年平均水资源量19.6亿立方米。（廖国君）

【自然资源】 2021年，长沙县土地总面积1755.5638平方千米，其中，耕地34676.46公顷，园地2994.19公顷，林地82279.66公顷，草地599.58公顷，湿地272.28公顷，城镇村及工矿用地31214.35公顷，交通运输用地7060.16公顷，水域及水利设施用地14269.18公顷，其他土地2190.52公顷（采自长沙县第三次国土调查公报数据，以2019年12月31日为统一时点）。矿产资源丰富，经探查已发现钨、锡、镍、铍、铌、钽、钴、钼、铜、铅锌、金、硅、煤、高岭土、石灰石、萤石、花岗岩、独居石砂等20余个矿种。已发现矿产地113处，其中，大型矿床1处、中型4处、小型62处、矿（化）46处。已被开采利用的主要与建筑材料有关的砖瓦用页岩、硅石、石英砂、建筑石料等非金属矿种，占全部矿产地80%，其余大多数矿种因产地规模小尚未开发利用。域内矿产资源总体特征以花岗岩、高岭土、砖瓦用页岩等非金属矿产为主，金属矿产地多小型、矿化点。县境西北部北山—青山铺—福临镇一带广泛发育花岗岩，是全县花岗岩矿的重要产出地；鼎功、福临一带高岭土资源较丰富；中部春华山、黄花、黄兴、干杉至江背的广大地区砂、页岩发育区，域内主要砖瓦用页岩矿开采区；东南部江背镇河田一带产石灰岩；北部与平江县交界的中低山区，分布有钨、金及多金属矿；路口镇麻林桥有地下热水资源。野生动物有兽类10种，鸟类48种，蛇类10余种。药用植物120余种，木本植物80余种；“罗代黑猪”“北山梅”为国家地理标志保护产品。（王知敏）

【土壤植被】 长沙县耕地土壤分4个土类，9个亚类，30个土属、58个土种，以红壤、水稻土为主，其他还有紫色土、潮土等。山地土壤以花岗岩、板页岩、紫色砂页岩、第四纪红壤及中、酸性紫色土为主，分红壤和紫色土2个土类，4个亚类、17个土属，24个土种。板页岩发育的红壤因其理化性状较好，土壤深厚较肥沃，保水性能强。花岗岩风化物发育成的土壤，质地较粗、土壤透水、透气性好、含钾丰富。第四纪红色黏土土壤质地黏性，显酸性、透水性弱、表土轻松、腐殖质含量低，土壤较贫瘠。紫色岩风化物发育成的土壤土层薄，质地黏重，湿胀干缩性大，抗蚀性弱，土壤贫瘠；沙页岩多为硅质，耐剥蚀且难风化，岩性坚硬，风化产物较少，营养元素贫乏。长沙县属亚热带常绿阔叶林区，有天然和人工栽培树种81科、216属、459种。其中，以蔷薇科数量最多，计40种。按树干形态分为乔木树种195种、灌木树种238种、木质藤木26种；按叶片是否脱落性质分，常绿树种191种，落叶树种268种。列入国家一级保护植物有水杉，列入国家二级保护植物有银杏、樟树、核桃、鹅掌楸、楠木，列入国家三级保护植物有檫木，列入省级保护植物有山拐枣、湖南石槠、南方红豆杉等。（王知敏）

建置区划

【建置沿革】 秦始皇二十六年（前221），析黔中郡南部部分地区置长沙郡，湘县为郡治。西汉高祖五年（前202），改湘县为临湘县。新朝始建国二年（10），临湘县为抚睦县。东汉建武元年（25），废抚睦县，复置临湘县。东汉末年，析临湘县东部之地置浏阳县，此为浏阳置县之始。隋开皇九年（589），改长沙郡为潭州，改临湘县为长沙县，隋大业三年（607），浏阳县、醴陵县并入长沙县。唐武德四年（621），析长沙县东部部分地区复置醴陵县。景龙二年（708），析长沙县东部部分地区复置浏阳县。五代后汉乾祐三年（950），析长沙县东南部部分地区设龙喜县。北宋乾德元年（963），裁龙喜县入长沙县，置常丰县。开宝六年（973），裁常丰县入长沙县。太平兴国二年（977），析长沙县西北部部分地区入宁乡县。元符元年（1098），析长沙县东南部部分地区置善化县。民国元年（1912）4月，裁善化县入长沙县，并入长沙府。1933年8月，析长沙县城区及东屯渡等城郊之地，置长沙市，长沙县隶属长沙市，县治设长沙市。1939年12月，长沙市并入长沙县。1942年2月，复置长沙市。1950年4月，长沙县隶属长沙专区（1952年9月改名湘潭专区）。1959年，改隶长沙市，至2021年无变化。

（周进银）

【行政区划】 清初，沿袭明代区划，长沙县辖15里3厢。道光二十四年（1844），并为10都、4坊、1厢。坊厢下设甲，都、坊以地名、地物命名。1914年，废都甲，设乡镇，全县辖万寿、尊阳等11镇。1930年，全县设10个区。乡镇下设都，全县有71都。都下设团，全县设658团。1933年，设长沙市，市、县分治，长沙县下辖区、乡、镇未变。1939年，长沙市并入长沙县，辖38个乡、6个镇。1942年恢复长沙市。1949年8月，长沙县全境解放，分为6个行政管理区，原乡、保、甲未变。1950年3月，废除保甲制度，全县划为15个区、181个乡、1个镇。1951年，划出县境内湘江以西全部、以东部分地区设望城县。1952年，全县行政区划调整为16个区、1个区级镇、247个乡、3个乡级镇。1956年，全县辖45个乡及榔梨镇。1958年，全县45个乡并为15个人民公社及榔梨镇。1959年，望城县和长沙市郊区并入长沙县。1977年，划出望城县后，全县辖41个公社及榔梨镇。1996年7月，捞刀河镇划入开福区，全县辖13镇7乡。2015年1月，暮云街道、南托街道划入长沙市天心区，跳马镇划入长沙市雨花区。2019年10月，黄兴镇实施管理体制改革，委托黄兴会展经济区管理干杉片区7个村（社区）党的建设和经济社会发展工作。至2021年，全县辖5个街道和13个镇。

（周进银）

历史文化

【传统文化】 2021年，长沙县入选非物质文化遗产名录24个。其中，“长沙陶公庙庙会”“长沙绿茶制作技艺”“长沙县山歌”“腊八豆制作技艺”4个为省级非物质文化遗产，“长沙快板”“长沙县双江滚灯车”“长沙县双江锣鼓亭子”“北山布龙”“春华皮影”“青山竹编”“赛龙舟”“大筒演奏”“江背镇糯米黄酒制作技艺”9个为市级非物质文化遗产，“麻林桥豆腐制作技艺”“龙舟制作技艺”“小花片制作技艺”等11个为县级非物质文化遗产；有市级传承人11位，县级传承人9位，非物质文化遗产传习所5个。

长沙县是湘绣生产的传统基地，有“绣乡”之称。清代嘉庆年间，域内便有很多妇女从事刺绣。清嘉庆庚午年（1810）《长沙县志》卷十四“风俗”条记载：“省会之区，妇女工刺绣者多，事纺绩者少，大家巨族，率以钿饰相侈尚；乡间妇女，钗荆裙布，勤纺绩，主中馈。”魏氏（1842—1914），嫁夫袁理安，人称袁魏氏，长沙县袁家坪人（今开福区青竹湖），被公认为湘绣艺术的鼻祖。袁魏氏先后在袁家坪及沙坪一带授徒100余人，以后又及于长沙西乡的渔湾市、渫湾镇、三汊矶一带，出现不少刺绣高手，这些地方由此成为湘绣生产的中心地带。清光绪二十五年（1899），名绣工胡莲仙之子吴汉臣在长沙开设湖南首家销售绣品的绣庄——吴彩霞绣坊。次年，袁魏氏之子袁瑾荪在长沙八角亭开设锦云绣馆。清末民初，长沙绣庄增至26家，绣工逾1万人，年产绣品2万余件。之后湘绣几度兴衰，中华人民共和国成立后得以恢复发展。1950年，经中共湖南省委批准，长沙县湘绣厂接办长沙锦华丽绣庄，后为地方国营红星湘绣厂，继为湖南省湘绣厂（省湘绣研究所）、长沙市湘绣总厂、长沙县湘绣厂、望城县湘绣厂。1972年至1992年是长沙湘绣业的鼎盛时期，长沙县湘绣销售额逾1000万元；1992年以后湘绣业逐步衰落。1995年，长沙县湘绣厂宣告破产。此后，湘绣产业改制和全面调整，民营湘绣企业随之产生。2006年，湘绣入选首批国家非物质文化遗产保护名录，位于长沙县湘龙街道的湖南湘绣城是全国知名的刺绣生产基地。

陶公庙，旧称“临湘山”。称“庙”为“山”，是道家独有的文化。1947年版庙志称《临湘山志》而不作陶公庙志。因庙中主祀为晋代大司马长沙郡公陶侃的后人陶淡和陶烜叔侄，因此民间俗称“陶公庙”。《晋书》《临湘山志》《长沙县志》载，陶公庙建于南朝梁天监四年（505），有1500余年历史，系当地士民景仰陶淡和陶烜的清名盛德而兴建。陶淡和陶烜是叔侄，两人弃家修道，结庐修炼于榔梨临湘山，传说羽化成仙，成为体恤民生、有求必应的肉身菩萨，陶公庙因此闻名。陶公庙始为茅庵一椽，后经历朝修葺扩建，形成占地5300余平方米，建筑面积2000平方米的庙宇。陶公庙会曾是湖南规模大、影响远的庙会之一。每逢两位陶公菩萨生日——农历正月十三日和八月十七日，当地都要举行盛大庙会庆祝陶公菩萨寿诞，香客以“朝肉香”（将小香炉用线吊于手肘皮下）的形式对陶公菩萨顶礼膜拜。每逢庙会，陶公庙内古戏楼上好戏连台，连唱10天，促进地方戏曲、曲艺繁荣。白天10台戏，由庙会开支，晚上9台戏由当地行会开销。湘剧名伶吴绍芝、欧元霞、刘春泉、廖升翥、李少臣、张梅生均到庙会演出。庙会由此成为百艺汇集之所。民间舞龙、舞狮、高跷、采莲船、罗汉舞、竹马灯、地花鼓、故事会等竞相上场。人们因为庙会结庐成市，首先形成“三仙街”，之后渐成榔梨镇（今榔梨街道）。因此，榔梨镇与陶公庙的关系为“因庙成集，因集成市”。民谣“榔梨街上不作田，两个生期吃一年”，说明庙会期间生意红火、商业繁荣。1997年起，长沙县人民政府将陶公“生期庙会”定为“陶公庙文化庙会”。2011年，陶公庙会入选第二批省级非物质文化遗产名录，是长沙县首个省级非物质文化遗产。

县内节日均与汉族传统节日一致，传统大节有春节、端午节、中秋节。几千年来，熬腊八粥、插梅迎春、送灶王爷、吃团圆饭、出天行、闹元宵等春节习俗在民间代代相传。其他节俗有元宵节、中和节、上巳节、清明节、七巧节、中元节、重阳节等。

县内手艺人所从事的行业统称九佬十八匠。旧时有“三缸”“九佬”“十八匠”之说。“三缸”指染缸、酱缸、酒缸；“九佬”指剃头佬、修脚佬、阉猪佬、补锅佬、錾磨佬、渡船佬、杀猪佬、打鱼佬、打铳佬；十八匠指金匠、银匠、铜匠、铁匠、锡匠、木匠、瓦匠、窑匠、石匠、漆匠、弹匠、篾匠、染匠、画匠、雕匠、砌匠、箍匠、皮匠。十八匠依序编成歌诀：“金银铜铁锡，木瓦窑石漆，弹篾染画雕，砌箍皮。”

（文　婷 周进银）

【遗址遗迹】 长沙县古迹较多，域内有距今4600余年的新石器时期遗址鹿芝岭遗址，有商周时期的凤凰庙遗址，有宋元时期的城址南阳城遗址；有始建于南朝梁代的陶公庙，有建于清代的河图观。2021年，长沙县有不可移动文物点255处，其中，古遗址41处，古墓葬74处，古建筑43处，近现代重要史迹及代表性建筑86处，石窟寺及石刻11处。全国重点文物单位2个（黄兴故居、徐特立故居），杨开慧故居、缪伯英故居、李维汉故居、柳直荀故居、许光达故居、田汉故居等省级文物保护单位12个，市级文物保护单位26个，县级文物保护单位16个。（文　婷）

人口方言

【人口】 2021年年末，长沙县户籍户数28.8万户，户籍人口83.4万人，比2020年增加7097人。全年出生7359人，人口出生率8.9‰；死亡6552人，人口死亡率7.9‰；人口自然增长率1.0‰，出生人口性别比106.0。年末常住人口140.01万人。

（马凤仙）

【方言】 长沙县属湘方言区长益片，与省会长沙市方言大体一致，均有新派、老派之分。由于地形狭长，南北相距远，东西相距近，相邻市县方言差别较大，以“黄花话”为代表，“金井话”“福临话”“江背话”“北山话”并存的长沙县方言逐渐形成。全县大部分乡村方言虽与长沙市的“长沙话”基本相近，但各地有极少数字音仍有差异，“金井话”“福临话”与“长沙话”的读音差异较大。相对长沙市而言，长沙县方言在时间（新老差异）和空间（地域差异）上略显复杂。

声母。长沙县方言有 20 个声母。主要有5个特点：其一，清声母占绝对优势。其二，新派黄花话不分尖、团音，而老派黄花话的尖、团音仍分辨十分清楚。其三，保留普通话中的边音[l]，而鼻音[n]则分化为舌面鼻音[n]和边音[l]。其四，唇齿擦音[f]与舌根擦音[x]部分混读。其五，新派黄花话把舌尖后音全念作舌尖前音；而老派黄花话保留普通话中大部分舌尖后音，少数舌尖后音读成舌尖前音。

韵母。长沙县方言有40个韵母。长沙县方言韵母无新老读音差异，只有文白差异和地域差异。主要特点是韵母四呼齐全，开口呼韵母最多，撮口呼韵母比普通话有较大增加；部分以[—n]收尾韵母已弱化为鼻化韵；韵母[əŋ]全部消失，均入韵母[ən]；与长沙市方言相比较，主要增加韵母[uŋ]和[yŋ]。

声调。长沙县方言有6个声调（不包括轻声）：阴平、阳平、上声、阴去、阳去、入声。平声、去声均分阴阳，上声、入声不分阴阳。入声不带塞音韵尾，读音可延长。与声母、韵母相较，长沙县方言中差异最小的是声调。除“金井话”和“福临话”中的入声和上声与长沙话略有区别外，其余各地方言基本一致。

（周进银）

经济社会发展

【概况】 2021年，长沙县地区生产总值2003.2亿元，比2020年增长7.6%。其中，第一产业增加值88.5亿元，增长9.8%；第二产业增加值1068.1亿元，增长6.4%；第三产业增加值846.6亿元，增长8.8%。第一、二、三次产业分别拉动GDP增长0.5个、3.3个、3.8个百分点，三次产业对GDP增长的贡献率分别为6.2%、44.0%、49.8%。全县三次产业结构调整为4.4:53.3:42.3。城镇新增就业18236人，各类城镇下岗失业人员实现就业再就业17247人，帮助就业困难人员再就业4987人。年末城镇登记失业率2%。（黄　婷 马凤仙）

【农业】 2021年，长沙县农林牧渔业总产值149.6亿元，比2020年增长3.5%，其中，农业总产值106.6亿元，增长6.5%；林业总产值4.6亿元，增长7.7%；畜牧业总产值27.2亿元，下降25.7%；渔业总产值3.4亿元，增长6.6%。农林牧渔服务业增加值5.1亿元，增长6.7%。全年粮食产量50.6万吨，增长2.8 %；蔬菜产量110.1万吨，增长4.6%；水果产量8.1万吨，增长2.9%；肉类总产量5.3万吨，增长26.0%；茶叶产量4.0万吨，增长9.1%。水产品产量1.4万吨，产值1.85亿元。全年新建高标准农田2666.67公顷，高标准农田累计2.89万公顷，农业机械化水平82.8%。全年新增12家市级以上农业龙头企业，全县各类新型农村合作经济组织2030家。

（黄　婷 马凤仙）

【工业和建筑业】 2021年，长沙县规模以上工业增加值比2020年增长7.0%，其中长沙经开区规模工业增加值增长10.9%。全年工程机械、汽车及零部件、电子信息三大支柱行业规模工业总产值比2020年增长5.2%。其中，汽车及零部件产业产值增长10.0%；电子信息产业产值下降26.2%；工程机械产业产值增长16.3%。全年规模以上工业企业营业收入比2020年增长0.6%，营业成本增长2.0%，利润总额下降24.1%。全县有资质以上建筑业企业180家，建筑业总产值551.3亿元，比2020年增长5.3%。竣工产值281.2亿元，增长9.0%。房屋建筑施工面积2021.1万平方米，房屋建筑竣工面积887.8万平方米。

（黄　婷 马凤仙）

【固定资产投资】 2021年，长沙县固定资产投资比2020年增长9.9%。其中，第一产业完成投资占全社会固定资产投资的比重1.5%；第二产业完成投资占全社会固定资产投资的39.1%；第三产业完成投资占全社会固定资产投资的59.4%。全年亿元以上投资项目361个，完成投资占固定资产投资总额的71.8%。全年房地产开发投资291.5亿元，比2020年增长9.8%。商品房销售面积357.6万平方米，比2020年增长4.0%；商品房销售额281.2亿元，比2020年增长5.4%。（黄　婷 马凤仙）

【国内贸易】 2021年，长沙县社会消费品零售总额643.4亿元，比2020年增长14.6%。全年限额以上单位商品零售额（不含集团分解）比2020年增长7.7%。其中，粮油、食品类比2020年增长17.6%，饮料类增长74%，烟酒类增长14.5%，服装、鞋帽、针纺织品类增长17.9%，化妆品类增长37.5%，日用品类下降22.0%，体育、娱乐用品类增长13.4%，书报杂志类增长20.2%，家用电器和音像器材类下降6.3%，中西药品类下降2.1%，文化办公用品类下降24.3%，建筑及装潢材料类增长28.5%，汽车类增长7.2%。

（黄　婷 马凤仙）

【对外贸易和旅游】 2021年，长沙县进出口总额152.6亿美元，比2020年增长19.1%，占全省的16.5%，占全市的35.5%。其中，进口总额42.3亿美元，下降17.6%；出口总额110.3亿美元，增长43.7%。全年外商直接投资2.0亿美元，比2020年增长49.2%；引进省外境内资金168.4亿元，比2020年增长31.6%。全年旅游总收入197.6亿元，比2020年增长16.2%。接待游客2101万人次，增长16.7%。星级酒店3家，其中五星级1家；新增AAA级旅游景区、AAAA级旅游景区各1处，年末长沙县有AAAA级旅游景区3处、AAA旅游景区8处。

（黄　婷 马凤仙）

【交通和邮电】 2021年，长沙县公路通车里程6342.5千米。全年公路客运量3785.3万人，旅客周转量11328万人千米；公路货运量2680万吨，货物周转量149832万吨千米；行政村客运（公交）班线通达率100%。全年邮电通信业务总量17.4亿元，比2020年增长7.8%。年末全县移动电话用户172.5万户，增长2.5%；互联网络用户55.1万户，增长4.4%。（黄　婷 马凤仙）

【财政和金融业】 2021年，长沙县财政总收入457.7亿元，比2020年增长11.6%。公共财政预算支出177.8亿元，下降8.7%。其中，教育支出31.4亿元，增长19.5%；医疗卫生支出10.3亿元，下降1.1%，社会保障和就业支出12.2亿元，下降6.9%。年末金融机构人民币存款1639.2亿元，比2020年增长11.0%；居民储蓄809.6亿元，增长13.6%；各项贷款余额1879.3亿元，增长28.3%。金融机构网点289家，职工总人数7433人。

（黄　婷 马凤仙）

【科学技术和教育】 2021年，长沙县高新技术总产值1543亿元，比2020年增长4.6%；高新技术增加值439.4亿元，增长7.5%。全年认定国家高新技术企业382家，年末总数790家。全县专利授权量7070件。其中，发明专利授权量831件，增长52.5%。各类全日制学校205所（不含幼儿园），其中，职业中专9所、普通高中13所、乡镇农校1所、初级中学39所、小学142所、特殊教育学校1所。幼儿园362所，其中，公办幼儿园157所。全县在校中小学生181550人，在园幼儿62563人。其中，普通高中17861人，职业高中24442人，初中33858人，小学105259人，特殊教育学校130人。初中入学率、小学学龄人口入学率、巩固率均100%，初中巩固率99.8%。免除13.5万人次学生杂费，义务教育阶段学生杂费免除率100%。对各级各类贫困学生资助金额1622.8万元。 （黄　婷　马凤仙）

【文化、体育和卫生】 2021年，长沙县文化设施面积157.8万平方米，比2020年增长1.0%。全县有文化站19个、文化馆1个，公共图书馆1个，电影院16个，档案馆1个。全年送戏下乡76场、放映电影3491场。推进广播电视户户通等文化惠民工程，广播综合人口覆盖率和电视综合人口覆盖率均100%。城区有线电视用户3.1万户，城区有线电视入户率90.0%。体育设施面积326万平方米，比2020年增长70.6%。拥有各类体育场地3843个，其中，标准体育馆5座，标准运动场100个，标准游泳池6个，各种训练综合用房240个。开展大型群众体育活动25次，全民健身运动参加人数61万人次。各类卫生机构596个，其中，医院和卫生院42个，卫生防疫和防治机构1个，妇幼卫生保健机构1个，社区服务中心（站）11个。卫生人员9558人，其中，执业医师、执业助理医师4029人，注册护士5137人，卫生防疫和防治机构卫生技术人员93人，妇幼卫生机构卫生技术人员677人。各类卫生机构拥有病床7424张，每千人拥有病床数5张，每千人拥有卫生技术人员数7人。

（黄　婷　马凤仙）

【环境、节能和安全生产】 2021年，长沙县城镇生活垃圾无害化处理率100%、污水处理率99.0%。全年环境空气质量二级以上天数330天。全县建成区绿化覆盖面积3600.6公顷。全年规模以上工业综合能源消费量57.9万吨标准煤，比2020年下降11.7%。全年发生各类生产经营性事故（不含火灾事故，含生产经营性交通事故）38起；亿元GDP事故死亡率0.0199人；道路交通事故万车死亡率1.57人；其他领域安全生产死亡事故31起。 （黄　婷　马凤仙）

【人民生活和社会保障】 2021年，长沙县城乡居民人均可支配收入50267元，比2020年增长7.9%。其中，工资性收入34361元，经营净收入6450元，财产净收入6641元，转移净收入2815元。城乡居民人均消费支出32219元，比2020年增长7.9%，食品烟酒支出占比26.9%。其中，城镇居民人均生活消费支出35806元，增长5.8%，食品烟酒支出占比27.9%；农村居民人均生活消费支出27265元，增长13.2%，食品烟酒支出占比25.0%。城乡居民文教娱占比21.4%，比2020年同期增加2.8%。年末参加全县劳动保障部门企业职工基本养老保险人数82.8万人，参加城镇职工基本医疗保险人数30.3万人，参加失业保险参保人数19.8万人。各类养老机构28个，社会福利收养性单位床位数5648张，收养748人。全县全年救助困难群体18.3万人次，累计发放低保12.7万人次。其中，城镇低保对象3839户、5800人次；农村低保对象64082户、121498人次。 （黄　婷　马凤仙）

精神文明建设

【概况】 2021年，长沙县精神文明建设指导委员会办公室（以下简称“县文明办”）培育和践行社会主义核心价值观，倡树新时代文明新风，争创全国（县级）文明城市，促进群众性精神文明创建活动提质增效，打造精神文明高地。实施《长沙县礼遇帮扶道德模范、好人实施办法》，成立“好人基金”，升级“好人卡2.0版本”，创新礼遇帮扶举措。承办2021年3月“中国好人榜”发布活动，举办2020年四季度星沙好人暨厚德星沙好人基金发布仪式，倡导崇德向善价值导向。整合资源，打造长沙县好人联盟和好人志愿服务队，凝聚道德力量。树立和推介先进典型，构建多层次道德示范群体，2021年推评“中国好人”2人、“湖南好人”4人、湖南省道德模范1人、“长沙好人”11人、长沙市道德模范3人。推进文明城市创建，拓展新时代文明实践中心（所、站）建设，常态化开展志愿服务活动，参与2万余人次。

（陈日伟　刘　婕）

【全国（县级）文明城市创建】 2021年，长沙县制定《长沙县文明创建三年行动计划（2021—2023年）》《长沙县文明创建常态化建设百日攻坚大竞赛实施方案》，开展文明素质文明素质提升、交通秩序提质、市容环境整治等十大专项行动，围绕任务清单进行督查，对发现的问题现场交

2021 年 4 月 12 日，长沙县承办“中国好人榜”发布活动

（县委宣传部 供图）

办、定期通报，编发专项督查通报 100 期、文明创建红黑榜 9 期。印制宣传手册，制定文明创建倡议书，开展 4 期“文明城市　你我共建”知识有奖问答活动，运用 LED 大屏幕、宣传栏公益广告牌等方式在城区主要路口、商业街区、公园绿地、大街小巷开展宣传，提升辖区居民知晓率、参与率。在多个平台设立不文明行为曝光台，同步曝光身边的乱停车、闯红灯、车窗抛物等不文明行为 64 期，提高市民自觉文明意识。

（陈日伟 刘　婕）

【新时代文明实践中心建设】　2021 年，长沙县拓展新时代文明实践中心（所、站）建设，建有 1 个实践中心、17 个实践所、122 个实践站。依托文明实践中心（所、站）加强基层宣传思想文化工作和农村精神文明建设，开展社会主义核心价值观教育实践、“我们的节日”主题活动、理论宣讲、移风易俗宣传等活动 500 余场次，培育“红色管家”“文艺轻骑兵”“金牌嫂子”等文明实践志愿服务活动品牌。　（陈日伟 刘　婕）

【学雷锋志愿服务活动常态化】 2021 年，长沙县常态化开展志愿服务活动，在每月的“排队礼让日”发动全县各级各类文明单位、镇（街道）开展志愿劝导服务活动 70 余次，2 万余人次参与。开展长沙县“愿者日记”征集大赛和 2021 年度优秀志愿服务组织、“最美志愿者”评选活动，激励更多市民参与志愿服务。举办红歌新唱“锋”火相传——长沙县雷锋之歌快闪活动、“爱祖国 爱家乡”文明星沙 365& 国庆黄金周打卡暨长沙县志愿服务总队成立仪式活动，推出《全城“打卡”为文明代言》《300 平米巨型国旗飘扬 唱响“爱国爱家”主旋律》等短视频，全网点击量超 300 万次，文明新风深入人心。年底，全县实名注册志愿者 19.63 万人，活跃度 68.83%。　（陈日伟 刘　婕）

【群众性精神文明建设】　2021 年，长沙县着力培育文明乡风，运用积分制、道德评议会、红白理事会、村规民约等方式推进移风易俗、破除陈规陋习。深化文明村镇建设，长沙县果园镇、春华镇、江背镇阳雀新村、开慧镇开慧村被评为省级文明村镇，累计被评为全国文明村镇 7 个，省级文明村镇 6 个，县级及县级以上文明村和文明镇占比 85.9%。深化文明单位创建，制定《长沙县文明单位评选和管理办法》，加强对文明单位动态管理，长沙县人民检察院被评为省级文明标兵单位，中共长沙县委宣传部被评为省级文明单位，全年被评为全国文明单位 2 个，省级文明单位 3 个，省级文明标兵单位 3 个。深化文明家庭创建，开展“文明家庭”“最美家庭”等评选和“家风家训”“潇湘家书”征集展示等活动，长沙县黄苍霖家庭被评为“全国最美家庭”，易曼家庭被评为省级“文明家庭”。深化文明校园创建，各级文明校园实行提名管理，常态化创建，长沙县第一中学被评为省级文明校园。

（陈日伟 刘　婕）

【未成年人思想道德建设】 2021 年，长沙县围绕庆祝中国共产党成立 100 周年，组建红领巾巡讲团、星青年讲师团，开展“清明祭英烈”“争做新时代好少年”“童心向党”“我和我的祖国”“请党放心 强国有我”等主题教育活动 3415 次。开展“新时代好少年”评树活动，学习宣传优秀典型，全年推评县、镇、校三级“新时代好少年”1990 名，百熙实验学校蓝青龙泉被评为“全国优秀少先队员”“长沙市新时代好少年”。拓宽教育平台，主城区 3 个街道 59 个社区及各中小学校均建立标准化的未成年人心理健康辅导站、家长学校或家庭教育指导服务站，覆盖未成年人服务人群 10 万余人，推进未成年人心理健康防护体系建设。

（陈日伟 刘　婕）

大事记

编辑　周进银

1月

5日　长沙经开区黄花及大众片区PPP项目东方智造港生态停车场工程竣工验收，占地面积1万余平方米，设有停车位424个。

6日　长沙经开区、长沙县、长沙高铁新城2021年第一次重大项目集中签约开工竣工活动在山河工业城举行，参加集中开竣工活动的新开工重大项目30个，总投资182.72亿元；竣工重大项目35个，总投资159.39亿元；集中签约项目47个，总投资362.41亿元。

18日　国家卫生健康委公布《关于命名2018—2020年全国计划生育优质服务先进单位的通知》，长沙县被评为“2018—2020年全国计划生育优质服务先进单位”。

23—25日　中国人民政治协商会议湖南省长沙县第九届委员会第六次会议召开。会议听取和审议政协长沙县第九届委员会常务委员会工作报告、政协长沙县第九届委员会第五次会议以来提案工作报告等，通过《中国人民政治协商会议湖南省长沙县第九届委员会第六次会议关于常务委员会工作报告的决议》《中国人民政治协商会议湖南省长沙县第九届委员会第六次会议关于九届五次会议以来提案工作情况报告的决议》《中国人民政治协商会议湖南省长沙县第九届委员会第六次会议政治决议》。

24日　长沙县第十七届人民代表大会第六次会议召开。会议书面审查长沙县国民经济和社会发展第十四个五年规划和2035年远景目标纲要草案、长沙县2020年国民经济和社会发展计划执行情况及2021年国民经济和社会发展计划草案的报告、2020年财政预算执行情况和2021年财政预算草案的报告、长沙县人民政府关于县十七届人大一次会议以来代表所提议案和建议、批评、意见办理情况的报告，以及长沙县人民政府关于2020年环境状况和环境保护目标完成情况的报告。

27日　2020年第四季度“长沙好人·身边雷锋”名单公布，长沙县敬业奉献类好人朱有志、梁林河和诚实守信类好人陈干武3人入选。

是日　商务部发布2020年国家级经开区综合发展水平考核评价结果，长沙经开区居全国218家国家级经开区第17位，排名中部地区第四位。

30—31日　中共湖南省委农村工作会议在长沙召开，长沙县被评为“2020年实施乡村振兴战略的先进县市区”、粮食生产标兵县。

2月

1日　江背镇敬老院落成启用揭牌仪式举行，占地面积2.57公顷，建筑面积1万余平方米。

7日　凉塘东路（东七线—东九线）路段竣工通车，全长1.94千米，总投资1亿元。

23日　1000千伏南昌—长沙特高压交流线路工程开工仪式在长沙县路口镇举行，总投资104.78亿元，其中，在长沙县域内线路全长23.7千米。

24日　湖南省人民政府办公厅通报2020年度安全发展工作示范单位验收情况，长沙县被评为2020年度“湖南省安全发展工作示范县”。

25日　全国脱贫攻坚总结表彰大会在北京举行，长沙县对口帮扶领导小组办公室被评为“全国脱贫攻坚先进集体”。

是日　湖南省农业农村局长工作会议在长沙召开，长沙县被评为湖南省农村人居环境整治先进单位，福临镇孙家桥村、安沙镇油铺村被评为省级美丽乡村建设示范村，黄兴镇沿江山村被评为省级精品乡村。

3月

5日　长沙县党建工作暨县区城党史学习教育动员会召开。

6日　湖南省文明办发布2021年2月“湖南好人榜”，长沙县陈干武、朱有志分别入选诚实守信类、敬业奉献类“湖南好人”。

13日　湖南省农业农村厅发布《关于认定2019年度湖南省休闲农业集聚发展示范村和休闲农业示范农庄的通知》，长沙县开慧村、金桥村被认定为“休闲农业集聚发展示范村”，长沙县七鑫农庄被认定为“休闲农业示范农庄”。

15日　长沙县、长沙经开区、长沙会展新城召开传达学习全国“两会”精神暨长沙县遵守换届纪律集体承诺会议，全国人大代表、铁建重工党委书记、董事长刘飞香宣讲全国“两会”精神。

19日　湖南自贸试验区首个以数字贸易为特色的专业子园区——“黄花数字贸易港”在长沙黄花综合保税区举行开园暨首批入园企业签约活动，首批12个重点项目签约入驻。

20日　湖南师范大学附属临空实验小学合作办学签约仪式举行。

是日　长沙市委全面深化改革委员会通报2020年度全市“十佳重点攻坚改革成果和十佳基层探索改革案例”评选结果，长沙县探索小区治理“三五”模式被评为2020年度全市“十佳基层探索改革案例”。

21日　肝癌防治健康中国行湖南首站暨长沙县肿瘤防治中心揭牌仪式在长沙县第一人民医院举行。

24日　长沙县、长沙经开区、长沙会展新城召开党员领导干部廉洁从政警示教育大会，沈裕谋以“提升政治‘三力’，争做‘三为’干部”为题讲授廉政党课。

25日　湖南省精神文明建设表彰会在长沙召开，长沙县果园镇、春华镇、江背镇阳雀新村、开慧镇开慧村被评为“湖南省文明村镇”，中共长沙县委宣传部被评为“湖南省文明单位”，长沙县人民检察院被评为“湖南省文明标兵单位”，易曼家庭被评为“湖南省文明家庭”，长沙县第一中学被评为“湖南省文明校园”。

28日　中铁十六局集团承建的长沙地铁6号线木马塅站—黄花机场西站盾构区间右线贯通，线路全长48.11千米，设车站34座、车辆段和停车场各1个。

是日　“百年风华　红动星沙”2021长沙县红色文旅年活动发布会暨民宿文化旅游节活动在长龙街道慧润·杨祠盈商小镇举行。

30日　长沙县举行“智汇星沙”新型智库启动式，沈裕谋致辞并为5位专家颁发聘书。

4月

2日　长沙县精神病医院项目开建，项目新选址位于安沙镇，按二级精神专科医院标准建设，配置床位400张，占地面积3.94公顷，总建筑面积4.2万平方米。

9日　长沙经开区、长沙县、长沙会展新城高质量建设中国（湖南）自由贸易试验区半年度改革创新经验发布会暨2021年第二次重大项目集中签约活动举行，现场签约14个产业项目，涵盖装备制造、智能制造、现代服务、总部经济、智慧物流等领域，总投资325.7亿元。

12日　纪念刘少奇湖南农村调查60周年学术研讨会暨刘少奇思想生平研究会年会在长沙县召开。

15日　2021年湖南省民营企业招聘月启动仪式暨现场招聘会在长沙县举行，山河智能、蓝思科技等200余家民营企业提供2万余岗位，1200人达成就业意向。

20日　香堤北路与捞刀河南路立交工程开建，桥梁全长450.1米，桥梁总宽度40米，设计为双向8车道。

是日　长沙县昌济高级中学一期工程竣工验收，项目投资近3.2亿元，总用地面积12.46万平方米，总建筑面积约7万平方米。

26日　第四届数字中国建设峰会工业互联网论坛发布2020年全国工业互联网发展十强县榜单，长沙县上榜。

是日　2021第七届长沙（国际）茶文化旅游节启动仪式在绿茶小镇金井镇湘丰茶业庄园举行。

27日　长沙县举行“智汇高地　创业星沙”——星沙海外人才创新创业服务中心启动仪式暨当前国际形势专题讲座。长沙市委常委、市委统战部部长谭小平出席并为星沙海外人才创新创业服务中心授牌。

是日　湖南省妇幼保健院光达分院（湖南省生殖医学专科医院）开诊，占地面积2.42公顷。

29日　中央文明办在长沙县田汉实验剧场举行“中国好人榜”网上发布活动，现场公布105名身边好人，长沙县2人入选，其中，退休后担任长沙县开慧镇开慧村党支部第一书记的朱有志入选敬业奉献类“中国好人”，安沙镇村民陈干武入选诚实守信类“中国好人”。

30日　2021长沙县汽车消费节特卖会启动，为期1个月。此次特卖会以“美好生活‘价’享中南”为主题，由长沙县人民政府主办，县商务局、湘龙街道办事处、中南汽车世界汽车商会承办，主要包括云开幕、中南好车直播月活动、2021中南汽车世界新车特卖会、“我来为你加加油”油卡大派送以及长沙县汽车创新发展高峰论坛五大活动。

5月

7日　长沙县第二届“十行状元百优工匠”暨首届“乡村工匠”技能竞赛在湖南金井茶厂有限公司举行，评选出手工制茶技能竞赛、竹编技能竞赛、农机操作技能竞赛优秀选手30余人。

8日　长沙县乡村振兴局成立，由长沙县扶贫开发办公室重组而成。长沙县委副书记、县委统战部部长、党校校长周虔，副县长毛葵共同揭牌。

11日　长沙县新冠疫苗接种中心点启动接种，使用面积约1300平方米，日接种量5000至8000剂次。

12日　“人防为民　我在行动”湖南省人防系统“5·12”防灾减灾宣传活动在长沙县举行。

13日　《福布斯》发布2021年全球企业2000强，三一重工以144亿美元销售额、22亿美元利润、193亿美元资产、412亿美元市值，排名总榜单第468位。

是日　第十九届中国优秀政务平台推荐及综合影响力评估总结大会在北京召开，长沙县人民政府门户网站被评为“2020年度中国政务网站领先奖”（县级政府门户网站全国第四名）。

14日　位于长沙县春华镇的长沙百熙文化园开园，占地0.8公顷，包含张百熙生平事迹陈列室和湖南省级文物保护单位张百熙墓。

18日　蓝思科技黄花生产基地揭牌活动举行，总占地面积125.13公顷，总建筑面积152万平方米。

是日　湖南省重点建设项目——长沙机场西南站坪二期扩建工程通过民航专业工程行业验收。

19日　2021长沙国际工程机械展览会在长沙国际会展中心开幕。省委书记、省人大常委会主任许达哲宣布展览会开幕，省委副书记、省长毛伟明致辞。

20日　2021智链智造高峰论坛在长沙国际会议中心举行，铁建重工、三一重工、山河智能、中联工起、蓝思科技等100位企业代表和专家参加论坛，研讨产业趋势、行业应用、智能智造等内容研讨区块链发展形势。

21日　田汉艺术小镇重大项目集中开工仪式在果园镇举行，长沙市雅礼田汉实验学校项目和宋水线A段道路提质改造项目总投资3.29亿元。

24日　湖南省消防救援总队在

长沙县组织召开全省乡镇消防力量建设现场会。

26日　松雅湖二小改扩建项目竣工验收，主要扩建内容为1栋教学综合楼，面积约7000平方米，项目投资3166万元。

是日　长沙市人民政府办公厅发布长沙市第七批市级非物质文化遗产代表性项目名录，长沙县非物质文化遗产代表性项目——大筒演奏、长沙县赛龙舟、麻姑井糯米黄酒酿造技艺3个项目入选。

27日　长沙县举行“智汇高地 创业星沙”——星沙海外人才创新创业服务中心启动仪式暨当前国际形势专题讲座。长沙市委常委、市委统战部部长谭小平出席并为星沙海外人才创新创业服务中心授牌。

31日　长沙县13个镇党委换届工作完成，选举产生新一届镇纪委委员及纪委书记。

是日　全国第六届“万步有约”长沙县赛区健走激励大赛启动式举行。活动旨在深入贯彻落实健康中国战略，推动长沙县辖区健康工作可持续发展，并同步庆祝第110个国际护士节、第11个世界家庭医生日以及中国共产党成立100周年。

是日　由中央网信办主办，湖南省委网信办、中国新闻网承办的“在这里读懂初心使命——网络媒体革命老区行‘在这里读懂湖南人’”网络主题采访活动启动仪式在许光达故居举行。

6月

1日　湖南省2021年安全生产月启动仪式在长沙县举行，省委常委、常务副省长谢建辉宣布活动启动。

是日　长沙县人民政府行政复议立案大厅面向老百姓提供服务。

是日　以“链上星城，链接未来”为主题的2021年区块链服务网络（BSN）应用峰会在长沙召开，烽火台云计算与大数据应用协同创新中心项目、树根格致全球工业区块链应用生态系统项目与长沙经开区星沙区块链产业园签约。

4日　长沙市（长沙县、长沙经开区）与株洲市（株洲经开区、石峰区、荷塘区、芦淞区）、湘潭市（湘潭县）区域一体化发展框架协议签约仪式在长沙县举行。

17日　长沙黄花综合保税区（二期）通过联合验收组的实地查验和综合评审，省政府口岸办主任郭宁代表湖南省人民政府与长沙海关副关长、联合验收组组长韦泳亮共同签署《长沙黄花综合保税区（二期）验收纪要》。

25日　长沙县、长沙经开区、长沙会展新城召开庆祝中国共产党成立100周年表彰大会。会议宣读长沙县委和长沙经开区党工委表彰决定，并为获得“两优一先”表彰的代表颁奖，为“光荣在党50年”代表颁发纪念章。

是日　长沙经开区、长沙县举行2021年二季度重大项目集中开工、竣工活动举行，铁建重工特大直径盾构机智能制造项目等57个重大项目集中开（竣）工。

26日　2021星沙·松雅湖人才高峰论坛在长沙国际会议中心举行，长沙县、长沙经开区、长沙会展新城面向全球发布高层次人才全球招募令。其中，事业单位招聘30名博士，企业招聘104名高层次人才。

28日　长沙县人民政府、三一集团与湖南师范大学举行合作签约仪式，三方就基础教育合作办学签订合作协议，三一集团与湖南师范大学签订战略合作框架协议，确立全面战略合作伙伴关系，共建现代产业学院。

是日　长沙机场改扩建工程综合交通枢纽（GTC）主体工程开工。

是日，由长沙县人民政府主办的庆祝中国共产党成立100周年百年风华·红动星沙”2021年长沙县红色主题运动会在田汉文化园开赛，近500人参赛。

29日　沈裕谋被评为全国优秀县委书记。

7月

1日　国家知识产权局发布第22届中国专利奖授奖决定，长沙县、长沙经开区6项专利获奖。其中，专利金奖项目1项（敞开式掘进机）、专利优秀奖项目3项（烟气深度净化装置及应用、隧道衬砌台车、用于TBM的刀盘驱动系统）、外观设计优秀奖项目2项（混凝土泵车、自走式采棉机）。

2日　长沙县举办庆祝中国共产党成立100周年文艺晚会。

8日　福田汽车长沙超级卡车工厂投产活动在长沙经开区举行，省委常委、市委书记吴桂英宣布项目投产。

9日　长沙县、长沙经开区召开中国共产党星沙百年座谈会，回顾中国共产党在星沙的百年光辉历程，缅怀先辈先烈，展望星沙未来的光明前景。

是日　长沙县、长沙经开区、长沙会展新城召开县级领导干部学习贯彻习近平总书记“七一”重要讲话精神研讨交流会，沈裕谋主持会议并讲话。

19日　中华全国总工会文工团到长沙县，为劳动模范、“五十佳”职工代表、第二届“十行百优”工匠代表、“两优一先”代表、基层一线工会工作者等进行大型情景歌舞史诗“奋斗者之歌”文艺演出。

是日　长沙黄花国际机场3号货站投产启用，为长沙黄花机场专用国际货站。

是日　高峰智能制造产业园与杭叉集团股份有限公司签约，杭叉集团湖南总经销长沙杭叉叉车销售有限公司落户星沙。

是日　国家文物局公布2021年度“弘扬中华优秀传统文化、培育社会主义核心价值观”主题展览征集推介名单，长沙县米升博物馆选送的“从

‘一升难平’到‘升平盛世’——一粒种子的报国路”入选。

24日　“中国城市高质量发展与国际合作大会”在北京举行，长沙县被评为“中国国际化高质量发展环境建设标杆县（市）”。

26日　长沙县“12345”市民热线服务中心在全国“第五届12345政务服务便民热线大会”中被评为“服务精进典范”单位。

31日　长沙县召开全县负责干部会议，市委常委、市委组织部部长张宏益宣布省委、市委决定：付旭明任长沙县委书记，陈永高任长沙县委副书记。

8月

3—4日　中国共产党长沙县第十四次代表大会召开。付旭明当选为长沙县委书记，陈永高当选为长沙县委副书记。

9日　国家体育总局发布《关于2017—2020年度全国群众体育先进单位和先进个人评选表彰工作的通知》，长沙县文化旅游广电体育局被评为全国群众体育先进单位。

14日　星沙街道东六路泉塘社区人行天桥项目完工交付使用。

18日　2021年第二季度“长沙好人·身边雷锋”名单公布，邓建超、罗长生、陈小华3人入选。

24日　投资4000余万元的泉星公园主体建设基本完成，该公园占地面积12639平方米，绿化率70.26%，地下配套有停车场，停车位196个。

9月

9日　新一代信息技术与制造业融合应用“揭榜挂帅”项目媒体推介会在长沙经开区召开。铁建重工基于数字孪生打造地下工程装备全生命周期闭环创新应用、山河智能基于数字孪生打造大型工程装备结构件工艺仿真优化创新应用、镭目科技基于数字孪生的钢铁关键生产装备全生命周期管理及应用优化、蓝思科技基于5G等新兴技术探索车载部件5G全连接工厂建设、树根格致打造面向高端装备产品的工业区块链全生命周期溯源平台、天河国云基于区块链打造高端装备制造业供应链协同管理平台、湖南银杏打造工业产品故障模式分析与闭环控制系统、源品生物融合5G等新兴技术打造干细胞治疗行业可信数字化供应链平台、金龙智造创新5G智慧井盖微基站+可重构反射面的新型工业网络技术应用9个项目入选首批“揭榜挂帅”名单。

是日　中国信息通信研究院湖南工业互联网创新中心揭牌。

12日　《中国乡镇综合竞争力报告2020》发布，长沙县黄花镇位列2020中国中部百强镇第13位。

14日　“Super Powers·星夜超能力”长沙县第二届夜经济嗨购节开幕，长沙县委副书记、代县长陈永高宣布活动启动。

27日　长沙县垃圾分类工作部署会暨垃圾分类宣讲团成立仪式举行。

28日　中国中小城市高质量发展指数研究课题组、国信中小城市指数研究院在《光明日报》《中国经济时报》发布2021年中国中小城市高质量发展指数研究成果，长沙县在《2021年度全国综合实力百强县市》中排名第5位，在《2021年度全国投资潜力百强县市》中排名第4位，在《2021年度全国绿色发展百强县市》中排名第6位，在《2021年度全国科技创新百强县市》中排名第6位。

10月

13日　长沙县首届县长质量奖启动仪式在星沙通程广场举行。

14日　长沙县入选生态环境部“第五批国家生态文明建设示范区”。

19日　湖南省智慧医养服务长沙县试点启动式暨“敬老月”系列活动推进仪式举行。

21—23日　中国人民政治协商会议湖南省长沙县第十届委员会第一次会议召开，243名政协委员参会。会议选举产生政协长沙县第十届委员会主席、副主席、秘书长、常务委员。王国良当选政协长沙县第十届委员会主席，毛葵、张小春、李建军、王文凯、陈洁（女）当选政协长沙县第十届委员会副主席，文清良当选政协长沙县第十届委员会秘书长，王行楚等36人当选政协长沙县第十届委员会常务委员。

22—24日　长沙县第十八届人民代表大会第一次会议召开。会议表决通过关于长沙县人民政府工作报告的决议、关于长沙县人大常委会工作报告的决议、关于长沙县人民法院工作报告的决议、关于长沙县人民检察院工作报告的决议。周虔当选为长沙县人大常委会主任，陈永高当选为长沙县人民政府县长，喻名团、曹伟兴、黄泽红、陈卫球、张磊当选为长沙县人大常委会副主任，郭瑞、彭正球、刘广、卢铓、邱友梅、冯页新、吴昊、吴正华当选为长沙县人民政府副县长，刘重当选为长沙县监察委员会主任，丁念红当选为长沙县人民法院院长。

26日　长沙经开区召开负责干部会议，市委常委、市委组织部部长罗缵吉宣布省委决定：付旭明任长沙经济技术开发区党工委书记。

11月

2日　黄兴铜像捐赠仪式在湖南辛亥革命人物纪念馆举行，黄兴研究会会长黄伟民夫妇向黄兴故居纪念馆、明达中学及黄兴小学分别捐赠黄兴铜像。

7日　以“贯彻新发展理念·推动高质量发展”为主题的2021“中国城市高质量发展案例暨城市品牌”发布活动在北京举行，现场公布2021“中国城市高质量发展案例”典型城市代表，长沙县被评为“中国文旅融合发展示范县”。

15 日　湖南省新就业形态劳动者入会暨社保缴费服务集中行动启动仪式（长沙分场）在长沙县举行。

是日　“共和国勋章”获得者、中国工程院院士袁隆平追思会暨骨灰安放仪式在长沙县安沙镇唐人万寿园陵墓举行。

16 日　“凝聚科技力量 助力乡村振兴”中国农技协科技小院联盟(湖南）成立暨长沙县科技助力乡村振兴工程启动仪式举行。

23 日　赛迪顾问发布《赛迪投资竞争力百强县（2021）》，长沙县再次进入全国前十强，排名第 9 位。

26 日　湖南省委实施乡村振兴战略领导小组办公室公布湖南省级乡村振兴示范创建村名单，2371 个村（社区）入选。其中，长沙县开慧镇飘峰山村、金井镇双江社区、果园镇古井社区、路口镇上杉市村等 78 个村（社区）入选。

30 日　长沙县统一战线“凝心聚力新时代行动”暨“凝心聚力大讲堂”启动仪式举行。县委副书记、县委统战部部长、县委党校校长杨应龙解读《长沙县统一战线“凝心聚力新时代行动”实施方案（2021—2023 年）》。

12 月

4 日　长沙县举行“12·4”国家宪法日主题宣传活动暨法治政府建设动员大会。

6 日　中郡研究所《2021 县域经济与县域发展监测评价报告》发布，长沙县在全国县域经济与县域综合发展前 100 名中排名第三位，在全国县域经济基本竞争力百强县中排名第五位，在中部地区县域经济与县域综合发展前 100 名中排名第一位，被评为全国县域现代化发展质量基本指数 A+ 优等级县市。

9 日　湖南省湘江公益基金会向长沙县教育基金会捐赠设立“爱尔眼科”圣和教育奖仪式在长沙县第一中学举行，双方现场签署捐赠协议，湖南省湘江公益基金会捐赠 400 万元奖励长沙县第一中学优秀教师团队。

是日　2021 年“学党史·遵党规·守党纪”长沙县第二届清廉星沙微宣讲总决赛在长沙县市民会议中心举行。

10 日　广汽三菱“阿图柯”（AIRTREK）新能源车下线活动在长沙经开区举行，省委常委、市委书记吴桂英宣布新车型下线。

12 日　由长沙经开区城建公司管理建设的黄花大道（漓湘路—新远大路）通车。

14 日　长沙市第十届运动会总成绩公布，长沙县金牌位居县（市）第一名，揽收金牌 126.25 枚（分赛会金牌和输送金牌）。

是日　2021 湖南企业家活动日暨企业家年会在长沙举行，会上发布 2021 湖南企业 100 强、2021 湖南制造业企业 100 强等榜单。其中，三一集团、湖南黄金集团有限公司、山河智能、铁建重工、湖南望新建设集团股份有限公司、湖南申湘汽车星沙商务广场有限公司、湖南湘科控股集团有限公司等长沙经开区企业入选 2021 湖南企业 100 强。

15 日　由湖南省委网信办指导、长沙市委网信办主办的“‘强省会 强智造’长沙行”网络宣传活动在长沙经开区举行，全省网络名人和媒体记者 40 余人先后参观采访园区三一重工、蓝思科技、山河智能、铁建重工等企业。

16 日　中国软件评测中心（工业和信息化部软件与集成电路促进中心）组织评选的 2021 年数字政府服务能力评估暨第二十届政府网站绩效评估结果发布，长沙经开区门户网站获国家经济技术开发区网站第六名，位列湖南省经开区第一名。

17 日　全国乡村旅游工作现场会在福建省龙岩市永定区召开，长沙县开慧镇被授牌为第一批“全国乡村旅游重点镇（乡）”。

20 日　农业农村部信息中心通报 2021 全国县域农业农村信息化发展水平评价工作结果，长沙县被评为“2021 全国县域农业农村信息化发展先进县”。

是日　由湖南省文化和旅游厅、长沙市人民政府联合主办，长沙市文化旅游广电局、中共长沙县委、长沙县人民政府共同承办的 2021 湖南阳光娱乐节暨“嗨”游星沙“娱”你有约体验活动开幕式在长沙县举行。

21 日　湖南省社会科学院发布《2021 年湖南县域经济高质量发展排行榜》报告，长沙县位列湖南省县域经济高质量发展先进县第一名。

23 日　全省外贸主体创新发展三大行动现场推进会在自贸临空区举办。湖南省商务厅党组书记、厅长、中国（湖南）自由贸易试验区工作办公室常务副主任沈裕谋，市政府党组成员刘汇，长沙经开区党工委书记、长沙县委书记、中国（湖南）自由贸易试验区长沙片区会展党工委书记、中国（湖南）自由贸易试验区长沙片区临空党工委书记付旭明出席会议并讲话。

26 日　浙江大学社会治理研究院在杭州举行“2021 中国社会治理百强县（市、区）暨 2021 浙江省社会治理十佳县（市、区）”发布会，长沙县被评为“2021 年中国社会治理百强县（市、区）”。

27 日　湖南省旅游景区质量等级评定委员会发布公示，长沙县影珠山景区被定为国家 AAAA 级旅游景区。

30 日　“2021 中国幸福城市论坛”在北京举行，长沙县被评为“中国最具幸福感城市（县级）”。

31 日　全国党建研究会非公专委会会刊《非公有制企业党建》杂志发布“2021 年度百个两新党建优秀案例”“2021 年度两新党建优秀案例（提名）”，山河智能党建案例《厚植党建之根 筑牢发展之魂》入选“2021 年度两新党建优秀案例（提名）”。

中国共产党长沙县委员会

编辑 周进银

综述

2021年，长沙县稳居全国县域经济与县域综合发展第3位、全国投资潜力百强县（市）第4位、全国县域经济基本竞争力第5位、全国科技创新百强县市第6位，县域现代化发展质量指数被评为A+优等级县，被评为中国最具幸福感城市（县级）。

产业发展 全年铺排重大项目258个，完成固定资产投资1102亿元，上汽大众新能源汽车等一批新型产业项目开工建设，山河智能工业城（三期）、三一无人电动化等重点产业项目竣工投产。推进实施腾笼换鸟、转型升级、培优扶新等“六大工程”，工业投资比2020年增长26.3%，工业技术改造投资比2020年增长33%，形成三一重工、山河智能、中联工起、铁建重工和五新隧装5家上市公司齐聚同一园区的世界级产业集群。完成企业智能化技术改造31家，新增省级智能制造系统解决方案供应商16家，新增国家级、省级专精特新“小巨人”企业24家，新增上市企业3家，长沙经开区连续三年获国家新型工业化示范基地五星评价。加快发展现代服务业，全县服务业新增规模以上企业78家，入选国家“两业融合”试点县级城市，被推荐为全省商务系统真抓实干成效明显地区督查激励县。夯实农业根基，粮食产量52.91万吨，比2020年增长7.65%。

城乡建设 实施“南征北战、东拓西融”区域发展战略，积极拓展发展空间，不断提升城乡品质。全面启动松雅湖生态新城建设，望新总部等项目开工建设。自贸临空区完成固定资产投资54亿元，黄花综合保税区实现整区封关，养天和总部基地和医药物流园、顺丰二期等重点项目建成投入使用。自贸会展区完成固定资产投资86.18亿元，会展核心区景观提质工程等项目完成建设，施柏阁酒店及施柏阁大观酒店投入使用。星沙主城区新增公共停车位2.8万个，16个老旧小区提质改造，通过国家园林县城复查、国家卫生县城复审。加快美丽宜居村庄和特色小镇建设，建设美丽宜居村庄162个、省级乡村振兴示范村78个，全县145个村集体收入均在25万元以上。加快文旅融合发展，接待游客2101万人次，全年旅游收入197.62亿元，被评为“中国文旅融合发展示范县”。

开放推进 坚持“为国家试制度，为地方谋发展”，形成12项自贸试验区制度创新成果，其中，5项为全国首创，7项入选长沙片区一周年“十大改革创新实践案例”。黄花综合保税区企业通关成本和时间分别节省30%、50%，在全国综合保税区发展绩效评估中排名上升10位。探索实施“同飞工程”，让省内非自贸试验区与自贸试验区实现共同发展，与桑植县、韶山市实现合作成果入驻。海关特殊监管区（综保区）、跨境电商综合试验区加快建设，国家级加工贸易产业园获批，总规模10亿元的临空产业投资基金启动，新增外资企业411家，国际货邮吞吐量比2020年增长21.6%，跨境电商完成进出口额19亿美元（占全省进出口总额的40%），全县完成外贸进出口150亿美元，比2020年增长16.3%。自贸会展区举办展会24场，展览面积超过120万平方米；国际会议中心承接博鳌经安会等会议33场。

社会治理 推进“党建+五零”村（社区）建设，开展安全生产、信访积案化解、根治欠薪3个“百日攻坚行动”，全年安全生产事故发生数和死亡人数比2020年分别下降21.6%、26%，长沙县被评为湖南省安全生产先进单位、湖南省安全发展工作示范县；全年信访案件比2020年下降12%，坚持和发展新时代“枫桥经验”做法在全省大会上推介，被评为“湖南省平安建设先进县市区”，年度社会管理综合治理民意调查在全省排名比2020年上升79个名次，居长沙市第一位。推进生态文明建设，抓好环保督察交办问题整改，空气质量优良率90.4%，长沙县入选“国家生态文明建设示范区”。抓实疫情防控，打赢10月外省输入疫情阻击战，全员核酸检测137万人次。

民生保障 民生支出110.15亿元。实施“五好”（好学校、好校长、好班主任、好老师、好学生）教育工程，新增公办幼儿园82所、学前教育学位1.43万个，新增中小学和高中学位9780个。投入2100万余元，实现公办初高中学校空调配备全覆盖。举办招聘活动48场，提供岗位5.8万余个，2万余名劳动者在县内实现就业。实施城乡居民重大疾病补充医疗保险，实现高血压、糖尿病门诊用药保障，城乡基本医疗保险实现全覆盖。文化场馆服务870万人次，长沙县被评为全国群众体育先进单位。建成公租房2.59万套，全省最大规模公租房英萃园交付使用。引进高层次人才121人，面向全球招聘博士30名，新增高技能人才146人，新增专业技术人才2000人。（唐川川）

决策部署

【关于全面打造乡村振兴标杆区加快农业农村现代化的实施意见】 2021年7月9日，县委印发《中共长沙县委长沙县人民政府关于全面打造乡村振兴标杆区加快农业农村现代化的实施意见》（以下简称《实施意见》）。《实施意见》由总体要求、巩固拓展脱贫攻坚成果、提高农业质量效益和竞争力、大力实施乡村建设行动、深化农业农村改革、强化支持保障措施、加强党对“三农”工作的全面领导7个部分组成。《实施意见》贯彻落实中共十九大和十九届历次全会精神以及党中央、国务院和省、市关于实施乡村振兴战略的决策部署，坚持乡村建设为农民而兴，让市民共享，全域推进作示范，勇争一流当先锋，全力打

造乡村振兴标杆区，实现“农村有景可看、农民有活可干、农业有钱可赚”的发展愿景。（龙石河）

【关于贯彻落实“三重一大”事项集体决策制度的实施办法（试行）的通知】 2021年7月20日，县委印发《中共长沙县委印发〈关于贯彻落实“三重一大”事项集体决策制度的实施办法（试行）〉的通知》（以下简称“《通知》”）。《通知》由指导思想和基本原则、“三重一大”决策事项的主要范围、“三重一大”事项决策的基本程序、工作保障4个部分组成。《通知》根据《中国共产党章程》《中国共产党党内监督条例》的有关规定，按照党中央国务院和省委省政府、市委市政府关于健全和完善“三重一大”事项集体决策制度的有关要求，进一步健全和完善“三重一大”事项（重大决策事项、重要干部任免、重大项目安排和大额度资金使用）集体决策制度，加强廉政风险防控，促进县委常委会决策科学化、民主化、制度化。（龙石河）

【《长沙县长沙经开区打造内陆地区开放高地三年行动计划（2021—2023年）》的通知】 2021年6月2日，县委印发《中共长沙县委长沙经济技术开发区管理委员会长沙县人民政府关于印发〈长沙县长沙经开区打造内陆地区开放高地三年行动计划（2021—2023年）〉的通知》（以下简称《通知》）。《通知》由总体要求、工作目标、主要任务、保障措施4个部分组成。《通知》以习近平新时代中国特色社会主义思想为指导，聚焦率先打造“三个高地”、建设现代化示范区，深度融入“一带一路”建设，深入对接区域协调发展，构建高层次开放格局，建立高端化产业体系，打造高水平开放平台，形成高效率体制机制，奋力打造内陆地区开放高地。（龙石河）

重要会议

【县委常委会会议】 2021年，长沙县召开44次县委常委会会议（含县委常委扩大会议）。县委常委会会议以习近平新时代中国特色社会主义思想为指引，坚定维护以习近平同志为核心的党中央权威和集中统一领导，坚持将学习贯彻习近平总书记重要讲话精神重要指示批示精神作为第一议题，认真学习党中央国务院和省市重要会议、重要文件精神，深入贯彻落实习近平总书记在庆祝中国共产党成立100周年大会上的讲话精神、中共十九届六中全会精神、党中央决策部署和省委、市委工作要求，着重研究新冠肺炎疫情防控、全面从严治党、巡视巡察、县乡两级换届选举、“四区”建设、深化改革、党的建设、党管武装、乡村振兴、清廉星沙、意识形态、社会治理、安全生产、生态环保、信访维稳和涉及“三重一大”事项等相关工作，按要求听取相关单位党组（党委）书记向县委常委会述职。（黄　洲）

【长沙县、长沙经开区、长沙会展新城在奋力实施“三高四新”战略全面推进高质量发展中当先锋走前列工作推进大会】 2021年2月25日，长沙县、长沙经开区、长沙会展新城在奋力实施“三高四新”战略全面推进高质量发展中当先锋走前列工作推进大会举行。沈裕谋出席并讲话。会议对县区城2021年各项工作进行再动员、再部署。长沙县2021年重大项目投资计划列入项目177个，总投资1594.37亿元，年内投资301.74亿元。项目分为政府投资和社会投资两类：政府投资类项目52个，总投资278.8亿元。（孙启翔）

【全国战略性新兴产业集群建设现场经验交流暨政银合作对接会】 2021年6月2日，国家发改委主办的全国战略性新兴产业集群建设现场经验交流暨政银合作对接会在长沙举行。会上，7个获国务院办公厅表彰激励地方介绍集群建设典型经验做法。沈裕谋代表长沙县、长沙经开区作典型发言。（孙启翔）

【中国共产党长沙县第十四次代表大会】 2021年8月2—4日，中国共产党长沙县第十四次代表大会召开，310名党代表、30名列席人员和10名特邀来宾出席，共议长沙县未来五年发展大计。县委书记付旭明代表中国共产党长沙县第十三届委员会作题为《牢记嘱托　创新实干　勇攀高峰　为率先打造三个高地建设现代化示范区而努力奋斗》的工作报告，提出要全面抬高坐标，奋力打造“四区”，强化“五高”支撑，奋力谱写率先打造“三个高地”、建设现代化示范区新篇章，在忠实践行“三高四新”战略定位和使命任务、推进现代化高质量发展中走前列、当先锋、作示范。大会选举产生新一届县委常委领导班子、县委委员、候补委员和县纪委委员和49名出席中国共产党长沙市第十四次代表大会的代表。（孙启翔）

【长沙县委常委会、长沙经开区党工委、自贸临空区党工委、自贸会展区党工委（扩大）会议】 2021年11月13日，付旭明主持召开长沙县委常委会、长沙经开区党工委、自贸临空区党工委、自贸会展区党工委（扩大）会议，传达学习党中共十九届六中全会精神和省委、市委常委会（扩大）会议精神，研究部署县区学习宣传贯彻工作。（孙启翔）

全面深化改革

【概况】 2021年，长沙县推出79项改革工作任务，其中，承接上级改革事项44项，自主改革事项18项，镇街微改革事项17项。长沙县“深化商事制度改革成效显著、落实事中事后监管”工作获国务院表彰奖励，长沙县总工会“工会+税务”改革经验被《新华社内参》表扬。长沙县河湖长制改革经验在《人民日报》上宣传推介。长沙县定期召开县委常委会、县委全面深化改革委员会、县政府常务会会议，县委全面深化改革委员会2021年第二次会议上对全县改革工作提出打造“无改革不星沙”。省委改革办领导多次到长沙县就“‘学位、床位、车位、厕位’四位改革”“村级集体经济”“河长制”等改革开展调研。制定2021年改革工作要点。每一项改革事项由一名县领导牵头，一个部门主抓，一个科室承办，一名工作人员联络。建立改革办牵头抓总、专项小组紧密配合、牵头单位主要实施、参与部门各负其责的协调联动机制。依托长沙县全面深化改革动态管理系统建立全县改革工作总台账。编印6期《2021年长沙县全面深化改革任务进展情况表》和2期《改革专报》。制定《2021年长沙县全面深化改革督察工作实施方案》，对35项改革项目开展实地督察。组织召开工作推进会6场次。《构建产业生态、聚力打造“三个高地”》在《中国改革报》推介，并印发十三届全国人大四次会议代表；“党建+‘五零’村（社区）建设”被《中国组织人事报》推介，长沙县乡镇污水治理改革在《中国建设报》宣传推介，《县区共建、强园富县——长沙县以深化园区改革为牵引打造“三个高地”》《长沙县：打造区块链+政务协同办公平台 切实减轻基层负担》分别在省委改革办《改革调研专报》《改革简报》上发表。春华镇持续开展基层网格微治理的探索和实践。

重点攻坚改革。长沙县有10项重点攻坚改革任务。中国（湖南）自由贸易试验区长沙片区临空管委会4月获批，邮快跨集约发展新模式、鲜活海产品混合规格进口监管创新模式2项制度创新成果入选长沙片区十大改革创新实践案例。单一行政区内平台（复合）运营模式改革推进。推进无极化配套改革，市级以上智能制造试点企业240家，培育国家“小巨人”企业10个（含长沙经开区），省“小巨人”企业60个（含长沙经开区）。发布《长沙县协同招商工作方案》《关于支持“镇街协同招商”暂行管理办法》等文件。基于区块链技术的农村产权交易市场建设中有126个项目的基础数据录入完成。国有公司市场化再改革推进，完成县内全民所有制改革和社会化职能分离工作，《长沙县县属国企投资监督管理办法》《长沙县国企改革三年行动实施方案（2020—2022）》等文件出台。统筹实施改革。长沙县有52项统筹实施改革任务。推进“三高四新”战略统领性改革，印发《长沙县长沙经开区打造内陆地区开放高地三年行动计划（2021—2023年）》《长沙县长沙经开区打造国家重要先进制造业高地三年行动计划（2021—2023年）》等。拟订综合行政执法改革情况汇报、工作方案（讨论稿）和长沙县综合行政执法运行图。推进农业农村改革，供销改革相关经验被湖南省深化供销综合改革领导小组办公室作为典型案例刊发。推进文化体制改革，制定《长沙县艺术团改制方案》。（罗轶慧）

【机构编制改革】 2021年，长沙县委编办优化部分县直部门机构设置，以县农业农村局为试点，完成《长沙县农业农村局机构编制调研报告》撰写，其内设机构精简比例25%、所属事业单位精简比例44.4%，组建县林业事务中心，优化县现代服务业发展中心机构设置，调整其职能后更名为县金融事务中心。完善《长沙县进一步深化综合行政执法改革方案》，全面梳理出1404项未集中到执法局的事项（含委托事项），理顺临空片区和会展片区管理体制，调整会展管委会为市派出机构，配合市委编办印发自贸区长沙片区临空管委会、会展管委会的“三定”规定。合并县市场监管局、县水利局、县卫健局等单位的检验检测职责，组建县综合检测中心（长沙经济技术开发区综合检测中心）。开展开发区管理机构清理，长沙县五大功能区退出功能区序列，规范开发区管理机构设置，解决“三定”职责履行不到位、与相关职能部门的职责边界不清等问题。（刘　鑫）

【村级小微权力清单改革】 2021年，长沙县出台《关于规范村级“小微权力”运行意见》，健全“小微权力”阳光运行体系。实行权力清单内容、规章制度、运行程序、运行过程、运行结果“五公开”。完成村务公开信息平台建设，落实群众在村务工作中的知情权、参与权、监督权，让农村“小微权力”在阳光下运行。完成“小微权力”三级监督体系。畅通各种监督渠道，整合各方面监督力量，构建村务监督委员会监督、群众监督、上级部门监督有机统一的三级监督体系。制定《规范村级“小微权力”运行试点工作实施方案》，建立工作机制并试点。加强督导检查，通过加强与试点村工作交流与沟通，及时发现、收集存在的问题、意见及建议。完成年度任务，继续完善“小微权力”运行体系，形成长效机制。畅通监督渠道，整合各方意见，形成小微权力运行的正向循环。（罗轶慧）

组织

【概况】 2021年，长沙县委组织部承办市级以上现场观摩3场，在市级以上作典型经验交流4次，获市级以上荣誉9项，“构建‘119N’基地模式打造党员教育全覆盖体系”入选中组部党员教育工作典型案例，中央、省、市媒体刊物对长沙县组织工作先后宣传推介150余次，党建聚合力工程、“党建+‘五零’村（社区）”建设、乡镇党委换届等经验做法分别被《中国组织人事报》《湘组信息》重点推介。（雷凤仙）

【党组织及党员队伍情况】 2021年，长沙县有基层党组织2084个，其中，党委52个（镇党委13个、机关党委18个、“两新”组织党委10个、国企党委4个、学校党委3个、医院党委3个、流动党员党委1个），党总支302个，党支部1730个。党工委11个（街道党工委5个，会展经济区党工委1个，县直单位党工委5个），党组 46个。全县党员48535人，其中，男性党员32396人，女性党员16139人；农村党员21036人。发展党员1371名。开展排查整顿农村发展党员违规违纪问题工作，累计排查中共十八大以来新发展党员2230名，其中，外地转入778名，认定“四类”问题94条。举办各类培训班270批次，培训4万余人次；开展“千名书记讲党课”活动，县级领导、镇（街）和县直单位党员班子成员、基层党组织书记1300人参与讲课；组织开展网络讲习课堂、红星讲堂等11期线上培训，48535名党员参训。开展优秀党务工作者、优秀共产党员和先进基层党组织推荐工作，有5名个人、1个党组织受省委表彰，15名个人、8个党组织受市委表彰。举办庆祝中国共产党成立100周年系列活动。县委主要领导带头开展“为党庆生”大签名活动。组织庆祝中国共产党成立100周年表彰大会，以县委名义表彰100名优秀共产党员、100名优秀党务工作者和100个先进基层党组织，颁发“光荣在党50年”纪念章4682枚。各党（工）委表彰优秀共产党员1383名、优秀党务工作者295名、166个先进基层党组织。

（雷凤仙）

【基层党建】 2021年，长沙县开展“党建聚合力书记领航行动”。基层党组织书记围绕创新项目召开调度会、推进会70次，实地走访调研、推动解决问题500起。评定“党建+五零”五星级村（社区）158个。推行“五个到户”和党员联户“135”工作模式，全县2.4万名党员直接联系服务居民群众10万余户，解决群众反映的问题20万余个。选派驻村帮扶工作队43支98人。是年，全县145个村（社区）集体经济总收入1.07亿元。制定实施“育雁工程”八条措施，建强村级党组织带头人队伍。开设头雁讲坛11期，头雁擂台大比武2期；镇（街）级举办头雁讲堂49期，村级骨干队伍整体素质提升。推进小区治理“三个全覆盖”，小区物业服务、党支部、业委会（含筹备组）覆盖率分别是100%、82.14%、60.31%。开展“党建引领、助力千企”行动，在物流行业打造“货车司机红色之家”，通过长沙县共产党员网、020微信公众号、星沙先锋视频号进行集中展示。结合“我为群众办实事”，开展“点亮微心愿、服务微民生”活动28场，帮助实现微心愿600个。

（雷凤仙）

【干部管理】 2021年，长沙县坚持好干部标准，选优配强领导班子和干部队伍，调整干部11批次759人次，其中，提拔重用246人次、晋升职级76人次。面向县委、县人大常委会、县政府、县政协四大家班子成员以及县委委员、候补委员开展领导干部署名推荐工作。完成县乡两级换届工作，所有人选均满票或高票当选。抓实省委巡视反馈选人用人问题整改工作，反馈的问题通过审核销号。发挥“12380”综合举报受理平台作用，受理办结信访件7件。强化干部教育培训赋能，直接调训干部4036人次，其中，县委党校主体班24期，调训党员干部3880人次；县外主体班2期，调训干部96人；青训营1期，调训优秀年轻干部、村（社区）两委干部60人。推进公务员平时考核，实施考核规则、体系、定等、应用的系列组合，被省委组织部确定为公务员平时考核工作联系点。注重优化县内考核体系，对接省、市考核目标任务，将奋力打造“三个高地”、推动高质量发展、推进乡村振兴、提升人民生活品质、党建聚合力等作为共性考核项目，提升获得真抓实干激励事项等各级荣誉加分权重，考核指标一致率提升至74%。完善《长沙县党政领导班子和领导干部绩效考核办法》，将县内评优比例与市级考核名次直接挂钩。

（雷凤仙）

【人才工作】 2021年，长沙县推进人才强县战略，将人才工作纳入年度领导班子绩效考核。机关事业单位引进30名博士。县区新增ABCD高层次人才121人，为各类人才发放补贴5614.48万元，为创业青年办理创业担保贷款1230万元；全县首批入选市现代农业产业领军人才11名，认定新型职业农民349名，认定乡村工匠33名。设置自贸人才服务专窗，召开“长沙人才政策”宣讲会，成立5支宣讲小分队深入一线宣传政策；为38名航空类人才协助办理购房申请，协调解决6名高层次人才子女入学申请。举办第二届“筑梦青春·智汇星沙”大学生暑期实习活动，优选123名国内外重点院校大学生到县开展岗位实习；成立长沙县农业创业者联合会，帮助农村青年人才和企业发展壮大。在全市率先举办“十行状元百优工匠”暨首届“乡村工匠”技能竞赛；建立长沙县籍在外人才信息库。建设高层次人才服务中心，开展人才公共服务、创新创业服务和科技成果转化，举办2021星沙·松雅湖人才高峰论坛，推动创新人才和项目向长沙县聚集。实施科技特派员“个体驻点、组团服务、产业帮扶”模式，选派90名农业和工业类科技特派员，聘请以中国工程院院士刘仲华为首的15名茶专家教授担任科技特派员。是年，长沙县被评为全省2020—2021年度科技特派员工作先进单位。

（雷凤仙）

【老干部工作】 2021年，长沙县推动离退休干部党建工作高质量发展，全县建立离退休干部党支部82个，被评为省、市、县级示范化“五化”党支部20家，其中，省级“五化”示范化离退休干部党支部4家。在“七一”表彰中，长沙县一中离退休党支部获市委表彰先进党组织；果园镇机关离退休党支部、星沙街道金茂路社区离退休党支部获县委表彰先进党组织；被评为市级“美在金秋·老党员之家”的示范支部4个。组织老干部（4批300人次）参观三一重卡、长沙县人民医院、黄花机场改扩建等重点项目和陈树湘烈士事迹陈列室等红色教育基地。慰问离休干部（南下干部）、副县级以上退休老干部170人次，走访看望住院老干部100人次，帮扶特困离退休干部、南下干部48人。持续打造“银领星沙·助力发展”正能量活动品牌，“五老”讲师团开展宣讲490场次，听众9.2万余人次。28支“五老红”志愿服务团组织开展各类服务活动560场次。新建湘龙街道湘景社区、北山镇蒿塘社区、春华镇石塘铺村3个基层教学点，教学点总数6个，19个镇（街）建立72个老年教育网络课堂站点，打造“家门口的老年大学”。县直关工委开展“大学带小学，家乡学子情”主题活动，全县107个村（社区）办班214个，入班学生6398名。（雷凤仙）

宣　传

【理论武装】 2021年，长沙县以县委理论学习中心组学习为引领，打造“指尖上的讲习所”“学习大讲堂”“星沙微宣讲”“松雅讲坛”等学习品牌，实施“中共十九大精神进基层百千万工程”，开展“百名宣讲员讲百年党史活动”等，开展理论宣讲2000余场次，获省、市理论宣讲优秀组织奖，被省委定为中央宣讲团到湖南宣讲基层点。举办“就认这个理”微理论宣讲比赛，以赛促学，以学促行，举办“六进”（进社区、进学校、进单位、进家庭、进场所、进农村）示范宣讲。推进成果转化，完成省政研会重大课题“长沙县‘两新’组织思想政治工作调查与思考”、重点课题“陈树湘‘断肠明志’精神价值研究”。开展长沙县全面建成小康社会“百城千县万村”调研，《解读长沙县高质量发展之势》等5篇调研报告获全省优秀调研报告。（陈日伟）

【意识形态工作】 2021年，长沙县加强意识形态阵地监管，建立健全意识形态工作制度，修订《长沙县党委（党组）意识形态工作责任制实施方案》《县委领导班子成员意识形态工作责任清单》，不断强化领导班子“一岗双责”责任意识。印发《长沙县2021年全县意识形态风险隐患排查整治工作方案》，召开长沙县意识形态工作联席会、意识领域形势专题分析研判会，预防风险，排查隐患，全县意识形态工作水平提升。（陈日伟）

【新闻宣传】 2021年，长沙县推进县广播电视台和《星沙时报》深度融合。构建县融媒体中心、镇（街道）融媒体工作室、村（社区）融媒e站三级融媒体服务平台。中央电视台财经频道《百年百城》专题报道长沙县。新闻作品获上级各类奖项55项，《青春扶贫日记》获省广播电视奖一等奖，《与星沙共成长》获省新媒体优秀作品一等奖。完善舆情处置引导机制。构建覆盖全县的网信专干、舆情信息员、网评队伍，形成网格信息收集快、网民建议和投诉掌握快的良性互动。建立“智汇星沙”新型智库。（陈日伟）

【文明创建】 2021年，长沙县入选全国文明城市提名城市，深入实施“文明创建常态化建设百日攻坚大竞赛”，开展文明素质提升行动、交通秩序提质行动、市容环境整治行动等十大行动，强化督查整改，发布文明创建“红黑榜”，在“微星沙”等公众号发布不文明行为曝光专题。构建县、镇（街）、村（社区）三级文明实践体系，抓实乡风文明。举行“爱祖国爱家乡”文明星沙365暨长沙县志愿服务总队成立仪式，常态化开展志愿服务，全县实名注册志愿者18.93万人。“好人之城”建设深入人心。实施立德、崇德、道德、载德、润德、弘德的“六德”工程，建立好人礼遇帮扶机制，成立好人基金，为建设“力量之都、大美星沙”提供精神动力和道德滋养。全年有“中国好人”2人、湖南省道德模范1人、“湖南好人”3人、长沙市道德模范3人、“长沙好人”6人。（陈日伟）

【党史学习教育】 2021年，长沙县坚持学党史和办实事相结合，党史学习教育特色鲜明、成效明显，全年有十大亮点工作：党史学习教育相关情况被中央党史学习教育简报（184期）刊载。完成中央党史学习教育领导小组交办的“老”“小”群体专项调研，为中央决策提供重要参考。利用县内丰富的红色资源，推出12个现场教学点，承办省委、市委理论学习中心组到长沙县开展专题学习。原创红色文艺作品，创新推出爱国主义教育场馆“一馆一剧”，全县红色场馆接待党史学习教育团队8000余批次、近90万人次。举办“中国共产党星沙100年座谈会”，邀请历届县委、县政府、人大、政协主要领导，共忆峥嵘岁月，传承初心使命。举办“中国共产党星沙百年”主题展览，为全县广大党员干部群众开展党史学习教育提供阵地，近10万名青少年学生接受教育和思想洗礼。推出大型系列报道《星沙百年记》11期，全方位、立体化展示中国共产党在长沙县的百年历程。承办纪念刘少奇湖南农村调查60周年学术研讨会，举办杨开慧烈士诞辰120周年书画创作活动，挖掘红色精神，传承红色基因走深走实网上群众路线，利用网上群众工作云平台，做到线上问需、线下解难，采纳意见1629条，办成民生实事5126余件，办结率98.2%，满意率99%。推进“十大民生工程”，以星沙“治”慧办好“学位、床位、车位、厕位、房位”等群众关切的现实问题，为民办实事相关工作6次被中央电视台《新闻联播》报道。

（陈日伟）

统 战

【概况】 2021年，长沙县委统战部深入统战团体和商（协）会组织，宣讲中共十九届六中全会精神和省、市、县党代会精神，开展统一战线暑期谈心活动，在县委党校举办统战理论学习实践培训班，在福州大学举办非公有制经济人士综合素质提升班，举办“百年风华·同心向党”长沙县统战系统党史知识竞赛。星沙海创中心建成并投入运营，开展统战团体组织活动场所建设，在湘龙家园建设长沙县统战阵地“同心苑”，支持民革省委在县打造“湖南民革党员之家”。深化民族团结进步创建，引导宗教与社会主义社会相适应，创新做好港澳台海外统战工作和侨务工作。出台《长沙县统一战线“凝心聚力新时代行动”实施方案（2021—2023年）》，举办“凝心聚力新时代行动”暨“凝心聚力大讲堂”启动仪式。申报创建省、市、县同心示范点10个。动员统战成员参与公益活动和社会服务，全面助力乡村振兴。抓实统战领域意识形态工作，完成省委巡视、县委巡察反馈问题整改。

（王 昊）

【党外代表人士队伍建设】 2021年，长沙县委统战部做好人大代表党外候选人把关，完成245名县第十届政协委员的提名推荐。健全党外干部发现、培养、使用、管理机制，按政策要求配齐配强党外领导干部，充实后备青年党外干部人才库。支持引导各民主党派成员、统战团体开展革命传统教育、中共党史学习教育。县党外知识分子联谊会到郴州汝城开展“学党史、感党恩、跟党走”主题教育活动；引导广大党外知识分子建言献策，组织开展社会服务活动，组织开展关爱抗战老兵公益活动，走访慰问椑梨街道金托村困难户50户。

（王 昊）

【统战系统服务非公有制经济发展】 2021年，长沙县完成县工商联换届工作，选举产生新一届领导班子。落实“企业家日”工作，健全县领导及县直有关单位联系商（协）会制度，召开企业家座谈会，开展“千人帮千企”暖企活动。创新服务非公有制经济，成立县商事调解中心、18个商事调解工作室，常态化开展法律服务进商会工作。加强民营经济与统战工作，在全市民营经济统战工作会议暨民营经济高质量发展大会上，长沙县代表区（县、市）作经验交流。引导商（协）会参与乡村振兴，探索形成长龙商会杨祠混合所有制等新型农村经济模式，迎接中央统战工作领导小组检查组及中央统战部、全国工商联领导到县考察。

（王 昊）

【新的社会阶层人士统战工作】 2021年，长沙县以新的社会阶层人士联谊会为平台载体，持续加强常态联系，通过会员企业实地走访、座谈交流等形式，了解新阶层人士思想动态和企业发展现状。引导广大新的社会阶层人士深入学习贯彻习近平新时代中国特色社会主义思想，组织开展“百年风华 红动星沙”魔方拼党旗图案活动，与市“百人会”联合开展“联谊联心聚共识·同心同向跟党走”红色革命传统教育活动，到吉林长春等地开展考察学习实践活动。发挥资源优势，开展社会公益事业，组织开展“共克时艰，战疫必胜，守护抗疫天使”爱心捐赠活动，向一线医务人员捐赠价值15万元的爱心物资；开展“关爱康复儿童，共圆中国梦”主题公益活动，向325名在院的康复儿童捐赠13万元。

（王 昊）

【星沙海外人才创新创业服务中心启动】 2021年4月27日，长沙县举行“智汇高地 创业星沙”——星沙海外人才创新创业服务中心启动仪式暨当前国际形势专题讲座。星沙海外人才创新创业服务中心由长沙县委、县人民政府倡导，县委统战部、县侨联打造，成为海外人才创新创业、海外人才和科创项目与本地产业融合发展的公共平台，并通过打造对外联络、人才服务、活动交流3个平台，为海外人才创业提供国际化、便利化、专业化服务。中国人民大学国际关系学院副院长金灿荣作《全球新态势与中美关系：中国的机遇与挑战》专题讲座。星沙海外人才创新创业服务中心分别与星沙区块链产业园、湖南省侨联青年委员会签订合作框架协议；作为星沙海外人才创新创业服务中心运营公司，湖南智慧产才科技有限公司分别与北京来也网络科技有限公司、深圳市信联征信有限公司签订合作框架协议。

（王 昊）

【“百年风华·同心向党”长沙县统战系统党史知识竞赛举行】 2021年7月8日，长沙县委统战部举办“百年风华·同心向党”长沙县统战系统党史知识竞赛。竞赛涵盖习近平新时代中国特色社会主义思想、党史、党纪党规、统一战线历史、《中国共产党统一战线工作条例》等内容。县委统战工作领导小组成员单位、镇（街）、统战团体、商（协）会组织的33支代表队参赛，12支代表队进入决赛，县财政局获一等奖，开慧镇、县委统战部获二等奖。

（王 昊）

【《长沙县统一战线“凝心聚力新时代行动”实施方案（2021—2023年）》出台】 2021年11月16日，中共长沙县委统一战线工作领导小组印发《长沙县统一战线"凝心聚力新时代行动"实施方案（2021—2023年）》，明确指导思想、工作目标、主要任务和工作要求。其中，主要任务是组织实施"七大工程"：围绕党外人才成长，组织开展"育苗工程"；围绕非公经济发展，组织实施"提质工程"；围绕海外人才创新创业，组织实施"双创工程"；围绕乡村振兴战略，组织开展"归雁工程"；围绕新的社会阶层人士成长，组织实施"聚力工程"；围绕民族宗教工作，组织实施"创建工程"；围绕社会公益事业，组织实施"感恩工程"。搭建夯实五个平台：基础信息平台、创新实践平台、交流联谊平台、学习教育平台、宣传网络平台。健全完善五项机制：联谊交友机制、协商沟通机制、民主监督机制、考评激励机制、工作保障机制。

（王 昊）

【"凝心聚力大讲堂"启动仪式举行】 2021年11月30日，长沙县统一战线"凝心聚力新时代行动"暨"凝心聚力大讲堂"启动仪式举行。市委常委、市委统战部部长何朝晖出席并宣布长沙县统一战线"凝心聚力新时代行动"暨"凝心聚力大讲堂"启动。长沙经开区党工委书记、长沙县委书记付旭明出席并致辞；县委副书记、县委统战部部长、县委党校校长杨应龙解读《长沙县统一战线"凝心聚力新时代行动"实施方案（2021—2023年）》。湖南师大经济研究所所长、教授、博士生导师刘茂松围绕"当前国内外经济形势与湖南打造'三个高地'"主题授课。

（王 昊）

县直机关党建

【概况】 2021年，中共长沙县直属机关工作委员会（以下简称"县直机关工委"）下辖59个县直机关单位党组织。其中，综合党委单位1个，机关党委单位14个，机关党总支单位17个，党支部单位27个。在职党支部185个，离退休党支部40个，管理党员4600余人。全年发展党员96名，转正党员43名，收缴党费123万余元，在各级"两优一先"（优秀共产党员、优秀党务工作者和先进基层党组织）表彰中，骆从辉获省级优秀党务工作者表彰，裴航获市级优秀党务工作者表彰，13名优秀党员、13名优秀党务工作者、13个先进基层党组织受到县委表彰，60名优秀共产党员、30名优秀党务工作者、10个先进基层党组织受到县直机关工委表彰。评选表彰"两优一先"100人（个），为241名老党员颁发"光荣在党50年"纪念章，走访慰问生活困难党员、老党员103名，组织集中过政治生日3100余人；开展"党史学习教育"，参与"为民办实事"实践活动，圆梦"微心愿"400余个；选举县直机关选区出席中国共产党长沙县第十四次代表大会代表90人；发布48期周工作提示；举办4期"机关党员大课堂"，线上线下学习16万余人次；指导并批复122个单位完成党组织换届、改选、补选工作；组织机关党员参与文明城市创建、垃圾分类、扶贫帮困、政策宣讲、抗击新冠肺炎疫情等志愿服务1.2万余人次；组织党员进行"党建先锋生态林"义务植树近1万株。

（裴 航）

2021年11月30日，长沙县统一战线"凝心聚力新时代行动"暨"凝心聚力大讲堂"启动仪式举行 （县委统战部 供图）

【机关政治建设】 2021年，县直机关工委印发《中共长沙县直属机关工委2021年党建工作要点》，发布机关党建周工作提示48期、交办函3份；协助县委组织部做好部门单位党组书记抓党建述职评议工作，对所属单位推行基层党建问题清单、责任清单、任务清单"三单制"管理；出台《长沙县贯彻落实＜关于加强和改进新时代全市机关党的建设的实施意见＞的责任清单》《机关纪委工作规范（试行）》；举办党组织书记履职能力提升班、党建专干业务培训、机关党员大课堂等各类针对性培训4期；引导机关各单位将《中国共产党章程》《关于新形势下党内政治生活的若干准则》及《中国共产党党内监督条例》等党内法规制度的学习作为党员干部教育培训内容；指导47个单位所属112个党组织完成换届、补选、改选工作；年中举办县直机关单位半年度党建工作"互学互议互评"

交流活动，年底开展“四不两直”调查核实、督导45个单位；12月在《星沙时报》开辟“党建聚合力 机关走前列”专栏，当月发布信息12条。

（裴　航）

【机关思想建设】 2021年，县直机关工委组织举办4期“机关党员大课堂”，3000余名在职党员线下集体学习全覆盖，16万余人次党员参与线上学习；5月，组织96名发展对象参加为期2天的集中培训；9月，组织260余名基层党组织负责人参加为期3天的县直机关单位基层党组织书记履职能力提升班；12月，组织90余名入党积极分子参加为期3天的集中学习和志愿服务；组织“信仰的力量——传承红色基因、汲取奋进力量”红色故事分享会、“党员群众心向党”党史知识竞赛、“永远跟党走”庆祝建党百周年合唱比赛，开展“百名书记讲党课”竞赛、“主题党日”十佳精品案例征集、“就认这个理”微宣讲等活动，评选出一批优秀典型。

（裴　航）

【机关组织建设】 2021年，县直机关工委指导县自然资源局、县公安局、县发改局、县住建局、县文旅局、县卫健局、市生态环境局长沙县分局和县农业农村局先后成立机关党委和机关纪委，实现党员人数100人以上的县直单位成立机关党委和机关纪委全覆盖，完成175份换届、改选、补选的批复工作；选举90名县直机关出席中国共产党长沙县第十四次代表大会代表；完成647名（预备）党员跨单位的组织关系转接，清查10名中共十八以来在农村发展现转入县直机关单位党员档案，并按要求完成整改落实；发展96名预备党员，转正43名党员，交接（预备）党员档案46份；完成省委巡视回头看交办函4件，县委巡查交办函3件，开展专项培训4次，举办“互学互评互议”暨半年度党建考核，完成对所属59个县直单位实地调研核实，坚持党员积分制管理，督促党员按月足额缴纳党费123万余元，基层党组织落实民主集中制、“三会一课”等制度坚强有力。

（裴　航）

【“党建聚合力书记领航行动”县直单位创新项目】 2021年8月，县直机关工委牵头组织“党建聚合力书记领航行动”县直单位组创新项目的统筹推进。8月底，从29个县直单位申报的创新项目中遴选出15个进行具体实施。9月，组织15个项目实施负责人到望城区考察学习，同月完善具体实施方案。12月，组织初步成果展评，推荐县检察院、县卫健局、县应急局、县司法局、县行政执法局、星城发展集团和县现代农业创新示范区参与县级擂台比武，县检察院、县卫健局和县行政执法局分获一、二、三等奖。

（裴　航）

机构编制

【概况】 2021年，长沙县委编办聚焦重点改革任务，优化部分县直部门机构设置，撰写《长沙县农业农村局机构编制调研报告》，其内设机构精简比例25%、所属事业单位精简比例44.4%，优化县现代服务业发展中心机构设置，调整职能后更名为县金融事务中心。深化综合行政执法改革，整合执法职能归口管理。理顺临空片区和会展片区管理体制，调整会展管委会为市派出机构，配合市委编办印发自贸区长沙片区临空管委会、会展管委会的“三定”规定。清理规范开发区管理机构及议事协调机构，长沙县五大功能区退出功能区序列，县级议事协调机构精简比例58%。实行“互联网+政务服务”，对事业单位法人登记、机构编制实名制等业务的办事服务指南进行完善和细化，制作事业单位日常管理业务培训视频及所需申报资料模板并进行分享；以事业单位网上登记管理系统和机构编制实名制管理系统为依托，对事业单位法人登记、机构编制实名制等业务实现线上资料审批和线下业务办理，让“最多跑一次”办理业务成为工作常态。

（刘　鑫）

【议事协调机构清理规范】 2021年，长沙县委编办修订《长沙县县级议事协调机构管理办法》；精简县级议事协调机构，清理规范后保留96个，撤销60个，合并减少70个，精简比例58%。提高各机构议事能力和协调水平，确保各机构高效运行。

（刘　鑫）

【机构编制法治管理】 2021年，长沙县委编办以《中国共产党机构编制工作条例》等机构编制法规的贯彻落实、巡视整改、“条条干预”等7个方面为重点，对全县各机关事业单位开展机构编制监督检查。贯彻落实机构编制报告制度，制定《长沙县机构编制报告制度实施细则》（试行）。完成中小学教职工编制达标工作，制定《长沙县中小学教职工编制达标工作实施方案》，调剂870名编制纳入长沙县中小学教职工编制周转池。充实编制资源，增加长沙县行政编制7名，增加自贸区管理机构事业编制20名，增加长沙县教师编制1231名。设立长沙县人才编制池，盘活编制存量，调剂50名事业编制建立人才编制池，专门用于人才引进，招聘博士30名。建立行政编制周转制度。为县委网信办、县民政局、县文旅局、县卫健局、县水利局、县科协、星沙街道、湘龙街道等部门周转使用19名行政编制。开展巡视整改“回头看”，专题研究巡视反馈涉及机构编制方面问题并制定整改措施，巡视反馈的46个问题均销号（其中7个问题阶段性销号）。

（刘　鑫）

人事人才

【概况】 2021年，长沙县坚持人智驱动，突出以才兴产、以产聚才。落实湖南自由贸易实验区长沙片区人才集聚发展若干措施政策45条、芙蓉人才行动计划、长沙人才新政22条。引进高层次人才110人，累计526人，新增专技人才2000人，新增高技能人才146人，累计3119人，人才队伍整体素质不断提升。面向全球招聘30名博士，到北京、上海、广州、西安等地高校进行人才政策精准推介，吸引400余名博士报名，完成事业单位公开招聘高层次人才宣讲、组考工作。发布机关事业单位公开选调招聘简章11个，选调招聘1085人。落实人才待遇政策，为15792人次高校毕业生、留学归国人员、技能人才发放人才补贴1505.63万元，惠及人才及补贴金额均大幅提升。

（吴　琼）

【“人才新政”工作】 2021年，长沙县及长沙经开区新增高层次人才110人（B类2人，C类35人、D类73人），占全市新增总量的19%。现代农业产业领军人才认定和新型职业农民基本养老保险缴费补贴业务申报41人，会审通过11人。新增高校毕业生1290人，发放高校毕业生租房和生活补贴1429.3万元；新增留学归国人员66人，发放租房和生活补贴约106.73万元。技能人才新增359人（高级技师149人、二级技师210人），发放职业技能晋级补贴116.5万元。（吴　琼）

【高校毕业生就业招聘】 2021年，长沙县组织企业走进省内高校，与湖南工业大学、湖南工程职业技术学院等8所高校举办12场次高校毕业生就业服务季校园招聘活动。现场招聘会有万通科技、柯盛新材料等500家企业参与招聘，提供就业岗位1万余个，涵盖学校各类专业，到场求职学生1万余人次。（吴　琼）

【人才档案管理服务】 2021年，长沙县按照分类审核方法，对2300余份事业编制人事档案进行审查，完成所有人事档案的审核会议认定工作。做好全县在职在编事业单位人员以及流动人员档案的管理。转入档案586份（流动人员418份，单位168份），转出档案1570份，开具调档函645份，新增录入流动人员档案418册，录入单位移交档案168册，档案查询284人次，档案借阅78人次，出具证明材料65人次，党员存档证明39份，调出党员档案17份，零星入档材料5011份，职称评定受理14人次，认定初级14人次。

（吴　琼）

【人事招聘考试】 2021年4月，长沙县完成6000余人的机关事业招聘人事考试笔试工作和5万人的教育招聘考试二批次笔试及面试工作。9—11月，组建5支推介小分队到北京、上海、武汉、广州、西安等双一流大学集中城市，开展精准推介，完成县内2021年事业单位公开招聘30名具有博士研究生学历、学位的高层次人才宣讲、组考工作。12月，完成10月机关事业单位1万余人的招聘考试。（吴　琼）

【干部培训】 2021年3月22日、10月22日，长沙县分别在县委党校组织开展2021年机关事业单位新进人员入门培训班，培训对象涵盖新招录进入机关事业单位的人员177人。根据新入职干部的自身特点和需具备的能力素质，培训班设置政治理论、公文写作与处理、公务礼仪和群众工作等课程内容，开展专题辅导报告和模拟教学。11月26—30日，长沙县机关事业单位优秀公职人员素质提升班在深圳大学举办，50名优秀公职人员实地学习沿海城市经济社会发展的经验，提升工作创新能力、综合素质和执政能力。

（吴　琼）

对台事务

【服务台企】 2021年，长沙县有台资企业18家，其中，台资独资企业13家，涉及汽车零部件制造、高科技电池、模具生产、食品加工、教育以及服务等行业。建立重点台资企业、台胞台属联系走访制度，帮助解决实际问题38个，接待台胞台属来信来访53人次，办结涉台信访20件，安排专项经费8万元走访慰问台胞台属58户。全年为5名台胞子女办理入学、转学等手续，组织133名台胞接种新冠肺炎疫苗。成立长沙县涉台审判法官工作室，为台湾同胞提供普惠均等的权益保障和服务新平台。

（吴　琼　余　浪）

【对台宣传】 2021年，县委台办在省委台办官网、“璀璨星城　魅力长沙”、华夏经纬网等媒体发表多篇长沙县涉台活动信息。全年被省、市台办官网采用信息82篇，报送数量居长沙市9个区（县）第一位。是年，被中央台办评为年度“两刊”对台宣传工作先进单位。组织对台交流基地、涉台教育基地开展流动巡展14场次，受众2.3万人次，播放《过台湾》纪录片71场次，观众1075人次。县委理论学习中心组全体成员集中学习习近平在《告台湾同胞书》发表40周年纪念会上的讲话、习近平总书记关于对台工作重要论述摘编等涉台相关文件。（余　浪）

【对台交流】 2021年9月23日，省级对台交流基地黄兴故居纪念馆举办“纪念辛亥革命110周年——海峡两岸议辛亥线上线下交流活动”，同步在台湾设分会场。湖南省政协副主席、九三学社湖南省委主委张大方出席。中国国民党中常委谢坤宏在台湾会场出席活动。10月15日，省级对台交流基地影珠山抗战遗址公园举行“纪念第二次长沙会战胜利80周年线上书画交流活动”，台湾宜兰掌上明珠美术馆同步举行活动。11月18日，市级对台交流基地黄兴海峡两岸青年农创基地举办“第二届海峡两岸青年企业家融合发展论坛”，两岸青年企业家代表及在长台湾青年学生代表等参加活动。

（吴　琼　余　浪）

党校教育

【教育培训】 2021年，县委党校举办西藏山南市群团业务专题培训班等各类培训班次62期，其中，主体班24期，部门班22期，异地班16期，培训近9000人次。重点承办长沙县乡科级领导干部学习贯彻中共十九届五中全会精神轮训、长沙县2021年村（社区）党组织书记“党建引领基层治理助力乡村振兴”主题培训班等。拍摄党性教育纪录片《高擎党旗铸忠诚》，于9月在中央新影发现之旅频道播出，专题宣传推介长沙县及县委党校。10月，西藏山南市琼结县村（社区）干部能力素质提升培训班到校培训情况由芒果TV《午间新闻》报道。在省委组织部主办的微信公众号红星云上以《聚焦“四个基地”建设一流现代化党校》为题发表署名文章，宣传推介党校工作。创建微信视频号“星向党”，传递星沙新力量，传播党校好声音。筹建湖南先进制造业干部学院，打造5条具有星沙特色的产业研学精品路线，为助推长沙县文旅产业融合发展贡献党校力量。

（吴　琼　许　文）

【教学科研】 2021年，县委党校在全年教学安排中，党的理论教育和党性教育课程比重74%。推出《国歌的力量》《墙缝里的忠贞》《绝对忠诚的铁血后卫——陈树湘和红34师》《让集体经济“贴地”飞行——长沙县壮大新型农村集体经济的实践与启示》等系列党性教育和特色精品课程，其中，6堂入选中组部《全国党员教育培训示范基地培训课程》教材。“一人（师）一课”入选湖南省干部教育培训“三百工程”。7名优秀教师入选市、县党史宣讲团、“星青年”讲师团。4名专职教师参与长沙县百年历史印记大型报道《星沙百年记》录制。发挥全县宣讲主力军作用，开展“红色课堂进高校”、基层专题宣讲230余堂次，受众1.32万余人。制定《中共长沙县委党校智库建设办法》。建立“星智库”，推动教学、科研、咨询一体化发展。申报省委党校系统课题立项1个，结项1个，完成市、县重点课题2个，县级一般课题11个。在省市党校系统征文中，获一等奖2个，二等奖4个，三等奖1个。县委党校连续两年获全市党校（行政学院）系统“科研组织工作先进单位”称号，并在研讨会上作典型发言。2名教师分别参与撰写省委党校党性教材章节——《断肠明志陈树湘》和市委组织部承担的中组部课题“探索建立新时代党员教育质量评估体系研究”。

（吴　琼　许　文）

2021年12月9日，西藏山南市群团业务专题培训班在中共长沙县委党校（长沙县行政学校）培训大楼前开班合影　（县委党校 供图）

【教育管理】 2021年，县委党校继续探索贯穿党员教育培训全链条的“1+8”办班流程管理体系。坚持审批在前、严管在线、评价在后。根据不同班次特点，修改完善班主任工作手册，召开班主任经验交流会，提升班主任服务管理水平。推行精准服务测评体系，做细做优培训服务与管理。培训班学员测评优秀率平均96.15%，班主任带班优秀率平均96.18%，教辅人员带班优秀率平均92.41%，其中班主任带班14个优秀率100%，西藏山南市新任村（社区）“两委”班子主干能力提升重点培训班各项测评优秀率均100%。加强基层分校和特色分校建设，与各特色分校签订协议，规范管理机制，从严把关分校建设的意识形态主动权。授牌刘少奇天华调查旧址、杨祠盈商小镇为现场教学基地。

（吴　琼　许　文）

长沙县人民代表大会

编辑　周进银

综　述

【概况】 2021年，长沙县人大常委会向县委请示、报告重大事项20件次，提请县委研究人大工作5项，召开10次常委会会议和14次主任会议。听取审议全县2021年度计划和预算执行情况，依法批准本年度计划和预算调整方案以及上年度决算；听取和审议审计查出问题整改情况报告，组织对4个单位的审计问题整改落实情况进行满意度测评，规范资金使用，维护财经纪律；听取和审议财政资金绩效评价工作情况报告，重点审查民生和社会事业资金使用情况，支持政府优化财政资源配置，提高财政支出效益。集中视察全县重点项目建设和松雅湖生态新城规划建设情况，组织开展安全生产“一法一条例”执法检查整改落实情况督查。牵头筹备黄花国际贸易港的规划建设，支持打造新的发展板块。

（张子妮）

【人大常委会建设】 2021年，长沙县人大常委会党组坚持把政治建设摆在首位，落实重大事项请示报告制度，重大问题、重要事项、重要情况均经常委会党组研究后及时向县委请示报告。紧跟县委工作思路，找准人大工作与助推发展的结合点，形成多篇调研报告。践行党管干部与人大依法任免相结合的原则，加强任前审查，严把主任会议初审、任前法律考试、任前陈词、投票表决等关口。组织和筹备代表大会、常委会会议、党组会、主任办公会和其他专项会议。组织换届选举，保证县乡两级人大换届选举完成。制定机关落实全面从严治党主体责任清单和班子成员履行全面从严治党责任清单，严格执行中央和省市县委关于作风建设的各项规定。坚持中心组学习和会前学法，在西南政法大学举办两期人大业务培训班。组织代表进行初任培训，督促新代表学习履职所需法律法规。全年配合全国人大常委会、省人大常委会、市人大常委会开展各类专题调研20余次。

（张子妮）

重要会议

【概况】 2021年，长沙县人大常委会召开长沙县第十七届人民代表大会第六次会议、长沙县第十八届人民代表大会第一次会议，举行人大常委会会议10次、主任会议14次。

（张子妮）

【长沙县第十七届人民代表大会第六次会议】 2021年1月24—26日，长沙县第十七届人民代表大会第六次会议召开。全县261名代表参加会议。大会审议批准长沙县人民政府工作报告、长沙县人大常委会工作报告、长沙县人民法院工作报告、长沙县人民检察院工作报告，书面审查长沙县国民经济和社会发展第十四个五年规划和2035年远景目标纲要草案、长沙县2020年国民经济和社会发展计划执行情况与2021年国民经济和社会发展计划草案的报告、长沙县2020年财政预算执行情况和2021年财政预算草案的报告、长沙县人民政府关于县第十七届人大一次会议以来代表所提议案和建议、批评、意见办理情况的报告、长沙县人民政府关于2020年环境状况和环境保护目标完成情况的报告；补选长沙县第十七届人民代表大会常务委员会副主任、委员；通过长沙县第十七届人民代表大会环境与资源保护委员会主任委员名单。

（张子妮）

【长沙县第十八届人民代表大会第一次会议】 2021年10月22—24日，长沙县第十八届人民代表大会第一次会议召开。全县304名代表参加会议。大会审议批准长沙县人民政府工作报告、长沙县人大常委会工作报告、长沙县人民法院工作报告、长沙县人民检察院工作报告，书面审查长沙县第十七届政府国民经济和社会发展计划执行情况及第十八届政府计划草案的报告、财政工作报告；本次会议选举产生新一届县人大、县政府领导班子成员和“一委两院”主要负责人，选举产生52名出席市第十六届人大代表。

（张子妮）

【长沙县第十七届人大常委会第三十七次会议】 2021年1月12日，长沙县第十七届人大常委会第三十七次会议召开。会议初审长沙县人大常委会工作报告（草稿）；听取和审议长沙县人大常委会2021年工作要点（草稿）；听取和初审长沙县国民经济和社会发展第十四个五年规划和2035年远景目标纲要初步方案、县2020年国民经济和社会发展计划执行情况及2021年计划初步方案的报告、县2020年财政预算执行情况及2021年财政预算初步方案的报告；听取和审议县第十七届人大六次会议主席团成员及秘书长建议名单、邀请上主席台就坐的非主席团成员建议名单，以及列席人员名单；听取和审议县人大常委会代表资格审查委员会关于补选县第十七届人大代表的资格审查报告，并通过有关人事任免的议案。

（张子妮）

【长沙县第十七届人大常委会第三十八次会议】 2021年1月23日，长沙县第十七届人大常委会第三十八次会议召开，会议听取和审议县人民政府有关人事免职的议案，决定免去陈卫球的长沙县教育局局长职务。会议还听取和审议县人大常委会代表资格审查委员会关于补选县第十七届人大代表的资格审查报告。

（张子妮）

【长沙县第十七届人大常委会第三十九次会议】 2021年3月25日，长沙县第十七届人大常委会第三十九次会议召开，会议听取和审议2020年度长沙县人大常委会审议意见办理情况的报告并进行满意度测评；听取和审议2020年度城乡规划法执行情况的报告；并通过有关人事任免的议案。（张子妮）

【长沙县第十七届人大常委会第四十次会议】 2021年5月27日，长沙县第十七届人大常委会第四十次会议召开，会议听取和审议建设“三个现代化强县”情况的报告和法官、检察官履职评议整改落实情况的报告，审议通过黄兴等13个镇人民代表大会代表名额的议案和关于调整县第十七届人大常委会代表资格审查委员会组成人员的议案，并决定一批人事任免。（张子妮）

【长沙县第十七届人大常委会第四十一次会议】 2021年6月24日，长沙县第十七届人大常委会第四十一次会议召开，听取并审议《2020年度国有资产管理综合情况报告和行政性国有资产专项报告》《规范性文件备案审查工作情况的报告》《全县县乡两级人大换届选举有关工作情况的报告》和有关人事免职事项。会议表决通过《长沙县人大常委会关于县乡两级人民代表大会换届选举的决定（草案）》《关于提请设立长沙县选举委员会并任命其组成人员的议案》《关于提请设立长沙县选举委员会办公室并任命其组成人员的议案》《关于提请批准设立黄兴等13个镇选举委员会、星沙等5个街道选举工作组并任命其组成人员的议案》《关于做好县乡两级人民代表大会换届选举工作的实施方案（草案）》《关于长沙县第十八届人民代表大会代表名额的分配方案（草案）》。（张子妮）

【长沙县第十七届人大常委会第四十二次会议】 2021年8月12日，长沙县第十七届人大常委会第四十二次会议召开，会议决定接受杨应龙等同志辞去县人民政府副县长职务的请求，免去彭迟平的长沙县公安局局长职务；通过陈永高、郭瑞为长沙县人民政府副县长，刘广为长沙县公安局局长，许琼山为长沙县人民检察院副检察长的任命，并决定陈永高副县长为长沙县人民政府代理县长、许琼山副检察长为长沙县人民检察院代理检察长。（张子妮）

【长沙县第十七届人大常委会第四十三次会议】 2021年9月16日，长沙县第十七届人大常委会第四十三次会议召开，会议结合长沙县2021年1—6月国民经济和社会发展计划及政府投资项目计划执行情况，听取和审议2020年度县本级预算执行和其他财政收支的审计工作报告、长沙县2020年财政收支决算（草案）及2021年1—6月财政预算执行情况的报告，并审查和批准2020年财政决算。会议还听取和审议开展公益诉讼检察工作情况的报告，听取长沙县第十八届人民代表大会代表资格审查的报告，审议个别县第十八届人大代表辞职的议案，并听取和审议县第十八届人大一次会议的筹备工作方案，作出召开县第十八届人大一次会议的决定。（张子妮）

【长沙县第十七届人大常委会第四十四次会议】 2021年10月14日，长沙县第十七届人大常委会第四十四次会议召开，会议听取和审议关于县第十七届人大一次会议以来代表所提议案及建议、批评和意见办理工作情况报告，听取和初审长沙县人大常委会工作报告（草稿），审议通过县第十八届人大一次会议列席人员名单，审议县第十八届人大一次会议主席团成员及秘书长建议名单、邀请上主席台就座的非主席团成员建议名单，听取和审议县人大常委会代表资格审查委员会关于补选县第十八届人大代表的资格审查报告。（张子妮）

【长沙县第十八届人大常委会第一次会议】 2021年11月25日，长沙县第十八届人大常委会第一次会议召开，会议听取和审议长沙县2021年国民经济和社会发展计划、政府投资项目计划执行及调整方案（草案）的报告，并批准长沙县2021年政府投资项目计划调整方案；听取和审议长沙县2021年1—10月预算执行情况及财政收支预算调整方案（草案）的报告，并批准长沙县2021年财政收支预算调整方案。会议还依法任命4个街道的人大工委副主任、县第十八届人大常委会代表资格审查委员会成员、选联工委委员以及各街道人大工委委员。（张子妮）

【长沙县第十八届人大常委会第二次会议】 2021年12月23日，长沙县第十八届人大常委会第二次会议召开，会议审议通过个别县人大代表、县人大有关专门委员会主任委员的辞职请求，听取个别县人大代表资格终止情况的报告，并作出补选县人大代表的决定；审议通过县人大常委会主任会议、县人民政府、县监察委员会有关人事任免议案，依法任命32名县人大常委会、县人民政府、县监察委员会干部。（张子妮）

依法监督

【财经监督】 2021年，长沙县人大常委会高度关注经济运行质量，从严从实为人民管好“钱袋子”。听取审议“十四五”规划和2035年远景目标纲要初步方案，开展政府投资项目实施情况督查。听取审议国民经济和社会发展计划执行情况报告、同级审及审计查出问题整改情况报告、国有资产管理综合情况和行政性国有资产等专项报告，高度关注政府性债务情况，实现对预算编制、执行、调整和决算的全方位监督。是年，县人大常委会在全国人大贯彻落实《关于加强地方人大对政府债务审查监督的意见》视频会议上作交流发言。

（张子妮）

【法律监督】 2021年，长沙县人大常委会始终坚持民主与法治双轮驱动，全面贯彻落实习近平法治思想，紧盯法治建设的关键环节实施精准监督。听取和审议法官、检察官履职评议整改落实情况，召开公益诉讼检察工作座谈会，专题审议公益诉讼检察工作；常态化开展“司法公正长沙行”、走进警营、检察开放日、旁听庭审、调研行政执法、调研司法局“八五”普法等系列活动。坚持“四审”机制，审查19件规范性文件，提出审查意见15条。根据上级人大要求，召开咨询专家工作会议，听取近五年规范性文件备案审查工作情况报告，全面总结十七届人大常委会规范性文件备案审查工作，发挥“规范性文件备案审查咨询专家库”作用。

（张子妮）

【民生监督】 2021年，长沙县人大常委会始终致力于提升城市品质，组织开展南部会展城规划建设专题调研，听取审议城乡规划法执行及“三个现代化强县”建设情况报告，集中视察县域楼宇经济、重点项目建设、松雅湖生态新城规划建设和《星沙新城建设品质管控导则》实施情况，支持政府高标准做好城市规划的顶层设计；举办以“人与自然 和谐共生”为主题的“三湘环保世纪行”活动，开展首届“最美基层环保人”评选活动，调研城乡垃圾分类工作。致力于发展社会事业，视察调研全民健身、学前教育、特色小镇建设、应急管理体系、妇联等工作开展情况。

（张子妮）

依法履职

【代表服务管理】 2021年，长沙县人大常委会以代表联络站为平台，“双联活动服务月”为载体，开展“12345”主题活动，指导和组织市、县人大代表围绕人民群众关心的教育和卫生两个强县工程、乡村旅游、松雅湖生态新城建设等民生主题，开展分组调研和会前视察，代表活动更加聚焦中心。扩大代表对常委会工作的参与面，邀请人大代表列席人大常委会会议、参加人大常委会组织的各项活动200余人次。发挥代表服务中心作用，严格落实代表履职管理积分制和不称职代表退出机制，支持镇街为职务代表聘请民情信息员，为代表履职提供优质服务。组织代表回原选区述职，并开展民意测评，代表服务选民的意识不断增强。坚持常委会组成人员联系代表制度，定期开展走访。

（张子妮）

【议案建议督办】 2021年，长沙县人大常委会重视对代表议案、建议的办理，深入总结过去的办理工作经验，严把代表议案建议质量关，组织代表聚焦人民群众特别关心关注的热点难点问题，开展会前视察调研，为提出高质量的议案建议作足准备。规范程序，加强议案建议督办，按照重点建议主任牵头督办、所有建议委室分线督办、往年B类建议跟踪回访督办的工作机制，跟踪督办县第十七届人大六次会议和十八届人大一次会议及闭会期间的86件代表建议，确保建议办理工作质效提升。

（张子妮）

【人事任免】 2021年，长沙县人大常委会坚持党管干部与人大依法任免有机结合，进一步规范任前考察、法律知识考试、拟任人员与常委会组成人员见面、任前陈词等程序，贯彻落实宪法宣誓制度，全年依法任免61名人大及“一府一委两院”国家机关工作人员。 （张子妮）

【民生实事项目人大代表票决制】 2021年，长沙县人大常委会指导全县所有乡镇探索实施民生实事项目人大代表票决制，通过群众提、代表定、政府办、人大评，票决产生民生实事项目。镇政府对票决产生的民生实事项目进行责任分解，明确责任部门、具体责任人和项目时限，形成目标书、路线图、进程表，确保项目有效实施，全年累计票决产生约100个民生实事项目；镇人大主席团将民生实事项目督办列入年度监督计划，结合“12345”代表主题活动，综合运用听取专项工作报告、专题调研、集中视察等方式，跟踪监督项目实施进度。（张子妮）

【县乡两级人大换届选举】 2021年，长沙县委成立以县委书记任组长的换届选举工作领导小组，多次听取工作汇报，研究解决有关重大问题；建立由纪检、组织、宣传、统战、政法等部门组成的联审机制。谋划连任县人大代表推荐工作，99名县人大代表连任，占比32.5%；建立推荐提名责任倒查和追究机制，前置联审关口，增加审计、民政部门参与审查，考察工作从严从紧。在选区划分、选民登记、提名推荐代表候选人、投票选举等关键环节前，均组织相关人员进行专业培训和工作部署；做到选民应登尽登，全县登记选民702636人，其中，流动人口选民45560人，依法组织全县689910位选民参与投票，参选率98.2%。认真组织代表学习相关纪律文件，集中观看《警钟长鸣》；深入谈心谈话，引导干部正确对待“进退留转”；部门联动，分阶段、分片区开展巡回督查；大会期间，抽调40余人巡回监督，选派19人驻团监督。本次县乡两级人大换届选举产生305名县人大代表、1006名镇人大代表和52名出席市第十六届人大代表；13个镇选举产生新一届镇人大和镇政府领导班子；新一届县人大、县政府领导班子成员和“一委两院”主要负责人均全票当选。

（张子妮）

长沙县人民政府

编辑　刘晓柏

综 述

2021年，长沙县跻身全国县域经济与县域综合发展实力百强第3位、投资潜力百强第4位、县域经济基本竞争力百强第5位、科技创新百强第6位、工业百强第7位、投资竞争力百强第9位、社会治理百强第9位，落实重大决策等7项工作获省政府真抓实干表扬激励，科技创新等12项工作获市政府创新实干表扬激励，连续15年被评为中国最具幸福感城市（县级）。全年地区生产总值2003.2亿元，比2020年增长7.6%；规模工业增加值比2020年增长7%；地方一般公共预算收入比2020年增长6.6%；固定资产投资比2020年增长9.9%；社会消费品零售总额比2020年增长14.6%；外贸进出口总额比2020年增长19.1%。

产业实力提升。2021年，长沙县工程机械、汽车及零部件产业分别实现产值572亿元、631亿元，先进制造业发展质效领跑全省。依托蓝思科技、国科微电子、维胜科技等企业快速壮大电子信息产业集群，产值突破192亿元，获批全省首个“5G+工业互联网”先导区。服务业新增入统62家，亿元以上企业35家，其中，10亿元以上7家。金融业贡献税收13.23亿元，增长24.6%。铁建重工、五新隧装和丽臣实业分别登陆上交所、北交所和深交所，首次实现三大交易所“大满贯”。湘商世纪城、世景广场等商务楼宇“空中开发区”拔节生长，成为全国首个入选国家“两业融合试点”县级城市。打赢“项目大会战”“征拆攻坚战”“要素保障战”，铺排重大项目258个，总投资约80亿元的上汽大众新能源车项目全面开工，成为全省第三次重大项目集中开竣工活动标杆项目；南昌一长沙1000千伏特高压交流输变电工程竣工。创建“五好”园区，长沙经开区综合发展水平位列国家级经开区第14位。工业技术改造投资增长33%，31家企业完成智能化技术改造，天河国云入选国家区块链创新应用试点名单，底层区块链技术入围全省“十大技术攻关项目”。全社会研发投入增长21.3%，发明专利拥有量增长24%，设立“县长质量奖”。

开放能级提升。2021年，湖南投资规模最大单体项目长沙机场改扩建工程顺利推进。国家级加工贸易产业园获批，黄花综保区整区封关，进出口商品展示交易中心、长沙航空科技体验中心等建成运营，黄花数字贸易港、国际人才港、知识产权公共服务中心加快赋能，总规模10亿元的临空产业投资基金启动。锻造“无改革、不星沙”金字招牌，湖南自贸区长沙县片区形成12项制度创新成果，其中，5项为全国首创，7项入选长沙片区一周年“十大改革创新实践案例”，“邮快跨”集约发展新模式成为自贸试验区获批以来首个国家级创新案例。推行企业开办“1+N套餐”，实现“准入即准营”“领照即开业”。“一件事一次办”150项政务服务事项赋权园区，245个套餐事项实现线上办理。长沙经开区创新实施相对集中行政许可权改革，外贸企业套餐办理量同比增长49%。新增外资企业411家，国际货邮吞吐量比2020年增长22%，跨境电商贸易额占全省40%。长株潭一体化23个重点项目和34项重点任务有序落实。

城乡品质提升。2021年，长沙县实施“南征北战、东拓西融”区域发展战略，县城建成区面积扩大至126平方千米。启动松雅湖生态新城，推出水渡河片区产城融合项目。地铁6号线通车试运行，建成香堤北路、凉塘东路、望新路等市政道路，临空北路、思源路等园区主干道通车。万家丽路电力隧道全线贯通，完成开元路、金茂路、特立路等城区道路及茶培线、泉沿线等干线公路提质改造，盼盼路东延线竣工通车，新建开元互通、特立路人行天桥，新增停车位2.8万个。首批星沙驿站向市民免费开放，提质改造16个老旧小区，星沙生态公园创建为“人民满意公园”。提质改造12个高速公路出入口，投入2.68亿元建设162个美丽宜居村庄，新改建农村公路198千米，城乡公交全面进入新能源时代。粮食总产量50万余吨，举办中国农民丰收节（湖南主场）。茶产业实现综合产值45.1亿元，长沙县被评为中国茶叶百强县。农村电商销售45亿余元，长沙县被评为全国县域农业农村信息化发展先进县，全县村级集体经济总收入1亿余元。江背镇、春华镇分别被评为全省机械制造小镇、种业小镇。开慧镇被评为全国乡村旅游重点镇，影珠山景区升级为国家AAAA级旅游景区。承办2021湖南阳光娱乐旅游节，长沙县被评为中国文旅融合发展示范县。

民生福祉提升。2021年，长沙县深入实施“五好”教育工程，新扩建中小学校7所，新增学位9780个。县人民医院项目主体封顶，县妇幼保健院成为全省首家县域三级妇幼保健机构。文化场馆服务总人次870万。被评为全国群众体育先进单位。建成公租房2.59万套，公租房英萃园交付使用。举办招聘活动48场，2万余名劳动者就业。开展社保、医保、低保基金专项整治，实施重大疾病补充医疗保险，城乡居民基本养老保险基础养老金标准系全省最高。建成12家养老服务中心，被评为全国智慧健康养老示范基地、全省“五化”（人本化、法治化、标准化、信息化、社会化）民政建设示范县。蓝天、碧水、净土保卫战成效持续巩固，空气质量优良率90.4%，县级以上集中式饮用水水源地水质达标率100%，中小河流治理建成全国样板，“林长制”全面推行，长沙县被评为国家生态文明建设示范区。

治理水平提升。长沙县严格履行新形势下依法治县、依法行政责任，修订《长沙县人民政府工作规则》，推进行政复议体制改革。认真执行县人大及其常委会决议决定，主动接受人大依法监督、政协民主监督、司法监督和社会监督，办理县人大代表建议49件、政协委员提案44件。开发全省首个村（社区）法律顾问线上管理系统，建成公共法律服务实体平台，新建村级法治文化阵地102个，长沙县被评为全国普法工作先进单位。践行新时代“枫桥经验”，“党建+五零”村（社区）治理持续深化，青山铺镇、春华镇春华山村分别被评为全国乡村治理示范镇、村。依托智慧城管、智慧执法全面提速治理现代化，“五级五员”网络综合治理模式获中央网信办推介。“我为群众办实事”实践活动6次被中央广播电视总台《新闻联播》推介。重拳出击道路交通顽瘴痼疾，严格实行道路交通安全“七条断然”措施和渣土运输“十个一律”，道路交通事故下降13.7%。集中攻坚仓储物流、消防等17个行业领域安全问题，安全生产事故下降21.6%。开展禁毒人民战争、反电诈、打击跨境赌博等专项行动，㮾梨街道被评为全省禁毒工作先进集体。综治民调居全市第一位，长沙县被评为全省安全发展工作示范县。

（龙世华 唐新宇 王 蓉）

重要会议

【概况】 2021年，长沙县人民政府召开政府全体会议1次、政府常务会议18次（187个议题）、政府党组会议16次（49个议题）、县长办公会2次（10个议题）、县长专题会92次（138个议题），对需要由县人民政府决策和实施的全县重大问题进行研究，作出部署。（谌巍伟）

【县政府全体会议】 2021年1月7日，长沙县人民政府召开长沙县第十七届人民政府第六次全体（扩大）会议，组织县人民政府任命的国家工作人员宪法宣誓，传达中央、省委、市委相关工作会议精神，通报2020年政府相关工作情况，审议《2021年政府工作报告（草案）》。

（谌巍伟）

【县政府常务会议】 2021年1月16日至2021年12月22日，县政府召开常务会议18次（187个议题）。

1月16日，召开长沙县第十七届人民政府第85次常务会议，研究审议《长沙县安全生产领域“打非治违”三年行动专题实施方案（送审稿）》；听取关于清理政府序列县级议事协调机构工作的情况汇报；研究审议《长沙县市政基础设施项目前期工作管理办法（送审稿）》《长沙县淘汰砖瓦轮窑生产企业落后产能工作实施方案（送审稿）》《长沙县人民政府〈关于全县耕地土壤重金属治理工作的审议意见〉的复函（送审稿）》；听取关于长沙县全域旅游集散中心（田汉文化园）项目等3个项目增补变更的情况汇报、关于长沙市危废（医废）处理中心拆迁安置区基础设施建设项目三期红线外陶金莲户申请自愿搬迁的情况汇报；研究审议《长沙县㮾梨街道花园新城及水乡古镇片区投资运营方案（送审稿）》；听取关于㮾梨街道拆迁项目廖友良等19户申请自愿搬迁的情况汇报、关于湖南海路长沙医疗器械产业园项目招商引资合作协议的情况汇报；研究审议《长沙县禁渔巡护员公益性岗位管理工作方案（送审稿）》《长沙县建档立卡退捕困难渔民医保补贴工作方案（送审稿）》；听取关于县妇幼保健院新院医疗家具采购项目信访事项的情况汇报。

2月5日，召开长沙县第十七届人民政府第86次常务会议，听取关于长沙县开展省级食品安全示范县创建有关工作的情况汇报；研究审议《长沙县人民政府关于长沙县重点水域常年禁渔的通告（送审稿）》《长沙县加强镇（街道）、村（社区）应急能力建设工作实施方案（送审稿）》《长沙县商务楼宇认定办法（送审稿）》《促进楼宇经济发展的若干措施（送审稿）》《金井水库清淤工程方案（送审稿）》；听取关于长沙县2020年国企投资项目计划执行情况和2021年国企投资项目计划的情况汇报；审议长沙县国有建设用地监管领导小组会议暨2021年长沙县第一次国土会审会议有关事项。

3月6日，召开长沙县第十七届人民政府第87次常务会议，研究审议《长沙县招商引资项目引进事前评估及事中事后监管实施细则（送审稿）》；听取关于推行安全发展约法三章工作的情况汇报；研究审议《关于支持镇（街）协同招商暂行管理办法（试行）（送审稿）》；听取关于县区安全生产巡查工作的情况汇报；研究审议《长沙县长沙经开区打造内陆地区开放高地三年行动计划（2021—2023）（送审稿）》《长沙县长沙经开区建设国家自主创新示范区三年行动计划（2021—2023年）（送审稿）》《长沙县综合行政执法协作管理规定（送审稿）》《长沙县农村供水特许经营项目实施方案（送审稿）》；听取长沙县城市维护物业外包增补工作的情况汇报；研究审议《中国（湖南）自由贸易实验区长沙片区临空管委会（长沙黄花综合保税区、长沙临空产业集聚区）绩效薪酬管理实施办法（试行）（送审稿）》。

4月1日，召开长沙县第十七届人民政府第88次常务会议，传达学习关于统计违纪违法责任人处分处理建议，防范和惩治统计造假、弄虚作假督察等相关文件，听取关于2021年统计工作和依法统计依法治统工作的情况汇报；研究审议《关于统一规划体系更好发挥全县发展规划战略导向作用的实施意见（送审稿）》；听取关于调整松雅湖南岸超高层项目土地挂牌方案相关事宜的情况汇报；研究审议《长沙县打造国家重要先进制造业高地三年行动计划（2021—2023

年）（送审稿）》；听取关于长沙市江背至干杉高速公路建设用地项目16户村民申请自愿搬迁的情况汇报、关于长沙县水业控股集团有限公司剥离工作的情况汇报；研究审议《长沙县通用航空业发展实施方案（送审稿）》；听取关于中小保险公司车船税综合招商平台项目招商引资合同的情况汇报、关于变更浔龙河嘉兆国际童话小镇项目招商引资合同主体并签订新招商引资合同的情况汇报、关于长沙龙工场跨境电商产业园项目招商引资合作协议的情况汇报、关于长沙县滨湖路与东二线西南角地块建设及运营发展监管协议的情况汇报、关于金井“茶乡小镇”城镇建设及旅游开发一期PPP项目提前终止财务清算工作的情况汇报、关于调整全县24个参照城市社区管理社区运转经费标准的情况汇报；审议长沙县国有建设用地监管领导小组会议暨2021年长沙县第二次国土会审会议有关事项。

4月20日，召开长沙县第十七届人民政府第89次常务会议，听取关于长沙县食品安全有关工作的情况汇报、关于长沙县2021—2024年度生活垃圾清运物业外包工作的情况汇报；研究审议《长沙县25条道路拟命名方案（送审稿）》《长沙县液化石油气瓶装供应站布点规划（2020—2035）（送审稿）》；听取关于推进长沙县综合检测改革工作的情况汇报、关于长沙机场改扩建工程所涉炮台拆迁补偿工作的情况汇报、关于中通快递航空智能快递产业园项目招商引资合同的情况汇报、关于中国好零食总部基地项目招商引资合同的情况汇报、关于轨道交通6号线龙峰站、大路村站上盖物业地块落规方案的情况汇报、关于长沙县万家丽北路与蟠龙路东南角地块产业项目建设及运营发展监管协议的情况汇报、关于终止凉塘路旧城改造项目及解除相关协议的情况汇报，关于2020年镇（街）分成、转移支付、收入奖励指标安排方案及资金来源方案的情况汇报，关于2020年预算执行、绩效评价及2021年预算绩效重点评价项目的情况汇报。

5月15日，召开长沙县第十七届人民政府第90次常务会议，研究审议《关于全面打造乡村振兴标杆区加快农业农村现代化的实施意见（送审稿）》《长沙县关于促进互联网租赁自行车规范发展的实施方案（送审稿）》《长沙县2021年度“拆迁清零”攻坚奖励实施方案（送审稿）》《长沙县营商环境优化工程2021年行动方案（送审稿）》《关于贯彻落实〈中共中央、国务院关于营造更好发展环境支持民营企业改革发展的意见〉重点任务分工的通知（送审稿）》；听取关于长沙县2021年推进长株潭一体化发展相关事项的情况汇报；研究审议《长沙县园区赋权目录（送审稿）》；听取关于长沙县城镇污水处理项目（一期）毛塘铺工业园污水处理厂增加HPB技术相关工作的情况汇报、关于长沙县行政复议体制改革相关工作的情况汇报；研究审议《中国（湖南）自由贸易试验区长沙片区临空管理委员会关于规范工业地产发展的操作规程（试行）（送审稿）》；听取关于长沙临空声迅安防高科技产业园项目招商引资合同（修订版）的情况汇报、关于湖南顺丰医药供应链共享服务平台项目招商引资合同的情况汇报、关于珀林酒店集团总部项目招商引资合同的情况汇报。

6月5日，召开长沙县第十七届人民政府第91次常务会议，研究审议《长沙县2021年度大气（噪声）、水、土壤污染防治和农村生态环境保护行动计划（送审稿）》《长沙县安全生产委员会成员单位安全生产工作职责规定（送审稿）》《关于进一步加强政府投资项目概算管理有关事项的通知（送审稿）》；听取关于向上争取真抓实干督查激励奖励工作的情况汇报；研究审议《长沙县持续提升空气质量，坚决打赢蓝天保卫战三年行动计划（2021—2023年）（送审稿）》《关于防止以学区房等名义炒作房价的若干意见（送审稿）》《长沙县县属国企投资监督管理办法（送审稿）》；听取关于春华康养农旅小镇项目招商引资合同的情况汇报、关于香他她集团总部基地暨智慧食品科技产业园项目招商引资合同的情况汇报、关于灵活用工互联网平台项目招商引资合同的情况汇报、关于中国人民财产保险股份有限公司招商引资补充协议的情况汇报、关于金茂智慧能源临空能源站项目招商引资合同的情况汇报；研究审议《长沙县规范奖金及津补贴工作领导小组关于进一步规范镇（街）奖金及津补贴发放工作的通知（送审稿）》《长沙县绿线管理办法（送审稿）》；听取关于浔龙河嘉兆国际童话小镇项目的情况汇报；审议长沙县国有建设用地监管领导小组会议暨2021年长沙县第三次国土会审会议有关事项。

6月30日，召开长沙县第十七届人民政府第92次常务会议，研究审议《关于全域打造乡村振兴标杆区的三年行动方案（送审稿）》《长沙县2021年政务公开工作要点（送审稿）》《长沙县2021年深化“放管服”改革重点任务分工方案（送审稿）》《长沙县企业破产处置府院协调联动机制（送审稿）》《长沙县企业破产援助资金管理使用办法（送审稿）；研究审议《长沙县电子商务进农村综合示范项目实施方案（送审稿）》《2021年中央环保督察交办问题责任分解表（送审稿）》《长沙县长沙经开区打造“三高四新”引领区实施方案（2021—2023年）（送审稿）》；听取关于长沙市江背至干杉高速公路建设用地项目（江背段）沿线村民申请自愿搬迁的情况汇报、关于县人武部民兵训练基地提质改造工作的情况汇报、关于长沙县禁渔巡护员公益性岗位补助资金工作的情况汇报、关于湖南省长沙监狱迁建工程项目2户村民申请自愿搬迁的情况汇报。

7月17日，召开长沙县第十七

届人民政府第93次常务会议，研究审议《健康长沙县行动实施方案（送审稿）》《长沙县临时救助实施细则（送审稿）》《长沙县现代服务业发展“十四五”规划（送审稿）》《长沙县科学技术“十四五”规划（送审稿）》《长沙县“十四五”工业和信息化发展规划（送审稿）》；听取关于长沙县玮思学校搬迁及扩建项目招商引资合同及其补充协议的情况汇报、关于湖南志鹏建设集团总部基地项目招商引资合同及其补充协议的情况汇报、关于泰税康灵活用工互联网平台项目招商引资合同的情况汇报、关于2021年度长沙县新建渣土消纳场选址和初审意见的情况汇报、关于黄花镇谷塘村庙湾组王高尚等3户群众申请纳入轨道交通6号线东延段工程自愿搬迁的情况汇报、关于长沙县2020年度第91批次建设用地等12个项目部分住户申请自愿搬迁的情况汇报；审议长沙县国有建设用地监管领导小组会议暨2021年长沙县第四次国土会审会议有关事项。

8月19日，召开长沙县第十七届人民政府第94次常务会议，传达学习《长沙县人民政府工作规则》等相关工作制度；研究审议《长沙县建设乡村振兴标杆区规划纲要（2021—2025）（送审稿）》《长沙县发展壮大新型农村集体经济十条措施（送审稿）》《长沙县2021年农村危房改造工作实施方案（送审稿）》《长沙县农田基础设施建后管护办法（送审稿）》；听取关于筹备长沙县碳达峰示范县创建工作的情况汇报、关于长沙县行政事业单位职工住房补贴发放工作的情况汇报、关于白石洞水库主坝建设工程等五个项目增补、变更的情况汇报、关于30户群众因受征拆项目影响申请纳入项目自愿搬迁的情况汇报；传达学习中共长沙市委办公厅、长沙市政府办公厅关于印发《关于进一步加强新形势下统计工作的意见》的通知，听取关于统计违法案件调查情况的汇报。

8月26日，召开长沙县第十七届人民政府第95次常务会议，听取关于进一步减轻义务教育阶段学生作业负担和校外培训负担工作的情况汇报；研究审议《长沙县5G通信基础设施专项规划（2020—2035）》《2021年长沙县优化营商环境十大改革举措（送审稿）》《长沙县开放型经济发展第十四个五年规划（送审稿）》；听取关于长沙县美丽宜居村庄建设工作的情况汇报、关于通途公司加油站土地出让收益返还、支付方式及运营模式的情况汇报、关于全县产业链建设工作的情况汇报。

9月9日，召开长沙县第十七届人民政府第96次常务会议，研究审议《长沙县“十四五”生态环境保护规划（送审稿）》《长沙县2021年农村“厕所革命”实施方案（送审稿）》；听取关于成立长沙县土地管理委员会及其议事规范的情况汇报、关于胡志能等29大户因项目建设影响生产生活申请自愿搬迁的情况汇报、关于杜恩等16大户因项目建设影响生产生活申请自愿搬迁的情况汇报。

9月29日，召开长沙县第十七届人民政府第97次常务会议，传达学习省政府性债务管理工作领导小组办公室关于湖南省政府性债务管理工作相关文件（机要件）；听取关于长沙县城乡公交营运车辆报废更新和充电站建设工作的情况汇报；研究审议《长沙县全面推行林长制实施方案（送审稿）》；听取关于调整长沙县城镇土地使用税征收范围工作的情况汇报；研究审议《长沙县既有小区品质提升三年行动方案（2021—2023年）（送审稿）》《长沙县文明创建三年行动计划（2021—2023年）（送审稿）》《长沙县国企改革三年行动实施方案（2020—2022年）（送审稿）》；传达学习习近平总书记关于粮食安全工作重要指示精神，听取关于长沙县粮食安全工作的情况汇报、关于长沙机场改扩建工程周边受影响群众（第一批）申请自愿搬迁的情况汇报、关于湖南湘江韵景房地产开发公司2宗闲置土地处置方案的情况汇报；研究审议《长沙县招商引资工作领导小组议事规则（送审稿）》。

10月12日，召开长沙县第十七届人民政府第98次常务会议，研究审议《长沙县征地补偿标准调整工作方案（送审稿）》；听取关于工程职院资金返还工作的情况汇报；研究审议《2021年长沙县乡村振兴对口帮扶桑植县工作实施方案（送审稿）》和《2021年长沙县乡村振兴对口帮扶龙山县水田坝镇实施方案（送审稿）》《政府工作报告（送审稿）》《长沙县第十七届政府国民经济和社会发展计划执行情况及第十八届政府计划（草案）的报告（送审稿）》《财政工作报告（送审稿）》《关于开展文旅融合样板区建设的三年行动方案（送审稿）》。

11月4日，召开长沙县第十八届人民政府第1次常务会议，研究审议《长沙县实施“五好”教育工程三年行动方案（2021—2023年）（送审稿）》《关于长沙县减轻义务教育阶段学生作业负担和校外培训负担实施方案（送审稿）》《长沙县防汛气象预警应急响应机制（试行）（送审稿）》《长沙县防汛应急预案(修订)(送审稿）》和《长沙县防汛信息报送暂行规定（送审稿）》《长沙县小型水库除险加固及运行管护实施方案（送审稿）》；听取关于长沙机场改扩建工程周边水系恢复治理工程项目建设的情况汇报；研究审议《长沙县松材线虫病疫情防控五年攻坚行动计划总体方案（送审稿）》《长沙县“十四五”自然资源规划（送审稿）》；听取关于长沙县松雅新城水渡河片区产业扶持资金工作的情况汇报；研究审议《长沙县人民政府工作规则（送审稿）》；听取关于中共长沙县委党校建设工作的情况汇报、关于长沙百联购物公园、黄花康莱国际广场相关楼宇申请认定为商务楼宇工作的情况汇报、关于谭刚武等7户申请纳入长沙县浔龙河生态示范点宋水线A段提质改造项目、陈忠利等5户申请纳入长沙县2021年第二十五批次建设项目（纬一路）自愿搬迁工作的情况汇报、关于黄兴镇市场群片区新增一宗团购房源用地的情况汇报。

11月17日，召开长沙县第十八届人民政府第2次常务会议，研究审议《长沙县2021年国民经济和社会发展计划、政府投资项目计划执行及调整方案（初步方案）》；听取关于禁毒和打击电诈相关工作的情况汇报；研究审议《长沙县交通运输“十四五”发展规划（送审稿）》《长沙县灾害性天气应对机制（送审稿）》《长沙县应急管理和安全生产“十四五”规划（送审稿）》《长沙县“十四五”公安发展规划（送审稿）》《关于开展“千人帮千企业”暖企行动实施方案（2021—2023年）（送审稿）》；听取关于长沙县信访工作的情况汇报；研究审议《长沙县“十四五”民政事业发展规划（送审稿）》《长沙县人力资源和社会保障“十四五”规划（送审稿）》；听取关于长沙县转业（退役）士兵安置相关工作的情况汇报、关于长沙县硬质合金生产及深加工建设项目盛顺林等4户申请自愿搬迁工作的情况汇报、关于长沙县2021年县管国企投资项目计划调整的情况汇报、关于2021年1月至10月财政收支运行情况及财政收支预算调整方案（初步方案）的情况汇报；研究审议《长沙县财政发展“十四五”规划纲要（送审稿）》；传达学习《关于衡南县社保基金典型案件的通报》。

12月2日，召开长沙县第十八届人民政府第3次常务会议，研究审议《长沙县生态环境保护工作责任规定（送审稿）》《长沙县一般生态环境问题（事件）责任追究办法（送审稿）》《长沙县全面推进市容环境卫生常态化精细化管理实施方案（送审稿）》《长沙县打造融城发展创新区三年行动方案（2021—2023年）（送审稿）》《长沙县“十四五”卫生健康规划（2021—2025）（送审稿）》《长沙县妇女儿童发展规划（2021—2025）（送审稿）》《长沙县教育事业发展第十四个五年规划（送审稿）》《长沙县红十字会改革方案（送审稿）》；听取关于万家丽路新建电力埋管有关情况的汇报；研究审议《长沙县公立医院薪酬制度改革试点实施办法（试行）（送审稿）》；听取关于长沙县人民医院人事相关事项的情况汇报。

12月22日，召开长沙县第十八届人民政府第4次常务会议，研究审议《长沙县城市管理工作考核办法（送审稿）》《长沙县2022年春节“送温暖、访民情”活动方案（送审稿）》《长沙县文化旅游广电体育“十四五”发展规划（送审稿）》《长沙县“绿水青山就是金山银山”实践创新基地建设实施方案（2021—2023年）（送审稿）》《长沙县长沙经开区关于高质量推进“五区”建设和“五个十大”项目实施的行动方案（2021—2025年）（送审稿）》《长沙县长沙经开区关于“挖潜、补缺、培优、倍增”三年行动方案（2021—2023年）（送审稿）》；听取关于长沙县新增县级成品粮储备工作的情况汇报、关于新建长沙县县级粮食储备库（二期）及配套检测用房等维修改造工程的情况汇报、关于长沙县深化医药卫生体制改革工作的情况汇报。（谌巍伟）

【县长办公会议】 2021年11月25日至2021年12月27日，长沙县人民政府召开县长办公会议2次（10个议题）。

11月25日，召开县长办公会议第1次会议，研究市对县绩效考核和真抓实干激励有关工作；研究“月清三地”有关工作；研究优化营商环境有关工作；研究《榔梨花园新城及水乡古镇片区概念总体方案》；研究松雅湖生态新城产业配套建设项目有关工作；研究城市驿站建设有关工作；研究长沙县人民医院项目建设有关工作。

12月7日，召开县长办公会议第2次会议，研究松雅湖生态新城有关工作；研究教育和学校建设有关工作；研究省委巡视和市委巡察反馈城区违法建设突出问题整改工作。

（谌巍伟）

【县长专题会议】 2021年1月7日至2021年12月27日，长沙县人民政府召开县长专题会议92次（138个议题）。1月7日，研究全县根治拖欠农民工工资工作；能源、电力、“米袋子”“菜篮子”保供稳价工作、智能化对老年人出行影响工作；1月15日，研究调整初中学业水平考试与高中阶段学校招生相关工作、省委巡视组立行立改第九号交办件办理工作；2月2日，研究荣盛房地产容积率减少费用补偿工作、长沙县12座BOT集镇污水处理厂配备双电源建设费用补偿工作、“宝湾招商引资项目”合同协议书解除工作；3月18日，研究全县月清“三地”及卫星监测任务工作、长沙县农村宅基地改革与管理工作、2021年强化粮食生产安全工作；4月23日，研究长沙县静态交通管理工作、浏阳河文化旅游产业带工作；5月11日，研究长沙县耕地保护专项规划及规划存量土地清理工作、长沙黄花机场周边集疏运道路项目建设；6月21日，研究长沙临空产业集聚区江背梅花片区基础设施建设项目投融资方案、长沙县2016至2020年招商引资项目促落地工作、长沙县黄花、江背等12座集镇污水处理厂提标扩建验收；7月8日，研究全县“一件事一次办”、承诺制改革、“放管服”改革工作、长沙县专项债项目工作、公办幼儿园学位增长工作暨听取全县中小学幼儿园安全排查工作；8月9日，研究全县“拆迁清零”工作、在建项目前期工作；8月31日，研究全县交通安全工作、全县协税护税相关工作、长沙星城壹驰即时配送项目、勠力智运网络货运平台项目有关工作、第二届中非经贸博览会长沙县公共服务保障工作；9月15日，研究长沙县财政工作；10月9日，研究长沙县城乡公交一体化工作；11月9日，研究2021年度国有土地挂牌出让工作；11月11日，研究松雅湖生态新城相关工作；12月16日，研究全县文旅产业策划方案初审等重点工作。　　（谌巍伟）

招商引资

【概况】 2021年，长沙县商务局组织召开3次项目建设领导小组会议和1次招商引资领导小组办公室主任会议，通过会审项目22个，签订合同12个，总投资额约108亿元，提请县政府常务会审议过会项目合同10个，新注册“世界500强”2个（“世界500强”永旺梦乐城长沙县茶塘项目和中铁一局长沙工程业务中心项目）。全县（含长沙经开区，下同）实际利用外资19984万美元。实际到位内资177亿元。其中，县辖完成110.12亿元，长沙经开区66.88亿元。加强项目落地调度，过会项目中有7个项目完成用地摘牌；精准发力闲置土地、楼宇、厂房等“二次招商”，盘活县内闲置资产。制定《长沙县招商引资项目引进事前评估及事中事后监管实施细则》《关于支持“镇街协同招商”暂行管理办法（试行）》《长沙县落实五大专项行动招商引资大比拼考核办法》，规范项目履约管理，调动各部门单位共抓招商。牵头制定《长沙县招商引资工作领导小组议事规则》，优化领导小组机构设置，优化领导小组会议事流程，赋予园区招商权限，给予镇（街道）及园区更大的自主权。举办2021年招商引资培训班，自贸临空区管委会、自贸会展区、县工信局、星城发展集团、临空集团、各镇（街道）等相关人员参加培训。联合县摄影家协会举办“商韵星沙”摄影大赛，设有一等奖1名、二等奖2名、三等奖5名等，最高奖励8000元，获奖作品223个。

（周　瑶）

【“对话外资企业”商务沙龙活动】 2021年4月25日，长沙县商务局邀请省商务厅、省外汇管理局、市商务局、市市监局、农业银行以及10余家重点外资企业和相关县职能部门举办“对话外资企业”商务沙龙（第一期）活动，详细解读各项支持政策，现场解答企业咨询。　　（周　瑶）

2021年5月13日，中国（湖南）自由贸易试验区长沙片区在国家会展中心（上海）举办医疗器械产业招商推介会　　（县商务局 供图）

【中国（湖南）自贸试验区长沙片区医疗器械产业招商推介会】 2021年5月13—16日，第84届中国国际医疗器械博览会在国家会展中心（上海）举行。展会期间，长沙县开展一系列小分队招商、项目洽谈、专场推介等活动。5月13日下午，中国（湖南）自由贸易试验区长沙片区举办医疗器械产业招商推介会，向海内外客商发出招商邀约。该县生物医药产业不断发展壮大，长沙临空经济示范区、长沙黄花综保区突出以医药总部基地、医药冷链物流、生物医药研发为主攻方向，长沙经济技术开发区突出以药械销售、医疗器械生产为主导业态。长沙县是进口药品指定口岸，兼具跨境电商综试区优势，相继推出临空产业孵化平台、黄花综保区医疗器械孵化平台等近10个生物医药产业平台。总部经济、楼宇经济、临空产业等一系列政策助力长沙县生物医药产业，黄花综保区“支持药品进口口岸发展的政策措施”规定最高补贴金额500万元。

（周　瑶）

【招商引资工作领导小组议事规则发布】 2021年，长沙县商务局发布《长沙县招商引资工作领导小组议事规则》，以简化流程、提高效率、增强合力为目标，主要从权限和程序两个方面对招商引资工作进行规范，包含工作领导小组的构成、领导小组及办公室的主要职责、领导小组会的召开程序、项目的准入及监管等12项内容。

（周　瑶）

【永旺梦乐城星沙项目】 2021年5月，永旺梦乐城完成注册，全年到位投资6248.8万美元。永旺梦乐城是由“世界500强”（第115位）企业日本永旺集团首次入湘重资产投资建设的大型商业综合体项目，投资15亿元，规划用地面积11.53公顷。

（周　瑶）

行政审批服务

【概况】 2021年，长沙县行政审批服务局深入贯彻“放管服”“一件事一次办”改革部署要求，纵深推进行政审批服务供给侧改革，提升行政效能，优化营商环境。“12345”热线工作被评为第五届全国政务热线服务精进典范。

大厅管理。制定《长沙县政务服务大厅管理办法》，建立日常巡查和通报制度，大厅智能化设备管理制度等。扛起政务大厅疫情防控责任，购置6台防疫自动门禁，发布疫情防控期间长沙县政务服务的温馨提示。将“一件事一次办”市场准入、“一件事一次办跨域通办”“跨省通办”综合窗、联合窗口服务做深做优，全年联合窗口受理、办结业务761件，办结率100%。建立健全“横向到边、纵向到底”的全域帮代服务体系，在县级大厅受理、办结帮代服务675件。工程建设报建咨询窗受理“开工开建”项目13个，“拿地即开工”2个，为34个项目提供工程报建帮代服务102次。引入监察机关介入监督等方式，推动中介服务超市的推广运用。全县在市网上中介超市发布采购公告290个。“我的长沙”App——长沙县专区上线试运行，打造不动产网上服务大厅、星沙文旅云、阳光执法3个特色专区板块。

简政放权。执行《长沙县政务服务事项动态管理办法》，对政务服务事项进行清理规范、审核发布。承接市级下放事项134项，对乡镇（街道）赋权297项。对“互联网+政务服务”一体化平台中“不引用”目录开展集中梳理2次，梳理完成690条。开展基层政务创新试点。建构“1214”的基层政务服务框架，将泉塘街道作为开展基层政务服务创新工作试点，泉塘街道“就近办”事项配置全部完成，街道便民服务大厅升级改造基本完成，以“一枚印章管审批”开展审批服务100项次。

（张　颖）

【政务公开】 2021年，长沙县建设基层政务公开品牌。以涉农补贴为切入点，在县政府门户网站开设“乡村振兴”栏目，推进乡村振兴信息公开。增设政务公开专窗。政务公开窗口及工作人员按照“四有”（有专人、有设备、有资料、有制度）、“三会”（会答、会查、会“笑”）标准进行配备、提供服务。推进基层政务公开标准化规范化。对照国务院下发的基层政务公开目录指引，做好公开内容的补充、修改和完善，更新发布2021版基层政务公开事项目录，组织26个领域责任单位开展填报内容准确性自查。受理政府信息公开申请数147件，均在法定时限办结，未出现超期违法情形。

（张　颖）

【“放管服”改革】 2021年，长沙县出台《长沙县2021年深化“放管服”改革重点任务分工方案》《长沙县2021年政务公开工作要点》，系统铺排重点任务36项。推动改革持续深入，出台《长沙县园区赋权目录》《长沙县便民服务中心标准化建设制度》等，完善《长沙县镇（街）、村（社区）“就近办”政务服务事项目录（2021版）》，更新标准化的《办事指南》和《审核要点》。强化监督问效。完成县政务大厅“好差评”现场评价建设，实现对办件服务、窗口服务、大厅管理全覆盖，出台《长沙县政务服务“好差评”管理办法》，完善差评处理机制。“好差评”评价事项年度覆盖率91.8%，收到评价14万余条，未出现“差评”情况。镇（街）、村（社区）便民服务大厅（站）“好差评”系统建设年底上线运行。对黄花、黄兴等6个镇街的“就近办”工作进行摸底调研，并下发《长沙县“放管服”和“一件事一次办”改革情况通报》。

（张　颖）

【“一件事一次办”改革】 2021年，长沙县深化“一件事一次办”，以湖南省“一件事一次办”套餐清单为基础，梳理出县域可办的套餐事项245个。省政府公布的第三批“一件事一次办”事项，长沙县有68项，均落实权限范围并配置上线。全县办理“一件事一次办”事项45万余件。其中，“我要办理营运二手车过户”率先在全市落地；完成“入学一件事”“企业职工养老保险退休一件事”联办集成服务；将残疾人爱心卡事项进驻政务大厅窗口办理，优化残疾爱心卡办事流程，办理时限由平均4个月缩短到1天。推广微信小程序，全省“一件事一次办”微信小程序累计新增用户数9万余人。持续推进跨域通办。建立长沙县跨省通办机制，在政务大厅设置“跨省通办”“跨域通办”窗口，配置专办人员，醒目位置展示“长株潭一体化跨域通办”目录71项，统一使用省级一体化“跨域通办”平台处理代收代办件。开展政务服务事项标准化规范化便利化工作，按照省级要求，在系统对目录进行填报、调整，完成三化目录核对，经与各业务单位核对，长沙县申请新增业务办理项12项，调整业务办理项88项。

（张　颖）

【“12345”市民服务热线】 2021年，长沙县优化政务热线运行管理和协同联动机制，开展“领导接听日”活动，提请县政府召开疑难工单专题调度会议6次，县热线办召开疑难问题会商会议163次，推进解决一批违章搭建、民工讨薪、消费维权等民生诉求问题。推行“条抓块统”机制建设，通过“镇街吹哨、部门报到”，发挥属地镇街统筹协调作用和网格化优势，做到接诉即办、未诉先办、协同办理，共同落实群众诉求。年内，长沙县签收工单6万余件，按时办结率100%，平均满意度为98.92%。7月，长沙县“12345”市民热线服务中心在全国

"第五届12345政务服务便民热线大会"中被评为"服务精进典范"单位。

（张 颖）

【政务公开专窗】 2021年9月8日，长沙县行政审批服务局在县政务服务大厅一楼开辟"政务公开专窗"验收并投入使用。该事项自8月开始筹备实施，通过合理布局、线路改造等升级改进，在政务大厅一楼腾挪出约75平方米的空间，配备政务服务自助机、政务公开查询电脑、公开展示架等相关设施设备，设置政务公开咨询窗口，形成一个功能齐全"标准间"。"标准间"内展示架上政务公开信息资料按照"法律法规""政策文件""办事指南"等分门别类摆放，方便企业和群众查阅，增强政务公开实效。

（粟宇航）

【园区放权赋权】 2021年，长沙县行政审批服务局向园区赋权150项。加强对会展和临空区块政务服务指导，派出业务骨干常驻片区，聘请参与过上海自贸区事项梳理的第三方公司，对省、市级下放的及县级相关权力事项进行标准化梳理。会展区块综合服务中心梳理出进驻政务服务事项近90项，6月对外运营。临空区块政务中心大厅9月运营，大厅内设置自贸综合窗口和高频事项办理窗口，市监、发改等9个部门首批入驻。

（余克梦）

【"好差评"评价器】 2021年3月3日，长沙县行政审批服务局对政务大厅进行智能化改造，建设"好差评"系统。投入300万余元采购"好差评"评价器140台、取号机4台、叫号显示屏20台，将24个行政职能单位派驻的370余名窗口工作人员全部纳入"好差评"评价体系，实现管理全覆盖。政务服务大厅内显著位置设置电子显示屏2处，对"好差评"系统数据实时公开。县行政审批服务局出台政务服务"好差评"管理办法、制定差评处理机制，实现对差评处理的全闭环管理。

（夏敏洁）

信访

【概况】 2021年，长沙县信访局深入开展信访突出问题攻坚活动，深化信访问题源头治理，维护全县社会和谐稳定，被授予"全市信访工作责任目标管理考核优秀单位"等荣誉称号。县委常委会、政府常务会、县长专题会先后4次听取信访工作情况汇报。付旭明在湖南省坚持和发展新时代"枫桥经验"推进视频会议上作典型发言。工作日内，县委、县人大、县政府、县政协领导轮班在信访大厅公开接访并联案领办重点信访事项，推动信访积案化解。县级领导公开接待来访群众22批124人次并解决重点问题15个；处理办结初信初访363件，化解300件，化解率82.6%；通过信访困难救助解决疑难信访问题43件次。组织召开信访联席会议或信访问题协调会，推动解决突发群体性事件。

（王 新）

【重复信访问题治理】 2021年，长沙县强化统筹调度，开展集中治理重复访行动，成立重复访治理工作领导小组，制定实施方案。按照"谁主管、谁负责"的原则，对省、市交办的重复信访问题，均明确由分管县级领导包案，依托八个重点领域信访问题处置工作组和七个矛盾调处中心，强化信访突出问题的调度处理，确保各类不稳定因素的解除。省、市交办的第一批128件重复信访件全部化解，倒流4件，22件疑难复杂信访问题全部化解。

（王 新）

【信访积案】 2021年，中共长沙县委将信访积案化解"百日攻坚"纳入全县三大攻坚战役，集中工作资源和力量解决信访难点问题。县委、县政府12次专题研究信访工作，书记、县长带头包领案件。对所有信访积案，落实"七个层级"，即组干部、村（社区）干部、联村干部、镇（街）分管政法干部、镇长或街道主任、镇（街）党（工）委书记、包案县领导七级干部逐级上门协调化解。所有班子成员包案领办案件，主动到信访户家中上门走访推动化解信访积案。

（王 新）

退役军人事务

【概况】 2021年，长沙县退役军人事务局重点建设展示"全国双拥模范城"特色的县级示范退役军人服务中心；重点打造黄兴、开慧两个主题鲜明的镇（街）红色站点；重点培养村（社区）"兵支书"队伍在乡村振兴中发挥"领头雁"作用。局领导、科室负责人及服务中心全体工作人员对应联系1名优抚对象。镇街分管领导、站长、专干和村（社区）站长分别联系12名优抚对象，建立常态化联系。畅通信息渠道，规范办事流程，建设退役军人事务信息平台，实现"一门办""一次办"。

（高晓恬 陈 谊）

【优抚褒扬】 2021年，长沙县完成优抚对象短期疗养。落实优抚常规性工作，完成信息采集，悬挂光荣牌231户，发放优抚对象补助，为义务兵家属发放家庭优待金，为重点优抚对象发放报销住院医疗费。组织开展八一中国人民解放军建军节、春节期间退役军人和其他优抚对象走访慰问和重点对象帮扶援助，对全县12户符合优抚建房（修缮）条件的退役军人进行专项资金补助。组织开展"致敬·2021清明祭英烈"网上祭扫活动。开展"关爱功臣、送医送药"活动，惠及年老和身体残疾退役军人。加强烈士褒扬纪念基础建设，对烈士陵园基础设施进行提质改造和维修维护，投入项目资金10万余元；对全县零散烈士墓进行集中迁移和就地保护修缮，投入资金35万余元；打造全县党建活动和爱国主义教育活动平台，接待约3万人次。（张定生）

【移交安置】 2021年，长沙县接收退役军人及随调家属，及时发放地方一次性补助。进行分批次退役军人集中报到，协调组织、人社、医保等相关部门开展自主就业退役士兵报到“一站式”服务，开展常态化“双带双促”活动，给予退役军人初创企业、吸收退役军人就业企业和优秀退役军人以资金支持、帮扶和奖励，扶持退役军人企业29家，发放扶持资金。（黄建武）

【服务保障体系建设】 2021年，长沙县全面完成19个镇（街）会展区示范型退役军人服务站建设，打造高桥、黄兴、开慧3个主题鲜明的镇（街）红色站点，黄花镇、金井镇、路口镇、湘龙街道11个村（社区）兵支书站点基本建成，其他兵支书站点建设正在推进。县、镇（街）、村（社区）3级有退役军人专兼职队伍。为立功受奖军人家庭送喜报、奖励通知书和发放奖励金。（贺炜伟）

数据资源管理

【概况】 2021年，长沙县大数据中心统筹推进全县新型智慧城市和信息化建设工作。实行“集中打包、统筹建设、统一招标”的总承包模式（EPC模式），通过公开招标方式确定“中国电子系统技术有限公司”（以下简称中国系统）为项目总承包商。项目金额约4亿元，建设周期5年，涉及17个县直单位21个子项目。“新型智慧城市建设管理应用领导小组”调整为“长沙县新型智慧城市和数字政府建设工作领导小组”（简称智慧办）。制定《长沙县新型智慧城市和数字政府建设工作领导小组议事制度》，统筹推进新型智慧城市项目建设。制定《长沙县新型智慧城市建设（2021—2025年）项目实施细则》，简化子项目相关流程，推进高效执行。加强项目管理。以县政府办名义下发《长沙县政府投资信息化建设项目管理暂行办法》，严格技术审查和项目审批，逐步破解项目碎片化、重复投资建设等问题。搭建智慧城市载体。搭建PKS政务云平台载体。启动基于国产化技术体系的存算资源升级改造，为新型智慧城市建设筑牢安全地基。打造“我的长沙App——长沙县专区”移动载体。推进“我的长沙APP——长沙县专区”本地化建设，开发一码通城、亮证、公积金/社保业务查询、服务超市等一系列热点应用，依托“我的长沙”App上线1300余项市级下沉服务，一期完成“悦生活•星沙文旅云”“不动产登记网上服务大厅”“阳光执法公示系统”3个长沙县特色板块打造，完成市对县优化营商环境考核任务。建设智慧城市指挥中心物理载体。完成智慧城市指挥运营中心项目主体工程建设装修和基础硬件建设，指挥中心模块化机房建成并通过竣工验收。机房搬迁同步启动实施。（颜琳慧）

【信息化基础建设】 2021年，长沙县大数据中心夯实信息化基础设施，按照“机房集中、网络统一”原则，建成“县—镇（街道）—村（社区）”3级电子政务网络，接入点800余个，终端2万余台。对全县40余个部门150余项业务系统服务器统一运营维护管理。建成县级数据共享交换平台，完成市—县两级平台对接，横向归集县自然资源局、县交通局、县水利局、县住建局、县卫健局、县执法局等10个部门800万余条业务数据。强化信息化项目技术审查。严控政府投资信息化项目技术评审前置关口，对县住建局、县城管局等单位30余个信息化项目出具技术审查意见，核减节约财政资金。（颜琳慧）

【数字政府建设】 2021年，长沙县推进网上政府建设。推进网站集约化，建设政务新媒体一体化管理平台，做好县长信箱办理和政务信息公开，提升政府门户网站和政务新媒体管理水平。门户网站访问量1016万次，发布信息34874条，收到网民来信1513封，新建专题12个，发布规范文件27个。推进“互联网+政务服务”。配合行政审批服务、发改等部门，做好市“互联网+政务服务”一体化平台（“一网通办”平台）、“多规合一”平台的推广应用和技术支持，完成“长沙县不动产业务登记系统”“智慧住保一体化大数据平台”等县级业务系统与市“一网通办”平台对接。平台累计上线政务服务事项1600项。推广“我的长沙App—长沙县专区”城市移动综合服务平台注册使用，累计推广用户约32万个。（颜琳慧）

【数据应用赋能】 2021年，长沙县建设县本级视频会议系统，建成6个主会场、20个分会场和50个移动软终端，为疫情防控、防汛应急搭建稳定高效安全的指挥平台。建设县纪委监委智能化谈话室、信访室系统。创新建设县社会保险基金风险防控数据比对系统，整合人社、民政、社保、卫健、司法等部门相关数据，通过比对发现骗取、冒领人员线索，堵塞社保基金管理漏洞，获全市数据分析优秀案例。牵头开展新冠疫情大数据分析和人员摸排，摸排中高风险123758人，摸排涉外数据7068人，为疫情研判和防控提供重要数据支撑。（颜琳慧）

中国人民政治协商会议
长沙县委员会

编辑　周进银

综 述

【政协委员构成】 2021年，长沙县政协第十届委员会有委员245人，设14个界别组，委员的界别分布为：中共界委员一组11人，中共界委员二组20人，医疗卫生界委员组12人，无党派人士委员组11人，文化艺术和新闻出版界委员组9人，台侨和工青妇界委员组11人，农业界委员一组18人，农业界委员二组20人，民宗和社会福利界委员组24人，科技科协界委员组18人，经济界委员一组29人，经济界委员二组31人，教育界委员组21人，工商联界委员10人。委员的学历构成分别为：研究生42人，大学本科125人（含1人在读），大专55人（含1人在读），高中7人，职高1人，职业中专9人，初中6人。委员年龄构成分别为：小于35岁48人、36～45岁112人、46～54岁75人、55～60岁10人。（周 思）

【服务中心工作】 2021年，长沙县政协协助县委、县政府出台2021年度协商和监督工作计划，县委转发县政协2021年度工作要点。开展“打造三个高地我要给力，践行四新使命从我做起”活动，县政协及政协委员在推进高质量发展中当先锋、走前列、作表率，展现为国履职、为民尽责的情怀与担当。县政协领导班子成员参与县域重点项目建设、蓝天保卫战等中心工作，深入联系项目、企业和联点村开展调研视察，协调关系、化解矛盾；牵头统筹田汉艺术小镇、开慧文旅小镇建设，为其规划设计、项目引进以及协调解决相关问题发挥政协作用；部分县政协领导班子成员和委室主任参与督导疫情防控、千人帮千企行动、县政法队伍教育整顿工作、联系指导县直有关部门开展党史学习教育。响应县委开展“千人帮千企”暖企行动工作部署，县政协领导班子成员，走访调研江背镇联点的37家企业；参与中共党史学习教育、疫情防控、安全生产、综治维稳等重点工作督导。围绕县委交办的“发挥社会贤达积极作用”课题，组织开展专题调研和广泛协商，为激活社会贤达资源、凝聚社会贤达智慧、汇集社会贤达正能量、助推共同富裕提供政协方案。（周 思）

【学习交流】2021年，长沙县政协坚持把强化理论武装放在首要位置，深入学习宣传贯彻中共十九届五中、六中全会精神、习近平总书记考察湖南重要讲话精神以及“七一”重要讲话精神，通过党组学习会议、主席会议、常委会议、委员培训、政协云网络学习等多种形式，提高政治站位，增强政治自觉。深入开展中共党史学习教育，把学党史、悟思想、办实事、开新局贯穿始终，按照学史明理、学史增信、学史崇德、学史力行的目标要求，组织政协常委、机关干部到井冈山、岳麓书院、金桂社区党员教育培训基地等地开展实地教学，组织集体观看习近平总书记在庆祝中国共产党成立100周年上的重要讲话直播，县政协党组和政协机关党员干部撰写学习心得体会，召开学习研讨交流会，从百年党史中汲取奋进力量。组织举办中山大学县政协委员履职能力提升培训班，安排中共党史、国内国际形势及政协理论等课程。邀请省政协常委、经济科技委员会主任吴金明围绕“共同富裕与长沙县的选择”主题为政协常委、委员小组长和机关干部授课，提升对推进共同富裕的理解认识。向全体委员、机关干部发放《政协委员手册》《基层政协工作实务手册》等学习资料。参与全国及省、市政协和外地政协到县开展“推进乡村建设、改善人居环境”“促进长沙临空经济示范区发展”等视察调研活动30余批次。（周 思）

【履职实践活动】 2021年，长沙县政协举行庆祝中国共产党成立100周年暨政协长沙县第九届委员会履职汇报大会，回顾党的光辉历程，总结政协长沙县第九届委员会履职成绩，展示履职成果、委员风貌以及“一届政协委员、一生政协情怀”的诚挚情谊。完成县政协换届工作，一批综合素质高、年富力强的委员进入政协队伍。各专委会、县直机关委员小组、镇街委员小组、界别组结合实际和特色，开展学习交流、调研、视察等活动，促进政协议政和委员与群众的联系。运用“政协云”创新履职，组织委员参与省政协“云宝晒技能”第二季竞赛活动，综合排名居全市前列。（周 思）

【存史资政】 2021年，长沙县政协联合融媒体中心制作《星城往事——让历史文化活起来》专题片第三季《文化寻踪韵味长》，节目8集，分别从传统手艺、特色美食、民间馆藏、民间非遗、地方特产、庙会圩场、传统节日、人生礼仪8个方面集中呈现长沙县民俗文化，并分别在长沙县融媒体中心星视界手机端以及长沙县电视台、星沙融媒视频号、长沙县政协公众号等平台推出，助力全县乡村振兴。向省政协《湖南红色遗址》编纂工作组报送长沙县红色遗址稿件40余篇，其中，11篇入选省政协编纂的《红色地标》一书；向省政协举办的“委员学党史、讲红色故事”活动推荐4篇长沙县红色故事，发挥存史、资政、团结、育人作用。（周 思）

【政协宣传】 2021年，长沙县政协加强意识形态阵地的建设和管理，运用“政协云”、报纸、电视台、微信公众号、网站、《长沙县政协》杂志等媒体，宣传刊发多篇县政协的履职经验、做法和工作情况新闻报道，省政协《湘声报》、“政协云”刊登县政协开展深化供销服务对口协商、泉塘街道板桥社区智慧委员工作室开展基层协商以及吴顾、向宇委员参加省政协粮食主题座谈会等报道，展现委员履职风采，提升政协履职影响力。

（周　思）

重要会议

【政协全体会议】 2021年1月22—25日，政协长沙县第九届委员会第六次会议召开。会议期间，委员们集中视察县区城重大项目建设情况。沈裕谋在开幕会上讲话，县委、县政府主要领导和联系政协的县委、县政府领导出席委员联组讨论，与委员们共商大计。会议听取审议政协长沙县第九届委员会常务委员会工作报告及政协长沙县第九届委员会第五次会议以来提案工作报告；协商讨论县政府工作报告、县人民法院、县人民检察院工作报告以及其他报告。会议通过《政协长沙县第九届委员会第六次会议关于县政协九届常务委员会工作报告的决议》《政协长沙县第九届委员会第六次会议关于县政协九届五次会议以来提案工作情况报告的决议》《政协长沙县第九届委员会第六次会议政治决议》，听取政协长沙县第九届委员会第六次会议提案审查情况的报告。政协委员围绕县域经济社会发展的重大问题和关系群众切身利益的现实问题进行协商讨论，提出建设性意见和建议。

2021年10月20日至23日，政协长沙县第十届委员会第一次会议召开。会议听取和审议政协长沙县第九届委员会常务委员会工作报告及政协长沙县第九届委员会常务委员会提案工作报告，协商讨论县政府工作报告、县人民法院、县人民检察院工作报告以及其他报告。会议选举产生政协长沙县第十届委员会主席、副主席、秘书长、常务委员会委员。大会通过《政协长沙县第十届委员会第一次会议关于县政协九届常务委员会工作报告的决议》《政协长沙县第十届委员会第一次会议关于县政协九届一次会议以来提案工作情况报告的决议》《政协长沙县第十届委员会第一次会议政治决议》。

（周　思）

【政协常委会会议】 2021年1月25日，长沙县政协九届二十四次常委（扩大）会议召开。会议听取九届六次会议分组讨论情况汇报。书面审议《政协长沙县第九届委员会提案委员会关于县政协九届六次会议提案审查情况的报告（草案）》，讨论通过常委会工作报告决议（草案）、提案工作报告决议（草案）、大会政治决议（草案）以及其他有关工作。

4月4日，长沙县政协九届二十五次常委会暨党史学习教育会议召开。会议邀请井冈山革命历史博物馆管理办公室主任、研究员饶道良作《井冈山的斗争与井冈山精神》专题报告，审议通过县委提名的有关人事任命以及拟增补的委员建议名单。

9月29日，长沙县政协九届二十六次常委会会议召开。会议书面审议县委办、政府办关于2021年县政协委员提案办理工作情况通报；审议县政协十届一次会议有关事项；审议通过十届县政协委员建议人员名单；协商讨论政协常委会工作报告（草案）、提案工作报告（草案）。

10月23日，长沙县政协十届一次常委会会议召开。会议听取县政协党组书记、主席王国良关于如何发挥好政协常委会作用的讲话。

11月17日，长沙县政协第十届委员会常务委员会第二次（扩大）会暨专题学习会议召开。会议邀请省政协常委、省政协经科委主任吴金明作《共同富裕与长沙县的选择》专题报告。

（周　思）

政治协商

【概况】2021年，政协长沙县委员会把协商议政作为履职“主阵地”，充分发挥社会主义协商民主重要渠道和专门协商机构作用。组织开展大会联组协商、5次对口协商、4次重点提案办理协商以及基层民主协商。

（周　思）

【联组协商】 2021年，政协长沙县委员会围绕县委、县政府工作大局，发挥智力密集、联系广泛、渠道畅通的优势，激发委员的履职积极性，在政协长沙县第九届委员会第六次会议上，9名委员围绕“医养结合、盘活农村土地资源、加强共享单车管理、乡村振兴、基层治理、农村耕地季节性抛荒、青少年心理健康教育、乡村红色旅游、法律援助服务”等方面协商建言，得到县委、政府主要领导批示，为县委、县政府科学决策、精准施策提供重要参考。

（周　思）

【提案办理协商】 2021年，政协长沙县第九届委员会第六次会议征集提案112件，立案46件，确立重点提案5件，坚持县委、县政府领导领办重点提案高层协商机制，各责任专委会与重点提案的办理联系县领导、提案主办单位积极汇报、沟通、联系，推进提案办理落实，围绕《关于推行村民小组网格化“微治理”的提案》《关于打造精品研学旅行线路促进全域旅游高质量发展的提案》《关于促进长沙县农村“两类学校”发展的提案》《关于做好法律援助，引导依法维权，彰显公平正义的提案》等重点提案召开办理协商会；坚持督促一般提案的主办单位与委员沟通协商，有序推进提案办理工作。

（周　思）

【对口协商】 2021年，政协长沙县委员会突出专委会特点和职能，加强与党委、政府部门的对口协商。先后组织委员围绕“提高城市品质，打造特色公园”“深化供销服务打通农产品上行渠道、加快推进乡村产业振兴”“加快现代服务业发展，助力县域经济转型升级”等主题，开展对口协商，在提高城市管理、深化供销服务改革、推进现代服务业高质量发展等方面提出合理化建议。

（周　思）

【基层民主协商】 2021年，政协长沙县委员会发挥社区智慧委员工作室根植基层、服务群众的桥梁纽带优势，依托省、市、县政协委员进驻社区智慧委员工作室，广泛听取民意，开展基层协商，服务驻地经济社会发展，全年开展公益活动和基层民主协商活动17次。其中湘龙街道组织委员就“深化校地校企合作，加快人才‘产学研用’一体化”问题进行调研，并召开基层民主协商会，架起校地沟通桥梁，为加强、深化、落实校企合作奠定基础。

（周　思）

民主监督

【委员谈民生】 2021年，政协长沙县委员会继续坚持民主监督与新闻舆论监督相结合的模式，在县电视台、《星沙时报》开设“委员谈民生”专栏，围绕破解难点、疏通堵点、加强整治，合力缓解星沙城区和老旧小区停车难问题》《打造精品研学旅行线路，促进全域旅游高质量发展》等5个重点提案的办理落实制作专题报道。组织星沙街道、泉塘街道、湘龙街道委员小组的多名政协委员参加县法院、县检察院工作座谈会，推进民主监督协商工作。

（周　思）

【社情民意信息工作】 2021年，政协长沙县委员会坚持引导政协委员深入基层、深入群众，挖掘信息选题，报送高质量社情民意信息。全年报送委员社情民意信息44篇，其中，全国政协采用7篇，省政协采用4篇，市政协采用8篇，获长沙市反映社情民意信息工作一等奖。委员连时彦“促进互联网游戏产业健康发展的建议”以及曹新忠、张松林“保障群众温暖过冬的建议”被全国政协采用。

（周　思）

参政议政

【提案工作】 2021年1月，政协长沙县第九届委员会第六次会议召开以来，广大县政协委员、县政协各参加单位和专门委员会深入调查研究，积极建言献策，贡献政协智慧和力量。全年提交提案112件，纳入提案范围66件，经审查并案确定立案46件，另有46件转作意见或其他方式处理。立案提案交由14个单位主办，7月全部办结答复，办复率100%。从办复情况看，所提问题解决或者基本解决的26件，占56.5%；所提问题正在解决或列入规划逐步解决的20件，占43.5%。（周　思）

【调研视察】 2021年，长沙县政协结合党史学习教育“我为群众办实事”主题实践活动，开展一系列调研视察活动。根据县委主要领导指示，县政协组织对人民群众在“学位、床位、车位、厕位”反映的重点民生问题开展广泛深入调研，并综合形成调研报告，得到县委主要领导批示，要求分管领导和相关部门结合实际认真研究落实，为推进长沙县民生事业高质量发展、提升人民生活幸福感贡献政协智慧和力量。组织县政协主席会议成员视察医养结合、缓解“停车难”、交通提质改造项目等民生工作以及基层网格微治理、花卉苗木产业发展等乡村振兴工作，为助推养老服务、基层治理、农业产业发展、优化交通管理及建设提质等方面建言献策。县政协十届一次会议以来，县政协围绕“医养结合”开展县政协主席会议成员视察，汇聚众智破解“老有优医”难题。

（周　思）

【参政议政发言】 2021年，县政协委员在县政协九届六次会议期间围绕县委重大决策部署、“一府两院”工作报告等开展协商议政，5名政协委员分别围绕“节水优先，惜水长流”“破解难点，疏通堵点，缓解星沙城区停车难”“推行‘五个一’网络治理模式，全力构建乡村善治新格局”“破解农村小规模学校办学难题，促进城乡教育高质量均衡发展”“助力中小企业危机中觅新机、变局中开新局”等主题作参政议政发言。

（周　思）

【委员微建议】 2021年，政协委员通过“政协云”递交“微建议”77条，部门受理58条、上报12件、委员领办3条，多条微建议由相关部门办理落实，助推一批民生问题解决。其中省政协委员周江林《万家丽路电力隧道（长沙县段）迟迟未完工，群众出行不便》“微建议”被县政协委员龙驻领办，通过召开基层民主协商会，形成应急与长远相结合的优化方案，缓解该路段群众出行难题，成为微建议、微协商、微监督“三微联动”较好案例。

（周　思）

表 1　2021 年长沙县政协重点提案一览表

案号	案　由	提案者
15	关于推行村民小组网格化“微治理”的提案	吴　顾
25	关于促进长沙县农村“两类学校”发展的提案	县直机关委员五组集体
32	关于加强我县 120 急救中心建设的提案	熊　健
46	关于做好法律援助，引导依法维权，彰显公平正义的提案	县直机关委员一组集体
2	关于打造精品研学旅行线路促进全域旅游高质量发展的提案	缪　丽

（资料来源：县政协办）

表 2　2021 年全国政协采用的长沙县社情民意信息一览表

标　题	报送人
关于深化青少年体验民主协商活动的建议	连时彦
保障农产品质量安全急需加快农业绿色转型	连时彦
促进互联网游戏产业健康发展的建议	连时彦
铸牢中华民族共同体意识，建立包容性更强、凝聚力更大的中华民族命运共同体	黄柏强
关于建立长江国家公园的建议	张　胜
发挥地方政协在基层社会治理中的重要作用	周　思
保障群众温暖过冬的困难及对策建议	曹新忠 / 张松林

（资料来源：县政协办）

中共长沙县纪律检查委员会
长沙县监察委员会

编辑　周进银

重要会议

【长沙县党员领导干部廉洁从政警示教育大会】 2021年3月24日，长沙县、长沙经开区、长沙会展新城召开党员领导干部廉洁从政警示教育大会，县委书记沈裕谋以“提升政治‘三力’，争做‘三为’干部”为题讲授廉政党课。长沙县委、经开区党工委、高铁新城党工委、县人大、县政府、县政协全体在家领导班子成员以及县区城各单位党政主要负责人参加。会前，与会人员现场观看由长沙县纪委监委联合县委组织部、县委宣传部和县文旅局共同打造的红色廉政舞台剧《传承》。（杨　柱）

【中国共产党长沙县第十三届纪律检查委员会第六次全体会议】 2021年4月6日，中国共产党长沙县第十三届纪律检查委员会第六次全体会议举行。出席全会的县纪委委员26人，列席全会的463人。长沙市委常委、长沙经开区党工委书记、县委书记、长沙高铁新城党工委书记沈裕谋出席全会并讲话。县委副书记、县长张作林主持会议。县委常委以及县人大、县政府、县政协主要领导出席会议。全会以习近平新时代中国特色社会主义思想为指导，深入贯彻中共十九大和十九届二中、三中、四中、五中全会精神，按照十九届中央纪委五次全会、十一届省纪委六次全会、十三届市纪委六次全会和县委要求，总结2020年纪检监察工作，部署2021年任务，审议通过刘重代表县纪委常委会所作的《充分发挥监督保障执行、促进完善发展作用，谱写新时代纪检监察工作高质量发展新篇章》工作报告。（杨　柱）

【中共长沙县第十四届纪律检查委员会第一次全体会议】 2021年8月4日，中共长沙县第十四届纪律检查委员会第一次全体会议召开，25名中共长沙县第十四届纪律检查委员会委员参加会议，选举刘重、刘义红、庄虎、符广宇、胡皓珅（女）、熊大坤、陈卓、黄艳宇（女）、杨全党为新一届县纪委常委，刘重为新一届县纪委书记，刘义红、庄虎、符广宇为新一届县纪委副书记。（杨　柱）

【传达中共十九届六中全会、省第十二次党代会精神会议】 2021年11月30日，长沙县纪检监察系统召开传达中共十九届六中全会、省第十二次党代会精神暨全县清廉星沙建设、规范化建设观摩会。长沙县委常委、纪委书记、县监察委员会主任刘重率各镇（街道）纪（工）委书记、各派驻（出）纪检监察组织负责人、国企纪委书记、清廉办工作人员到县行政执法局、星沙街道香槟花苑小区、盼盼二小、县妇幼保健院、黄花镇、黄兴会展经济区石弓湾社区、路口镇明月村、高桥镇金桥村、金井镇金龙村等地，现场观摩机关规范化、清廉医院、清廉学校、清廉村居等建设情况。现场观摩活动结束后，召开清廉星沙建设、规范化建设座谈会，传达中共十九届六中全会、省党代会精神，听取全县纪检监察规范化建设情况工作汇报。会上，金井镇、黄花镇、黄兴会展经济区镇等主要负责人交流发言。（杨　柱）

【中共长沙县纪委常委会】 2021年，中共长沙县纪委召开常委会会议20次，传送学习习近平总书记重要讲话和指示批示精神以及中央、省、市、县重要会议精神，听取机关党委党史学习教育工作汇报，研究《关于推进清廉星沙建设的实施意见》《长沙县清廉单元建设三年行动计划》《落实全面从严治党主体责任及加强对“一把手”和领导班子监督工作清单》等事项，审议相关违纪违法案件等。（杨　柱）

党风政风监督

【政治监督】 2021年，县纪委县监委推进“洞庭清波”专项行动，从严查处青山铺宏旺矿业环保整改不力等突出问题，问责处理17人；保障粮食安全，专项整治粮食购销领域腐败问题；在新冠肺炎疫情防控阻击战中跟进监督，编发疫情督查简报、通报44期，发现并督促整改问题1318个，追责问责党员干部36人。主动服务保障中心大局，开展千方百计抓项目和奋力抓乡村振兴专项监督，推动解决重点项目建设突出问题29个；围绕安全生产、应急处置等重点环节，加强春华镇道路交通安全等问题督导督促，发现并交办问题23个。保持严惩执法司法腐败高压态势，驻点督办，推动政法队伍教育整顿，处置问题线索103件，立案审查调查45人。坚持纪律教育、廉政把关、全程监督、执纪问责“四个从严”，组织开展换届风气专项巡察、巡回督查、现场督导及遵守换届纪律集体承诺系列活动，发现并纠正有关问题50余个，廉政审查2602人次，出具暂缓或否决意见7人，确保换届风清气正。（杨　柱）

【作风建设】 2021年，县纪委县监委深化作风建设，开展明察暗访、督查检查，“四风”问题变异回潮，从严查处县城管局工作人员工作日中餐饮酒、工作时间赌博等典型案件，处理53人；严格落实省纪委监委整治违规吃喝隐形变异“十严禁”等纪律规定，对招待费、会议费、差旅费等费用开支进行专项检查，督促整改问题28个，组织处理26人；开展“庸懒散”专项整治，严肃查处67人，

2021年12月9日，2021年“学党史·遵党规·守党纪”长沙县第二届清廉星沙微宣讲总决赛在市民会议中心举行（县纪委 供图）

发送《主体责任提醒函》6份，专题通报单位16个、党员干部37人。（杨 柱）

【专项整治】 2021年，县纪委监委深入整治民生领域的“微腐败”、妨碍惠民政策落实的“绊脚石”，查处群众身边腐败和作风问题20人。推进清廉医保整治，督促60余家医疗机构主动上交违规医保资金163万余元。深化清廉社保治理，追缴死亡人员多发养老保险待遇148万余元。开展惠民惠农“一卡通”专项监督检查，发现问题线索42条，问责处理21人，督促注销死亡及无效人员2633户。专项整治挂证取酬问题，督促取消挂证79人87本。专项整治粮食购销领域腐败问题，开展春耕生产和粮食安全、高标准农田建设、大棚房整治“回头看”等监督检查13次。部署开展“学位、床位、车位、厕位”突出问题整治，新增停车位28095个、学位9780个。（杨 柱）

监督检查和审查调查

【审查调查】 2021年，县纪委监委坚决惩治腐败，办结问题线索2717件，比2021年增长35.6%；立案审查调查389人，比2021年增长18.6%，其中查处副科级以上干部34人，办理留置案件15件，移送司法机关21人，挽回经济损失7320余万元，查处县委办原四级调研员刘某龙、县公安局看守所原职工黄某勇等典型案件。（杨 柱）

【案件审理】 2020年，县纪委监委受理案件425件，审结422件；审结率99.3%；其中，县本级受理115件，审结114件，片区受理310件，审结308件；受理职务犯罪案件20件，其中，被采取留置措施5人，移送审查起诉20人。加强对受处分人员的教育管理和关心激励，对2020年受处分人员（包括被给予诫勉问责人员）开展回访教育，对345名受处分和诫勉问责处理人员进行回访，包括受到党纪政务处分人员195名，受到诫勉问责处理人员150名；回访县管干部42人，一般干部、村组干部和普通党员303人。（杨 柱）

【日常监督】 2021年，县纪委监委全面落实党内监督制度，制定全面从严治党责任清单，不断压实“一把手”和领导班子成员的管党治党政治责任，从严查处县自然资源局原职工唐某涛违纪违法案中落实“两个责任”（在落实党风廉政建设责任制过程中党委负主体责任、纪委负监督责任）不力问题，严肃处理党员干部16人。提升派驻监督效能，继续开展“一组一专题”“点穴式”监督，定期分析监督单位政治生态，派驻机构全年处置问题线索530件、立案68人。强化“四个监督”协调贯通，全县纪检监察组织运用“四种形态”2944人次，其中，第一、第二种形态占比96.6%，监督执纪执法由“惩治极少数”向“管住大多数”拓展。推进监督检查、审查调查与信息技术深度融合，建设清廉档案系统，对各单位主要负责人进行“廉政画像”。（杨 柱）

【廉洁教育】 2021年，县纪委监委协助县委高标准制定推进清廉星沙建设的实施意见和清廉单元创建三年行动计划，全面实施“铸魂”“阳光”“育林”等十大工程，统筹推进清廉机关、清廉医院、清廉村居等八个清廉单元建设。挖掘许光达“让衔让级”、陈树湘“断肠明志”、徐特立“危难时毅然入党”等红色故事，创作红色舞台剧《传承》；举办清廉星沙微宣讲、清廉文化创意大赛，拍摄警示教育片《沉沦与觉醒》。连续10年开展领导干部廉洁从政教育活动，连续2年被评为中央纪委国家监委新闻传播中心“宣传工作先进单位”。（杨 柱）

巡察工作

【概况】 2021年，中共长沙县委巡察工作领导小组办公室（以下简称“县委巡察办”）开展2轮专项巡察、1轮常规巡察，配合做好市委对县2轮专项巡察。授权组建13个巡察组，巡察23个单位（镇街），87个村（社区）。2021年5月10—12日，县委派出3个巡察组全面进驻全县13个镇，开展乡镇换届风气专项巡察。县委巡察组全年听取各镇党委、镇纪委专题汇报13次，查阅资料900余份，走访谈话270人次，发放调查问卷408份，电话暗访137人，及时发现解决宣传氛围不浓厚等问题。2021年6月25日至8月6日，县委派出4个巡察组分别对县供销社、县重点建设项目事务中心、县工信局、县水利局等单位开展巡察“回头看”行动。其间，巡察组听取工作汇报和专题汇报18次，列席党组会议11次，处置群众来信来电来访20人次，个别谈话270余人次，查阅资料2300余份，召开座谈会6次，现场查勘60余次，发现问题403个，下发立行立改通知书15份，推动整改问题22个。2021年10月15日至12月21日，县委派出6个巡察组分别对星沙街道、湘龙街道、安沙镇、北山镇、青山铺镇、金井镇及所辖87个村（社区）党组织开展巡察，各组分别听取被巡察单位有关汇报32次，列席党组织会议7次，处置群众来信来电来访113人次，个别谈话1100余人，查阅资料7000余份，开展座谈13次，现场查勘300余次，发现“三个聚焦”方面问题486个，问题线索20条，推动解决立行立改问题45个，督促收缴资金5.45万元、建立制度8个。

县委巡察办全面总结上一届县委巡察工作经验，梳理突出问题表现形式814条，针对不同问题总结出相应的查找问题途径，汇编《常规巡察监督重点及突出问题表现实用手册》；修订《常规巡察工作指南》《村级巡察工作指南》《乡镇换届风气专项巡察工作指南》。出台《巡察整改督查办法（试行）》，对巡察整改情况实施量化评分。建立健全反馈问题销号机制、巡察方案联审机制、整改约谈问责机制，明确要求整改排名靠后单位的“一把手”向书记专题会作出说明。2021年8月下旬，对县委第十一轮、第十二轮巡察整改集中督查后，完成对全县所有巡察对象的督查验收。建立问题线索、意见建议、书记点人点事点问题、反馈问题整改落实等台账，严格实行清零销号管理。针对共性问题所提的意见建议，探索以巡察工作领导小组名义，先后对县财政局等12家单位下发巡察建议书，提出整改意见建议25条。针对上一届县委巡察中发现的共性问题进行全面梳理，按照县直单位、镇（街）、村（居）3类，分选频率最高的10个问题，汇编成《十三届县委巡察发现的突出共性问题清单》，要求全县各级党组织对照问题清单自行深入开展未巡先查、未巡先改。出台《中共长沙县委巡察工作领导小组工作规则（试行）》《县委巡察工作领导小组办公室工作规则》，修订完善11项内部管理制度，梳理绘制1张巡察工作流程导图。严格落实巡察报告会审制度，每次上领导小组会之前，巡察办组织对各组巡察报告进行联审，进一步提高巡察报告质量。制定完善政治画像模板，全年提交党组织领导班子和党员干部“画像”报告40份。

提升巡察能力。全年分别选派8名巡察干部参加省委巡视和市委提级交叉专项巡察，通过以干代训进一步提高巡察业务能力。调整充实人才库，组建140人的巡察工作专业人才库，举办1期巡察业务培训班。全面推广“码上巡”，将微信二维码运用到巡察工作中，推行“码上”建议、“码上”受理、“码上”评估，开启“指尖上的监督”。开发建设巡察文件库，将各级政策文件按4个层级和12个子类进行搭建，巡察人员通过手机App检索，提高政策比对效率，增强巡察工作实效。推广金纪三期信息系统，各巡察组均安排专人负责数据录入、沟通联络、服务保障等。

（刘　锋）

【十三届县委巡察工作总体情况】 2017年6月至2021年12月，县委巡察办先后开展12轮常规巡察、3次专项巡察、4轮村级巡察和1轮巡察“回头看”，累计巡察县直单位62个、镇街18个、村（社区）203个，在全市率先完成巡察全覆盖任务；发现各类问题5170个，移送问题线索361件，立案121人，移送司法21人，运用第一种形态处置400余人；向被巡察单位反馈问题4702个，完成整改4489个，整改完成率95.47%；督促收回追缴违规资金1.6亿余元，推动解决群众反映强烈的突出问题200余个，推动各单位制定完善各项制度400余个，其中，行业制度60余个。

（刘　锋）

群众团体

编辑 周进银

长沙县总工会

【概况】 2021年，长沙县有工会联合会40个(其中，镇工会联合会14个、街道工会联合会5个、园区产业工会联合会6个、县局工会联合会15个)、直属基层工会10个；基层工会2196家，会员150705人。是年，长沙县总工会在长沙市总工会年度工作考核中被评为一等单位。湘龙街道工会联合会职工书屋被评为全国工会职工书屋示范点，长龙街道工会联合会被评为2021年长沙市“小三级”工会规范化建设示范单位。在“项目高质量勇夺双胜利”——湖南省百万职工重点建设项目劳动竞赛中，四川鑫翔瑞恒建筑劳务有限公司万家丽路快速化改造北延线明挖隧道段2队被评为先进班组，胡超纲、贺文晖、牟绍书被评为优秀个人。长沙思胜智能设备有限公司生产部被授予“湖南省工人先锋号”称号，黄花镇人民政府村镇建设服务中心二室（科室）、湖南慧盟重工科技有限公司装配车间、湖南华汛应急装备有限公司华汛抢险队被授予“长沙市工人先锋号”。胡超纲被授予“湖南省五一劳动奖章”，张劲松、彭红益、杨培佑、朱德勇、黄波被授予“长沙市五一劳动奖章”。湖南顶立科技有限公司、长沙县疾病预防控制中心获“长沙市五一劳动奖状”。

是年，全县建立7家劳模创新工作室，开展劳模工匠结对41对。扶持职工科技创新项目6项，培育陈建波劳模创新工作室为市级劳模和工匠人才创新工作室，培育长沙县职业中专学校为长沙工匠培育和竞赛基地。湘龙街道女职工培训学校被评为长沙市女职工培训示范学校，厦门航空妈妈爱心小屋被定为长沙市总工会母婴室，湖南顺丰速运有限公司“妈妈小屋”母婴室被评为长沙市示范性母婴室，湖南华穗生态科技股份有限公司被评为长沙市儿童友好型企事业单位。长沙县总工会举办长沙县第二届“十行状元·百优工匠”暨首届“乡村工匠”技能竞赛，被评为长沙市2021年“十行状元·百优工匠”技能竞赛活动优秀组织单位。郭尚来、舒佳、扶腾飞、颜正良、陈杰、王宇、黄忠、杨权在长沙市“十行状元百优工匠”技能竞赛中被评为长沙市“百优工匠”。“一户一产业工人”培养工程项目被评为市级优秀项目一等奖。推进清廉工会建设，对全县36家工会联合会及12家涉及工会专项经费补助的基层工会等进行审计，提出整改要求。（刘贝嘉）

2021年11月19日，湘龙街道工会联合会职工书屋被评为全国工会职工书屋示范点（谢迎 摄）

【和谐劳动关系建设】 2021年，长沙县总工会完成工资集体协商1208家。签订工资集体协议208份，覆盖职工34853人。其中，签订单个企业工资集体协议185份，覆盖职工人数23073人；签订区域性和行业性工资集体协议共23份，覆盖企业961家、职工11780人。协调劳动关系，培育8家职代会和工资集体协商典型示范单位，其中，长沙信力人力资源服务有限公司长沙县分公司被评为长沙市职代会和工资集体协商典型示范单位。举办工资集体协商和职代会业务知识培训班2期，260余名基层企业工会主席参训。推进企业社会责任竞赛，制定《2021年长沙县企业社会责任建设竞赛工作方案》《2021年长沙县企业社会责任建设标杆单位评分体系》。举办2021年企业社会责任建设竞赛工作培训班，150余人参训。52家企业被定为湖南省企业信用评价AAA级，4家企业被定为湖南省企业信用评价AA级。（刘贝嘉）

【维护职工权益】 2021年，长沙县总工会为困难职工和农民工免费提供法律咨询52次，发出工会劳动法律监督回函1份。在县总工会微信公众号上发布26期“法律公益小课堂”，围绕劳动合同的法律法规、人事仲裁、招聘录用、经济赔偿等内容进行案例分析，提高职工运用法律维护自身权益的能力。举办“尊法守法·携手筑梦”法律服务讲座6场，向企业和求职者宣传劳动保障法律法规政策，引导用人单位自觉依法用工，指导劳动者及时依法维权。组织律师志愿者提供劳动用工法律风险诊断评估、法律决策咨询等法治体检服务9次，发放劳动法律法规相关资料800余份。

（刘贝嘉）

【困难职工帮扶】 2021年，长沙县总工会围绕就业、住房、医疗、教育、社会保障兜底等工作打造10个帮扶项目。在困难职工常态化送温暖项目中走访慰问88名困难职工，发放慰问金8.8万元。开展“春送岗位、夏送清凉、秋送助学、冬送温暖”等活动，其中夏送清凉活动慰问1250名一线户外工作者，发放慰问品16.525万元；金秋助学活动为25名困难职工子女拨付助学金16.5万元；冬送温暖活动向全县200名困难职工发放慰问金20万元，并为全县1000名一线职工每人送上1份粮油物资。全年在职职工（住院）医疗互助参加者42245人，女职工特殊疾病保障活动参加者20410人。为25户二次建档立卡困难职工发放补助17.9万元，为1626人发放医疗互助、大病救助、大病关爱、临时救助（含二次补助）、女职工特殊疾病保障补助金170万元。（刘贝嘉）

【关爱劳模】 2021年，长沙县总工会组建1支劳模讲师团队，在长龙街道、㮾梨街道、县教育局等举办以“中国梦·劳动美”“永远跟党走·奋进新征程”等主题的劳模大讲堂暨产业工人思想政治教育培训活动20场。开展“学党史、守初心、担使命、建新功”劳模工匠座谈会，联合星沙时报社推出“‘星’劳模 ‘星’工匠”系列视频报道，宣扬长沙县劳模工匠先进事迹。开展长沙县第八次劳动模范和先进工作者评选，确定王大恒等28名劳动模范候选人和王曙等6名先进工作者候选人。（刘贝嘉）

【职工职业技能培训】 2021年，长沙县总工会在星沙街道、泉塘街道、江背镇等地举办10期“一户一产业工人”培养工程职工职业技能培训班，包括中级电子商务师培训班1期、计算机操作员培训班1期、叉车司机培训班1期、初级养老护理员培训班2期、电工培训班3期等。年内，举办2期“工会进万家·新就业形态劳动者温暖行动”暨“一户一产业工人”快递员技能培训班，495人参训，培训后474人实现就业。加强女职工培训学校建设，开展2期直播带货和家政服务等专职课堂培训。开展“送课下基层”活动，举办商务接待与会面礼仪等讲座20期。（刘贝嘉）

2021年6月10日，长沙县总工会2021年“一户一产业工人”养老护理员技能培训班在江背镇金洲村举行（韩美子 摄）

【基层工会组织建设】 2021年，长沙县总工会为推动工会组织向新就业形态群体延伸，启动试点新就业形态建会入会。通过深入基层调研、开展“百日攻坚行动”、设置网上入会绿色通道、建立7个户外劳动者服务站点、联合税务部门落实灵活就业人员社保缴费等措施，组建行业性、区域性工会联合会、联合工会6个和“司机之家”1个，分别为：长沙县快递行业工会联合会、货车运输行业工会联合会、家政服务行业工会联合会、长龙街道龙井社区联合工会、长龙街道农村合作经济组织工会联合会、㮾梨街道物流园联合工会、㮾梨街道梨江物流园司机之家，以试点单位工作带动全县新就业形态劳动者入会。新增快递员、货车司机等会员43214人，新就业形态劳动者会员总计57802人。6月2日，全国总工会副主席、书记处书记、党组成员蔡振华到长沙县调研新就业形态建会入会工作。长沙县星城发展集团有限公司工会委员会、长龙街道龙井社区居民委员会工会委员会、长沙县百熙第二小学工会委员会、联通沃悦读科技文化有限公司工会委员会、江背镇梅花学校工会委员会、长沙县行政执法局湘龙行政执法队工会委员会、湖南航空保卫部工会小组被评为长沙市模范职工之（小）家。㮾梨街道梨江物流园“司机之家”被评为长沙市“司机之家”示范点。长沙县六艺天骄幼儿园被评为长沙市“EAP”（员工关怀行动）示范单位。泉塘街道工会和廖家祠堂水厂工会、六艺天骄幼儿园工会和百熙二小工会“结对共建”。（刘贝嘉）

【“数字工会”建设】 2021年，长沙县总工会开展第二期“数字工会”平台建设工作，升级工会综合业务平台、门户网站，同步建设工作人员移动端业务办理小程序及工会电子会员卡系统，形成由“四端、两库、一平台”组成的“数字工会”体系，全面实现工会组建、医疗互助、工资集体协商等43个业务流程、190项业务全电子化在线办理。年内，“数字工会”平台线上业务办理量9093次，“星工娘家人”App用户59251人。为全县新增的12760名新就业形态劳动者会员线上每人发放入会福利100元。7月8日，长沙县总工会在全国工会网络工作会议经验交流会上作“数字工会”工作汇报。12月23日，长沙县总工会“数字工会普惠平台”被中华全国总工会、中央网信办评为“全国互联网+工会普惠服务区县十佳平台”。（刘贝嘉）

【湖南省新就业形态劳动者入会启动仪式举行】 2021年11月15日，湖南省总工会、国家税务总局湖南省税务局在山河智能装备股份有限公司总部大楼举办全省新就业形态劳动者入会暨社保缴费服务集中行动启动仪式，以长沙县为试点在全省推行“工会+税务”服务模式。新就业形态劳动者进入工会平台可以办理社保缴费，通过税务平台可以加入工会组织，入会难、参保难等问题得到有效解决。仪式上，现场向每位新就业形态劳动者群体代表发放《长沙县新就业形态劳动者入会工作宣传资料》《灵活就业人员社保缴费》等宣传手册，设置健康义诊处、法律咨询处、心理咨询处、社保缴费处、网上入会指导处等8个新就业形态劳动者爱心服务台。省人大常委会副主任、省总工会主席周农，国家税务总局湖南省税务局党委委员、副局长郭金洲，市委副书记阚保勇，市人大常委会副主任、市总工会主席芮英姿，长沙经开区党工委书记、长沙县委书记付旭明，县领导朱智勇、吴昊出席会议。长沙市各级工会和税务部门、长龙街道相关负责人，长沙首批集中入会的新就业形态劳动者代表等100余人参加启动仪式。（刘贝嘉）

【长沙县第二届“十行状元·百优工匠”技能竞赛】 2021年5月7日，长沙县第二届“十行状元·百优工匠”暨首届“乡村工匠”技能竞赛在金井镇金井茶厂启动。竞赛为期2个月，先后开展手工制茶、竹编、农机操作等10项职工职业技能竞赛，近400名工匠参赛。经过理论竞赛和操作比赛，王仲清、何开龙、田义、林杰武、黄波、陈凯、舒佳、郭尚来、徐冬国、颜正良分获手工制茶、竹编、农机操作、叉车工、快递员、编程员、数控铣工、模具钳工、焊工、汽车车身维修“状元”称号。（刘贝嘉）

2021年11月15日，湖南省新就业形态劳动者入会暨社保缴费服务集中行动启动仪式举行（方大丰 摄）

中国共产主义青年团长沙县委员会

【概 况】 2021年，中国共产主义青年团长沙县委员会（以下简称“共青团长沙县委”）组织主题团课54次、各类宣讲72场，覆盖团员青年11.4万余人次。成立“星青年”讲师团，组织62名各行业典型青年分享奋斗历程和感悟经验。开展“百年风华·逐梦青春”“请党放心·强国有我”等主题活动，实施“红色课堂进高校”项目，组织开展“清廉星沙 青春向上”文创大赛暨清廉沙龙主题活动，推出“星青年开讲啦”“青春的答案”等宣传品牌，全网流量超过1000万人次，获湖南省青媒奖。是年，共青团长沙县委被评为“全国五四红旗团委”。（饶 锦）

【青年创新创业】 2021年，共青团长沙县委组织“奋斗青春·匠心筑梦”长株潭一体化发展青年工匠论坛，促进长株潭先进制造业企业和青年的交流交融、合作共赢。开展“筑梦青春”大学生实习活动，通过传帮带方式，吸引123名双一流高校学生参与，帮助企业精准识才、用才，为县域发展引才、留才。实施“志愿青春·实干筑梦”高校青年参与基层治理项目，按照“一高校一特色”原则遴选出26个特色项目，开展服务双减课堂、心理疏导、社区服务等各类活动500余场次，被评为省青年志愿服务大赛金奖。建立校地联盟工作站，为高校青年交流服务搭平台、建机制，促进校地合作向广覆盖、纵深、多元方向发展。举办返乡青年创业座谈会12场，鼓励、引导青年人才回乡就业创业。承办全市“青年振乡村”农民丰收节活动，成立县农业创业者联合会，吸纳77家优秀青年农业企业家。推荐32个集体和个人被授予“全国乡村振兴青年先锋”“湖湘青年英才”“省市青年文明号手”等称号。（饶 锦）

【青年志愿服务】 2021年，共青团长沙县委发挥青年文明号、青年岗位能手等典型的“点灯效应”，建立青年突击队63支，组织动员青年参与疫情防控、抗雪除冰、文明创建等工作，引导团员青年服务基层社会治理，成为志愿者队伍中的主力军。高标准建成30户“希望小屋”，开展“爱心捐赠零花钱·关爱困难小伙伴”等公益捐助项目，筹集爱心款54万元，资助帮扶213名重病、残疾、贫困青少年。依托31个青年之家开展“崇德向善好少年”等主题团日活动562场，打通联系服务青少年“最后一公里”。建立全省首个未成年人社会支持体系专家智库，对涉及青少年儿童权益的案件实行全面保护。组织开展禁毒、防艾、安全自护、法律知识、心理健康等宣传教育讲座150余场，开展“模拟法庭进校园”“大手拉小手 向毒品说不”等活动，深化护航青少年成长品牌效应，长沙县在全市青年联席会议上作青年工作典型经验介绍。（饶　锦）

【基层团组织建设】 2021年，共青团长沙县委完成县域共青团基层组织国家级改革试点工作，完成215个村（社区）团组织换届，新建乐运魔方、县长跑协会青年之家、团代表联络站3个团属工作阵地；全年发展团员3588名，学社衔接团员2101名，新建团组织335个，基层团建各项指标位居全市前列。优化团干队伍建设和人才培养，组织各类团干部培训8场，提升团干部的业务水平和服务能力。实施“金种子”团员计划，控制初、高中毕业班团员学生比例；成立县教育团工委，召开中国少年先锋队长沙县第四次代表大会，推进学校共青团、少先队工作建设行动。（饶　锦）

【长沙县“星青年”讲师团成立暨“红色课堂”进高校活动启动】 2021年4月20日，长沙县“星青年”讲师团成立暨“红色课堂”进高校活动启动仪式在长沙师范学院实验剧场举行，长沙县基层团组织负责人、团员青年代表、15所驻县高校师生代表等500余人参加。团市委副书记赵雪峰为“星青年”讲师团代表颁发聘书，长沙师范学院党委副书记、校长曹晓鲜为长沙县“红色课堂进高校”团队授旗。后期组织由62名青年老师、专家组成的讲师团队伍到各高校、村（社区）开展巡回宣讲。（饶　锦）

【“奋斗青春·匠心筑梦”长株潭一体化发展青年 工匠论坛】 2021年4月28日，“奋斗青春·匠心筑梦”长株潭一体化发展青年 工匠论坛在长沙县三一魔豆仓举行，长株潭三城青工匠代表，长沙县、长沙经开区团组织负责人、青年大学生代表等参加论坛。长株潭三地团委负责人，长沙县、长沙经开区相关领导和部门负责人出席活动，长沙团市委副书记周坤作“振翅100”青年工匠培育项目介绍，株洲团市委副书记高峰、湘潭团市委副书记贺国鹏为首批学员颁发证书。长沙县委副书记、县委党校校长、县委统战部部长周虔出席并致辞。（饶　锦）

【“清廉星沙 青春向上”长沙县清廉文化创意大赛颁奖活动】 2021年12月2日，由中共长沙县纪律检查委员会、长沙县监察委员会主办，共青团长沙县委承办的“清廉星沙 青春向上”长沙县清廉文化创意大赛颁奖暨清廉主题沙龙活动在徐特立廉政文化广场举行。长沙县县委常委、纪委书记、监委主任刘重，长沙县纪委常委熊大坤出席活动，长沙县共青团校地联盟高校团委，全县各镇（街道）团（工）委，县直单位团组织，教师、医护人员青年代表等150余人参加活动。活动现场，中共长沙县委党校高级讲师李阳岳在清廉微党课中讲述徐特立的清廉故事。4名青年代表分别从清廉机关、清廉学校、清廉医院、清廉村居、清廉家庭等方面分享感悟和心得。最后，与会代表参与融入廉政文化元素的清廉趣味运动会。活动现场设置清廉文化创意大赛作品展，展出获奖作品等。（饶　锦）

长沙县妇女联合会

【概况】 2021年，长沙县妇女联合会（以下简称“县妇联”）组织开展

2021年12月2日，共青团长沙县委在徐特立廉政文化广场举办“清廉星沙 青春向上”长沙县清廉文化创意大赛颁奖暨清廉主题沙龙活动（饶锦 摄）

“百千万巾帼大宣讲”235场次。公众号全年推送文章99篇，原创47篇；在央级媒体发表信息7条。长沙县新时代文明实践巾帼彩虹志愿服务大队牵头开展“绿色无毒”“文明劝导”等志愿活动，全县217支队伍1万余名女性参加服务726场次。开办育婴、美容、家政服务等职业技能培训23期，培训920人次。8家基地获县级巾帼现代农业科技示范基地、巾帼双创示范基地。泉塘街道党政办、县行政执法局调度中心、果园镇获市级巾帼文明岗（集体）；蒋艳姣、何海英被评为市级巾帼建功标兵。县妇联被评为长沙市妇女工作考核红旗单位、省妇联系统宣传工作“先进单位”以及湖南省“两癌”（宫颈癌、乳腺癌）免费检查重点民生实事项目先进集体。（汤　准）

2021年5月15日，长沙县妇联“5·15”国际家庭日主题活动暨《湖南省家庭教育促进条例》宣讲启动式举行　（县妇联 供图）

【妇联主题活动】 2021年，县妇联在“三八”妇女节期间，以“巾帼心向党　逐梦正当时”为主题，精心组织“喜迎三八　相约松雅”趣味寻宝、“玫瑰飘香　因您而浓”鲜花送好人、感谢“特别的她”奉献“特别的爱”等系列活动，为城区环卫女工送节日礼包、联合融媒体中心推出原创短视频《你努力的样子，真美》。举办第二届机关女职工气排球赛，开展文艺汇演、座谈讲座等各具特色的庆祝活动20余场次。开展“巾帼学党史　她声颂党恩”党史知识竞赛、“童心向党庆六一　红色精神永传承”主题活动、拍摄“致敬我的党——有话向党说”视频。（汤　准）

【家庭建设】 2021年，县妇联开展“健康生活新风尚　幸福家庭助文明”主题活动暨《湖南省家庭教育促进条例》宣讲启动式；星沙街道黄苍霖被评为全国最美家庭；安沙镇叶腊等10户家庭被评为市级最美家庭。加大家庭教育工作力度：实现百堂公益课下基层全覆盖，受益群众2万人以上；召开家庭教育联席会议，制定《长沙县家庭教育工作联席会议制度（试行）》，携手抓好青少年“人生第一课”。增强家庭服务工作温度：举办“孝道文化节”活动。“平安家”打造新和谐。评选县级平安家庭示范户100户。开展“妈妈禁毒　守护平安”宣传2场次，参与者1000余人，发放宣传资料5000余份；强化婚姻调解中心功能，接待夫妻1525对，接受调解225对，调和131对，调解率58%；接处法院诉前调解委派案卷25件，调和6件，调和率24%。“书香家”传承好基因。开展家庭亲子阅读活动20余场，倡导孩子阅读红色经典、了解百年党史；开展手工、诵读等实践活动10余场，营造知学、乐学、好学的浓厚氛围。（汤　准）

【妇女儿童维权服务】 2021年，县妇联成立“十四五”《妇女儿童发展规划》编制工作领导小组，通过4次征求意见、专家论证，编制出《妇女儿童发展规划》。发挥妇女维权热线作用，接待来信来访48起，满意率100%；各妇联组织设立维权普法咨询20场次，发放宣传资料2万余份，提供法律咨询300人次；开展“民法典”宣传活动4场次，惠及群众近800人；制定《长沙县反家庭暴力联席会议制度（试行）》，召开反家庭暴力联席会议，县法院发出人身保护令4份、县公安局发出告诫令1份，形成反家庭暴力新合力。（汤　准）

【妇女儿童公益服务】 2021年，县妇联走访慰问贫困妇女儿童60户，发放慰问金7万元；为8名困境儿童实现“微心愿”；实施“彩虹妈妈”系列关爱项目，为近400名农村留守儿童丰富暑期生活；发动各级执委在“出手吧，姐姐——温暖2021”公益项目中筹资15万元，为困境母亲送上关爱；开展“金秋助学”活动，为沅陵县、龙山县14名贫困学生捐助学费7万元；推进“两癌”免费检查，全年14432人参加筛查；争取全国妇联救助资金27万元，资助“两癌”患者战胜疾病。（汤　准）

【基层妇联组织建设】 2021年，长沙县创建市县示范妇女儿童之家8个。选拔优秀女性进入村（社区）“两委”，1110名党组织成员中有427

名女性，占比38.47%，217个村（社区）各村支“两委”成员中均有1名以上女性，每个镇（街）有1名以上女性村（社区）任主职，妇联主席全部进入村（社区）“两委”班子。举办“增强党性修养 提升履职能力”及女干部培训班2期，370人参训。落实全面从严治党主体责任，中心组开展学习12次，定期召开党风廉政专题会议。制定《县妇联“三重一大”事项实施办法》《县妇联政府采购内部控制制度》，以制度管人管事。

（汤　准）

长沙县科学技术协会

【概况】 2021年，长沙县科学技术协会（以下简称“长沙县科协”）加强基层科协建设，明确各镇（街道）由分管党政干部任科协主席，配备1名专职副主席，中心学校校长、医院院长、农技站长任兼职副主席，村（社区）科普小组实现全覆盖。加强科技志愿者、科普信息员队伍建设，全县科技志愿者注册860人，科普信息员注册1万余人。对接全县乡村振兴战略总体规划，制定《长沙县科技助力乡村振兴工程实施方案》，推动“科创中国”“科普中国”等融通平台应用。促进农业科技创新，与12家省属农科学会建立战略合作。促进乡风文明建设，发挥全县科普e站、科普e屏、科普宣传栏作用，更新科普知识1000余条。开展以“提升青少年科学素质，科学助力成长”为主题的科普电影进校园活动，在县域内中小学校播放100场次。加强与高校、科研院所合作，争取官春云、印遇龙、邹学校、刘少军、刘仲华5位院士支持，建立涉及水稻、生猪、辣椒、观赏鱼、茶叶产业的5家科技小院，获中国农技协批复授牌。举办中国农技协科技小院联盟（湖南）成立暨长沙县科技助力乡村振兴工程启动仪式，人民网、《中国科技报》《湖南日报》等媒体进行报道。培育、建设科普示范基地14个，科普社区2个，小微企业科技转型升级4个，助力产业振兴、科技成果转化、就近解决农村劳力就业等。华穗生态农庄、红花蜂蜜养殖专业合作社被评为市级农村科普基地。建立山河智能、顶立科技、云箭集团3个市级专家工作站，引进中科院研究员李会泉、袁浩然等6名专家服务企业转型升级。引进印遇龙、张友明、孙成3位院士领衔的专家团队，依托伊润生物科技公司组建酵素技术研究中心，研发推广生物酵素。加强与海外科技团队、专家学者的联系交流，引进海外高层次人才。9月，湖南碧臣环境能源有限公司和山河智能装备股份有限公司被定为市级“海智计划”工作站；10月，星沙海创中心被定为“长沙国家海外人才离岸创新创业基地海外工作站（美国）”，享受国家海外离岸基地相关政策。承办“2021一带一路（长沙）科技合作交流会暨中国（湖南）自贸试验区长沙片区海外人才对接会”。拓展联系服务科技人才覆盖面，建立湖南迪为农业科技有限公司等4家企业科协，成立星沙企事业科协联合会。

（熊艾迪）

【科普书籍进农村志愿活动】 2021年6月29日，长沙县科协开展“我为群众办实事”送科普书籍进农村志愿活动，把科普阅读送到乡村基层，营造乡村文化浓厚氛围，以解决村里没有免费阅读室供学生暑假阅读的问题，到高桥镇金桥村村委会为该村送上科普书籍近2000册。书籍涵盖文学、科学、生物、地理等类别，贴近农村学生和村民的切实需求。

（熊艾迪）

【中国农技协科技小院联盟（湖南）成立】 2021年11月16日，“凝聚科技力量 助力乡村振兴”中国农技协科技小院联盟（湖南）成立暨长沙县科技助力乡村振兴工程启动仪式举行。中国工程院院士、湖南省农村专业技术协会联合会理事长印遇龙，中国工程院院士、湖南农业大学党委副书记、校长邹学校，中国工程院院士、湖南师范大学生命科学学院教授、湖南省水产学会理事长刘少军，湖南省农业科学院党委书记、湖南省科协副主席柏连阳，长沙县委常委、副县长彭正球，长沙县人民政府副县长冯页新，长沙县政协副主席毛葵出席活动。会上，对入选湖南省科技小院的16家单位以及入选2021年度长沙市农村科普基地的华穗生态农庄、红花蜂蜜养殖专业合作社进行授牌。长沙县入选的科技小院分别是：路口镇的湖南长沙水稻科技小院、开慧镇的湖南长沙酵素科技小院、黄兴镇的湖南长沙辣椒科技小院、黄花镇的湖南长沙鱼产业科技小院、金井镇的湖南长沙茶叶科技小院。

（熊艾迪）

长沙县归侨侨眷联合会

【概况】 2021年，长沙县归侨侨眷联合会开展创新创业、招才引智，4月27日举办“智汇高地·创业星沙”——星沙海外人才创新创业服务中心启动式，建立湖南省第一家县级海外人才创新创业服务中心，入驻企业8家，与近20家国内外机构签署战略合作协议；举办培训、分享会、交流联谊等活动60余场，服务海外留学就业创业人员300余人；建立星沙海联会企业家社群、湘籍海归社群；对接6个海外联络点、11家海外高校；邀请及组建13位金融、科技、IT等专业领域的智库专家团队；与本地相关部门、园区、行业组织、知名企业建立合作关系，被授牌为“长沙国家海外人才离岸创新创业基地海外工作站（美国）”。与中南林业科技大学

2021 年 11 月 16 日，中国农技协科技小院联盟（湖南）成立暨长沙县科技助力乡村振兴工程启动仪式举行 （熊艾迪 供图）

涉外学院建立校企合作实训基地，宣传推广合作扩散至深圳市的商、协会及海归组织。全年接待到长沙县考察、调研、交流、参观的华人华侨 2000 余人次。引导中国华侨国家文化交流基地黄兴故居纪念馆、湘绣城、国家级新侨双创基地三一云谷、省级新侨双创基地远大 P8 发挥示范引领作用。

（王 昊）

【长沙县星沙海外联谊会第二届理事大会召开】 2021 年 9 月 29 日，长沙县星沙海外联谊会第二届理事大会暨长沙县侨联青年委员会成立大会召开，长沙市侨联主席陈慧，长沙县委副书记、县委统战部部长、县委党校校长杨应龙，市委统战部四级调研员李烨，县政协副主席、县工商联主席张小春出席。会议听取长沙县海外统一战线工作和侨务工作报告，审议通过《星沙海外联谊会章程（修订草案）》《长沙县侨联青年委员会章程（草案）》。选举产生星沙海外联谊会新一届常务理事会、监事会组成人员及长沙县侨联青年委员第一届委员会组成人员，在全市率先成立长沙县侨联青年委员会。邓宇当选为星沙海外联谊会第二届理事长兼任长沙县侨联青年委员会会长。 （王 昊）

【碧桂园社区创建市级侨胞之家】 2021 年，长沙县归侨侨眷联合会指导星沙街道碧桂园社区创建成为市级侨胞之家。碧桂园社区位于松雅湖腾飞岛，2008 年 10 月成立，辖区总面积 1.83 平方千米，常住人口 8688 人，居民 5780 户，侨务对象 131 人。作为一个非公有制经济人士、新的社会阶层人士以及侨眷侨属较为集聚的社区，碧桂园社区于 2015 年创建成为省级同心社区。社区成立专门的侨务工作领导小组，建立侨务工作制度，确定侨务工作职责，倡导“奉献、友爱、互助、进步”的志愿者精神，以服务社区为己任，以“服务人民，奉献社区”为宗旨，开展社区志愿者服务工作。社区有免费开放的健身、书画、图书借阅等娱乐服务场所，并配备相应的健身娱乐设施，为开展侨务工作提供场地。依托同心社区平台，发挥统战人士集聚优势，社区定期组织侨务对象开展系列活动，归侨李体坚以及归侨侨属郭瑞英、叶伟等文艺志愿者组织开展文艺文化艺术活动。社区每年组织举办品质生活睦邻欢乐节，侨务人员组成艺术团太极队进行演出，社区志愿服务队积极参与服务，互帮互助，营造和谐的邻里关系。

（王 昊）

长沙县工商业联合会（商会）

【概况】 2021 年，长沙县工商业联合会（商会）（以下简称“县工商联”）下辖镇（街）商会 18 个，黄兴会展经济区商会 1 个，行业商（协）会 17 个，女企业家商会 1 个，青年企业家联合会 1 个。会员 3298 人，企业会员占比 90%。引导工商联界的人大代表和政协委员参政议政，提交议案、提案和意见建议 27 件。助推新农村建设和城乡融合发展，探索创新长龙商会杨祠混合所有制、春华商会塅港农民股份制、果园商会慢享农家农民合作制等新型农村经济模式，推动总部经济和楼宇经济发展，签约乡镇商会大厦黄兴商会大厦项目。在上级工商联内刊和《中华工商时报》等媒体刊发稿件 40 余篇。县工商联被评为全国“五好”县级工商联和全国工商联新闻宣传先进集体，县工商联“政策、法律、培训、信息四大集成服务”被评为全国工商联创新实践成果奖。

（曾慧芬）

【组织建设】 2021 年，长沙县非公有制领域有党员 3075 人，非公有制企业党组织 311 家，其中，党委 7 个、党总支 17 个、党支部 287 个。优化班子建设和执委队伍建设，探索商会治理和运行模式，深化“四好”基层商（协）会创建，黄兴商会、长龙商会被评为全国“四好”商会，泉塘商会、星沙汽配城商会被评为全国工商联创新中国奖，湘龙商会被评为全省“四好”商会。加大行业商（协）会的组建力度，新成立青年企业家联合会、餐饮协会和湘绣协会，并吸收县粮食协会为团体会员，充实县工商联队伍。完善会员组织管理系统，并对会员实行动态管理。组织开展学习交流，接待陕西省湖南长沙商会筹备组、长沙市岳阳商会等有关商会组织到长沙县

2021年10月9日，长沙县商事调解中心成立仪式暨2021年法律服务进商会进企业启动仪式举行 （曾慧芬 摄）

交流考察。7月11日，组织县工商联咨询委员会委员、专兼职副主席（会长）、镇（街）商会会长等50余人到福州大学参加非公有制经济人士综合能力提升培训。 （曾慧芬）

【营商环境优化】 2021年，县工商联健全县级领导联系商会制度和职能部门常委制度，将发改、商务、科技、工信、市监、税务等6家与企业紧密关联的职能部门的分管业务领导选为县工商联常委。深入走访调研，强化政企沟通联系，全年联络、走访商会企业近50家，拉近与企业及企业家的距离。推动银企对接与合作，与邮政储蓄银行签订金融服务进商会、进企业战略合作协议。联合县法院、县司法局成立县商事调解中心，在全县18个基层商会设立商事调解工作站，定期召开联席会议。制定《长沙县清廉行业创建实施方案》，开展清廉行业创建活动，在建筑、渣土、驾培、餐饮、旅游、特种行业商（协）会推进清廉行业创建，打造廉洁高效市场环境。 （曾慧芬）

【长沙县工商联（商会）第十四次会员代表大会召开】 2021年4月28日，长沙县工商联（商会）第十四次会员代表大会召开，县工商联职能部门常委、全体执委、各镇（街）商会分管领导、各基层商会秘书长参加会议。会议总结县工商联5年来的工作情况，安排部署2021年工作，选举产生长沙县工商业联合会第十四届执委、常委和主席（会长）、专兼职副主席（副会长）、秘书长。张小春当选为长沙县工商联（县商会）第十四届主席，王行楚当选为长沙县工商联（县商会）第十四届常务副主席（副会长），陈全当选为专职副主席（副会长），徐立平当选为专职副主席（副会长）、秘书长，王道耀、付志银、朱希、杨胜、肖力钧、吴艳、夏记忠、徐超、谭林9人当选为兼职副主席，叶超、叶辉恒、刘洋、孙泽军、李辉、肖颖、周宇、胡祥龙8人当选为兼职副会长。 （曾慧芬）

【长沙县商事调解中心成立】 2021年10月9日，县工商联联合县人民法院、县司法局成立县商事调解中心，在全县18个基层商会设立商事调解工作站，每个工作站配备1～2名企业家作为调解工作人员，县法院、县司法局各安排1名联络员指导调解工作，定期召开联席会议，化解民营企业商事纠纷，减轻民营企业商事纠纷成本。 （曾慧芬）

【扶贫帮困】 2021年，县工商联组织开展扶贫帮困和社会公益慈善活动，全年捐资捐物30万余元。5月21日，组织三棵树慈善义卖活动；7月，号召民营企业抗洪救灾，为河南抗洪救灾贡献力量。7月22日，开展“夏日送清凉活动”，为一线员工送去慰问物资；8月9日，发动各商（协）会为张家界市筹集各类防疫和生活物资；开展对口帮扶，组织爱心企业家赴张家界市桑植县、湘西土家族苗族自治州龙山县水田坝镇开展精准扶贫活动，捐赠爱心资金及物资20万余元。 （曾慧芬）

长沙县文学艺术界联合会

【概况】 2021年，长沙县文学艺术界联合会（以下简称“长沙县文联”）举办“红色故里，厚德星沙”书法创作笔会、红色诗词吟诵活动；开展“牢记嘱托，创新实干，勇攀高峰”征文活动；举办“书写红色家训·共庆百年华诞”活动；举办传承和弘扬传统诗词文化研讨会、“诗画星沙·写意乡村”长沙县宣传贯彻中共十九届六中全会精神美丽宜居乡村采风活动等等。 （沈建波）

【庆祝中国共产党成立100周年主题采风】 2021年5月15日，长沙县文联组织40余名文艺家、诗人到陈树湘故居、杨开慧故居、缪伯英故居和杨立三故居等地开展“怀先贤、悟思想，坚定红色信念”主题党日暨采风创作活动，并在金井茶厂举行文艺创作交流座谈会。座谈会上，参加采风的艺术家们还通过分韵的形式现场创作红色诗词30余首，讴歌伟大的党和伟大的祖国，讴歌新时代，讴歌英雄。 （沈建波）

【“欢乐潇湘·品质长沙”美术书法摄影活动】 2021年7月，长沙县文联广泛动员全县美术、书法、摄影爱好者参与“欢乐潇湘 品质长沙”美术书法摄影创作活动。活动中收到美术书法摄影作品200余件，选送到省、市的90幅作品中，其中有25幅入选市展，10幅作品获市级奖项，4幅进入省展。 （沈建波）

【文艺创作】 2021年3月，长沙县文联面向社会开展“‘联心向党，红色传承’•楹联书法作品”征集活动，收到长沙县红色故居和红色人物楹联作品160余幅。经专家评审，评选出优秀楹联作品40余件。9月完成作品装裱，10月在长沙县文联举办“‘联心向党，红色传承’•楹联书法作品展”。11月，结集编印《‘联心向党，红色传承’•楹联书法作品集》一书。推出原创音乐作品《我最亲最爱的祖国》。该作品由中国音乐家协会会员、长沙市音乐家协会副主席廖建中牵头创作，由省内外音乐名家与长沙县音乐家共同创作。9月完成创作，并在QQ音乐、网易云音乐等10余家知名音乐媒体以及全国平面媒体、电视媒体、网络媒体（含自媒体）等平台推出。（沈建波）

【文艺下基层】 2021年，长沙县文联组织文艺家“在家创作、上门送福”的方式进行。邀请12位省、市名家和县内34位书法家在家创作春联6000余幅，卷轴、福字3000余幅。所有春联福字全部送到革命老区的农户家中。组织省市县文艺家和文艺志愿者到革命老区开展迎春送福慰问活动。（沈建波）

长沙县残疾人联合会

【概况】 2021年，县残联完成困难残疾人家庭无障碍改造项目。完成福临镇80户，果园镇20户的改造任务。投入20万元在㮾梨街道土岭社区进行无障碍社区改造，完成县、镇验收工作。在残疾人托养照料服务方面，投入500万余元，在9所托养机构为400余名智力、精神和重度肢体残疾人提供日间照料和寄宿制托养服务，为80名残疾人提供居家托养服务。开展残疾人维权工作业务以及残疾人普法宣传培训班，接待残疾人来访150人次，调解1件残疾人医患纠纷，回复领导信箱信件2件，办理“12345”热件117件，办结率、满意率均为100%。长沙县获长沙市第三届全国持证残疾人基本状况调查工作知识竞赛一等奖；长沙县残疾人运动员参加全国第十一届残疾人运动会暨第八届特殊奥林匹克运动会获6金6银3铜，残疾人文化体育训练补助和投入经费40万元，全县残疾人社会参与度明显提高。（黄丽玲）

【残疾人证办理】 2021年，长沙县各类持证残疾人18042人。县残联制定《长沙县残联“一站式”上门服务评残工作方案》。4月27日，县残联启动“一站式”上门服务评残活动，对全县疑似重度残疾人进行上门评残办证，接待1000余名疑似残疾人及其家属的咨询，为500余名残疾人提供上门办证服务。完成第三代残疾人证换发工作。（黄丽玲）

【保障残疾人基本民生】 2021年，长沙县有7957名残疾人享受“两项补贴”，残疾人学生本人及贫困残疾人家庭高中、大学生子女申请助学664人，资助187.6万元。帮助186名残疾人申领到残疾人岗位就业资助，帮助13名残疾人创业。全县残疾人就业扶贫基地发展到5家，新增1家残疾人辅助性就业基地。举办农村实用技术和职业技能培训班5期，培训残疾人165名。使用一卡通的方式完成残疾人机动轮椅车燃油补贴发放，2021年发放燃油补贴3人，金额780元；办理残疾人爱心卡141张。配合开展残疾人返贫监测，开展“联村联户、四帮四促”（四帮四促：帮理思路促振兴，帮抓增收促致富，帮解难题促和谐，帮建阵地促发展）活动，每名残联干部结对联系1名残疾人，联系白沙村、枫林村开展残疾人乡村振兴帮扶。结对帮扶桑植县、龙山县水田坝镇残疾人，捐赠价值8万元的康复器具。（黄丽玲）

【残疾人精准康复服务】 2021年，长沙县利用助残日、残疾预防日等重大节日，投入30万余元，组织开展10余次残疾预防宣传活动，宣传残疾可干预、可预防的理念。在5所康复机构为700余名符合条件的孤独症、言语听力、脑瘫、智力0～14岁残疾儿童进行免费康复训练，年补助经费1100万余元。有798名符合条件的孤独症、言语听力、脑瘫、智力残疾儿童申请进行康复训练；36名肢体残疾人进行假肢适配；投入80万元开展辅具适配工作；与5

2021年4月27日，县残联启动“一站式”上门服务评残活动。图为工作人员在江背镇梅花社区为符合评残条件的残疾人现场免费鉴定、办证

（黄丽玲 摄）

家医院合作开展光明关爱行动，投入资金165万元，对白内障和胬肉患者进行筛查及实施手术，为1033名患者免费实施白内障手术，为273名患者免费实施胬肉异型手术，低视力救助15例。投入资金17万元，新建设2个多功能残疾人社区康复综合服务示范站，用于社区开展残疾人康复。

（黄丽玲）

【扶残助残活动】 2021年，县残联春节期间慰问800户贫困残疾人家庭，慰问金额80万元。开展以“巩固残疾人脱贫攻坚成果，提高残疾人生活质量”为主题的系列扶残助残活动；对联点白沙村残疾人家庭进行慰问，走访24户，慰问2.4万元；为县特殊教育学校92名长沙县籍学生每人发放400元交通补助，慰问金额3.68万元；发送公益短信2万条，推送残疾人优惠政策，宣传关爱残疾人祝福短信，推介残疾人自强模范，助残爱心个人、爱心企业。9月，承办第四届全省残疾人岗位能手职业技能竞赛活动。（黄丽玲）

长沙县红十字会

【概况】 2021年，长沙县政府印发《长沙县红十字会改革方案》，推动红十字事业发展。长沙县红十字会（以下简称“县红十字会”）以“红十字救护教育试点学校”“红十字特色高校”“博爱家园”项目为抓手，加强红十字基层组织建设。推动“博爱送万家”“博爱家园”项目实施，为200户困难群众发放人道救助款20万元，为54户其他特困家庭向上级申请救助资金38.3万元。做好新冠疫情款物募捐，全年接收捐赠善款1万元，物资折合价值50万元。

（徐　婷）

【救护培训】 2021年，县红十字会推进救护培训“五进”，在县实验中学开展“生命教育”课堂，将应急救护知识纳入高一新生军训内容，在长沙师范学院开展救护员培训，在城区3个街道55个社区开展学雷锋志愿者应急救护培训；在县实验中学等5个公共场所安装自动体外除颤器（AED），开展普及培训217场次，培训13968人次；培训救护员120人，心肺复苏取证培训194人；选派长沙师范学院救护队参加市红十字会举办的应急救护大赛，获二等奖。

（徐　婷）

【“三献”工作】 2021年，县红十字会开展无偿献血、造血干细胞捐献、遗体器官捐献宣传进学校、进机关、进企业活动，采集造血干细胞血样300份，5名志愿者捐献造血干细胞，捐献者民警陈亿被评为“星沙好人”；开展器官捐献者清明缅怀活动，走访往年器官捐献者困难家庭，有10位志愿者身故后捐献器官，1062位志愿者进行遗体器官捐献登记，志愿者黄文获第六届“长沙市道德模范”。

（徐　婷）

【红十字博爱宣传周活动】 2021年5月7日，县红十字会在县实验中学开展2021年“红十字博爱周”宣传活动。县红十字会为学校高一年级871名学生分班开设“生命教育课程”，并为全体教职工开展应急救护知识讲座，讲授以基础心肺复苏为主要内容的急救知识及校园常见意外伤害的处理。为新成立的红十字志愿服务队授旗，并将县红十字会拨付的1台自动体外除颤仪（AED）交付给县实验中学。现场举办应急救护知识普及讲座，进行救护知识抢答。

（徐　婷）

【红十字志愿服务】 2021年，长沙县新成立长沙县红十字救援志愿服务队和县实验中学红十字志愿服务队，推动红十字志愿服务向基层延伸。在长沙县怡智家园智障人士服务中心常态化开展陪伴服务活动，在青山铺镇常态开展疫苗接种红十字志愿服务活动，开展“关爱老兵，致敬英雄”老兵陪伴志愿服务，组织红十字青少年赴凤凰县开展助学研学志愿服务。红十字志愿者参与疫情防控、社区治理、文明城市创建工作，开展志愿服务410次，参与志愿者3613人次，志愿服务活动工时1.2万小时，受益人群1万余人。（徐　婷）

2021年5月7日，长沙县2021年“红十字博爱周”宣传活动在县实验中学举行。图为县红十字会向县实验中学交付自动体外除颤器（AED）1台

（徐　婷摄）

法　　治

编辑　周进银

政法委与综治

【概况】 2021年，长沙县社会矛盾纠纷调解成功率97%，在全省公众安全感和满意度测评中排名全市第一位，较2021年上升79个名次；被评为2021年度全省平安建设考核评估“先进县市区”、全市平安建设考核评估“红旗县市区”。6月长沙县委政法委被评为“全省扫黑除恶专项斗争先进集体”。（方 奕）

【政法队伍教育整顿】 2021年，长沙县政法各单位党组（党委）组织政治教育67次，党史教育40次，警示教育56次，英模教育56次，编发工作简报167期。全县786名政法干警如实填写《个人自查报告表》，117名政法干警主动向组织说明问题。实现领导联基层14个，班子成员联项目（企业）55个，支部联社区73个，干警联群众750个；领导大接访58人次，项目大走访87人次，案件大回访3352人次，干部大下访1624人次。推行“互联网+审批”“最多跑一次”“人口与出入境24小时自助服务厅”等便民利民措施47条。（方 奕）

【维护社会稳定】 2021年，长沙县成立新城吾悦、中茂城、新长海、中南汽车世界专项工作领导小组，解决重点商业中心的减租免租问题。县法院通过强制腾房等措施，向买受人长沙比亚迪半导体有限公司交付3.9亿余元标的物，保障企业复工复产，被最高人民法院、湖南省高级人民法院称为“疫情期间法院教科书式执行”；抽调500余名警力投入疫情防控安保。召开情报信息联席会议49次，保障各类大型展会20余场次。完成“庆祝中国共产党成立100周年”。会展中心大型活动维稳安保。全县各调解组织调解各类矛盾纠纷1544起，调解成功1497起，调解成功率97%，无一起“民转刑”案件。（方 奕）

【社会治理】 2021年，长沙县通过打造普法阵地、优化法律服务、实施行政执法体制改革，全县203个村（社区）都有“律师进社区（村）担任法律顾问”，为基层群众解答咨询1.1万余次、参与法治宣传470场、参与矛盾纠纷调处1100余起。将社会心理服务体系建设纳入平安建设，持续推进心理服务体系建设，开设8个心理健康辅导站、9个心理咨询室，培训心理咨询师12名。开展“见义勇为”“平安家庭”等选树表彰，推进文明城市、文明单位创建，全年组织开展志愿服务32场次，党员干部进社区142人次，民警王曙2年帮助1750名流浪人员找到亲人的英模事迹在《人民日报》进行报道。2021年长沙县基层社会治理经验《“五治融合”谱写治理新篇章 长沙县为实现“三高四新”战略升级社会治理》一文入选中国网2021社会治理创新案例展示，入编法治周末报社《2021社会治理创新案例汇编》。（方 奕）

【扫黑除恶专项斗争】 2021年，长沙县政法委制作发放购物袋、纸巾等扫黑除恶主题宣传品3900件；利用城区主次干道、广场、医院、商场、公交车、政务服务大厅、中小学校等电子显示屏上滚动播放宣传标语，全年在省市级以上媒体宣传报道48篇。全县发送“三书一函”10份，回复和整改率均100%，全县打掉恶势力犯罪集团4个、团伙1个，刑事拘留团伙成员47人，破案30起，扣押、冻结涉案资金、资产价值595万元。确保中央专项督导和“回头看”反馈的意见和问题全部整改到位，交办的40条线索全部按期办结。全县央督线索、全国平台线索、省和市交办线索全部清零。对专项斗争以来的25件涉黑涉恶案件、435条线索全面开展倒查，6条久侦未结案件（线索）整改到位。4名漏罪漏犯全部抓捕归案。教育整顿期间省市交办的6条涉黑涉恶举报线索，全部办结到位。（方 奕）

【综合服务县域经济发展】 2021年，县法院开展“暖企活动”，建立长沙县企业破产处置府院协调联动机制、设立破产专项基金，为辖区企业异地保全，保护企业合法债权。开展“星城利剑”涉金融债权案件执行专项行动，追回债权1.1亿元。设立企业法律服务窗口，6家律师事务所专业人员窗口值班，为企业提供优质、免费的法律咨询服务，创建商会法律顾问团。以驻蓝思科技调解室及海吉星市场公共法律服务点为依托，搭建线上平台，定期推送普法知识，为员工答疑解惑。制作《优化营商环境条例》普法小视频，在星沙城区58个小区电子显示屏信法治文化公园滚动播放，营造良好的法治营商环境。全年受理审查逮捕破坏社会主义市场经济秩序类案件54件，办理涉黑涉恶类案件4件，2021年长沙县“省优化营商环境评价”排名区县第一位。县检察院率先开展企业刑事合规审查试点，办理湖南省首例企业合规案件。县公安局侦破现行电诈案件574起，打击处理电信诈骗犯罪嫌疑人718人。（方 奕）

【平安建设】 2021年，长沙县委常委会专题研究贯彻落实中央、省、市委加强和创新社会治理系列文件，以县委办、县政府办名义印发《关于推进全县县域社会治理创新的实施意见》，县平安办编制《长沙县基层社会治理优秀案例汇编》。县人民政府下发《长沙县推进智慧安防小区、单位、村庄建设工作方案》，全县建设智慧安防小区115个（示范小区4个）、智慧村庄3048个、智慧安防单位84家。通过平安办下发《2021年长沙县开展“一标三实”基础信息集中采集工作方案》，对全县实有人口、实有房屋、实有单位等基础信息基于标准地址采集维护，采集率准确率95%，派出所民警辅警移动智能信息采集终端设备配备率100%。长沙县政法委2021年下拨镇（街道）治安防控经费1400万余元，指导全县群防群治工作的开展。通过“星城园丁”应用，推动巡逻体系建设、护学护站和违法犯罪举报工作。开展护路护线联防和专项整治。通过志愿者义务巡逻和“双长制”双结合开展护路护线联防和专项整治工作。定期召开护路联防路地联席会议。开展大规模集中护路宣传25次，发放各类宣传资料2万余份，按照公里段制作42块高铁护路固定宣传警示标牌。开展高铁沿线安全隐患及矛盾纠纷排查，排查整改安全隐患120余处，解决矛盾纠纷150余起，获批一事一奖82例。常态化开展见义勇为工作。评选县见义勇为先进个人5人，其中4人被评为市见义勇为先进个人。县委政法委每年春节对见义勇为困难群众进行慰问，特殊困难时进行帮扶救助，协调解决见义勇为人员家庭实际困难。（方　奕）

法治政府建设

【概况】 2021年，长沙县召开县委全面依法治县委员会第三次会议、第四次（扩大）会议暨司法、执法、守法普法协调小组会议及“12·4”国家宪法日主题宣传暨法治政府建设动员大会等会议，出台《长沙县法治建设“十四五”规划》《长沙县法治社会建设（2021—2025）工作任务落实清单》等文件，推进法治政府、法治社会、法治园区建设。修订完善《长沙县人民政府重大行政决策程序规定》《长沙县人民政府重大行政决策事项目录》。（蔡永胜）

【行政合法性审查】 2021年，长沙县司法局依法审查政府常务会议议题145件、会议纪要103件、政府合同46件，其中包括松雅湖合同纠纷问题的处置、北部新城片区开发、县人民医院建设推进工作等县内中心工作。10月起聘请2家律师事务所（盈科律所、中楚律所）对有关领导交办件、合同及议题进行初步法律审查，后由县司法局综合法律顾问、律所意见出具审查意见。（蔡永胜）

【规范性文件管理】 2021年，长沙县司法局依法审查行政规范性文件28件，完成“三统一”和备案工作，文件内容主要涉及河流划界管理、重点水域禁渔、学校考试招生、共享单车、工程质量管理、产业扶持政策等事项。因《中华人民共和国民法典》《中华人民共和国长江流域保护法》《中华人民共和国行政处罚法》《中华人民共和国人口与计划生育法》等法律法规的出台或调整，县司法局及时进行规范性文件清理，废止部门规范性文件7件。年度规范性文件报备“及时率、规范率、报备率”均100%，未出现规范性文件因违法被撤销或确认无效的情形。（蔡永胜）

【行政复议与应诉】 2021年，长沙县办理行政复议与应诉案件236件（含上期结转44件），办结161件。其中，办理行政复议案件99件（含上期结转3件），办结68件；行政应诉案件128件（含上期结转37件），已结88件；复议答复案件9件（含上期结转4件），已结5件。全年通过复议纠错9件，发出行政复议意见书2份；办理复议案件促成调解或和解27件。全年以县政府为被告、被申请人的行政诉讼、复议案件137件，案件数量与2020年相比下降71.2%，县政府负责人出庭应诉14件。连续两年无败复议或败诉案件。（蔡永胜）

【行政复议体制改革】 2021年4月，长沙县推进行政复议体制改革。改革后长沙县只保留一个行政复议机关，由长沙县人民政府统一行使行政复议职责，统一管辖以县人民政府派出机关、镇人民政府、县人民政府部门及其派出机构、县人民政府或者部门管理的法律法规规章授权的组织、受市人民政府委托管理的开发区管委会、队部在长沙县辖区的高速公路交警大队为被申请人的行政复议案件。长沙县司法局为县人民政府的行政复议机构，依法办理县人民政府行政复议事项，以县人民政府的名义作出行政复议决定。2021年6月1日起，长沙县人民政府行政复议立案大厅启用，面向老百姓提供服务。（蔡永胜）

【行政执法指导与监督】 2021年，长沙县组织全县行政执法单位开展全面推行证明事项告知承诺制工作，确定全面推行告知承诺制的证明事项，汇总形成《长沙县告知承诺制证明事项目录》，2021年5月在长沙县人民政府门户网站对外公布。组织各类依法行政培训80余次、培训7500余人次；依法规范公开行政执法信息，办理行政许可案件161099件、行政处罚案件210274件；开展行政执法案卷评查200件，10—11月组织全县行政执法单位参加市对县案卷评查工作。（蔡永胜）

公 安

【概况】 2021年，长沙县公安局以打击治理电信网络新型违法犯罪、禁毒人民战争、“百日会战”、严打整治“冬春攻势”等专项行动为载体，打击突出违法犯罪。年内，全县破获刑事案件1878起，比2020年上升17.9%，刑事打处2138人，比2020年上升66.3%；治安处罚3549人，比2020年上升41.1%。提请逮捕1310人，移送起诉2549人，抓获在逃犯罪嫌疑人261人（含命案逃犯3名）。是年，县公安局被评为全省公安机关县城警务优秀创新项目（长沙县农村道路交通管理“所队合一”工作新机制）、全省公安机关县域警务成效突出创新项目（长沙县打击电信网络新型违法犯罪工作新机制），获长沙公安民调第一名，231个集体和个人分别获市级以上的奖励。（吴　峰）

【县域警务】 2021年，长沙县公安局对各镇街、社区再次开展风险隐患摸排，经过前期开展防范化解，一类风险的村（社区）数由2020年的67个降至56个，34个村（社区）降低风险等级。出台“三区（社区、学区、园区）警务”实施方案，推进新安派出所县域警务“园区示范点”建设，县公安局“园区警务”工作经验做法获《人民日报》刊载推介。

（吴　峰）

【治安防控】 2021年，长沙县公安局依托“星城快警”和16个治安卡点，全年开展设卡盘查28次，盘查车辆约2.8万余台次，盘查人员3.7万人，查获酒驾73起，其他违法行为1445起。排查涉暴恐线索10条，抓获、移送涉恐及关注群体违法犯罪嫌疑人9人。加大犯罪活动打击力度，查处刑事案件3起、治安案件11起，刑拘3人，行政拘留15人。

（吴　峰）

【交通管理】 2021年，长沙县公安局借力县道安委，县整治办平台，出台《长沙县道路交通安全管理七条断然措施》，全年排查治理长陡下坡等重大安全隐患182处，其他道路交通安全隐患500余处。推进“交所合一”工作，固化交警、派出所与县农村道路交通安全两站两员力量联合执法联勤机制，提升路面见警率和管事率，9月从巡警、治安抽调36名警力支援路面交通整治，全县部署24小时勤务点3个、重点时段勤务点14个，机动巡逻岗11个。年内查处各类交通违法43.5万余起，同比增长11%。启动全县“文化大篷车　美丽乡村行”交通安全宣教下乡活动，设置24个交通安全现场宣教站，戴帽率由年初40%提升至年底90%以上。

（吴　峰）

【执法规范化】 2021年，长沙县公安局推进执法办案、监督管理、服务保障“一体化”运行。完成㮾梨、金井、开慧、黄兴、黄花、新安派出所执法办案区智能化升级改造。依托执法监管中心，开展执法质效考评4次，集体研究审议案件90起，公诉率71.1%，行政案件办结率66.7%，绝对不捕绝对不诉率0。针对执法监督考评和顽瘴痼疾集中整治中排查发现的问题，建立健全《关于涉黑涉恶线索常态化排查工作实施意见》《关于查禁黄赌问题的规定》等11项机制制度。制定《长沙县公安局2021年度警务评议实施方案》，定期调度、定期通报，编发警务评议工作分析通报11期，问责通报3期。

（吴　峰）

【优化服务】 2021年，长沙县公安局依托各类政务平台，落实身份证、居住证、户籍业务网上全流程办理，完善公安业务“一网通办”，办理网办业务6800笔。为自贸区人才引进落户开通服务专窗和开设人才集体户头，办结自贸区人才落户969份。组织出入境、治安、交警、经侦等部门编制群众办事指南97个，推进二代身份证指纹采集，提供上门服务300余次，采集指纹14.4万条。长沙县在2021年度湖南省民意调查中位居全省第39名，全市第一名。

（吴　峰）

【惠警工作】 2021年，长沙县公安局对安保维稳、疫情防控、百日会战等工作中表现突出的235名个人和89个集体进行集中授奖，为43名光荣在党50年老同志颁发纪念章。慰问生病住院、因公受伤的警务人员265人，慰问金额151万余元。20名优秀民警晋升“三高四高”职务，60名优秀民警提拔重用。办理侵害民警执法权威案件6起，下发《维权正名通知书》8份。

（吴　峰）

【侦破特大“直播平台”类电信诈骗集团案】 2021年，长沙县公安局在对2020年侦破的“6·09”“10·15”两起电信网络诈骗专案主犯的审讯深挖中，获得关键线索：长沙地区存在多个通过聊天软件“吸粉”至直播平台，以虚假PK的方式，让受害人在直播平台充值刷礼物实施诈骗的诈骗窝点。县公安局成立“1·07”专案组，1月11日在长沙市长沙县、岳麓区、天心区、雨花区等地6个窝点开展集中收网行动，抓获涉嫌“直播平台”类诈骗涉案人员184人，摧毁电信网络诈骗犯罪集团3个。（吴　峰）

【侦破贩卖毒品案件】 2021年1月初，长沙县公安局禁毒大队发现一位名叫“健哥”的男子在长沙地区贩卖毒品。通过调查，发现贩卖毒品数量大、毒品来源稳定，涉毒团伙成员涉及湖南长沙、邵阳等地区。县公安局成立专案组，于1月28日破获唐某平等团伙贩卖毒品案件1起。抓获涉毒违法犯罪嫌疑人6人，其中刑事拘留4人。缴获毒品冰毒959.15克、麻古200粒，海洛因113.04克。此案斩断1条经邵阳到长沙的毒品贩运通道，摧毁涉毒团伙1个。

（吴　峰）

【侦破虚假投资类电信诈骗案】 2021年9月，长沙县公安局刑侦大队反诈中心对前期侦办的系列“杀洋盘”案件进行集中梳理，研判发现天心区某大厦写字楼的2家公司疑似电信诈骗窝点。经侦查和掌握该团伙相关信息后，县公安局于12月16日开展集中收网行动，现场抓获涉案人员32人。破获1起虚假投资类电信诈骗案，捣毁电信诈骗窝点2个，刑事拘留21人。（吴　峰）

检　察

【概况】 2021年，长沙县人民检察院受理审查逮捕1038案1972人，受理审查起诉1625案2922人。惩处涉黑涉恶犯罪75人、“盗抢骗”“黄赌毒”等犯罪1005人，重拳打击电信网络犯罪147人，办理“8·16”特大电信网络诈骗案等典型案件。落实“少捕慎诉慎押”司法政策，依法不捕549人、不诉596人，刑事和解267人次，认罪认罚从宽案件适用率91.65%。以“相对不起诉+公益服务”模式，依法挽救119名犯罪情节轻微的危险驾驶人员。惩处职务侵占、合同诈骗、侵犯知识产权等损害企业合法权益犯罪114人，打击金融诈骗、非法传销等涉众型经济犯罪，知识产权保护工作得到最高人民检察院联合中央电视台《今日说法》栏目视频直播。慎用涉企强制措施，依法不捕、不诉24人。办理企业合规案，“一案一策”助力企业标本兼治，企业合规试点在办案件数占全省1/3，位居第一名。自主侦办司法工作人员相关职务犯罪3案3人，审查起诉监察委移送涉嫌职务犯罪9案20人。依法监督立/撤案27件，纠正漏捕50人、漏诉30人，发出检察建议108份。开展羁押必要性审查71件，对56人建议变更强制措施，督促收监4人。与县法院、县司法局、县行政执法局建立协作机制，办理行政非诉执行监督案61件，发出督促履职检察建议90份，办理的土地执法领域行政非诉执行监督系列案被评为全国行政检察优秀案例，征地拆迁领域行政争议实质性化解一案被评为全省典型案例。公益诉讼检察立案110件，发出行政公益诉讼检察建议98件，提起民事公益诉讼7件，支持起诉或磋商14件。落实“河（湖）长+检察长”机制，推动全县河、湖监管全覆盖。与行政单位联合开展校园食品安全、水源污染防治、无障碍设施建设等专项检查，治理电子烟“围猎”未成年人一案被评为“全省公益诉讼检察十佳案件”。打造群众点单式服务项目——“星检说”普法团，开发普法课程31堂，全年线下普法32场。长沙县人民检察院“馨温燕尔”未检工作室牵头向10所学校派驻法治副校长，携手团县委、湖南警察学院等6家单位，探索共建未成年人检察工作社会支持体系。（郑　杰）

【刑事检察】 2021年，长沙县检察机关刑事检察部门受理管辖罪名下侦查机关提请批准逮捕的各类刑事犯罪案件1038件、1972人，审结案件1018件、61943人，其中，批准逮捕813件、51394人，不批准逮捕205件、549人。受理管辖罪名下侦查机关移送审查起诉的各类刑事犯罪案件1625件、2922人，审结案件1583件、2800人，其中提起公诉1257件、2171人，不起诉294件、565人，其中，存疑不起诉25件、83人、相对不起诉269件、482人。2021年纠正漏捕50人，追诉30人，追诉漏罪49人，监督立案21件，监督撤案12件。（郑　杰）

2021年4月13日，长沙县人民检察院“星检说”普法宣讲团到长沙县湘龙小学开展以“校园安全保卫战——抵制校园暴力”为主题的普法宣传

（朱紫英 摄）

【职务犯罪经济犯罪检察】 2021年，长沙县检察院受理审查起诉职务犯罪案件15件25人，审结11件22人，其中，提起公诉10件21人，不起诉1件1人。依法起诉破坏社会主义市场经济秩序案件86件219人。参与互联网金融风险专项整治，起诉非法吸收公众存款、金融诈骗、组织、领导传销活动类涉众型犯罪案件17件46人。（郑　杰）

【刑事执行检察】 2021年，长沙县检察院刑事执行检察收押1723人、出所1362人，确保收押和出所管理活动符合法律规定。有监外执行罪犯516人。办理重大案件侦查终结前讯问合法性审查案件1件1人；自侦案件3件；刑事执行违法违规检察案件，发出纠正违法通知书39份、检察建议书10份；监外执行违法违规检察案件，发出纠正违法通知书13份、检察建议书1份；财产刑执行案件1件；收监执行审查案件4件；指定居所监视居住检察案件5件；控告申诉案件2件；暂予监外执行审查案件1件，就暂予监外执行过程中发现的问题发出检察建议书1份。（郑　杰）

【民事行政检察】 2021年1月1日至12月31日，长沙县检察院民事行政检察受理各类案件443件。其中，民事诉讼结果监督9件，民事审判活动违法监督55件，民事执行活动监督34件，支持起诉193件，督促履职（综合类检察建议）65件，行政非诉执行61件，行政审判活动违法监督23件，行政争议实质性化解3件。办结案件496件：其中，对民

事诉讼结果监督 8 件，民事审判活动违法监督 64 件，民事执行活动监督 38 件，支持起诉 193 件，督促履职 91 件，行政非诉执行 76 件，行政审判活动违法监督 23 件，行政争议实质性化解 3 件。帮助讨薪农民工、被侵权业主等挽回损失 330 余万元。助力依法行政，与县法院、县司法局、县行政执法局建立协作机制，办理行政非诉执行监督案 61 件，发出督促履职检察建议 90 份，办理的土地执法领域行政非诉执行监督系列案获全国行政检察优秀案例，征地拆迁领域行政争议实质性化解一案被评为全省典型案例。

（郑　杰）

【公益诉讼检察】 2021 年 1—11 月，长沙县检察院公益诉讼案件线索 122 件，立案 95 件（其中，行政公益诉讼案件 55 件，民事公益诉讼案件 40 件）；履行诉前程序 109 件（其中，发出行政公益诉讼诉前检察建议 85 件，发布民事公益诉讼公告 24 件）；提起支持起诉案件 6 件，向法院提起诉讼案件 6 件（均为刑附民公益诉讼），法院审结 7 件，法院判决支持 7 件（均为刑附民公益诉讼）。开展耕地林地及水源地保护、非煤矿山整治、露天焚烧污染环境、外来植物入侵等领域专项检察监督，督促违法当事人赔偿生态修复费用，增殖放流 4000 余尾，恢复耕地 9.33 公顷。

（郑　杰）

【控告申诉及案件管理】 2021 年，长沙县检察院案件管理受理、流转各类刑事案件 2663 件 4894 人。扫描制作“六大类”案件电子卷宗 1189 件，案卷 4850 册。接待律师 650 人次，刻录电子卷宗光盘 650 盘。接收外来文书 5024 份。公开案件程序性信息 129 条、法律文书 1906 份，网上律师预约办理 41 件。审核案件信息 1467 件，发现并反馈不规范问题 4563 件。组织人民监督员监督办案活动 7 次 7 案。发出书面流程监控通知书 59 份。制作月报 11 份，业务数据分析通报 4 份。对 300 余件已办结案件开展案件质量评查。开展控告申诉检察业务，“12309”检察服务中心接待来访群众 600 余人次，接听“12309”服务热线 1000 余次，受理各类来信来访 140 件，其中，受理控告类信访 24 件。审查受理民事行政诉讼监督信访 105 件，发出受理通知书 105 份，均移送第四检察部办理。受理司法救助类信访 5 件、6 人，发放救助金 4.5 万元。受理其他类信访事项 4 件。领导包案办理首次信访 9 件，其中，刑事申诉 2 件，立案监督 7 件，8 件已办结，1 件正在办理中。全年组织检察长接待日 53 次。召开检察委员会会议 12 次，审议案件议题 149 个，审议学习或事项议题 10 个。备案审查社会治理类检察建议 125 份。

（郑　杰）

【未成年人检察】 2021 年 1—12 月，长沙县人民检察院受理审查逮捕涉未成年人刑事案件 53 件 72 人，批准逮捕 41 人，依法不捕 31 人；受理审查起诉 82 件 138 人，不起诉 26 人，附条件不起诉 64 人。对附条件不起诉的未成年人，落实“教育、感化、挽救”工作方针，聘请院校专家学者进行心理健康咨询，开展跟踪帮教、心理疏导和档案封存。该院向辖区内 8 所学校派驻法治副校长，定期开启防止校园欺凌、人身安全。预防“校园贷”诈骗的“检察官校园普法课”。针对向未成年人出售电子烟的行为展开调查，向县人大常委会提交专题报告，联合县教育局等 6 部门发出公开倡议。

（郑　杰）

法　院

【概况】 2021 年，长沙县人民法院审判执行结案 28771 件，法官人均结案 533 件。是年，县法院获全国司法宣传先进单位、全省法院考核优秀单位、湖南省政法系统智能化建设创新案例奖等 10 余项集体荣誉，裁判文书、学术论文、司法案例均获国家级奖项，诉源治理、审判辅助事务外包改革等经验被最高人民法院推介，60 余人次受到表彰奖励。智慧法院诉讼风险评估系统获湖南省政法系统智能化建设创新案例奖。

（田雨静）

【刑事审判】 2021 年，长沙县人民法院审结刑事案件 1182 件 1857 人，打击电信网络诈骗犯罪、毒品犯罪和赌博犯罪等，审理“白金岛”特大网络赌博案。严惩涉黑涉恶案件 7 件 70 人，依法判处罚金 1060.3 万元并追缴、没收违法所得。严惩故意杀人、抢劫、强奸等暴力犯罪 65 件，严厉打击毒品犯罪 50 件，惩处危险驾驶等涉出行安全犯罪 257 件，审结电信网络诈骗等犯罪案件 4 件。审结职务犯罪案件 8 件 18 人。

（田雨静）

【民事审判】 2021 年，长沙县人民法院审结民商事案件 13865 件，聚焦“双减”政策等民生热点，化解涉教育培训机构退费及劳动报酬追索案件 100 余件。结案标的 31 亿元。服务辖区重点企业，审结涉企案件 6988 件，开展“进企业、出实招、促发展”活动，召集远大集团、三一集团等 16 家企业座谈。优化营商环境，制定《关于为“三高四新”战略以及中国（湖南）自由贸易试验区长沙片区建设提供司法服务和保障的实施意见》，拟定《长沙县企业破产处置府院协调联动机制》。弘扬“言而有信”契约精神，审结买卖、借贷、建设工程等合同纠纷 6735 件。营造亲和家庭氛围，保障婚姻自由，审结婚姻家庭案件 655 件。

（田雨静）

【司法监督】 2021 年，长沙县人民法院主动接受监督。走访各级代表委员 30 余人次，邀请代表委员 60 余人次视察法院工作，代表委员联络工作受到湖南省高级人民法院表彰。接受政协民主监督、监察机关监督、检察机关诉讼监督、社会监督和舆论监督。

2021年3月开展队伍教育整顿。开展学习教育32场次，学习湖南省高级人民法院周春梅等英模事迹，树立8名县法院先进典型。整治顽瘴痼疾，完成603件重点案件自查。建立长效机制，出台《常态化推进“三个规定”实施细则》等14项制度，发布10项执行、5项财务便民举措。

（田雨静）

【执行工作】 2021年，长沙县人民法院兑现胜诉权益，执结案件9718件，执行到位金额16.32亿元，公布失信被执行人493例，发布限制消费令4955例，司法拘留129人，向34名生活确有困难当事人发放司法救助金78万元。开展涉民生案件专项执行，为农民工兑现劳动报酬4363万元，公布失信被执行人373例，限制消费令4356例，司法拘留105人，拒执罪3案3人。首创的执行惩戒预警机制被湖南省高级人民法院推介。优化执行措施，采用“活封活扣”等查控方式促成执行和解，降低对生产生活的影响。传递人文关怀，向30余名生活确有困难当事人发放司法救助款80万余元。推进信访积案化解，化解率92.62%。 （田雨静）

【诉讼服务】 2021年，长沙县人民法院推动自贸区法庭建设，获湖南省高级人民法院批准，报省编办核名审定。“互联网+诉前调解”改革，对接调解组织25家，统筹安排调解员167名，全年诉前化解纠纷4559件。一站式多元解纷和诉讼服务体系建设中诉服指导平台综合得分在全省法院系统中排名第一位、全国法院系统中排名第五位，改革经验在全省法院系统中推介。加快审判辅助事务外包改革，规范文书送达、案件速录、案卷扫描和档案整理等四类辅助事务外包工作标准和工作流程，同步推出系统集成、功能集约、监管集中三项举措，改革经验被最高人民法院《司法改革动态》刊发。 （田雨静）

【法治营商环境优化】 2021年，长沙县人民法院建立企业破产处置政府和法院联动机制，成立破产案件合议庭。审结湖南波特科技发展有限公司破产清算案，推动湖南长沙果福车业有限公司破产清算案件审理；开展“进企业、出实招、促发展”活动，走访北汽福田等多家企业，召集15家企业座谈交流；依法支持蓝思科技、轨道六号线等重大项目建设。在镇街社区、法庭、商会设立55个诉源治理工作站，长沙县万人成讼率下降26.82%，在全市平安建设考核中诉源治理指标排名第一位，在市对县绩效考核中统筹抓好社会治理版块得分排名第一位。 （田雨静）

司法行政

【概况】 2021年，长沙县司法局配合长沙市创建“全国法治政府建设示范市”，助推长沙县行政执法局申报“全国法治政府建设示范项目”。制定《长沙县法治建设“十四五”规划》《长沙县法治社会建设（2021—2025）工作任务分解表》《全面依法治县委员会第四次会议任务分解表》等，年内县司法局被评为“2016—2020年全国普法工作先进单位”，江背镇金洲村、春华镇金鼎山社区被评为长沙市第一批“法治乡村示范点”，海吉星公共法律服务点、蓝思科技矛盾调解工作室被广泛宣传推广，普法工作经验被市委《长沙改革交流》第25期印发。 （蔡永胜）

【依法治县】 2021年7月15日，长沙县召开县委全面依法治县委员会第三次会议，审议并通过《2020年依法治县工作总结》《中共长沙县委全面依法治县委员会2021年工作要点》《长沙县法治建设“十四五”规划》等文件。10月14日，长沙县迎接中央依法治国办第五督察组到县督察、调研综合行政执法改革工作等。10月29日，长沙县召开县委全面依法治县委员会第四次会议，传达学习上级有关文件会议精神，研究部署执法、司法、守法普法有关工作，部署下阶段全面依法治县工作。

（蔡永胜）

【社区矫正】 2021年，长沙县司法局接收社区矫正对象586名，对575名社区矫正对象依法解除社区矫正，年底在管的社区矫正对象511人。年内组织社区矫正工作者业务培训4次，未出现社区矫正对象脱管、漏管现象等。全年组织社区矫正对象开展集中法治主题分类教育5场，心理筛查评估700余人次；对违反监管规定的社区矫正对象记训诫处罚136名、记警告处罚68人，对1名多次违反监管规定的对象提请治安拘留，对1名严重违反监管规定的对象提请撤销缓刑，对2名暂予监外执行情形消失的社区矫正对象提请收监。

（蔡永胜）

【法治宣传】 2021年，长沙县司法局开展集中法治宣传活动110余场次、法治讲座175场次，发放宣传资料24万余份。年内组建“公职律师普法团”，录制《中华人民共和国民法典》普法短视频，通过抖音、微信视频号等平台，每周一期为群众解答法律问题，发布《中华人民共和国民法典》普法小视频26期，平均每期游览量约1万人次。完成102个村（社区）建设法治文化阵地建设，江背镇金洲村、春华镇金鼎山社区被评为全市第一批“法治乡村示范点”。12月4日，举办长沙县“12·4”国家宪法日主题宣传活动暨法治政府建设动员大会，评选颁布全县2016—2020年普法工作十佳单位、十佳个人，全县2021年“以案释法”十佳案例等。 （蔡永胜）

【矛盾纠纷调解】 2021年，长沙县各级人民调解委员会开展“调处矛盾护稳定，献礼中国共产党成立100周年”专项活动，排查调处各类纠纷1669起，成功调处1604起。全年人民调解矛盾纠纷案件补贴1649件案件，补贴金额442150元。5月18日，长沙县黄兴镇海吉星人民调解委员会挂牌成立，调委会成立后调解纠纷43起，涉及金额90万余元，接待法律咨询153起。9月26日，县工商联、县人民法院、县司法局联合成立长沙县商事调解中心，在全县基层商（协）会成立商事调解工作室。调解中心设县工商联，办公室设工商联办公室，各基层商（协）会设立商事调解工作室，办公地点设商会办公室，每个基层商（协）会安排1名司法调解员联系和指导商事调解工作。（蔡永胜）

【律师队伍管理】 2021年，长沙县司法局组织开展法律服务行业专项治理，处理群众举报和市司法局转办线索6条，组织全县律师集中学习教育7场、律所组织学习33场，对12家县域内律师事务所的100余名执业律师开展谈心谈话。落实“万所联万会”工作，县内律所12家与30个商会建立联系。动态调整新增6个村（社区）驻点，85名律师对接141个驻点辐射全县各村（社区），全年法律顾问参与调解38次、为村（居）民提供法律服务625次、为村（社）开展专项法律服务52次，开展法律宣传活动179场、开展其他法律服务11次。全年组织基层法律服务工作者业务培训1次，受理投诉举报14件，全部办结。（蔡永胜）

【公证服务】 2021年，长沙县公证处办理各类公证案件5512件，全年收费489万元。其中，国内民事公证案件3844件，国内经济公证案件709件（其中，抵押登记公证案件262件），涉港澳台公证案件31件，涉外公证案件666件。（蔡永胜）

劳动仲裁

【概况】 2021年，长沙县依托“两网化”（劳动保障监察工作的网格化、网络化）管理系统，实施“互联网+”劳动关系动态管理。开展专项检查，对全县370余个在建项目落实农民工实名制情况进行4次全面检查，督促问题整改，涉及劳动者15681人。化解劳资矛盾，为7000余名农民工追回被拖欠工资1.3亿余元，接收农民工现场和网上平台投诉咨询1.9万起，案件均在法定期限内办结，全国“12333”欠薪投诉平台结案率95%以上。召开根治欠薪冬季专项行动专题部署会，自2021年11月至2022年春节前在全县组织开展根治欠薪冬季专项行动。提升劳动仲裁调解效能，全年劳动人事争议案件立案2115件，比2020年增长43%，综合结案率90%以上，调解结案率80%以上。厘清行政许可事项，许可实行特殊计算工时工作制企业30家，其中，涉及综合计算工时工作制8035人次，涉及不定时工作制2821人次；许可劳务派遣企业年内新增33家，累计64家。（吴　琼）

【公职律师法律答疑群】 2021年，长沙县人社局组建公职律师法律答疑群，为企业和劳动者提供劳动用工、工伤认定、劳资纠纷、劳务派遣审批等法律咨询服务，助力企业复工复产，维护劳动关系和谐稳定。选派公职律师通过微信咨询，“点对点”为劳动者提供劳动关系咨询，开通热线咨询电话，安排公职律师值班，24小时为劳动者和企业解答疑问。安排专人负责维护公职律师群秩序，实时发布劳动保障相关政策文件和案例，扩大劳动知识宣传面。该公职律师答疑平台上线后，吸引400余家企业和1300余名劳动者参与、互动和咨询，为企业提供专业的法律指导500人次，进一步规范企业用工行动，从源头预防劳动争议纠纷产生。（吴　琼）

【劳动争议法律咨询服务窗口设立】 2021年，长沙县人社局在县文体中心设立劳动争议法律咨询服务窗口，引进6名律师，每周一、三、五在立案接待窗口值班，为劳动者、用人单位免费提供法律咨询，协助仲裁立案、解答法律问题，开展争议调解、办理免费案件代理等工作，为书写困难的劳动者提供立案手续协助服务，指导劳动者整理、规范仲裁申请材料。针对劳动争议案件具体问题，结合法律规定等，为企业和劳动者提供法律咨询和非诉讼调解，全年协助、配合兼职仲裁员调解劳动争议案件10余件，提供法律、法规查询、指引服务400余次，最大限度满足多样化法律服务需求，依法保障劳动者合法权益，提高服务效率和便利化水平。（吴　琼）

【农民工工资保障】 2021年，长沙县新开设农民工工资保障金项目173个，其中，现金缴存金额4989.03万元，解冻资金695.7万元，使用保证金保险及担保保函项目84个，担保金额5061.5万元。服务在建项目376个，涉及农民工43600余人次。落实农民工工资支付考核工作，接受国务院对2021年度保障农民工工资支付检查工作，7月长沙县江背镇范围内的江杉高速公路项目代表湖南省进行国务院2020年度农民工工资工作考核。在元旦、春节、6月、11月，长沙县人社局组织县住建局、县行政执法局、县财政局、县教育局、县交通局、县水利局、县重点工程建设事务中心、各镇（街道）、长沙经开区分为8个联合小组，对辖区内376个在建项目落实农民工实名制情况进行检查，涉及劳动者10453人。实行24小时值班制度，开通24小时值班电话，第一时间接待、处理讨薪问题，引导农民工通过正当途径维权。（吴　琼）

军　事

编辑　周进银

长沙县人民武装部

【概况】 2021年，中国人民解放军湖南省长沙县人民武装部（以下简称“长沙县人民武装部”）围绕建党百年大庆抓安全，始终坚守安全底线，提高安全站位。坚持军政主官亲自抓、分管领导具体抓、落实责任合力抓，组织常态开展法纪教育、警示教育、微课教育等。加强基层专职人民武装干部队伍建设。会同县委组织部对专职人民武装部队伍进行联合考察，调整任命部长、副部长和专干等，组织专题调研并向县委议军会作汇报，长沙县人武部提出的严格任免程序、强化教育培训、常态考核监督、落实激励措施等四项建议得到县委重视支持，为全体专职人民武装干部配发制式服装。与县文旅局在长沙县田汉文化园组织庆祝中国共产党成立100周年“百年风华 红动星沙”红色主题运动会。 （李 遂）

【长沙县人民武装部思想政治建设】 2021年，长沙县人民武装部党委正副书记带头备课授课，部领导走进专职人民武装干部、基干民兵集训队，县委中心组、县委党校中青班等12场（次）进行授课辅导。落实民主集中制、党课教育、法纪学习、军地交往等制度。运用中国民兵平台链接、“微课”推送等形式创新开展民兵政治教育。3月，参加警备区民兵思想政治工作调研座谈会，调研成果向省军区工作组做汇报。围绕庆祝中国共产党成立100周年，深入挖掘驻地红色资源，与省军区新闻中心、县文旅局、县党史办筹划“红色运动会”特色活动，被省军区要讯转发。整理完成《红色长沙》《长沙县英雄谱》等特色党史教育研究成果。长沙县人民武装部领导参与《致敬青春》党史教育宣传片录制，被中央电视台国防军事早报和中央电视台军事报道栏目相继报道。 （李 遂）

【国防动员】 2021年，长沙县人民武装部走访各类编兵企业、行业系统30余家，突出新质民兵力量，完成9个重点领域（新兴领域、工程抢修、运输投送、装备物资生产储备、应急医疗）16个行业的潜力资源核查。建立县主要领导挂帅、军地合力推进的工作机制，坚持大项任务军地联合部署，重要文件军地联合签发，关键时节军地联合督导，推动整组各项工作按照职责清单逐项抓好落实。10月，迎接省军区民兵整组交叉检查，民兵建设成果受到检查组肯定。着眼“一年两季征兵”和大学毕业生比例指标急剧提升的严峻形势，组织“征兵宣传进高校”，指导兵役登记站推行“一站式”服务，协调教育局招考院打印历年毕业生信息上门“一对一”精准发动，对征兵报名情况定期“拉大榜、排名次”。长沙县兵役登记工作接受国动部动员局检查调研，被中央电视台《改革时刻》栏目采访报道。 （李 遂）

【综合保障】 2021年，长沙县人民武装部本级投入资金，完成门卫室及道闸系统、饭堂、值班室、篮球场等部位维修升级；组织临街仓库维修，高清会议系统改造；协调退役军人事务局公务用车保障；组织专业设计公司对营区进行规划升级，完成进场勘查测量，对“三室两库”“一部一特色”文化氛围进行重新规划设计。搞好后装保障。落实党委理财、党委议装等各项制度要求，完成枪弹上缴、资产清查、质效评估，常态组织车辆检查和维护保养，健全营房等各项生活保障，改善营区工作和生活环境。 （李 遂）

【党管武装】 2021年，长沙县人民武装部深入贯彻融合发展理念，推动武装工作与驻地经济社会融合推进、全面发展。发挥长沙县红色文化优势，打造新型国防教育阵地，建成3个省级国防教育基地并授牌。协调县政府投入300万元，提质国防教育基地建设。组建27名成员的红色女子宣讲队，配发制式服装，开展集中教育训练，保障部队首长参观活动15批次，展示女子民兵风采。营造拥军优属氛围。协调退役军人事务局开展节前走访慰问、送喜报等活动，情系边海防官兵慰问活动被中央电视台报道。 （李 遂）

【基层武装部星级达标推进】 2021年，长沙县人民武装部巩固2020年警备区星级达标抓建试点工作成果，提高建设水平，落实“三个一遍”动作，年初结合党管武装绩效考核，部领导带队对18个镇街武装部星级达标工作进行考察调研一遍；每月组织召开武装工作例会，对星级达标工作再强调再推进一遍；会同县委督查室常态对星级达标情况进行督导推进，将进步不明显单位每月联合通报一遍。长沙县基层武装部上级认定达到五星标准单位3个（果园镇、安沙镇、长龙街道），向五星级冲刺单位6个（路口镇、开慧镇、黄花镇、春华镇、湘龙街道、㮾梨街道） （李 遂）

武警长沙中队

【概况】 2021年，武警长沙中队坚持用党的创新理论武装官兵头脑，坚持党对军队绝对领导、坚持战斗力标准、坚持依法治军从严治军，全面建设、整体推进。创新主题教育和经常教育，设计“五红”配教活动（用红色资源、讲红色故事、打红色烙印、铸红色灵魂、做红色传人）。建立“我是小教员”“我是广播员”“我是解说员”理论骨干体系，开展 “党史军史知识竞赛”等系列配合活动，推动文化熏陶。组织“文化战‘役’，网上云端”“强军杯”篮球赛。是年，1人被评为武警长沙支队优秀政治教员。严肃和规范党内政治生活，落实组织生活制度，始终按照集体领导、民主集中、个别酝酿、会议决定的民主集中制“十六字”方针讨论决定重大问题等。是年，武警长沙中队被评为基层建设“六无”单位，党支部书记欧阳智被评为“优秀党务工作者”。武警长沙中队自2013年起连续8年被武警总队评为基层建设先进中队。

（欧阳智）

【实战训练】 2021年，武警长沙中队开展“表彰奖励送喜报”“荣誉表彰家人连线”“成长进步亲属分享”等活动。每周评选“训练尖子”和“训练先进班”，开展训练表彰和典型树立工作。开展冬季大练兵和基础性训练科目的复训、补训，完善保障措施，规范训练场秩序，利用板报、广播、宣传栏等开展宣传。年内，邀请地方大学体育专业学生到中队授课，培养义务兵执勤训练能力，义务兵军事合格率95%，全体官兵合格率92%。是年，武警长沙中队在武警长沙支队四批勤训轮换中均排名前列，在武警长沙支队执勤五大队一、二季度按纲建队考核中均获第一名。（欧阳智）

【执勤战备】 2021年，武警长沙中队落实组勤管勤、专勤专训、“三共”（思想共建，队伍共管，安全共保）制度。每天组织勤务交接班，总结勤务情况，完善执勤方案；推进战备力量体系建设，明确各组各类人员携装配装标准；完善抗洪抢险方案预案，加强抗洪抢险演练，补充调配物资。落实编携配装要求，规范中队战备秩序，加强战备演练，确保第一时间到达现场先期处置突发情况。落实执勤战备制度，多次完成上级拉动演练。推进“智慧磐石”工程建设，确保执勤绝对安全。牵头与目标单位组成隐患排查联合工作组，并向长沙县公安局通报目标单位现阶段存在的执勤安全隐患以及须由其协调解决的重点问题。9月，长沙县公安局局长到武警长沙中队召开执勤隐患治理现场会。组织敏感期战备工作，完善各种处置预案，加强战备演练。与长沙县应急管理局合作，在汛期开展抗洪抢险训练，在夏秋季开展森林灭火训练。全年节假日期间联勤武装巡逻勤务30余批（次），跨市武装押解临时勤务8起。（欧阳智）

【后装保障】 2021年，武警长沙中队把备战打仗作为后装保障的第一要务，全面提升保障打赢能力。在后勤管理上，进一步强化官兵的“以队为家”意识，引导官兵自觉爱护营房设施，加强对各类库室的建设与管理。强化应急保障能力，修订完善后勤保障方案（计划）、后装战备方案等，明确人员抽组、岗位定人、设施定位、人装定训，做到随需组建、随队出动、随时展开。抓实“后勤变前勤”，催生保障人员战斗力。（欧阳智）

【依法治军】 2021年，武警长沙中队，学习贯彻新修订的《军队安全管理条例》和武警部队《正规化管理规定》。开展“弘扬优良传统、整顿作风纪律”活动，以讲好创新理论、讲述光荣传统、讲清纪律为重点上一堂专题教育课；以增强官兵纪律观念、法规意识为要求观看一次警示教育片；组织一次讨论辨析；着眼解开疙瘩、消除隔阂、化解矛盾、卸掉包袱，开展一次谈心交心；组织一次自查自纠并写出个人剖析材料。抓实风气建设和党风廉政建设。抓好条令法规落实和日常养成。（欧阳智）

人民防空

【概况】 2021年，长沙县人民防空办公室。开展人民防空宣传教育进机关、进学校、进企业、进社区、进媒体，向全县物业小区发放《人防法规政策汇编》，张贴《人防工程使用过程中的禁止行为》2000余份。在长沙县松雅湖第二小学开展主题为“人防为民，我在行动”的湖南省人防系统“5·12”防灾减灾宣传活动，组织在校师生进行消防灭火、人员伤口包扎、心肺复苏、单兵防护服穿戴等技能演练和防空袭疏散掩蔽演练。11月1日（防空警报试鸣日），利用融媒体平台开展宣传教育，推出微信头条、专版专栏宣传人防知识，在全县广场、大型商场电子显示屏播放人防知识视频；向全县物业小区、学校、企业发放人防宣传产品及资料8万余件。年内，建成湘贸社区和昌济小学等人防宣传教育基地；长沙县人民防空办公室被评为“十三五”期间“全省人民防空先进集体”。（余向阳）

【人民防空工程建设与管理】 2021年，长沙县对在建人防工程质量实施监督管理。委托第三方安全生产机构对全县已建人防工程进行安全生产、维护管理巡查，通过集中约谈、督促整改，实现闭环管理。每月相关领导带队检查12次，全年开展专项检查40次，发现问题并隐患闭环367个。（余向阳）

【人民防空组织指挥】 2021年，长沙县建成人防通信视频会议系统，实现人防通信战备值班常态化，定期组织开展视频会议系统训练和机关“准军事化”训练。加强预警报知系统建设，开展“11·1”防空警报试鸣，警报统控率、覆盖率和鸣响率均100%，组织中小学校、社区开展防空袭疏散演练。（余向阳）

【湘贸社区人防宣教示范点建设】 2021年，湘龙街道湘贸社区人防宣教示范点建成。湘贸社区以“红色管家话人防”为主题，建立社区人防宣教阵地，分7个篇章，设立人防之窗、人防书吧、人防宣传橱窗、人防文化长廊、人防手绘画墙等。同时，湘贸社区将人防建设工作融入社区“党建+‘五零’”建设，落实到为民办实事中，探索新的基层治理模式；将人防阵地建设融入社区办公场所及周边环境，营造人防文化氛围；将人防活动开展融入社区综合治理、防灾减灾工作，提升社区企业及居民的人防意识和安全自救互救能力。（余向阳）

【昌济小学创建人防宣传教育示范学校】 2021年，长沙县昌济小学开展人防宣传教育示范学校创建。该校将人防宣传教育工作纳入国防教育、素质教育、德育教育内容，强化组织管理、队伍建设、阵地建设，举办“手抄报、绘画、黑板报、军事武器作品手工制作”等人防知识宣传活动，开展防空袭疏散演练活动，提升全校师生国防观念和人防意识。年内，昌济小学建成人防园、人防宣传橱窗、人防知识文化墙、大型标语、作品展示区等。（余向阳）

经济管理

编辑　周进银

宏观经济管理

【概况】 2021年，长沙县地区生产总值突破2000亿元，比2020年增长7.6%；规模工业增加值比2020年增长7%；固定资产投资比2020年增长9.9%；地方一般公共预算收入比2020年增长6.6%；实际利用外资比2020年增长19.1%；外贸进出口总额比2020年增长19.1%；城乡居民人均可支配收入比2020年增长7.9%。铺排市级以上重大项目258个（长沙县177个，长沙经开区81个），固定资产投资1128.3亿元（含跨区项目），增速9.9%。获上级投资3470万元，争取国家专项债资金39.19亿元。推进全县经济体制改革，15项重点任务推进，10项重点攻坚取得实效。出台《长沙县营商环境优化工程2021年行动方案》《长沙县优化营商环境十条措施》等文件，制定75项改革举措，245个套餐事项实现线上办理，将“一件事一次办”150项政务服务事项赋权园区，298项“就近办”事项下放至村（社区），打造15分钟政务服务圈，开展“千家民营企业营商环境满意度调查”和“重点企业走访行动”，收集问题及建议351个，整改完成率96.9%。全年监督管理招投标项目126个，通过招标节减建设资金2.64亿元；办结政府采购项目397项，预算金额12.92亿元，通过政府采购节减财政资金1.03亿元，平均节减率7.99%。长沙县被授予“中国国际化高质量发展建设标杆县（市）”称号，位居2021年赛迪投资竞争力百强县全国排名第九位，长沙县营商环境获“2021年湖南省营商环境”评价第一名。

坚持新冠肺炎疫情防控和民生保障“两手抓”，抓好“米袋子”“菜篮子”等重要民生商品保供稳价、应急防疫物资储备调配。加强易地扶贫搬迁后续扶持，安排30万元资金用于完善安置点公共服务、配套基础、产业发展等方面基础设施，统筹安排53万元资金专项用于易地扶贫搬迁后续产业项目，实现有劳动能力和就业意愿的搬迁贫困家庭至少1人就业，巩固易地扶贫搬迁脱贫成果。推进“两型社会”建设，评定“两型”单位17个、宣教基地1个。对禁燃区内各镇街开展燃煤污染整治暗访80余次。对县域内7家长输油气管道企业和管道保护第三方施工项目开展安全检查21次，出动检查人员115人次，督促整改隐患67处，确保县域内长输油气管道安全。收购粮食4.65万吨，落实粮食安全责任制，确保粮食安全。申报价格监制房地产项目24个，核准面积165万平方米。出具各类价格认定结论报告513宗，标的金额1.17亿元。　（刘建辉）

【粮食和物资储备管理】 2021年，长沙县收购稻谷4.65万吨，其中，早稻1.2万吨；晚籼稻3.45万吨。严格粮食收购行为，对粮食经营者无视国家粮食收购政策、无照经营、违法违规交易和粮食运输超载等影响粮食收购市场秩序的行为进行集中执法检查。检查粮食3.5万余吨、粮食收购点库20余个次。对2021年国家和地方政策性粮食销售出库、加工转化相关制度落实情况进行专项检查，检查4家涉及政策性粮出库、加工转化企业的7.3万吨粮食出库情况。县级储备粮1万吨，县级储备油1000吨均储备到位，储备油动态储存常储常新。战略物资储备方式从单一变多元，储备品类从简单到丰富。实物储备品种逐步充实，县级战略物资储备仓库储备有三大类的应急物资，其中，防汛抗旱类救灾物资42项，生活类救灾物资13项，防冻类救灾物资4项，采购的森林防火、交通应急等物资均下放到需求单位；社会产能储备增强，防汛编织袋、彩条布、砂石等应急物资进行产能储备；政府肉食储备逐步优化，县域内省、市两级冻肉储备1400吨。深化制度建设，实施仓储精细化管理，县级战略物资储备系统运行正常。　（刘建辉）

【能源电力管理】 2021年，长沙县发展和改革局开展能源安全检查21次，排查各类隐患67处；开展能源行业2020年“安全生产月”、节能宣传周、开展沼气安全培训等宣传培训；组织开展长沙县长输油气管道突发事件应急救援演练；研究出台管道安全间距指导意见；建设能源行业安全监管信息平台。公共机构节能目标实现人均综合能耗比2020年下降12.6%以上，单位建筑面积能耗比2020年下降4.09%以上，全县能源资源消费呈总体下降态势。开展智慧电网“630攻坚”和老旧小区供电设施“专改公”工作，完成“630攻坚”责任事项89个，新建扩建投产思源、泉塘、果园、松雅东、螺丝塘、春华及光达7座110千伏变电站。完成长沙—南昌1000千伏特高压项目竣工投产，创造特高压项目从开工到投产10个月完成的建设记录，县域电网结构提升。老旧小区供电设施“专改公”工作推进，改造星沙街道教师公寓、幸福里，泉塘街道街道东城名苑、圣力华苑4个小区。　（刘建辉）

【价格收费管理】 2021年，长沙县发展和改革局协调各部门推进农业水价改革。梳理、公开发布县本级行政事业性、经营服务性、涉企行政事业性收费项目清单90余项。制定出台停车收费文件，完成星沙生态公园等12个停车场收费备案。牵头制定春秋两季开学收费政策文件，对公办中小学秋季伙食费进行调整。落实校内课后服务费、学科类校外培训收费备案，促进“双减”政策落地落实。完成中梁星都荟等20个住宅小区前期物业收费备案。铺排市县价格调节（调控）资金项目19个，补助资金241.5万元。实施中小学伙食费、殡葬服务收费等成本调查监审。向长沙市申报房地产会商项目通过核准的

24个，核准面积165万平方米。会同相关部门开展10家转供电主体、18家行业协会商会、14所中小学伙食、26家幼儿园收费现场督导。受理投诉咨询289件，回复率100%。

（刘建辉）

【招标采购管理】 2021年，长沙县监督管理招投标项目126个，预算金额44.87亿元，通过招标节减建设资金2.64亿元，平均中标优惠率5.89%。其中，县属国有投资项目112个，预算金额30.19亿元，通过招标节减建设资金1.75亿元，平均中标优惠率5.79%。监督管理小额国有投资招标项目88个，合同金额20167.31万元。（刘建辉）

国有资产管理

【概况】 2021年，长沙县国有资产事务中心构建以管资本为主的国有资产监管体制，研究出台《长沙县县属国企投资监督管理办法》，与粮食储备中心续签《委托协议》，加强对县属国企天华粮食购销有限公司的经营监管。推进干部人事档案专项审核工作，2家县管国企业党委会组织认定人事档案206卷。启动《长沙县县管国有企业权责清单》修订工作。逐步建立科学系统、精简高效的以管资本为主的国资监管制度体系。经县政府审批同意，明确县管国企2020度企业负责人经营业绩考核结果，制定《县管国企2021年企业负责人经营业绩考核清单》及《长沙县县管国有企业负责人任期经营业绩责任书》。年内，长沙县有7家公司涉及全民所有制企业公司制改革，资产总额1.9亿元、职工人数140人，其中，列入国务院国资委督办的有长沙县商业总公司和长沙县百年建设工程质量检测室。制定经营性与非经营性的县管国企年度投资计划报县政府审批后实施。10月根据企业发展规划和上报情况，对年度投资计划进行调整。全年审批企业报送的人民医院专家楼、松雅湖停车场、春华加油站等7个项目的投资可研，投资额80.57亿元。全年审批22个企业采购事项，共计18962.01万元。推进完成10家驻县国企的企业办社会职能分离移交扫尾工作，完成9个国企职工家属区“三供一业”分离移交工作。做好县政府与72家央企、22家省企签订《国有企业退休人员社会化管理移交协议》的工作，接收央企退休人员1923名、央企退休党员532名，省企退休人员667名、省企退休党员166名，协议签订、人员接管、党员接管、档案接管率均为100%。（姚依辰）

【融资平台公司市场化转型】 2021年，长沙县国有资产事务中心根据省债管办《关于进一步规范推进融资平台公司市场化转型的若干意见》转型目标，长沙县到2023年保留1家平台公司。有长沙县星城发展集团有限公司、长沙经济技术开发集团有限公司2家平台公司。在2家公司转型方案基础上，长沙县国有资产事务中心制定《长沙县融资平台公司市场化转型工作方案》，确定“做到厘清政企边界，剥离平台公司的政府融资职能，通过补充资金资产资源等方式支持平台公司妥善化解存量隐性债务，建立完善现代企业制度，实现平台公司的自主经营、自负盈亏、自担风险、自我约束、自我发展。列入名录内的公司，仅承继化解存量隐性债务，不继续代替政府融资、不新增隐性债务的转型目标。（姚依辰）

【国企改革】 2021年，长沙县贯彻落实省市关于国企改革三年行动要求，出台三年行动实施方案，县管国企均结合自身实际制定国企改革年行动方案，进行任务分解。重点推进国有资本优化布局和结构调整、完善中国特色现代企业制度、深化混合所有制改革、健全市场化经营机制等改革任务。（姚依辰）

【国有资产领域安全生产监管】 2021年，长沙县国有资产事务中心召开安全生产专题会议3次，开展领导带队检查6次，检查单位12家，发现隐患28条。委托第三方专业技术机构协助财政局安全监管人员开展国有资产领域安全生产监督管理，开展专项监督检查23次，检查单位（项目）76家次，发现事故隐患242条，未发现重大隐患。持续推进安全生产专项整治3年行动，开展安全生产专项整治3年行动监督检查65次，检查单位107家，排查隐患315处。

（姚依辰）

土地资源管理

【概况】 2021年，长沙县自然资源局核发工程规划许可证86本、用地规划许可证68本，办理项目竣工验收99个。测绘建筑面积1944万余平方米。出台《卫片执法检查工作责任追究办法》《卫片执法检查工作管理考核评分方案》，出台《国有建设用地批后监管工作方案》。完善“区县协同、局所联动”履约监管体系，新批准建设用地项目均安装视频监控，催回逾期土地价款16亿余元。推进资源盘活，处置清理已批未供存量地和撤批预警土地340公顷。引入远程视频和无人机监控监管，规划类违法建筑认定、案件移送133处。

（王知敏）

【用地保障】 2021年，长沙县自然资源局加快省市县重点项目、土地收支预算项目和重点片区项目拆迁“清零”，腾地1266.67公顷，68个项目拆迁“清零”。健全用地报批联审制度，批回项目建设用地1200公顷，批回林地433.33公顷，确保机场改扩建等重大项目用地需求。科学编制土地储备和供应计划，完成土地供应620公顷，收回、置换盘活土地8宗12.53公顷。是年，长沙县自然资源局被评为全省自然资源砂石土矿专项整治工作成绩突出单位，智慧自然资源建设项目获2021年中国地理信息产业优秀工程铜奖，长沙县宅基地房地一体和集体建设用地权籍调查和确权登记项目获2021年湖南省地理信息产业优秀应用工程金奖。

（王知敏）

【耕地保护】 2021年，长沙县自然资源局落实“两个耕地占补平衡”，异地购买耕地指标、增减挂钩指标453.33公顷。开展耕地“非农化”“非粮化”专项整治和卫星监测图斑扣冻耕地指标解扣解冻，排查农村乱占耕地建房问题图斑，举证197宗，解扣解冻79宗。印发相关工作指导文件20余份，组织召开县级工作调度会议10余次。（王知敏）

【不动产登记和交易】 2021年，长沙县自然资源局受理各类不动产登记、交易和档案信息查询等业务近275541笔。发放不动产证书和证明合计202918余本（其中，证书110753本，证明92165余份），出具各类房产查询证明52699份。推进农村宅基地确权登记，登簿率97.56%，缮证率95.75%。完成城区规划范围外房地一体确权登记市级验收，开展城区规划范围内确权登记。上线不动产“智能面签”系统，网签业务进入“不见面、无纸化”时代。合并抵押注销、转移、抵押变更登记，办结省内第一宗抵押权下转移登记业务。11个历史遗留项目销号，办证3900余户。6月经县人民政府审定，出台《长沙县新建商品房“交房即交证”改革工作方案》，对87个房地产项目，646栋房屋进行交房、交证期限管控工作；完成18个商品房开发项目55栋房屋的“交房即交证”业务办理，惠及6306户购房群众。

（王知敏）

【征地拆迁补偿安置】 2021年，长沙县征地服务中心制定《关于进一步调整优化长沙县农村集体土地征拆资金保障流程的实施方案》《关于明确长沙县农村集体土地征地补偿安置工作有关问题的意见》等4个征地拆迁配套工作方案，规范拆迁工作流程；参加面对面政策答疑和群众对话会议20余场次，对31个新启动项目开展专题政策宣讲，发放政策文件汇编、法律知识手册4000余本。年内，长沙县（不含长沙经开区）在拆项目172个，132个项目清零，完成签约2135户，腾地1463.50公顷。为县区34个项目96名被征地农民及时办理住房货币补贴凭证，涉及金额1300.84万元，发放住房货币补贴凭证230人，涉及金额3390.02万元；对全县符合补助条件的104个被征地村民小组发放基本生活补贴570.632万元，惠及农民10245人；摸底统计安置房源需求和房地产市场存量房源，搭建平台为被拆迁群众提供质优价廉的房源。（黄仪）

【矿政管理】 2021年，长沙县推进以砂石土矿为重点的专项整治工作，依法注销16家企业的采矿权，在全市率先完成砂石土矿关闭注销任务。积极推进长沙县麻林温泉采矿权登记办理。加快《长沙县建筑材料用砂石土矿专项规划（2019—2025年）》送审报批，通过省市联合会审。开展砂石土矿专项整治行动，加强日常监管，结合“月清三地两矿”工作统筹推进，共组织技术单位和各自然资源所开展矿山监管检查745次，及时发现及时制止，全年省厅均未对长沙县下发“两矿”核查任务。（王知敏）

财 政

【概况】 2021年，长沙县地方一般公共预算收入144.08亿元，比2020年增长6.57%。其中，税收收入114.64亿元，比2020年增长4.58%。全县一般公共预算支出177.83亿元，比2020年下降8.67%。是年，长沙县财政工作获国务院“落实有关重大政策措施真抓实干成效明显地方”奖励、省政府“2020年度全省真抓实干成效明显地区”奖励等，获省政府防范化解政府债务风险考核优秀奖励资金3400万元、国务院和省政府真抓实干激励资金3000万元。

（姚依辰）

【财源建设】 2021年，长沙县落实各项惠企政策。支持长沙市航空货运发展，配合黄花综保区及时高效兑现货运航线配套资金，全年拨付航线补贴、商贸流通体系建设、中小企业发展、振兴工业实体经济、现代服务业等各类资金约8.73亿元。全年盘活“三资”（资金、资产、资源）65.13亿元，其中，盘活财政资金15.57亿元，盘活资产0.32亿元，盘活资源 49.24亿元，盘活总额居各区县（市）第一位。（姚依辰）

【财政改革】 2021年，长沙县启用湖南省电子卖场，一个多月完成100余笔交易，总额300万余元。提高政府采购透明度，推进采购项目、采购内容及需求概况、预算金额、预计采购时间等采购意向公开，采购单位公开采购意向信息1000余条；帮助20余家企业利用政府采购合同融资6000万余元，缓解中小微企业融资难问题。推进国有公司市场化再改革。制定2021年重点改革任务清单，以转型为导向，推进国有企业市场化再改革，出台国企改革实施方案，督促监管企业结合自身实际制定国企改革行动方案；推进县管国企负责人任期考核工作，制定《县管国企2021年企业负责人经营业绩考核清单》，健全考核激励机制；完成企业改制重点攻坚工作，完成7家全民所有制企业的公司制改革。提升“放管服”改革效能。完善涉农资金管理平台，全年整合37项涉农专项资金，涉及13个主体单位，整合资金2亿余元。出台《关于调整全县部分涉农资金统筹整合项目补助标准的通知》，全年铺排资金1.2亿余元，铺排项目1093个。全年完成1350个财政性基本建设项目预（结）算的评审，送审金额101亿元，核减金额11.8亿元，综合核减率11.63%，并实施全过程跟踪。

（姚依辰）

【债务化解】 2021年，长沙县严格执行化债实施方案，有序推进隐性债务化解。配合财政部湖南监管局8月对长沙县上半年隐性债务化解核查及市化债办对长沙县2018年8月至2021年3月的隐性债务变动进行的全面"回头看"工作等系列检查工作。聚焦重点领域，申报专项债券项目，全年省财政厅下达长沙县2021年地方政府新增债券额度107.54亿元，其中，专项债券104.69亿元，一般债券2.85亿元。（姚依辰）

【财政管理】 2021年，长沙县投入教育年度建设资金5.04亿元，其中近4.9亿元用于中小学学校新建、改扩建，基础设施设备配置等，新增公办义务教育学位7380个、高中学位2400个。投入3000万元用于保障和支持公民办学前教育发展，公办幼儿园占比54.47%，有效化解"入园难、入园贵"问题。全年开办职业技能培训班、创业培训班550期，培训21746人次，支持509家企业2.98万余人以工代训补贴申请，发放培训补贴5151.87万元。全年失业保险参保职工职业资格技能等级提升补贴3315人，支出387.56万元。完善医疗卫生事业保障体系。强化疫情防控资金保障。安排新冠肺炎疫情防控专项经费2500万元，10月追加疫情防控专项资金880万元，为疫情防控提供资金保障。提质改造乡镇卫生院、社区卫生服务中心，推进县精神病医院、县中医院、应急管理指挥中心建设；加大县人民医院建设力度，财政安排资金2100万元，完成投资2.5亿元。支持农业农村发展。通过惠农补贴"一卡通"系统发放耕地地力保护补贴、农村低保金、残疾人"两项"补贴、医疗救助金等各类补贴87项，累计发放农户数114.65万户次，金额3.97亿元。全面统筹、细化落实预算绩效评价工作。完成79家县直部门单位的绩效评价，金额约62亿元；对上级发行的专项政府债券开展重点绩效评价，涉及5家部门单位，金额17.06亿元。开展"一卡通"发放管理专项监督检查，成立长沙县财政局惠民惠农财政补贴资金"一卡通"问题专项监督检查工作领导小组，设立举报信箱和举报热线。助推乡村振兴，加强贫困地区农副产品采购管理，统筹做好"全国832个脱贫地区"农副产品预留采购份额和落实采购工作，全县预留采购份额700万元。投入2.68亿元建成162个以"生态美、村庄美、产业美、生活美、风尚美"为标准的美丽宜居村庄，改善农村人居环境，打造乡村振兴示范样板。申报各级支农项目10个，申报金额约1.39亿元，指导春华镇申报国家级田园综合体项目，出台《长沙县田园综合体试点资金管理办法》《长沙县田园综合体试点资金绩效考评办法》，确保财政资金安全和效益。

（姚依辰）

税务

【概况】 2021年，长沙县税务局组织各项收入273.67亿元，包括税收收入191.76亿元、社保费和其他基金（费）收入81.91亿元。其中，市、县两级税收114.75亿元，比2020年增收2.92亿元，增长2.61%。全年新增减税降费17.23亿元。留抵退税办理时限提速50%，退税9.68亿元。办理出口退（免）税22.1亿元，比2020年增长3.27%。跟踪服务缓税企业，缓税4053户次，缓缴金额1.51亿元，惠及面97.41%。房产税、土地使用税困难减免159笔。开展"创新实干、优化环境、税收共治"专项工作，走访摸底11.33万户，联合镇（街）清欠，开展建安行业和交通运输行业清理，摸清"未办税户"8.06万户，补录税务信息3304户。探索"工会+税务"模式，实现新业态劳动者"掌上建会入会和缴纳社保"。城镇垃圾处理费等6个非税项目平稳划转；开展国有土地使用权出让金划转准备工作，1月1日开出全省第一张土地出让金缴款凭证。企业所得税汇算清缴补缴税款12.63亿元，比2020年增长35.08%。

对自贸区企业进行归口专业化精细化管理，在3个片区设立服务专窗，涉税业务全县通办，为新开办企业提供"工商税务套餐办理"，减少报送资料。制作自贸区"税收创新十条"政策短视频、短信，帮助纳税人熟知政策、用好政策。出口退税提速，一类企业"即报即办"、二类企业提速到2天。组织实体纳税人学堂23场次，培训2486人次。推送增值税专票电子化、"非接触式"办税、社保费、所得税汇缴政策及办税提醒13万户次。开通"移动云平台"短信功能，发布各类宣传短信15万条。"湘税通"平台纳税人注册2.5万户。打造智慧税务。推进发票电子化，2500多户纳税人申请增值税电子专票，发行税务Ukey 11056户。契税法和城建税法实施，财行税"十税合一"申报推行。创新网络信息安全治理体系，打造"税务终端安全管理平台"。开展现金税费征缴专项整治，推进"首违不罚"清单制管理，依法依规对1083户次纳税人缴费人不予罚款。实施行政执法"三项制度"，实现全部执法案件留痕和可回溯管理。查补税款及滞纳金2.5亿元；受理各类风险任务1153户次。成立警税联络机制办公室，查获多起虚开增值税专用发票案件。（潘　芳）

【纳税服务】 2021年，长沙县税务局在全市首推"办税厅统管模式"，作为样板在全市推广。畅通"云上"服务渠道，打造"云辅导"中心，做到24小时线上答疑"不打烊”，为5000余家企业提供服务，指导近3万户次解决涉税（费）问题，受到纳税人好评和总局刊物、人民网报道。90%以上涉税事项实现“全程网上办”，县税务局“非接触式”办税比例86.83%，纳税人平均办税时间减少50%以上，报送资料减少35%以上。完成4.47万户纳税人的信用评价和信用修复，其中，A级纳税人3420户，占比8.3%。

（潘　芳）

【税收宣传月活动】 2021年5月25日，长沙县税务局开展“税收惠民办实事 深化改革开新局”便民办税春风行动。县税务局推广“非接触式”办税，方便纳税人、缴费人足不出户办理涉税（费）事项，办税大厅推出自助办税“云辅导”中心，做到纳税人、缴费人问题24小时全天候即时处理。每周“云上小二”对处理的问题进行汇总、分类整理，在“云辅导”中心发布，方便纳税人、缴费人自助查询。利用QQ群课堂录制播放电子税务局操作流程、讲解最新优惠政策及办税（费）过程中遇到的问题，实现“线上一次性告知”“一站式解决”。

（潘　芳）

【“创新实干 优化环境 税收共治”专项工作】 2021年9—11月，长沙县税务局在全县开展“创新实干、优化环境、税收共治”专项工作。税务部门通过对政府工作人员开展“如何与纳税人有效沟通”“税费优惠政策”等专题培训，提高专项工作队伍信息处理、数据分析和沟通协调能力。点对点为各镇（街道）、部门提供业务指导，找准突破口和着力点，指导镇（街）、社区、园区开展税法宣传、入户摸底、漏征漏管户清查等活动。专项工作走访调查纳税人113316户，补录税务信息3234户，查补税款1.52亿元。

（潘　芳）

【湖南省新就业形态劳动者入会仪式举行】 2021年11月15日，湖南省新就业形态劳动者入会暨社保缴费服务集中行动启动仪式在长沙县举行。长沙县税务局与工会深度合作，实现职工建会入会与社保缴费服务双平台、双推动、双覆盖。新就业形态劳动者只要进入工会平台，就能精准掌握社保政策、完成社保缴纳；进入税务平台，就能便捷加入工会组织、享受工会服务。互联互通的“工会＋税务”模式正在从长沙县推广至湖南全省。

（潘　芳）

审　计

【概况】 2021年，长沙县审计局（以下简称“县审计局”）完成审计项目139个，促进增收节支和挽回经济损失2.5亿元（含委托审计1.1亿元），向县委、县政府主要领导报送《审计要情》6篇，向纪委监委移送问题线索38起，向各部门单位提出审计建议402条，3家单位出台7项部门行业规章制度，4家单位完善6项部门管理制度。财政“同级审”。重点关注县本级预算执行及决算草案编制、一级预算单位2020年度预算执行及其他财政收支情况。审计发现结余返还资金使用不及时、国债本息未及时收回、部分实体账户存量资金过大、国土出让收入未及时收缴等问题。专项审计调查重点关注粮食安全、交通安全设施政策措施落实和资金管理使用情况，针对相关问题，县农业农村局加强与财政协调，核实农户信息，改进补贴资金发放方式，提高发放精准度。县黄花镇和县青山铺镇纠正和逐步减少高标准农田建设区域耕地的抛荒或非农化、非粮化现象。县发改局对《长沙县县级储备粮（油）管理办法》进行修订，以适应现行的储备粮管理。

（周梦哲）

【预算执行审计】 2021年，县审计局预算执行审计重点关注县本级预算执行及决算草案编制、一级预算单位2020年度预算执行及其他财政收支情况。采取“1+9+N”的预算执行审计模式，对县本级和县公安局、县交通局等9个部门单位重点审计，通过大数据审计方式对其他55个一级预算单位进行审计全覆盖，涉审金额41.93亿元，发现问题45个，提出意见建议12条，审计后挽回（避免）损失1.07亿元。向县委、县政府主要领导报送《长沙县机关事业单位未及时申领生育津贴将导致县财政收入年流失超千万元》《中小学校课后服务政策执行不到位管理亟待规范》《部分财政供养人员违规在企业兼职需引起重视》3篇审计要情。（周梦哲）

【领导干部经济责任审计】 2021年，县审计局完成6个单位8名领导干部经济责任审计，首次对县纪委常务副书记、县监委副主任开展领导干部经济责任审计。同步对高桥镇开展自然资源资产离任审计。经责审计涉审金额15.4亿元，发现问题104个，提出意见建议14条，促进增收节支和挽回经济损失30.9万元。向县委、县政府主要领导报送《建议我县科学确定县总工会经费预算适度控制工会结余资金增量》等审计要情。

（周梦哲）

【政府投资审计】 2021年，长沙县政府投资审计完成7次专项调查，其中，政府投资项目评审质量专项审计调查4个，城区扩容提质基础设施PPP项目政府付费情况专项审计调查2个，洋湖中学建设工程阶段性跟踪审计1个。涉审金额32.5亿元，发现问题470个，提出意见建议14条，在县投评核减的基础上审减工程造价3160万元（单个项目最大核减金额1295.58万元），城区扩容提质PPP项目审减政府付费184万元。

（周梦哲）

【政府委托审计】 2021年，县审计局委托7家中介机构对长沙县69个村（社区）主要负责人经济责任履行情况和县属16个学校、卫生院财政财务收支进行审计。涉审金额43.46亿元，发现问题679个，提出建议278条，发出整改通知书35份，审计后挽回（避免）损失1.1亿元。针对发现的问题，县审计局依法依规做出审计处理，并要求各镇街督促整改，部分问题整改到位，个别村（社区）卫生费未入账问题按规定存入村账，教育局党委对个别学校私设小金库和套取专项资金问题进行立案处理。

（周梦哲）

统 计

【概况】2021年，长沙县统计局（以下简称“县统计局”）按照“常态化制度化防范和惩治统计造假弄虚作假”的要求，建立健全依法统计依法治统体制机制。牵头建立主要经济指标月度预警监测制度，为县委、县政府和各行业主管部门提供基础数据服务。完成新增“四上”（规模以上工业、限额以上批零住餐业、规模以上服务业、有资质的建筑业和房地产业）单位161家，在全市“四上”申报目标考核中获一等奖。县政府办出台《关于进一步加强依法统计依法治统的通知》，分专业、分批次组织镇（街）、园区、企业举办培训35场，举办“赓续红色血脉 奋进统计未来”统计开放日和12·4宪法日“防范惩治统计造假 提高依法治统能力”统计法制宣传活动。开展统计基层基础工作专项督查，强化统计人员动态管理。推进第七次全国人口普查，被评为第七次全国人口普查湖南省先进单位。

（周 静）

【统计服务】 2021年，县统计局牵头建立GDP、规模工业增加值、固定资产投资总额、社会消费品零售总额等主要经济指标月度预警监测制度，联动园区、行业主管部门对重大企业、重大项目进行走访，对主要经济指标进行分析，形成报表前摸底预计、报表中监测预警、报表后对接汇总的工作机制。强化月度、季度、年度主要经济指标分析，参与三一集团有限公司解捆后绩效考核指标调整。加强县域经济运行研究，撰写经济形势分析报告22篇。组织对全县18个镇（街）、黄兴会展区及3个园区内的1372家“一套表”调查单位开展实地核查走访，对单位存续情况、企业建立健全统计台账和数据质量情况进行检查。掌握企业基本情况和生产经营状况，了解行业、产业的分布和变化趋势，完成全县报表单位的建档立卡。

（周 静）

【统计基层基础建设】 2021年，县统计局按照县绩效考核办文件要求，每季度对镇（街）进行统计工作负面清单考评；对全县18个镇（街）和黄兴会展区统计站点进行目标管理综合考评，6个镇（街）被评为全市先进单位，2个镇（街）获“一县一特”统计调查奖金奖励。会同县政府督查室2次对全县统计基层基础工作开展专项督查。通过市委、市政府对区（县）统计工作的专项督查，并做好迎接国家统计督察的一系列准备。执行镇（街）统计人员调整备案制度，动态掌握全县统计人员情况 ，落实基层统计人员岗位补助，分专业、分批次组织镇（街）、园区、企业举办培训35场，提升基层统计业务水平。印发长沙县统计局《关于开展基层走访工作的通知》，配合省、市开展“千人进千企 服务提质效”专项行动，实现对园（区）、镇（街）、相关部门、重点企业统计工作走访全覆盖。

（周 静）

【依法统计】 2021年，县委常委会会议4次、县政府常务会5次对重要统计文件和法律法规进行学习，并就依法统计依法治党工作进行专门研究，强化统计学习研究。针对省委巡视反馈的8个方面的问题，制定措施，推进问题整改。县政府成立长沙县依法统计依法治统工作联席会议制度，印发《关于进一步加强依法统计依法治统工作的通知》，县委组织部将“《统计法》进党校”纳入党校主体班教学内容，在县统计门户网站设立监督举报专栏，公示统计违法违纪行为举报方式，组织对2017—2020年的统计执法案件进行回头看行动。7月30日，联合政府督查室开展统计专项督查，并下发统计督查问题清单。9月20日举办以“赓续红色血脉 奋进统计未来”为主题的第十二届统计开放日宣传活动，在“12·4”国家宪法日开展“防范惩治统计造假 提高依法治统能力”统计法制宣传活动，向市民发放统计法律法规读本、宣传册等，加强法制宣传教育，提高人民群众对依法统计的认识。 （周 静）

【民意调查】 2021年，县统计局完成公众安全感 、禁毒工作群众满意度、村（社区）党组织书记民意调查、社会公认评估等9个调查项目，搜集样本33188条，意见建议5489条，为县委、县政府提供民意支撑。运用第七次全国人口普查成果，根据常住人口信息更新并扩充调查样本库，整理并补充调查母库样本36万余个，调查样本总量78万余个，为开展各类调查提供样本保障。重新收集并更新县直部门服务对象库、机关干部库、村（社区）干部库、两代表一委员库等特色子库，提高样本质量与精准度。

（周 静）

【第七次全国人口普查】 2021年，县统计局就第七次全国人口普查开展数据处理、数据发布、工作总结和资料开发。统筹各镇街普查办业务人员，对普查表的行职业编码、普查表数据审核、数据质量验收、数据汇总进行安排部署。长沙县第七次全国人口普查主要数据和统计公报经市人普办审核验收，于6月10日发布，通过《星沙时报》、今日星沙微信公众号、楼宇电子显示屏等进行刊发、宣传。组织撰写《长沙县第七次人口普查报告书》，并撰写技术总结综合报告和技术总结专题报告。长沙县统计局获湖南省第七次全国人口普查先进集体，罗皓获国务院第七次全国人口普查先进个人，谭振华获湖南省第七次全国人口普查先进个人。（周 静）

【单位名录库建设】 2021年，县统计局开展名录库管理。全县一套表调查单位1187家，其中，新增“四上”企业161家。对一套表年报调查单位进行审核、验收，对未达标准的单位及时申报退库，对一套表调查单位申报更名更码，对一套表调查单位的处理及时调整，对一套表调查单位基础属性指标及时更新，提高一套表单位名录数据质量。开展新增“四上”企业现场核查。抽取部分一套表调查单位和全部新增一套表调查单位开展现场核查和业务指导，对不符合要求的不予申报。开展企业景气指数调查。完成4个季度景气调查的数据上报与汇总。（周 静）

市场监督管理

【概况】 2021年，长沙县有市场主体总数163275户，其中，企业57076户、个体106199户；市场主体净增长16299户，比2020年增长11.09%。全县“三品一标”认证企业46家，农产品地理标志产品2个（北山梅、长沙绿茶），地理标志保护产品1个（罗代黑猪）。开展冷链食品防疫，全县完成“湘冷链”平台注册375家次，赋溯源码205596张。全年对冷链食品、包装、环境、人员等采样29878批次，检测结果全部为阴性。举办长沙县2021年“质量月”主题活动暨首届县长质量奖启动仪式，湖南金井茶厂有限公司、长沙星沙机床有限公司、长沙鸿发印务实业有限公司、长沙路口物资供销有限公司、湖南天勤环境管理有限公司、长沙世通纸塑箸业有限公司、长沙林派家具制造有限公司等7家企业获得首届县长质量奖。在全省农产品质量安全检测技术能力验证工作中，长沙县获农产品中农药残留考核、水产品中药物残留检测（孔雀石绿）、农产品中重金属考核等项目“优秀”等次。在长沙市市场监督管理局、长沙市人力资源和社会保障局、长沙市总工会联合举办的视频检验检测技能竞赛中，长沙县市场监督管理局获团体二等奖，曾习文、李永强分获常规项目、光谱项目一等奖。是年，长沙县获“2020年度国务院‘深化商事制度改革成效显著、落实事中事后监管等相关政策措施社会反映好’真抓实干督查激励”奖励。（张贺明）

【服务发展】 2021年，长沙县对114个行政审批事项办理流程重新进行清理规范，引进智能自助终端和营业执照智能打印设备，让商事登记实现“零预约”“零排队”“零见面”“零提交纸质材料”。在自贸试验区长沙县片区率先试行注册登记承诺制和确认制，商事主体登记更加高效。开展“长沙县‘开户即开业’暨‘网上办’‘就近办’‘帮代办’”业务培训，深入重点项目、企业现场办公，严格落实“首问责任制”，减轻企业、群众跑腿负担。免费检定校准各类计量器具2.7万台，为企业节约检定费用281万元。财政出资184.03万元，为1.6万余家餐饮单位和83万名本土居民及605家中小学校、幼儿园购买食品安全责任险。（张贺明）

【综合监管】 2021年，长沙县开展放心肉智能监管工程建设，该项目被列为市政府“2022年十大民生实事项目”。制定全县“双随机、一公开”抽查事项清单176项和2021年市场监管领域部门联合抽查计划10项，检查结果100%公示。围绕社会信用体系建设，推动信息公示，强化信用监管，实行联合惩戒，在“信用长沙”平台录入行政许可信息12256条、行政处罚信息357条、信用承诺18365条，信用修复259户。配合县委组织部、县委统战部、县工信局、县科技局、县现代服务业中心等部门对8846户市场主体和3496个人进行信用联审，对195户企业和40个人进行限制。全年3493户企业、460户农民合作社被列入经营异常名录。（张贺明）

【安全保障】 2021年，长沙县办理食品安全案件493件，其中，刑事案件44件，批捕27人，提起公诉67人；获批湖南省公安厅督办案件4起，部级典型案例通报1件。推动290所中小学校、幼儿园开展“智慧食堂”建设，提质改造27家食品生产企业小作坊、89家小餐饮，开展标准化后厨建设36家。强化食品安全风险监测，监督抽检4402批次，快检40.2万批次。全县开展食品风险分级评定12234家，对46家餐饮服务重点单位、30家食品生产企业开展风险评估和预防式风险检查。开展药械化飞行检查1次，开展农村药品安全、清廉医保等6项专项行动，举办“化妆品安全科普宣传周”等宣传活动10余场，查处“两品一械”违法案件16件，罚没款37.86万元。检查特种设备使用单位1127家，立案32起，罚没款50.5万元。开展食品相关产品、电线电缆等10余项监督检查行动，检查相关生产经营单位435家次，抽检60批次，查办案件19起，罚没入库26.9万元。

（张贺明）

【专项整治】 2021年，长沙县开展节日期间市场价格监管、转供电整治排查等专项行动，立案4起，罚款15.54万元，退费144万余元。检查商会、协会涉企收费单位7家。组织开展打击传销、侵权假冒、虚假违法广告、扫黑除恶等专项整治执法行动，办结各类案件469件，罚没款入库643万余元，罚没款10万元以上案件9件，涉刑移送案件2件。举办“3·15”“食安宣传周”等系列宣传活动，针对消费痛点堵点发布消费警示，加强消费引导。长沙县市场监督管理局接受“12315”“12345”热线业务咨询1826人次，受理投诉举报22337件（投诉19877件、举报

2460 件），办结 22187 件。是年，长沙县市场监督管理局执法案例入选省级“打击侵犯知识产权和制售假冒伪劣商品典型案例”，被评为“长沙市 2020 年度食品安全工作优秀单位”。（张贺明）

知识产权管理

【概况】 2021 年，长沙县将知识产权工作作为政府工作的重要内容，写入发展战略规划，纳入年度考核体系，制定《长沙县市场监管和知识产权“十四五”发展规划》，推进国家知识产权强县工程示范县建设。长沙县申请商标注册 6301 件，获注册商标 5141 件。有效注册商标 20902 件；新增专利授权 7070 件，其中，发明专利授权 831 件。全县有效发明专利逐年递增，有效发明专利拥有量 4090 件，比 2020 年增长 24.2%，每万人有效发明专利拥有量 29.76 件。全县高价值发明专利 1342 件，每万人高价值发明专利拥有量 9.76 件。获第二十二届中国专利奖 6 件，获 2020 年度湖南省专利奖 7 件，其中，中国铁建重工集团股份有限公司的“敞开式掘进机”发明专利获中国专利金奖。长沙县市场监督管理局（以下简称“县市监局”）打击非正常专利申请行为，开展 4 次非正常专利申请行为自查整改，联系 773 件非正常专利申请的权利人进行主动撤回或申诉，收到 5 份专利代理机构和 5 份专利代理师的整改报告，严格规范专利申请行为；处理知识产权纠纷诉前调解案件 57 件。打击侵犯知识产权和制售假冒伪劣商品，制定《2021 年长沙县打击侵犯知识产权和制售假冒伪劣商品工作要点》，明确全年“双打”行动的工作目标和重点。组织成员单位参加全国打击侵权假冒工作电视电话会议和全省打击侵权假冒工作电视电话会议。举办“4•26”知识产权宣传日活动。（盛国勋）

【知识产权运用】 2021 年，长沙县引导和帮助 19 家企业开展知识产权质押融资，融资金额 5.5 亿元，为创新型中小企业解决资金紧张、加速知识产权市场化、提升核心竞争力提供保障。推出知识产权质押融资贴息补助政策，对企业补助最高标准为所支持利息的 40%，对金融机构补助最高标准 2 万元/家。帮助辖区 8 家企业获知识产权质押融资评估费补助 18.2 万元，6 家企业获贴息补助 43.55 万元。（盛国勋）

【知识产权服务】 2021 年，长沙县政府出资聘请专业机构为中小企业进行知识产权服务，走访调研企业 36 家，出具体检报告 30 份；11 家企业通过知识产权管理体系（GB/T29490—2013）认证，4 家企业完成知识产权预警分析，推动全县知识产权保护能力的提高和产业化的转型升级。（盛国勋）

【知识产权资助】 2021 年，长沙县指导全县企事业单位和个人争取省级财政补助资金 592 项 324.4 万元，争取市级财政补助资金 13 项 207.7 万元。根据 2021 年国家知识产权局出台的政策文件要求，全县取消对专利申请阶段的补助，停止对授权专利的直接补助。县知识产权局、县财政局联合制定《2021 年度长沙县知识产权项目申报指南》。确立 43 家单位立项长沙县知识产权试点示范培育、专利预警分析、专利实施资助项目并给予资助，资助 7 家企业贯标，配套奖励 11 件国家、省级专利奖。（盛国勋）

【专利行政保护】 2021 年，县市监局进驻长沙国际会展中心，完成 2021 年中部（长沙）建材新产品暨全屋定制博览会、湖南长沙国际五金博览会等 18 次大型展会的知识产权监管，办理展会专利侵权纠纷行政裁决案件 2 起，县市监局组织开展知识产权代理蓝天行动，办理专利行政案件 71 件，查处专利案件 4 件。（盛国勋）

【商标行政保护】 2021 年，县市监局组织开展铁拳行动、地理标志产品市场整治等专项行动 7 次，查处商标案件 28 件，其中，罚款 10 万元以上的案件 5 起。长沙县办理的“湖南某制冷科技有限公司生产销售侵犯注册商标专用权的冷藏冷冻机组案”，被湖南省双打办评选为“2021 年度打击侵犯知识产权和制售假冒伪劣商品典型案例”。（盛国勋）

【版权保护】 2021 年，县市监局加大校园周边文化市场的检查力度，清缴各类侵权盗版出版物。查办擅自从事出版物的发行业务案 28 起，罚款 8900 余元；未能提供近两年的出版物发行进销货清单等有关非财务票据案 11 起，罚款 5500 元；印刷单位接受非出版单位和个人的委托印刷出版物案 2 起，罚款 4750 元；擅自从事中小学教科书发行活动案 1 起，罚款 1000 元；从事附送非法出版物的活动案 1 起，罚款 3000 元。县行政执法局与县委宣传部（县版权局）、县融媒体中心开展理，规范约束记者行为，查办擅自截传、解扰广播电视信号案 1 起，擅自安装和使“秋风 2021”专项行动。加大对新闻“三假”打击力度，加强对县内媒体、记者管用卫星地面接收设施案 3 起，打击破坏新闻传播的违法违规行为。（盛国勋）

【知识产权协同保护】 2021 年，长沙市公安局知侦支队在侦办假冒奔驰、宝马汽车配件案件中，发现处于分销链上的 2 家长沙县商户未达到量刑标准，遂将案件线索向县市监局移送，县市监局迅速立案调查，并分别给予当事人 5 万元和 1 万元的行政处罚；向县公安部门移送商标侵权涉刑案 3 件，县公安局均进行立案侦办。县公安局破获知识产权刑事案件 19 起，抓获犯罪嫌疑人 54 名，涉案金额 816.7 万元；县检察院受理知识产权审查逮捕案件 5 件 14 人，审结 4 件 13 人，批准逮捕 3 件 10 人；受理审查、销售伪劣产品逮捕案件 6 件

20人，审结5件23人，批准逮捕5件21人。受理知识产权审查起诉案件29件92人，审结24件80人，提起公诉22件75人。受理生产、销售伪劣产品起诉案件3件23人，审结2件12人，起诉2件11人。涉案总金额达8500万余元，追赃挽损300万余元。县法院审结5件，判决11人。（盛国勋）

【中国（湖南）自贸试验区知识产权服务中心成立】 2021年，中国（湖南）自贸试验区知识产权服务中心在长沙县东六路科技新城C7栋挂牌成立，9月6日试运行。该中心作为国家知识产权局湖南业务受理窗口，是国家知识产权局商标局的前置窗口，承担商标咨询、受理、质押等24项业务职能的全流程公共服务平台，直接受理京外商标业务。该中心推出的数字知识产权“前置保护”新模式是运用区块链技术不可篡改的特性开发的数字知识产权存证平台，让企业在实际生产经营中产生的有价值的成果在平台中得到存证保护。是年，该案例被评为湖南自贸区长沙片区十大制度创新案例之一。（盛国勋）

海　关

【概况】 2021年，星沙海关审结报关单10.19万票，比2020年增长25.4%；监管货运量162.37万吨，比2020年增长46.5%；货值673.35亿元，比2020年增长18.9%；税收入库34.79亿元。完成货物检验检疫5.38万批，货值177.97亿元。完成出口货物包装检验2.57万批；签发电子底账1.42万单，各类检验检疫证书7.37万份。签发各类原产地证书1.87万份，签证金额13.78亿美元，比2020年增长5%，为出口产品获取目标国进口关税减让5394万美元。审批办理减免税986批次，货值3.43亿美元，减免税款5.11亿元。办理加工贸易货物电子化手册设立83本，核销手册72本，办理加工贸易货物销毁41批次。办理非贸业务722批次。办理企业备案1918家，注销857家；办理出口食品生产企业备案38家，注销1家，进口食品进口商备案96家。截至2021年年底，辖区有进出口收发货人企业、报关企业10184家，出口食品生产企业99家，进口食品进口商411家。加强进口冷链食品、非冷链高风险集装箱货物疫情防控工作。全年监管进口冷链食品272批，监管非冷链进口高风险货物2273批。严格出口防疫物资质量监管，查获出口不合格防疫物资口罩72.5万个、洗手液1.15万支。（彭铃涵）

【助力装备制造业发展】 2021年，星沙海关持续落实重装减免税优惠政策，全年为辖区企业减免税款5亿元，涉及货值3.26亿美元。指导重点企业择优适用自贸协定，为辖区装备制造企业签发出口原产地证书约1640份，签证金额3.18亿美元，获关税减让1582万美元。重点对接装备制造业企业，指导其就大型工程机械、智能制药设备、5G电子设备、新型锂离子电池四大类商品所需进口零部件、原材料提出12项税则修订调整建议，被海关总署采用3条。（彭铃涵）

【支持开放平台建设】 2021年，星沙海关在霞凝港海关监管场所新增配置1台H986大型机检查验设备，实行非侵入式查验，降低企业物流成本，提升通关效率。开展出口直装和铁路快速通关模式试点，助推中欧班列、“长沙—东盟”班列提量、提速、提效，中欧班列（长沙）全年开行1030列，比2020年增长92.12%；货值27.69亿美元，比2020年增长98.58%；货重68.03万吨，比2020年增长95.45%。（彭铃涵）

【支持新兴贸易业态发展】 2021年，长沙市相继开通跨境电商一般出口、B2B直接出口、出口“海外仓”等模式，全年跨境电商9610出口947万单，货值11.66亿元，分别增长38.59%、160.35%。推进通关监管机制创新支持市场采购贸易发展，在市场采购业务中实行全国通关一体化模式，积极推动出口预包装食品试点，市场采购贸易出口1.78万单，货值90.21亿元，比2020年增长32.12%。（彭铃涵）

【促进湖南自贸试验区长沙片区建设】 2021年，星沙海关成立工作专班，加强与相关部门的沟通对接，充分发挥主动性和创造性，深入开展调查研究，结合长沙片区实际积极开展探索，推进自贸工作落实落地落细，成效显著。推进企业集团保税改革，指导蓝思科技集团获批首批试点资质，企业预测每年可为其节约700万余元；支持对非易货贸易业务顺利开展试单；指导山河智能顺利出口湖南省首台二手工程机械；保障第二届中非经贸博览会举办；高级认证企业比2020年增长10%。（彭铃涵）

【优化营商环境】 2021年，星沙海关推进“提前申报”“两步申报”、关税保证保险等海关业务改革，进一步推广应用国际贸易“单一窗口”，主要业务申报率100%。全面推广原产地证书自助打印，实现17种出口原产地证书由企业自行打印，全年签发各类原产地证书1.87万份，签证金额13.78亿美元，为出口产品获取关税减让5394万美元。开展“我为群众办实事”活动，为企业解决重难点问题33个，其中，指导企业补办自贸协定原产地证书，助其获关税减让25.3万美元；指导企业由加贸电子化手册升级为联网监管账册，为其节约担保金210余万元；指导辖区企业生产的双金属复合钢带出口东南亚国家，向企业推送智能审核、自助打印、不见面申领等一系列原产地签证便捷服务措施，为其签发中国—东盟自贸协定项下优惠原产地证书10份，

签证金额42.42万美元，分别增长150%、218%，助其获得进口国关税减让约3万美元。（彭铃涵）

【保障安全】 2021年，星沙海关开展“国门利剑2021”“蓝天2021”等打私专项行动，全力打击象牙等濒危物种及其制品、“洋垃圾”、毒品、枪支弹药、野生动物及其产品等走私，查获固体废物“工业级混合油”16.8吨，查获进口旧铁工具7.18吨，查获侵犯知识产权案件7起。全年移交线索61条；办理“两简”案件85起，罚没5.97万元；办结涉检案件5起；查处刑事案件1起。（彭铃涵）

行政执法

【概况】 2021年，长沙县行政执法局立案查处各类违法案件8781起，比2020年增长40.9%，违停抄牌9.1万起，比2020年增长55.3%。依托微信公众号、视频号等平台，灵活开展“指尖”普法宣传，通过《执法直击》《执法故事微讲堂》《党旗飘扬》等栏目，推送各类信息文章800余篇。开展慰问困难党员、老党员、困难干部职工、结对帮扶村（社区）困难群众等活动，帮扶对象112人次，慰问金额10.6万余元。3月，行政执法局“综合执法改革单项示范”被评为2021年度第一批湖南省法治政府建设示范项目。是年，长沙县行政执法局被评为2021年度湖南省生态环境综合行政执法工作表现突出集体、执法办案表现突出集体。（谭　佳）

【文明创建】 2021年，长沙县行政执法局开展“百日奋战 扮靓星城”市容环境整治执法行动，聚焦环境卫生“脏乱差”、占道经营、机动车人行道违停、共享单车乱摆乱放等城市“顽疾”，开展常态化执法整治。全年整治流动摊贩1.25万人次，拆除非法户外广告1127处，整治规范共享单车1.9万余台，人行道违停抄牌9.1万起，查办文明创建相关违法案件4421起。（谭　佳）

【安全生产】 2021年，长沙县行政执法局落实长沙县安全生产专项整治三年行动和“打非治违”相关工作，全年立案查处涉及安全生产相关案件4072起，罚款3038.2万元。其中，以《中华人民共和国安全生产法》立案查处案件105起，到位罚款109.9万元。落实《长沙县（经开区）仓储、物流市场专项整治攻坚行动工作方案》以及《全县消防安全百日攻坚行动工作方案》要求，联合各镇街、交通运输等部门对全县50家物流园区进行摸排，对涉嫌违法建设的38家物流园区进行调查处理，处理办结16家，其余22家正在处理。（谭　佳）

【拆违控违】 2021年，长沙县行政执法局强化违法建设查处，依法履行执法主体责任，力保去存遏增，查处国土、规划、林业等领域违法建设相关案件336起，到位罚没款502.81万元。配合镇街做好新增违法建设的防控工作，配合镇（街道）开展即查即拆共计拆除违法建设45.9万平方米。（谭　佳）

【民生服务】 2021年，长沙县行政执法局组织开展拖欠农民工工资执法整治，联合县人社局形成劳动领域投诉举报受理合署办公机制，有效解决农民工投诉两边跑的困境，全年处理劳动保障监察举报投诉9303起，现场接待投诉者11229人次，办理拖欠农民工工资等劳动领域案件28起，追回工资900万余元。组织开展民办教育专项整治，办理违规办学案件15起。严格食品安全执法，查处各类食品安全违法案件1388起（含食品流摊、餐厨垃圾、非法屠宰、动物检疫和生猪非法调运等案件），没收并无害化处理非法屠宰的生猪及生猪产品6.9吨。其中，3月查处徐某、刘某、侯某非法调运生猪案的经验做法被农业农村部作为典型案例推介。（谭　佳）

【阳光执法】 2021年，长沙县行政执法局制定实施《长沙县行政执法局“阳光执法·锻造铁军”三年行动计划》，依据行动方案，在全局组织开展“以专带综、以练促精”活动，聘请省、市、县各执法领域执法业务专家，组建专家团队35人，做强骨干团队60人，培养兴趣团队473人。办理的“何某未经批准擅自开办医疗机构行医案”被评为国家卫生健康委监督局优秀典型案例，“长沙某文化传播有限责任公司未经批准擅自从事网络出版服务案”被省文旅厅通报表扬。开展“综合执法我最行”执法技能大比武等活动，同台竞技，以赛代练，以赛促学，建设一支政治坚定、业务过硬、作风优良的综合行政执法队伍。（谭　佳）

【“智慧执法”】 2021年，长沙县行政执法局持续完善全省首个具有自主知识产权的行政执法综合管理服务平台，建立行政执法信息化体系，所有案件线上流转，实现全过程线上审批。初步完成智慧执法大数据平台，打造数据“吸盘”，推动数据共享。建立全县行政执法信息资源库，逐步形成集数据储存、数据共享、数据分析、数据预警功能于一体的行政执法数据中心。利用餐饮油烟在线监测设备，对大型餐饮门店油烟排放在线实时监管，全年完成90台在线检测设备安装。依托无人机巡查、远程视频等非现场执法监管手段，实行立体化执法巡查，提升执法的精准化、智能化水平。（谭　佳）

【“24·30”执法圈】 2021年，长沙县行政执法局升级指挥调度平台，畅通执法“110”投诉举报热线，精细“24小时随时接听投诉，30分钟内赶到现场处置”的全天候执法圈，基本实现投诉举报“小事不出网格，大事不出镇街”。全年长沙县行政执法局指挥中心交办各类投诉举报56857件（含咨询8157件），比2020年增长50.49%。（谭　佳）

农　业

编辑　周进银

综　述

【概况】 2021年，长沙县农林牧渔业总产值149.56亿元，农村居民人均可支配收入40781元，农业综合机械化率82.8%。全县村级集体经济总收入1.07亿元，经营性收入4547万元。收入达到25万元，其中，经营性收入达到6万元的村（社区）有145个。初步完成开慧镇开慧村、锡福村；长龙街道湘峰村、茶塘村的村社分账的试点工作，对村级账目规范管理进行初步探索；县农业农村局关于村级集体经济发展的信息被中办、国办采用。是年，全县有省三星以上休闲农庄29家，其中，国家五星级农庄9家、省五星级农庄17家。4家省星级农庄升级为省五星级农庄，新评定省四星农庄6家、市五星级农庄3家。全年接待游客840万人次，经营收入24.2亿元。（徐　赛）

【农村改革】 2021年，长沙县完成农村集体资产清查，农村集体经济组织成员名册等相关信息录入农村产权管理系统。通过对镇街和村级调研走访，收集120余处可用于交易的村级资产资源，主要交易品种为农村闲置农房、农村承包地和农村集体建设用地等，促进农村产权交易运行。

（徐　赛）

【脱贫攻坚成果巩固】 2021年，长沙县选派驻村帮扶工作队43支98人，组织开展脱贫质量排查4次，识别纳入监测对象187户424人，全县监测户433户1072人。实施产业帮扶项目176个，落实1.18万人的基本医疗保险购买工作，总金额332.7万元；认定就业帮扶车间18家，开发岗位132个，吸纳脱贫劳动力就业111人，开发县镇村三级公益性岗位115人。

（徐　赛）

【农村人居环境整治】 2021年，长沙县改造无害化厕所5400户，新建农村公共厕所10座，农村旱厕全面“清零”、农村无害化卫生厕所全覆盖、行政村公共厕所全覆盖。推广农村生活垃圾分类“多网融合”模式，完善农村垃圾收转运处置体系，农村生活垃圾回收利用率35%以上。铺排“两河七口”截污治污项目192个，提标改造17个镇（街道）污水处理厂，推进一体化污水处理设施和分散式污水处理设施建设，农村人口聚居区生活污水收集处理全覆盖。推进美丽宜居村庄建设，实施4个乡村振兴示范镇、78个省级乡村振兴示范村、7个省级美丽乡村创建，全域推进158个美丽宜居村庄建设，打造一批“宜居宜业宜游”美丽乡村典范。

（徐　赛）

【乡村振兴】 2021年5月8日，长沙县乡村振兴局挂牌，拟定《全面打造乡村振兴标杆区加快农业农村现代化的实施意见》《建设乡村振兴标杆区规划纲要（2021—2025）》《全域打造乡村振兴标杆区的三年行动方案（2020—2022）》等系列文件。

（徐　赛）

【民宿产业】 2021年，长沙县印发《2021年民宿产业发展项目申报指南》《长沙县民宿产业发展专项资金使用管理办法》《“慧润模式”集中连片打造工作方案》。高桥、路口、开慧、福临、果园、青山铺、春华、江背、黄兴会展区、金井、安沙、长龙街道12个镇（街）新建民宿床位711张，其中，自主发展118张，37处民宿庭院提质改造及周边配套设施完善。对新申报民宿运营主体、镇街、村组有关人员开展民宿专业培训。全县民宿接待游客23.6万人次，销售收入4970万元，集体增收135万元，农户产品收入2872万元，直接从业人数168人，间接585人，带动农户220户。（徐　赛）

【生态移民】 2021年，长沙县开展生态移民。北山镇荣合桥二期建设房屋132户，第一次验收及第一批资金完成；放弃宅基地安置91户290人，验收及资金拨付29户107人。高桥镇生态移民三期完成95户村民建房。全年长沙县拨付生态移民工程项目资金6000万元（其中，北山镇3000万元，高桥镇3000万元）。（徐　赛）

种植业

【概况】 2021年，长沙县种粮面积75673.33公顷，总产量50.61万吨。蔬菜播种面积28973.33公顷，产量110.13万吨，产值22亿元。稻田综合种养面积493.33公顷，总产值3250万元。茶产业加工干茶8.01万吨（包括县外订单茶园），加工产值25.2亿元，茶及相关产业综合产量45.1亿元，茶园面积6953.33公顷。水果（含西甜瓜）种植面积6021.33公顷，产量7.15万吨，产值2.9亿元。

（徐　赛）

【茶产业发展】 2021年，长沙县茶园面积6666.67公顷，县外订单茶园面积26666.67公顷。长沙县被评为“2021年中国智慧茶叶样板县域”、全国茶业百强县、湖南省乡村振兴茶产业十大重点县等。“长沙绿茶”获湖南省乡村振兴茶产业十大领跑品牌、“湖南气候好产品”和“袁隆平特别奖”。长沙绿茶作为第二届中非经贸博览会指定用茶。根据《关于印发推进现代农业高质量高水平发展若干政策实施细则的通知》和《关于组织做好现代农业高质量高水平发展项目申报工作的通知》的文件精神，长沙县14个主体16个项目通过验收，铺排财政专项资金2676.2万元。长沙绿茶品牌运营中心制定《2021年“长沙绿茶”区域公共品牌建设项目实施方案》，申请500万元用于品牌的宣传和推荐。全年“一县一特”茶产业县级预算1000万元，入库项目61个。（徐　赛）

【蔬菜产业】 2021年，长沙县蔬菜播种面积30133.33公顷，总产量

115.14万吨，总产值24亿元，其中，食用菌种植面积226万平方米，产量2.8万吨，产值2.6亿元。全县专业蔬菜基地种植面积3866.67公顷以上，绿色、有机蔬菜产量占总产量30%以上。九农、胖胖、宇田等17个基地达到市级标准化蔬菜基地建设标准。宣传发动21个基地参入抢种抢栽叶类菜157.23公顷，保障早春蔬菜“保供”“渡淡”。统筹建设科普教育基地，朴愿博野、绿悠朴、地锦农庄、素里养等基地的一、三产业融合发展，打造集蔬菜生产、采摘、休闲观光、科普教育、亲子体验等为一体的现代都市型蔬菜产业，实现生产型产业向服务型产业的转变。发展网络平台订单农业。宇田农业打造产销平台，年销售额700万余元，朴愿博野有机菜售往北京、上海，与盒马鲜生等平台成功对接。（徐　赛）

【水果产业】 2021年，长沙县水果（含西甜瓜）种植面积6021.33公顷，产量7.15万吨，产值2.9亿元。湖南紫欣农业发展有限公司绿色生产示范园，完成1000平方米单层钢架大棚建设、7.33公顷简易棚建设、8.33公顷喷滴灌设施等建设。全年育苗220万株，产值2950万元。湖南湘移农林科技有限公司、森茂农业科技有限公司以提供种苗、技术指导为长沙县乡村振兴、产业结构调整、精准扶贫工作提供技术保障。（徐　赛）

【中药材产业】 2021年，长沙县中药材种植面积112公顷，产量509.76吨，产值0.779亿元。主栽品种迷迭香、吴茱萸、铁皮石斛、湘莲、罗汉果、百合、黄精、贝母等，重点分布在果园镇、北山镇、安沙镇、江背镇、金井镇等。（徐　赛）

【植保工作】 2021年，长沙县绿色防控面积37333.33公顷。推进化肥减量增效，全年推广测土配方施肥面积103066.67公顷，推广绿肥种植8173.33公顷，推广水肥一体化740公顷，创建化肥减量增效综合示范片1个，有机肥替代化肥百亩示范片5个，田间肥效试验7个。（徐　赛）

养殖业

【概况】 2021年，长沙县生猪存栏44.6万头，生猪出栏66.48万头；能繁母猪存栏5.35万头，牛存栏0.85万头，牛出栏0.7万头；羊存栏1.8万头，羊出栏2.05万头；家禽存笼254万羽，家禽出笼230万羽。全县有31家畜禽规模养殖场，鑫广安、天府公司2家核心种猪场。全县水产放养面积约2976.67公顷，总放养量290万千克，养殖产量约1.4万吨，产值1.85亿元。养殖品种以四大家鱼及鲫鱼、鳊鱼为主，特色养殖品种有大闸蟹、泥鳅、嫩仔鱼、甲鱼、翘嘴白、鳜鱼、黄颡鱼及观赏鱼养殖等；稻田综合种养面积493.33公顷，总产值3250万元，为农旅游、体验游、农业科普提供产业支撑，2021年继续获得全国生猪调出大县奖励资金。（徐　赛）

【动物卫生监督与防疫】 2021年，长沙县产地检疫生猪41.47万头、牛羊1217头（只）、禽类73.61万羽、犬猫70只；官方兽医出证147万份；湖南长株潭广联生猪交易市场有限公司和长沙富饶农牧开发有限公司屠宰生猪423097头，处理病害猪和三腺病变组织1783.22头，并进行无害化处理，无害化处理率占总屠宰量4.21‰。检测非洲猪瘟血样5317批次，环境样722批次，全部合格；检测“瘦肉精”23627头份，“瘦肉精”检测占屠宰比例5.58%，开具肉品品质合格证520719份，确保出场生猪产品的质量安全。黄兴惠湘禽业和水渡河家禽批发市场分销换证禽类962.9万羽、牛羊分销换证分别为2.7万头和1.04万头。建成“1（中心）+5（收集点）”覆盖全县的病死动物无害化集中收集处理体系，启用武汉至为无害化监管App，对每头病死猪从收集、储藏、调运、处理过程及副产物销售全过程、全方位监管可追溯，全年收集处理病死猪20652头、禽类5675羽、羊101只，牛3头、犬猫6只。开展春防、秋防动物集中免疫工作，全县发放强制免疫病种疫苗：猪口蹄疫84.5万毫升、牛羊口蹄疫9.68万毫升、禽流感161万毫升、小反刍兽疫3.26万头份，免疫猪口蹄56.8万头、牛羊口蹄疫1.66万头、禽流感309.64万羽、小反刍兽疫1.45万头份，应免动物免疫密度100%，全年免疫抗体水平70%以上。开展疫情监测和免疫效果评估工作。其中，禽流感专项检测采样4056份，非洲猪瘟监测采样1412份，小反刍兽疫强制免疫退出风险评估采样1981份，布病检测采样6318，免疫效果评估采样1513份，血吸虫病监测3户，狂犬病抗体检测49份，检测检疫38只犬和29只猫。对监测中发现的阳性样品按要求做出相应处置，对免疫效果评估不达标的养殖场督促采取补免措施。通过“3•15”宣传日、“6•16”安全宣传日、食安宣传周、“以案说法”、QQ群、微信群、村村响、印发生猪养殖户告知书、宣传挂图、召开培训会等多种形式，宣传“非洲猪瘟”、高致病性禽流感防控知识。全县发放各种宣传资料11万份，召开培训会议65场，培训人员3850人次。（徐　赛）

【畜禽退养和粪污资源化利用工作】 2021年，长沙县238家规模养殖场、第三方服务机构、非规模养殖户、种植基地完成255个项目建设。全县规模养殖场粪污处理设施装备配套率100%，畜禽粪污综合利用率91.62%。开展两河流域畜禽粪污处理摸底调查工作。指导各镇街探索和实行中小养殖场（户）畜禽粪污治理有偿服务模式。全县13个镇建立15个镇级能源服务中心，负责当地“两池”清运；统筹种植业与养殖业发展规模，以养定种，全县以“佳和农牧”为典型的21家规模养殖场实现种养结合，采用“猪—沼—苗（果、蔬、牧草）”种养平衡模式，肥料化利用面积266.67公顷，每公顷增收节支1.5万元以上，粪污治理和资源化利用有效衔接。（徐　赛）

农业机械化

【概况】 2021年，长沙县农业机械总动力23.68万台/160.41万千瓦。水稻机耕水平99.91%，机收水平99.29%，机播水平43.45%，水稻耕种收综合机械化水平82.8%，比2020年同期提高1.5%。全县有农机合作社102家，申报“百千万”现代农机合作社50家，省级现代农机合作社示范社4家。实施市级水稻工厂化育秧项目7个，新增水稻工厂化单季供秧能力600公顷。全年发放农机购置补贴国补资金4批次计980万元；组织23家农机作业主体申报市级高质量项目，争取市级财政资金252万元，创建“平安农机示范村和农机合作社”各1家。发放71台县级先进适用农机具和93台秸秆禁烧农机具，价值105万元。年检各类农机具1045台，其中，拖拉机890台，收割机155台。全年新增水稻有序抛秧机20台，插秧机24台，新增注册登记的农机车辆213台，新增农机驾证（含操作证）136人，办理各类驾驶证业务212人次。全县农机牌证系统中819台变型拖拉机，注销708台，注销率86.4%，查实牌证已注销未灭失变型拖拉机24台，全部拆解报废。联合公安交警部门组织联合执法45次，查处违法拖拉机185台次。是年，长沙县获湖南省水稻机插秧和有序机抛秧作业补贴试点县补助资金200万元，选送的荆龙农机专业合作社陈尧被评为湖南省农机维修比赛冠军，被授予“湖南省技术能手”和“湖南省五一劳动奖章”。（徐　赛）

【农机培训】 2021年，长沙县开办农机培训班10期，培训学员1000人。其中，农机操作人员培训班3期，培训人数356人。对本县范围内的农机驾驶学员实行免费培训考证，免收学员费用，所有培训费用在农机事业工作经费中解决，并且使之成为常态化。围绕水稻生产全程机械化和“农机三减量”的先进适用农机具推广，开展机具演示2期，参加演示观摩人员1500人次。推进“工厂化育秧、商品化供秧、合同化插秧、产业化经营”的市场运行模式，组织各镇（街道）举办农机新机具现场演示会。农机合作社、种粮大户、各镇街农机专干、基层农机技术指导员及当地群众近300人参加观摩和培训。推广新机具、新技术3类，全县新增购置高速插秧机25台，水稻有序抛秧机20台，新增水稻工厂化育供秧面积1333.33公顷。（徐　赛）

【省市县农机事业项目实施】 2021年，长沙县争取到湖南省水稻有序机抛秧和机插秧作业补贴项目县，省级项目资金200万，县级配套140万元，重点对水稻机抛作业补贴每公顷750元，单机全年40公顷以上，水稻机插作业补贴每公顷600元，单机全年33.33公顷以上，县级单独拨出100万元专门用于农机事业项目扶持，重点在全县开展农作物全程机械化示范基地建设补助、支持农机专业合作社开展农机能力提升项目、开展与市级配套的工厂化育秧项目补贴和全县农机维修网点完善建设等补助。是年，长沙县申报湖南省现代农机合作社示范社1家，争取省级财政资金30万元。组织5家农机社会化服务组织申报市级高质量项目。（徐　赛）

农产品加工

【概况】 2021年，长沙县有加工企业235家，有国家级农业产业化龙头企业7家（新增2家），省级农业产业化龙头企业16家，市级重点龙头企业35家（新增10家），农产品加工产值200.65亿元。完成10个市级、13个县级项目申报，市级重点龙头企业的监测全部合格。（徐　赛）

【农产品质量安全监管】 2021年，长沙县推进绿色、有机、地标农产品开发，全县“三品一标”认证企业46家、产品数104个（其中，有机4个、绿色87个、无公害10个，地理标志保护产品1个，农产品地理标志产品2个）。完成各类（国检、省检、市检、县级日常监测和监督抽查）农产品质量安全定量监测任务2117批次，不合格5批次，合格率99.8%。（徐　赛）

林　业

【概况】 2021年，长沙县自然资源局印发《长沙县2021年森林督查暨森林资源管理“一张图”年度更新工作方案》《长沙县打击毁林专项行动实施方案》，并召开长沙县2021年打击林地专项行动、森林督查暨森林资源管理“一张图”年度更新工作部署和培训会议。对2020年抚育的生物防火林带实施现场检查验收，出具评估结果，推进生物防火林带建设管理。对“天然林专项补充调查”开展自查验收，对专项调查的外业工作和内业数据进行检查。对“长沙县市级公益林完善落界”项目开展检查验收。为执法部门作出涉林违法案件鉴定135起（含国土卫片中涉及林地违法），推动森林资源的保护。完成长沙县2021年造林计划任务上图（造林绿化落地上图）；补充完成长沙县2020年度商业性林木采伐上图，以及2021年林木采伐现场踏勘及上图43处；完成林木种子生产经营许可现场踏勘及上图47处。推进林业工作信息化、数字化，林业成果数据（征占用林地、造林、林木采伐等）矢量化。完成国土绿化前期调查。11月3日，《长沙县全面推行林长制实施方案》印发。县级林长名单及责任区域及《长沙县林长令制度》等11项制度呈报县委、县政府签发。《关于规范设置林长公示牌的通知》发各镇(街道)组织落实。印发《长沙县林地保护利用规划(2021—2035年)编制工作方案》,并通过政府采购,确定技术单位,开展林地落界。指导基层自然资源所建设和管理,全国标准化林业工作站建设(江背林业站)通过验收,落实全县森林保险续保和森林资源流转;做好龙头企业服务和龙头企业项目申报。组织拍摄林业宣传片“添绿筑梦,奋斗有我”。组织科技人员开展送技术下乡活动。安排科技人员对金井镇、春华镇、江背镇进行油茶技术指导,为农民重点讲解苗木整形修剪技术。 (谭云鹤)

【公益林和天然林管理】 2021年,长沙县开展天然林补充调查、林草湿数据与第三次国土调查数据对接和公益林优化、市级公益林完善落界工作。天然林补充调查通过省级审核;国家级公益林优化成果报湖南省林业局审核,市级公益林完善落界成果通过长沙市林业局第一次审核,县级公益林优化形成成果。发放2021年国家级、县级公益林生态效益补偿资金9919611.9元;拨付全县林地管护费1371082.02元至各镇(街道);发放森林禁伐补助21.6万元;协调解决北山镇明月山村2019年国家级公益林纠纷并补发补助资金;补发高桥镇金桥村2018年市级生态公益林约146.94公顷,59509.35元。

(周吉扬)

【林木限额采伐管理】 2021年,长沙县执行林木限额采伐管理,严守林木采伐限额指标不突破。落实“最多跑一次”行政审批规定,实现5个工作日办结,依法审批核发林木采伐许可证114份,蓄积10096.3立方米,采伐量低于限额计划(44643立方米),有效控制森林资源消耗。

(彭国安)

【林业有害生物防控】 2021年,长沙县完成春季疫木清理任务。全县伐除疫木62596株,组织实施全县约3333.35公顷松褐天牛综合防控措施,检查走访群众3.5万余户,排查木制品加工企业50家,收缴并集中焚毁松材14吨,开展检疫执法行动20次。组织镇(街道)相关人员开展松材线虫病防治暨“松线管家”平台应用培训,发布督查通报12份、提示函5份至各疫点镇(街道),对15个疫点镇(街道)春季枯死松木除治进行检查验收,开展2021年度全县松材线虫病秋季普查,全县普查新枯死松木30128株。落实中央财政森林抚育项目资金,全县安排森林抚育面积约820公顷,启动冬季枯死松木清理除治,并对2020年度除治工作开展绩效评估。落实松材线虫病五年攻坚行动计划报送湖南省林业局,配合国家林业局森林病虫害防治总站在长沙县青山铺天华村实施的松材线虫病新型药剂试验。完成2021年越冬代松毛虫虫情和黄脊竹蝗卵期调查,对安沙镇、北山镇、开慧镇、福临镇、青山铺镇约2933.33公顷林业有害生物防治进行跟踪和管理,落实对毗邻长沙县7个镇(街)受威胁的美国白蛾的防控与监测措施。按产地检疫技术规程,对全县19个镇(街)217个村(社区)约7373.5公顷花卉苗木进行产地检疫,花卉苗木总株数14785.225万株,实际检疫面积7373.5公顷,产地检疫率100%。提升林业有害能力建设,添置检疫执法、监测、检测、防控等物资设备;组织开展无人机理论和实操操作培训,申报并实施省级林业有害标准化示范站建设。全县17名森防工作人员取得专职检疫员证书。 (陈 迪)

【野生植物保护】 2021年,长沙县对安沙镇境内受白蚁威胁的25株古树实施防治,做好2021年度安沙镇、黄花镇、江背镇10株古树名木抢救复壮。完成后备古树资源普查以及电子化标识标牌更换项目,新增古树名木36株,后备古树219株,报送县政府予以公布。论证并启动生物多样性本底调查项目,完成挂网招标采购事项。 (陈 迪)

【湿地保护与建设】 2021年,长沙县编制长沙县小微湿地申报、资金管理办法,落实长沙县2处小微湿地新建、5处小微湿地修复项目,落实捞刀河退耕还湿还草日常监管、资金拨付。采取多种形式开展宣传 “世界湿地日”“世界野生动植物日”和松材线虫病防治,悬挂宣传横幅50余条,制作展板20余块,制作松材线虫病防治宣传片并在各类平台投放。

(黄 锋)

【造林绿化】 2021年,长沙县启动中央国土绿化试点示范项目,完成申报、外业调查。全县有任务约1560公顷分2年实施。升级改造4个油茶小作坊,12月底组织验收。生态环境综合整治项目基本完成并进行验收。全县建成市级义务植树基地1个、县级义务植树基地15个,市民通过林木管理、绿地养护、庭院绿化等多种形式参与义务植树活动。加强自然保护地资源保护。开展2021年“洞庭清波”自然保护地等涉林生态环境问题专项督查。大山冲森林公园、影珠山风景名胜区总体规划修编通过县级评审。检查苗木企业80余家,推进良种油茶采穗圃建设。办理种子生产、经营许可证50本,其中,新办证10本。10月15—17日,参展2021年湖南省花木博览会,长沙县室外展区获金奖,10余件参赛作品分获金奖、银奖。全年营造林面积1266.67公顷,其中,人工造林约133.33公顷,封山育林约666.67公顷,森林抚育约466.67公顷。

(黄 锋)

【病虫防治新技术推广】 2021年,长沙县在松材线虫病疫情发生地江背、北山等14个镇，集中伐除疫木62596株，收缴并集中焚毁病虫害松材14吨。利用无人机喷洒药剂防治约4666.67公顷。为建立长效机制，国家林业局在青山铺建立1个国家级松材线虫病防治推广示范基地。

（陈　迪）

【森林督查】 2021年，湖南省林业局下发森林督查判读图斑554个，根据外业调查结果内业整理核实后图斑数为648个（含细碎图斑），建立森林督查成果数据库并上报湖南省林业局，涉嫌违法图斑70个全部移交县行政执法局。疑似违法图斑立案48个，办结48个。开展历年森林督查开展回头看，2018—2020年国家林草局下发森林督查疑似图斑1669个，自查后涉嫌违法图斑271处，全部移交县行政执法局进行查处，按照要求整改到位。

（彭国安）

【打击毁林专项行动】 2021年，湖南省林业局下发长沙县2013—2017年打击毁林专项行动遥感判读图斑39个，外业核查全部完成，初步成果数据库建立并上报湖南省林业局。11个涉嫌违法图斑全部移交县行政执法局查处，8个行政立案办结，1个刑事办结，处罚款金额896120元。

（彭国安）

水　利

【概况】 2021年，长沙县水利局完成政府投资水利建设投资4.31亿元，涉及61个项目，其中，已竣工项目26个，续建项目15个，新建项目17个，预备项目3个。制定“一河一策”，实施两河七口截污提质项目192个，总投资5.7亿元。创建市级美丽幸福河2处、小微水体管护示范片区4处。全年投入9300万元，实施农村自来水巩固提升工程31个。建成4座农村水厂，长沙县金井水厂入选全国农村供水规范化水厂。5月，水利部印发《关于表彰全面推行河长制湖长制先进集体和先进个人的决定》，浏阳河县级河长、榨山港县级河长毛葵被评为“全国优秀河（湖）长”。7月，水利部印发《关于公布第四批节水型社会建设达标县（区）名单的公告》，长沙县成为全国第四批节水型社会建设达标县。

（廖国君）

【河湖长制】 2021年，长沙县创建市级美丽幸福河2处、小微水体管护示范片区4处，汇编印发《河湖长制工作手册》，强化工作培训。构建“四长两员”工作体系，实现河湖长制体系动态化管理；浏阳河、捞刀河长沙县段总体水环境质量达到地表III类水质，区域内河流出境断面达标率100%。

（廖国君）

【水利项目建设】 2021年，长沙县完成140座小型水库的安全鉴定，实施天新、八斗冲、西冲、藕塘4座水库除险加固。推进水塘垸堤防达标工程、回龙垸大堤防渗加固工程（一期）、敢胜垸防洪圈一期和二期、捞刀河流域综合治理等堤防达标和河道整治项目建设，其中，捞刀河回龙垸大堤防渗加固工程（一期）总投资1.1542亿元，长度5.5千米，回龙垸与水塘垸堤防项目建成以后形成闭合防洪圈，有效保障星沙城区防洪安全。高铁新城浏阳河防洪圈一线堤防总长度27.73千米，总计划投资22亿元，建成5.59千米，在建14.84千米，还需达标建设7.3千米。项目按100年一遇防洪标准建设，200年一遇防洪标准预留。捞刀河流域综合治理河道、岸坡长度15.75千米，工程总投资3402万元，完成主体工程建设。

（廖国君）

【农村自来水】 2021年，长沙县建设改造6项骨干供水管网，对安沙、金井、福临、青山铺、北山等镇新建通村达组配水管网建设；全县骨干管网全部建成，城乡供水实现多处联通对接，农村供水范围覆盖95%行政村，80%村民组，水质达标率100%，供水保证率95%，新增农村自来水入户人口4.9万人，脱贫户及监测户饮水安全问题持续动态清零。

（廖国君）

【移民开发】 2021年，长沙县编制《长沙县大中型水库移民后期扶持“十四五”规划》。全县直补移民动态核减69人，通过“一卡通”形式发放移民6747人直补资金404.82万元，市级移民口粮补贴391户1442人9.41万元，县级移民口粮补贴442户1632人49.47万元。春节、元旦期间慰问特困移民82人，送去慰问金6.56万元。投入培训费用4.8万元，组织实用技术培训移民120人，提升移民就业创业能力。根据省市有关政策，对长沙县31名录取到职业学校的初高中毕业移民补助12.4万元，对11名考取大学的移民补助3.08万元，对移民计生家庭中录入普高的20人补助2万元。

（邓金玲）

【三叉河被评为省级“美丽河湖”】 2021年，长沙县三叉河为浏阳河右岸一级支流，发源于长沙县江背镇肖排村曹木坝，流经江背镇7个村（社区），于金洲村小洲组汇入浏阳河，全长21.6千米，流域面积156平方千米。12月，被湖南省河长制工作委员会办公室评为省级“美丽河湖”。实施三叉河综合整治、南北垸防洪保护圈治理工程，采取河堤培厚加固、闸坝整修、河道清淤疏浚、生态护坡、堤坡绿化等措施，提升河道防洪保安标准和行洪能力，增强水体自净能力，改善三叉河的水生态环境。建成排放标准达到地表水准IV类的乡镇污水处理厂，完成30.6千米主管网和20千米配套支管网建设，完成6处一体化污水处理设施及配套管网建设，覆盖5个集镇和集中居住区截污治污。根据市水质监测站每日监测结果，三叉河入浏阳河口水质稳定达到II类标准。

（廖国君）

工业·建筑业

编辑　周进银

综 述

【概况】2021年，长沙县工业投资比2020年增长32.9%，工业技改投资比2020年增长33%，受2020年新冠疫情期间基数较低的影响，全年工业整体呈前高后低的运行态势。规模工业增加值比2020年增长7%。完成规模工业产值1833.1亿元，比2020年增长10.1%，其中长沙经开区完成规模工业产值1621.3亿元，比2020年增长14.2%，占比88.4%；镇（街道，含综保区）完成规模工业产值211.8亿元，比2020年下降13.6%，占比11.6%，镇（街道，不含黄花综保区）完成规模工业产值210.1亿元，比2020年增长15.9%，占比11.5%。全年工业税收占全县税收45.3%。工程机械、汽车及零部件、电子信息产业分别实现产值572亿元、631亿元、192亿元。制造业占GDP比重44.2%。中国铁建重工集团股份有限公司、湖南五新隧道智能装备股份有限公司、湖南丽臣实业股份有限公司分别登陆科创板、北京证券交易所、深圳证券交易所。智能制造试点稳步推进，新增市级智能制造试点企业44家。长沙县累计完成5G站点建设7208个，5G网络实现镇街全覆盖。长沙县电子信息产业产值192.09亿元，引进工程机械、汽车零部件配套等11个项目落户长沙县。绿色发展加速推进，牵头完成11家砖瓦轮窑落后产能淘汰。修订《长沙县中小企业发展专项资金管理办法》，加大企业支持力度。制定长沙县“纾困增效”暖企十二条措施，发放各类补贴资金500万元。

是年，长沙县被评为落实制造强省建设等政策措施成效明显的市、县市区。根据省政府《湖南省人民政府办公厅关于对2020年度真抓实干成效明显地区予以表扬激励的通报》，2021年制造强省专项资金安排增加长沙县100万元用于工业发展。长沙县被评为全省工业经济运行监测协调县市区先进单位。长沙县被省工业和信息化厅评为“县（市、区）先进单位”；县工信局被省工业和信息化厅评为“2020年湖南省中小企业运行监测工作突出单位”。长沙县被评为“2021年智慧养老应用试点示范名单”，长沙县果园镇被工业和信息化部、民政部、国家卫生健康委员会联合授予2021年智慧健康养老示范街道（乡镇）。（胡宇濠）

【企业清欠】2021年，县工信局牵头清理拖欠民营企业中小企业欠款，制定全年工作重点，定期对全县政府部门及国有企业拖欠民营企业中小企业账款情况进行排查、清理和宣传，配合人社部门开展拖欠农民工工资专项行动。牵头优化营商环境实体经济降成本工作，调度税务、人社、供电等部门减税降费。牵头优化产业链、无极化配套改革2项县委改革事项。牵头负责省委巡视反馈产业结构单一问题的整改。牵头中小企业发展专项资金和暖企十二条措施的通知发布、业务培训、专家评审、部门联审。宣传惠企政策，为企业制定惠企政策包。组织企业申报、重大项目跟踪服务，为200余家企业争取兑现新能源补贴、税收增量奖补、制造强省补贴等资金近2亿元，兑现贷款贴息、电费补贴等政策近2000万元。牵头修订《长沙县中小企业发展专项资金管理办法》，出台各类专项实施细则，增加镇街推荐把关、三方评审等程序，统一申报条件、审核流程等，明确并细化支持范围、补贴标准，最高支持比例提高到30%，最高补贴提高到200万元。经企业在线申报、入库审核、现场考察、专家评审及部门联审等程序，支持项目159个，涉及资金3800万元，于年底拨付。研究全县产业发展现状，提出可行性方案。牵头制订《长沙县长沙经开区打造国家重要先进制造业高地三年行动计划（2021—2023年）》《长沙县“十四五”工业和信息化发展规划》《全县产业链建设工作情况汇报》《长沙县长沙经开区关于开展“千人帮千企”暖企行动实施方案2021—2023年）》，并出台发布相关文件。设立长沙县企业帮扶服务办公室，统筹全县工业企业帮扶服务，2020—2021年，帮服办收集企业反馈问题十二批147个，县级办结率100%。县中小企业服务中心成立，为全县中小企业提供政策、金融、管理等全方位服务。开展为期3年的专项暖企行动。全县收集、梳理企业困难问题77个，涉及用工、土地、融资等方面，办理完成49个，其余28个问题由相关部门办理中。组织企业申报‘纾困增效’暖企十二条补助，最终核定106家企业符合文件有关规定，补贴505万元。

（胡宇濠）

【园区改革】2021年，县工信局推进工程机械、汽车零部件产业链中的结构件生产基地、关键零部件智能生产、高端应急抢险车生产基地等项目上会。谋划引进实施一批带动作用明显的新项目、大项目，加快形成一批新的增长点、支撑点。长沙鑫耀结构件生产基地建设项目等11个项目上招商引资主任办公会。北山产业基地（一期）9.51公顷完成征地和拆迁，二期（约29.77公顷）、三期（约53.87公顷）地块进行镇域村镇布局规划修改论证报告编制和新一轮国土空间规划编制。提交县项目建设领导小组前置会项目：烯源新材料（供地3.2公顷）。三垚科技、樱娜服装等项目通过二次招商形式落户北山。梅花工贸新区项目约27.28公顷完成土地清表基本符合交地条件。补征17.6公顷（2021—63批次）基本完成征地拆迁，组织用地报批，基本完成用地报批的组卷。江背镇牵头编制的《江背镇梅花工贸新区控制性详细规划》，形成比较完善的控规初步成果。养益君生物科技园项目、坚韧机械、鑫胜电力、麻姑井酿酒基地、英平机械江背工贸新区制造基地等5个项目通过县项目建设领导小组会议。协助青山铺镇与市工信、长沙经开区、自贸临空区等部门沟通对接，启动青山工业园区申报托管。（胡宇濠）

【5G基础设施建设】2021年，县工信局完成《长沙县第五代移动通信基站及配套设施专项规划》编制。与县自然资源局、省邮电设计院、三大运营商、铁塔公司及其他各相关镇街、单位沟通协调，规划中的2000余个站点与自然资源局国土空间规划相匹配，并通过专家评审。协调5G基础设施建设。与县移动、县联通、县电信联合开展汇聚机房现场选址，协调福临、江背、北山、黄兴会展经济区开放镇政府大院并完成汇聚机房建设，协调高铁新城开放高架桥下闲置空间进行三家运营商汇聚机房共建，自贸会展区批复办理城管进窗手续；协调全县汇聚机房、基站现场踏勘进窗。做好省“三个十大”（铁建重工大型掘进机主轴承、大众电动汽车、三一智联重卡等项目）、市“五个十大”（三一智联重卡零部件和工程机械扩产项目、长沙黄花机场改扩建工程、移动网络信号提质提速行动等项目）项目考核任务推进。省“三个十大”项目“广电5G覆盖工程”项目由县移动分公司承建，第一批规划建设963个5G站点全面开展建设。其中，该项目完成171处站点建设，完成9处汇聚机房踏勘及3处汇聚机房利旧改造，SpN传输网规划11台设备中完成建设8台。市考项目移动网络信号提质提速项目完成4G、5G基站建设624个。（胡宇濠）

【复工复产】2021年，县工信局制定工业企业疫情防控走访方案，局领导带队到全县规上企业走访督查疫情防控工作，查看企业疫情防控情况，指导企业做好人员排查管理，提升防控和应急处置能力。镇街规模以上工业企业有星通汽车、新金辐两家企业，星通汽车主要生产救护车，产能5台/天，新金辐主要生产碘伏棉签，产能6万只/天，N95口罩有少量库存捐献给本地。成立调研工作小组，开展重点行业和50家亿元企业调研，掌握全县重点企业经济运行中存在的突出问题。加大小微企业培育。开展摸底调查，建立企业后备库，将达到条件、2021年可以达到条件的潜在企业纳入后备库，建立详细台账。10月26日，召开镇街工业经济运行分析会。开展重点行业“挖潜”工作。经摸排，全县镇街食品、混凝土行业可挖“潜力”比较大。10月28日，联合县住建局、县统计局召开混凝土行业座谈会，了解混凝土行业经营情况，开展业务指导，确保混凝土行业数据应统尽统。抓好工业领域的安全生产，配合县应急管理局、消安办等单位做好道路安全、消防安全、食品安全相关工作。加强工业企业安全生产标准化建设的指导。对县域内新、扩建及未通过三级标准化评定的7家（含7家）工业企业进行安全生产标准化建设指导。加强交通问题顽瘴痼疾整治。聘请中国质量认证中心武汉分中心专家并联合县市监局对县域内湖南慧盟重工科技有限公司等5家车辆改拼装生产企业进行突击检查。发现的违规违法行为进行严肃处置，规范全县《公告》内汽车企业生产行为。加强重点货运源头企业整治。督促源头企业加强上线率及称重设备上传率。年初签定承诺书，企业治超相关信息上墙，日常监管等治超办法通知，按通知步骤落实到位。培养挖掘县内新材料企业，优化产业布局和资源配置，组织新材料企业进行证书换发申请，推荐申报造强省重点新材料产品首批次应用示范奖励项目等工作，配合省、市做好水泥、建材企业错峰停产。服务食品行业，加强企业食品安全以及组织企业申报长沙市食品企业转型升级等项目。组织企业积极申报湖南省质量标杆、省级企业技术中心、长沙市企业质量品牌发展培育库企业和长沙县县长质量奖。做好长沙县公共应急防疫物资储备。印发轮换方案。8月1日，县工信局、县财政局、县卫健局等联合印发轮换工作方案，方案包含轮换责任清单。迎接财政部绩效评价。9月9日—10日，财政部对长沙县应急物资保障体系建设进行绩效评级，按照相关要求提供相应评价资料，并进行问题解答。督促工业企业抓好疫情防控。（胡宇濠）

【智能制造】2021年，县工信局开展“两上三化·企企通”系列活动。加快推动新一代信息技术与制造业深度融合，深化“上云上平台”，加速数字化网络化智能化转型，6月23日，下发《长沙县中小企业“两上三化”实施方案》，借助三大运营商优势力量、资源，推动长沙县中小企业数字化、网络化、智能化转型。完成智能制造试点企业培育。2021年长沙县智能制造试点企业新增目标为40家（含长沙经开区30家），长沙县（不含长沙经开区）推荐35家企业申报市第八批智能制造试点企业，入选市第八批智能制造试点企业13家。推动企业智能化技术改造。通过申报市工发资金中的智能制造专项项目推动企业智能化技术改造，组织推荐45家企业申报市工发资金智能制造专项中的智能化技术改造项目，推荐6家企业申报首台套项目，25家企业获得市工发资金智能制造专项中的智能化技术改造项目资金552.66万元，5家企业获得市工发资金首台套项目资金150.89万元。（胡宇濠）

工程机械产业

【铁建重工集团股份有限公司】2021年，铁建重工集团股份有限公司（以下简称“铁建重工”）实现营业收入95.17亿元，比2020年增长25.05%；实现净利润17.35亿元，比2020年增长10.74%，研发投入6.78亿元，占营业收入比例的7.12%；研发人员1413人，占总人数的28.6%。作为全球领先的地下工程装备和轨道交通装备大规模定制化企业，铁建重工是A股市场上首例央企分拆境内A股上市子公司，也是工程机械行业第一家在科创板成功上市的企业。2021年6月在科创板上市以来，铁建重工加速“资本、产业、科技”深度融合，研发实力、主要产品市场占有率、全生命周期服务能力、品牌影响力均处于行业领先地位。隧道装备产业持续领先，在盾构机领域极限尺寸盾构技术不断进步，成功研制16米级国产最大直径土压平衡盾构机“京华号”及国产最小直径土压、泥水平衡盾构机；生产的隧道掘进机涵盖九大系列130余类型产品，开挖直径覆盖0.5～23米。是年，铁建重工排名中国工程机械10强第5位、全球工程机械50强第30位；在2021年全球全断面隧道掘进机制造商5强榜单中位列榜首。

（周进银）

【三一重工重卡事业部】 2021年，三一重卡生产汽车1.2万辆，产值34.7亿元。三一重卡是三一集团推进实体经济和互联网深度融合的智能制造项目，是三一集团数字化和智能化转型的先行者。2018年5月上市发布，成为三一集团首个当年盈利的事业部。2019年销售突破1万台，2020年销售突破2万台。（胡宇濠）

【长沙中联重科环境产业有限公司】 2021年，长沙中联重科环境产业有限公司生产环卫等专用车1.77万辆，比2020年下降25%；产值54.6亿元，比2020年下降25%。长沙中联重科环境产业有限公司位于长沙高新技术产业开发区，为盈峰环境科技集团股份有限公司全资子公司。公司总资产147亿元，员工3000余名。公司主导和参与行业80%以上技术标准的制定，专利近1000项，是国内领先的环卫装备及智慧环卫服务企业。环卫装备市场占有率连续20年稳居国内第一位，环卫核心产品市场占有率超50%，环卫清洁车获得国家单项冠军产品称号，新能源环卫装备等多项领先技术引领行业发展。

（胡宇濠）

【山河智能装备股份有限公司】 2021年，山河智能装备股份有限公司营业收入11407664344.78元，比2020年增长21.65%；净利润3.18亿元，比2020年下降43.62%。年内，该公司取得一系列创新成果，700千克短距起降固定翼无人机首飞成功，在中大型无人机飞控技术领域实现自主掌控；发布全球首台5G智能凿岩钻机、国内首台新能源电动智能挖掘机；大吨位旋挖钻机、大桩架、长臂挖机、后倒桅旋挖钻机、全球首创双层快压沉管机等创新产品下线；自主研发的自行走式双联管焊接平台解决国际最大管径（1422毫米）的野外焊接难题。是年，山河智能作为首个试点单位，完成湖南省自贸区“工程机械二手设备出口全流程试点”改革创新项目，成果入选商务部研究院《中国自由贸易试验区发展报告》，并驱动改革政策落地。首次登上《中国500最具价值品牌》榜，公司被评为国家级工业设计中心，挖掘机研究院总工程师郝鹏被评为全国优秀共产党员，公司党委被评为湖南省“先进基层党组织”。（胡宇濠 李钒溦）

汽车制造及零部件产业

【天际汽车（长沙）集团有限公司】 2021年6月，天际汽车（长沙）集团有限公司投产并启动ME5的销售。该公司是一家集新能源汽车研发、生产、销售和服务于一体的高端出行科技企业，公司总部落户于长沙国家高新技术产业开发区。全国共有3个生产基地，分别位于湖南长沙、浙江绍兴与山东青岛，在售车型为天际ME7，ME7定位于高端豪华SUV，共计销售约 500台。第二款车型为天际ME5，ME由长沙生产基地进行生产。天际汽车长沙生产基地于2019年3月启动建设，项目占地约26公顷。第三款车型为山东青岛基地所生产的ER600新能源商用车。（胡宇濠）

【湖南恒润汽车有限公司】 2021年，恒润汽车有限公司生产汽车1501辆，产值0.89亿元，比2020年下降8.0%。湖南恒润汽车有限公司地处国家级湘潭经济技术开发区恒润高科产业园，是一家具有商用车、其他类乘用车、新能源商用车、新能源乘用车等产品生产资质的生产企业。公司2014年3月注册成立，注册资金2亿元，员工380人，其中，大专以上学历、中高级职称的技术及管理人员50余名。公司建设有整车及新能源整车四大工艺生产线和整车检测线，建筑面积约10万平方米。生产、检测设备齐全，部分设备达到国内先进水平，有大型剪板机、大型数控液压折弯机、油压机、等离子切割机、数控等离子水下火焰切割机、自动焊接生产线、车身焊装线、参数化电脑设计中心、整车控制系统的测试系统、整车安全检测线。（胡宇濠）

【湖南吉利汽车部件有限公司】 2021年，湖南吉利汽车湘潭分公司生产汽车13.4万辆，比2020年下降21.4%，产值174.3亿元，比2020年下降5.8%。吉利汽车湘潭制造基地自2005年签约落户湖南以来，坚持“滚动发展、持续投入、逐步成长”发展模式，累计投资超过100亿元，成为集团重要战略生产制造基地之一，公司员工3000余人。公司实施产品转型、工厂升级，投入巨资建成一座自动化、智能化、敏捷制造的现代化绿色工厂，从原来单一车型发展为现拥有轿车（吉利远景）、SUV（吉利缤越）、新能源车多平台车型。在产业链方面，有效带动园区产业集群集聚发展，公司远景、缤越两个车型中供应商本地化（长株潭）本地化供应商企业一、二级近80家（一级供应商近40家），本地化配套体积占比超80%。（胡宇濠）

【中车时代电动汽车股份有限公司】2021年，中车时代电动汽车股份有限公司生产新能源客车4242辆，比2020年增长3.3%，产值33.36亿元，比2020年下降4.3%。中车时代电动汽车股份有限公司成立于2007年，是整合国内外优质资源成立的国内第一家专业从事电动汽车研发与制造的高新技术企业，打造新能源汽车从元器件到驱动电机、电池管理系统等关键零部件以及动力系统平台和整车制造的新能源汽车的全产业链平台，拥有“一个总部和七大产业基地”，形成“客车产业、专用车产业、物流车产业以及科技零部件”四大产业板块。在节能与新能源汽车领域，拥有专利380项，主持和参与制定国家及行业相关标准26项，获得国家级及省部级科技进步奖励7 项。“十三五”期间，中车电动累计实现营业收入240亿元、利税总额近10亿元，培育和带动省内配套企业50余家，拉动就业2万人。（胡宇濠）

【湖南机动车检测技术有限公司】2021年湖南机动车检测技术有限公司，被国家市场监管总局批筹为国家新能源汽车质量监督检验中心（湖南）。公司技术能力覆盖新能源商用汽车、纯电动乘用车整车、电动摩托车、新能源关键零部件等综合检测能力，具备各类测试设备600 余台套，检测能力涉及1000余个检测项目，能够承担汽车/电动摩托车产品公告、CCC、交通部营运车辆安全及油耗等法规认证检测业务，新能源汽车整车及新能源关键零部件研发检测技术服务、新能源汽车整车及新能源关键零部件评价、出口认证检测一体化服务等专业的技术服务。拥有电磁兼容试验室、整车试验室、碰撞试验室、动力系统试验室、电池试验室五大实验室。（胡宇濠）

【北京汽车股份有限公司株洲分公司】2021年，北汽株洲分公司生产汽车4.38万辆，比2020年下降58.3%，产值42.98亿元，比2020年增长43.2%，其中，生产新能源汽车1.85万辆，比2020年下降59.9%。北京汽车股份有限公司株洲分公司是北京汽车第一个自主品牌外埠乘用车基地，也是北京汽车自主品牌产能最大的整车制造基地。2013年6月，株洲分公司一工厂全面建成；2017年5月6日，株洲分公司二工厂一期落成。株洲分公司总占地170万平方米，具备年产32万辆传统燃油车及新能源车的生产能力，建设有冲焊涂总及发动机五大工艺，累计整车产量突破115万台。（胡宇濠）

【比亚迪汽车工业有限公司长沙分公司】2021年，长沙比亚迪生产汽车13.57万辆，比2020年增长116.5%，产值433.3亿元，比2020年增长24.7%，其中新能源汽车产量11.95万辆，比2020年增长186.2%。长沙市比亚迪汽车有限公司成立于2009年8月，是由比亚迪汽车工业有限公司和比亚迪汽车销售有限公司共同投资建设的民营内资企业。公司员工17000余人，由电动客车、乘用车（含新能源乘用车）和电动卡车及专用车三部分组成。在汽车产业的基础上新增轨道交通、高端电子智能终端、汽车动力电池、IGBT半导体等全产业布局，成为一家横跨湖南省重点发展的先进储能材料及电动汽车、先进轨道交通装备（含磁浮）、显示功能材料、IGBT 大功率器件等产业的龙头企业。主要生产王朝系列秦PLUS DM—i、宋 MAX DM—i、元Pro，海洋系列海豚，e2、e3、e6等10余款乘用车，K系列、C系列纯电动大巴以及配套的核心零部件。（胡宇濠）

【北汽福田汽车股份有限公司长沙汽车厂】2021年，北汽福田汽车长沙厂生产汽车2.03万辆，比2020下降17.9%，产值17.97亿元，比2020下降9.7%。北汽福田汽车股份有限公司成立于1996年，2021年品牌价值1808.36亿元，连续16年蝉联中国商用车行业第一位。福田汽车长沙汽车厂成立于1999年，自落户长沙经开区以来，累计产销汽车超过100万辆，累计销售收入600亿元，利税30亿元，在工程自卸车和轻卡领域里面，产品市场占有率超过35%，排名第一位。2021年7月8日，基于工业4.0智能制造示范应用打造的福田汽车长沙超级卡车工厂项目投产，总投资近15亿元，打造集自动化、智能化、柔性化为一体的南方制造中心。（胡宇濠）

【广汽菲亚特克莱斯勒汽车有限公司】2021年，广汽菲克生产汽车0.91万辆，比2020年下降44%，产值15.05亿元，比2020年下降37.6%。广汽菲亚特克莱斯勒汽车有限公司（简称广汽菲克）成立于2010年3月9日，由广州汽车集团股份有限公司（简称广汽集团）、Stellantis集团以50:50的股比共同投资建设，总投资约170亿元。公司总部位于长沙经济技术开发区，拥有长沙工厂整车生产基地，以及1个发动机工厂，整车总体设计产能16.4万辆，发动机产能48.8万台，在职员工近2000人。（胡宇濠）

【博世汽车部件（长沙）有限公司】 2021年，博世汽车部件（长沙）有限公司实现营业收入58.3亿元，比2020年增长9%。博世汽车部件（长沙）有限公司位于国家级长沙经济技术开发区漓湘中路26号，系德国博世集团投资2.085亿美元于2004年11月15日注册成立的外商独资企业，注册资本6950万美元，公司占地面积22.8万平方米，员工3200余人，其中，研发人员超过400人。公司产品主要包括汽车稳定系统和刹车防抱死系统用的马达、发动机冷却风扇、空调鼓风电机及风机、举窗电机、座椅电机、雨刮电机、雨刮连杆、雨刮片等。除传统汽车部件产品外，其新能源汽车部件产品的研发和生产落户长沙。（胡宇濠）

【广汽三菱汽车有限公司】 2021年，广汽三菱汽车有限公司生产汽车6.11万辆，比2020年下降19.7%，产值66.9亿元，比2020年增长—22%。广汽三菱汽车有限公司成立于2012年10月，注册资本19.47亿元，广汽集团、三菱汽车、三菱商事分别持股50%、30%、20%。公司总占地面积约133.33公顷，总资产108亿元，员工3850人。至2021年，广汽三菱累计产销汽车约72万台，实现工业总产值近850亿元，上缴税收近120亿元。（胡宇濠）

【长沙梅花汽车制造有限公司】 2021年，长沙梅花汽车制造有限公司生产汽车1547辆，比2020年下降30.5%，产值8.1亿元，比2020年增长12.2%。公司成立于2000年，注册资金1.8亿元，占地面积33.33公顷，建筑面积15万平方米，是一家集研发、制造、销售、服务于一体的汽车及工程机械零部件综合实力强劲生产企业，具备年产工程机械及零部件10万台套生产能力。公司形成汽车、工程机械零部件两大产业，改造和提升原传统制造模式，建立薄板和厚板下料生产线、冲压生产线、工程起重机驾驶室焊接生产线、建筑塔机司机室焊接生产、挖掘机驾驶室焊接生产、高空作业机械底架焊接线、高空作业机械臂架焊接线、混凝土泵车支腿焊接线、阴极电泳线、驾驶室及零部件涂装生产线、工程机械驾驶室总装生产线。（胡宇濠）

【上汽大众汽车有限公司长沙分公司】 2021年，长沙工厂生产汽车18.58万辆，比2020年下降7.8%，产值166亿元，比2020年下降0.7%。上汽大众汽车有限公司长沙分公司于2015年5月24日建成投产，总占地面积167.8万平方米，其中，总建筑面积48万平方米，规划年生产能力30万辆，拥有完整的冲压、车身、油漆、总装四大整车制造车间，通过国家住房和城乡建设部最高级别的绿色建筑设计标识三星认证，是上汽大众首家获此认证的工厂。长沙工厂有五款量产车型，分别是全新朗逸、全新途安L、柯迪亚克、全新朗逸Plus和柯迪亚克GT，五款车型并线生产，产品覆盖A级、B级、SUV等中高级乘用车。长沙工厂新能源车项目总计备案投资金额约80亿元，其中，新建电池车间于2021年10月8日开工。（胡宇濠）

【湖南同心模具制造有限公司】 2021年，湖南同心模具制造有限公司实现营业收入2.5亿元，利润1500万元，上缴税收900万元。公司一季度产值2000万余元，比2020年一季度增长91.4%。湖南同心模具制造有限公司位于长沙县江背镇朱桥社区，2005年7月成立，注册资本8000万元。是一家集汽车覆盖件模具、高强板模具、机械手模具、高精密连续模具、汽车车身轻量化铝合金成型模具的设计与制造的高新技术企业。公司在册员工348人，具备年生产大型模具600套以上，小型模具1000套以上的生产能力。公司通过ISO 9001—2015国际质量管理体系认证，获国家知识产权31项，其中，发明专利6项，实用新型专利22项，软件著作权3项。（胡宇濠）

电力工业

【概况】 2021年，国网长沙县供电公司供电范围内有220千伏变电站4座、110千伏变电站32座（其中，用户变电站10座）、35千伏变电站10座；110千伏线路36条、35千伏线路19条（含3条用户线路）、10千伏线路468条（不含专线），供电台区6058个，服务客户53.45万户。全年售电量75.5亿千瓦时，比2020年增长11.6%。其中，大工业售电量38.52亿千瓦时，比2020年增长5.22%；一般工商业售电量16.84亿千瓦时，比2020年增长20.09%；居民生活售电量19.72亿千瓦时，比2020年增长18.62%。长沙县电网最高负荷145.3万千瓦，比2020年增长5.10%；最大日供电量3077.8万千瓦时，比2020年增长4.59%。是年，国网长沙县供电公司获湖南省电力有限公司配网可靠供电35千伏变电专项奖，被评为国网长沙供电公司先进集体、安全生产先进集体等。（瞿龙轩）

【县域电网建设】 2021年，国网长沙县供电公司完成会展片区网格化规划修编，组织开展县域2025年配网目标网架规划修编工作。政企合作用时10个月完成1000千伏南昌—长沙特高压输变电工程建设，保障湖南能源电力供应“一号工程”按期投产。完成500千伏长沙县变电站最优选址，助力万家丽电力隧道农历年前贯通验收。完成110千伏新扩建工程7项（思源、泉塘、松雅东、果园、螺丝塘、春华、光达），新增110千伏变电容量504兆伏安，解决110千伏松雅河、鹤鸣、35千伏春华、果园主变高峰负荷重载问题。完成2020年城农网续建、2021年新建项目2.7亿元，新建改造10千伏线路158.73千米，新增配变容量39750千伏安。解决电校一回、光兴线等25条10千伏线路重载问题。（瞿龙轩）

【电力服务】2021年，国网长沙县供电公司完成中非论坛、特高压投产仪式、“三考”“两会”等130余项重大保电任务，变电设备全年“零故障”。保障全县医疗机构、重点物资生产企业和各级政府机关、重要媒体单位可靠供电。坚持“保安全、保民生、保重点”，开展3轮24天有序用电，平均控制负荷17万千瓦至35万千瓦。配网线路跳闸率、配变停运率、配变停运时长、配变出口低电压率比2020年分别下降59.16%、60.66%、74.85%、74.19%，全年带电作业813次，减少停电影响20376时·户。（瞿龙轩）

【电力营商环境优化】2021年，国网长沙县供电公司推广“供电方案辅助决策系统”，完善典型设计和造价手册，指导用户零门槛报装，自动生成低压供电方案、对外电网资源和办电公开透明。落实“三零”“三省”，惠及高低压客户6100余户，降低客户办电成本3736万元，对满足政策的双电源客户减免高可靠性供电费，惠及14户，减免2558万元。（瞿龙轩）

【电力服务乡村振兴】2021年，国网长沙县供电公司推进综合能源利用，引导“以电代煤、以电代油”的清洁能源消费方式，全年电能替代售电量9045万千瓦时，分布式光伏并网容量1688千瓦，补贴32家光伏扶贫户16万余元。探索以乡镇为单位整体洽谈综合能源业务，服务“一茶一花一民宿”特色乡镇农业产业用电需求。（瞿龙轩）

2021年12月26日，南昌—长沙1000千伏特高压交流工程竣工投产大会
（刘尚文 摄）

建筑业

【概况】2021年，长沙县住建局监督项目383个（其中，房建项目345个，市政项目38个），总面积2045.51万平方米，总造价525.01亿元。受监的在建项目200个（其中，房建项目181个，市政项目19个），总建筑面积1306.21万平方米，总造价356.39亿元。（余向阳）

【质量与安全监督】2021年，长沙县住建局开展质量安全专项整治（检查）17次，出动检查人员8985人次，检查项目2931个次，对发现存在重大安全隐患的18个在建工程项目纳入“一单四制”管理，均完成隐患整改并销号。全年签发质量安全隐患整改单1137份，设备限制使用单58份，停工单224份，严重不良行为告知书321份，严重不良行为认定书75份，项目经理扣分128分；责令停工整顿项目224个，认定质量管理标准化不合格项目4个、安全生产管理标准化不合格项目4个，向社会媒体曝光10个，因严重违法违规行为被限制市场准入7家；向执法局移送违法违规案源线索94起。每季度联合经开区建设发展局、县行政执法局开展质安大检查，全年检查166个项目。开展对监理公司、检测公司及混凝土搅拌站的专项检查，检查369个次。（余向阳）

【建筑工程设计管理】2021年，长沙县住建局出具初步设计批复20份，其中，房建项目13个总建筑面积约54.73万平方米，市政项目7个。受理施工图审查222个项目（遴选合同额971.78万元），受理特殊建设工程消防设计审查90项。办结施工图设计文件审查备案185个（房建170个项目479.59万平方米，市政15个造价5.66亿元）；办结消防设计审查备案83项。（余向阳）

【造价咨询技术服务】2021年，长沙县住建局完成房地产项目建设成本核算11项（可售建筑面积155.32万平方米）；发布长沙县地方材料价格信息12期，受理竣工结算备案2项（备案面积8.59万平方米），协助调解建设工程造价纠纷9例。是年，成立长沙县建筑行业协会工程造价咨询行业分会。（余向阳）

经济园区建设

编辑　周进银

长沙经济技术开发区

【概况】 2021年，长沙经济技术开发区（以下简称“长沙经开区”）技工贸总收入比2020年增长10%；规模工业总产值比2020年增长14.3%；规模工业增加值比2020年增长10.9%；全社会固定资产投资比2020年增长11.5%，其中，产业投资比2020年增长30.6%；研发投入占营业收入比重3.7%；规模工业用电量比2020年增长2.5%；财政总收入比2020年增长2.3%；实际利用外资比2020年增长10.2%，进出口总额比2020年增长40%。在商务部国家级经开区综合发展水平考核中位列第14位。

“五好”园区创建。是年，长沙经开区获国家新型工业化示范基地五星评价，获批国家加工贸易产业园、国家级绿色工业园区。推动自贸试验区、“五好”园区“1+3”政策体系（“1”即《关于创建“五好”园区，推动新发展阶段园区高质量发展的指导意见》，“3”即《关于创建“五好”园区推动新发展阶段园区高质量发展的若干政策》《湖南省省级及以上产业园区评价办法》《“十四五”产业园区发展规划》3个配套文件）等指导文件实施。全市园区高质量发展推进会、全省三季度重大项目开工、全国战略性新兴产业集群建设现场经验交流会在园区举办；“腾笼换鸟”等调研分析报告获市委、市政府主要领导批示并印发全市园区学习。

自贸区建设。4个平台获省级授牌，三一科学城举行全球招标，遴选国际最优设计方案。“国家海外知识产权应对指导中心长沙分中心”和“专利审查协作湖北中心长沙工作站”落户园区。创新成果位列五个区块之首，二手装备出口新模式、“一码集成”涉企检查等4项案例入选商务部研究院发布的《中国自由贸易试验区发展报告2021》，获央视报道点赞。知识产权“前置保护”新模式在全省复制推广。主动融入、辐射带动长株潭一体化发展，走访并与株洲、湘潭园区签署合作备忘录；湖南自贸试验区知识产权综合服务中心联动岳阳、郴州面向全省提供国际化、专业化服务，入选国家知识产权信息公共服务网点名单，自贸区长株潭企业服务中心和自贸区创新中心启动建设，举办2021年长株潭人力资源服务创新发展大会。

产业发展。三一集团首次进入福布斯世界500强，形成5家工程机械上市公司齐聚园区的“世界级”产业现象，助力长沙市工程机械集群在工信部先进制造业集群决赛中胜出。汽车产业转型。上汽大众新车型成功导入、新能源车项目开工开建，广汽三菱“阿图柯”纯电动汽车下线，广汽菲克广州工厂整体迁入，江南汽车加快产业重整。举办全省汽车产业配套对接会，签约金额50亿余元，汽车产业发展生态进一步完善。特色新兴产业发展。蓝思科技被评为国家智能制造试点示范工厂，国科微电子获批国家级企业技术中心，同济源品再生医学转化与应用科创中心项目落地。

项目引建。三一无人电动化、山河智能工业城（三期）等重点产业项目建设有序推进。5个项目列入省市“十大核心技术攻关”项目，铁建重工入选国家重点研发计划“高性能制造技术与重大装备”和“工业软件”2个专项，大型国产掘进机主轴承技术攻坚取得重大突破。天河国云获批省级区块链创新中心，入选国家区块链创新应用试点名单。聚焦高端装备制造业特别是核心零部件环节，新引进5000万元以上项目24个，总投资额233亿元，其中，三类500强项目4个，上汽大众奥迪新车型（50亿元）、广汽菲克品牌振兴项目（30亿元）、中电产业园（8亿元）、中企云商（7.5亿元）、诺玛液压（2.5亿元）等“三端”项目落户园区。

市场培育。出资2亿元出台“原地倍增”政策，全年新增产值100亿余元企业2家（山河智能、铁建重工），新增产值50亿余元企业1家（黄金珠宝）。累计新增企业市场主体3977家，比2020年增长67%，其中，自贸区新增企业3563家，新设立金融机构21家，新增国家级专精特新“小巨人”7家，省级17家，市级11家。中车通号“列车运行记录装置（LKJ）”获国家级制造业单项冠军产品，中大创远入选国家级重点专精特新“小巨人”企业。铁建重工、五新隧装和丽臣实业分别登陆科创板、北交所和深交所上市。

环境优化。在最新的国家级经开区营商环境排名中，长沙经开区位列全国第七位、蝉联中部第一位，较2020年提升两个名次，提升幅度位列全国第三位。开展暖企行动，坚持“一线工作法”精准服务企业，每周走访重点项目和企业，研究解决企业面临的发展难题449个。公租房项目英萃园小区交付入住，推进与华夏集团、师大附中合作办学，南雅星沙实验学校、长沙经开医院等配套项目加快建设。盘活“四资”（资源、资金、资产、资本），成立产业投资基金，金融集市为企业提供融资支持20亿余元。首创环评、排污、排水许可三证合一，将审批时限从13个工作日压缩至5个工作日。试点“我要开工”一件事一次办，深化外贸经营资质“七合一”套餐，“四零”服务品牌初步形成。（李钒溦）

【区县城重大项目集中签约开工竣工】 2021年1月6日，长沙经开区、长沙县、长沙高铁会展新城2021年第一次重大项目集中签约开工竣工活动举行。30个重大项目开工、总投资182.72亿元。35个重大项目竣工、总投资159.39亿元。集中签约项目47个、总投资362.41亿元。长沙经开区开竣工项目包括山河工业城三期、铁建第二产业园、国际交流区一

2021年1月6日，长沙经开区、长沙县、长沙高铁会展新城2021年第一次重大项目集中开工竣工活动举行　　（长沙经开区志办 供图）

期、道依茨发动机、晟象智慧物流基地、新长海服务外包基地等产业项目。（李钒澂）

【区县城第二次重大项目集中签约】2021年4月9日，长沙经开区、长沙县、长沙高铁会展新城高质量建设中国（湖南）自由贸易试验区半年度改革创新经验发布会暨2021年第二次重大项目集中签约活动举行。签约14个产业项目，涵盖装备制造、智能制造、现代服务、总部经济、智慧物流等多个领域，总投资325.7亿元。其中，中国（湖南）自由贸易试验区三一科学城项目，由三一集团和长沙经开区联合打造，总投资180亿元。长沙经开区发布8项高质量发展政策文件，并推介中国（湖南）自由贸易试验区三一科学城、国际金融港、国际人才港、国际先进制造业总部经济中心、湖南（长沙经开区）知识产权服务中心等“一城两港两中心”5个重大功能性平台。（李钒澂）

【4家企业入榜全球工程机械制造商50强】2021年4月28日，全球工程机械50强峰会组委会和《中国工程机械》杂志主办“2021全球工程机械制造商50强榜单”新闻发布会。三一重工、中联重科、铁建重工、山河智能分别排行第4位、第5位、第30位和第32位。在上榜的中国工程机械制造商中分列第2位、第3位、第5位、第7位。（李钒澂）

【蓝思科技黄花生产基地揭牌】2021年5月18日，蓝思科技黄花生产基地揭牌。该项目是蓝思科技在长沙经开区投资的第三个基地。2018年8月奠基，2020年6月投产，总占地面积125.13公顷，总建筑面积152万平方米，主要建设生产车间、研发中心、员工宿舍等。基地建成运营后，将成为集团智慧示范基地，实现从研发、生产到管理、服务等全链条的智能一体化。（李钒澂）

【铁建重工股票上市】2021年6月22日，在上海证券交易所铁建重工首次公开发行股票，并在科创板挂牌交易，发行股数12.85亿股，发行价格2.87元/股，新股募集资金总额36.88亿元，本次募集资金将用于超级地下工程智能装备等研发与应用项目、研发中心和生产基地建设项目等。（李钒澂）

【区县二季度重大项目集中开竣工】2021年6月25日，长沙经开区、长沙县2021年第二季度重大项目集中开竣工活动举行。57个重大项目集中开工竣工。长沙经开区集中开竣工项目15个，总投资61.32亿元，主要涵盖工程机械、汽车及零部件、电子信息、金属冶炼、医疗器械等领域。（李钒澂）

【福田汽车长沙超级卡车工厂投产】2021年7月8日，福田汽车长沙超级卡车工厂投产。该项目总投资15亿元，产能10万余台，达产后年产值150亿元，吸引上游零部件厂商进行本地化生产，50%零部件实现本地化生产，拉动当地零部件生产链产值40亿元至50亿元。（李钒澂）

【国产最大土压平衡盾构机下线】2021年7月10日，铁建重工长沙第二产业园一台超大直径盾构机下线。该机由中铁十四局集团和中国铁建重工集团联合打造。最大开挖直径12.79米，总长135米，总重3000吨。（李钒澂）

【五新隧装股票发行】2021年8月10日，五新隧装股票在北京证券交易所挂牌上市。本次发行价格为7.18元/股，公开发行1200万股，募集资金8616万元，用于隧道装备智能制造升级改造项目、隧道智慧工地研究中心建设项目和补充流动资金。（李钒澂）

【自贸区知识产权服务中心运营】2021年9月6日，湖南自贸试验区知识产权服务中心运营。该中心以企业需求为导向，以自贸区建设为契机，在省知识产权综合服务（长沙经开区）分中心的基础上建设起来的。致力成为集便捷化公共服务、精准化深度服务、特色化创新服务、市场化商业服务于一体的知识产权服务综合体。服务范围立足长沙经开区，辐射整个中国（湖南）自由贸易试验区，部分服务面向全省开放。（李钒澂）

【轮履两用多功能开带机下线】2021年9月7日，山河智能装备股份有限公司研制的SWRM155W轮履两用多功能开带机下线。该机是中国首台15吨级的轮履两用开带机，《一种轮履两用多功能开带机》专利获国家知识产权局批准通过。（李钒澂）

【自贸区建设一周年政策发布会】2021年9月18日，长沙经开区召开中国（湖南）自贸试验区长沙片区长沙经开区区块建设一周年政策发布会，全面汇报区块建设工作情况，集成式发布区块惠企政策体系，宣传推介区块招商引资重大功能性平台，展示湖南自贸试验区建设一周年背景下长沙经开区率先践行“三高四新”战略、创建“五好”园区的新成效。（李钒澂）

【全省第三次重大项目集中开竣工】2021年10月8日，省委、省政府举行2021年全省第三次重大项目集中开竣工活动，长沙主会场设在长沙经开区上汽大众新能源汽车项目现场。长沙经开区集中开工项目10个，总投资116.64亿元。上汽大众新能源汽车项目、福瑞印刷高端包装印刷智能工厂技改搬迁建设项目、国家电网湖南防灾科技产业园等项目集中开工。（李钒澂）

【7家工业地产园被评为省中小微企业创业创新基地】2021年11月3日，省工信厅认定44家单位为湖南省中小微企业创业创新基地，长沙经开区铭诚·绿谷智慧产业园、长沙科技新城、星为·创芯园、高峰智能制造产业园、物丰机电产业园、和祥科技园、新长海服务外包基地7家工业地产园上榜。（李钒澂）

【国科微电子研发中国首款8K超高清视频芯片】2021年11月19日，国科微电子研发中国首款8K超高清芯片GK6525V100，该芯片支持6G内存，128G，120码率，WIFI6。北京2022年冬奥会将采用8K直播，8K将成为超高清视频产业的新高地。（李钒澂）

【汽车产业协作配套对接会】2021年11月30日，长沙经开区承办湖南省汽车产业协作配套对接会，部分省内零部件企业作经验交流和产品推介，邀请专家作《湖南省汽车产业链发展的思考》专题报告。印发《湖南省汽车产业整车企业零部件采购需求清单》《湖南省汽车产业零部件企业推介资料》，涵盖37家省内整车制造企业近1000项零部件需求情况，200余家零部件生产企业生产经营及重点产品情况。广汽三菱、广汽菲克、三一集团、北汽福田等整车企业分别与省内一批零部件企业签署采购协议，合同金额50亿元。（李钒澂）

【“I”系列5G+智能钻机下线】2021年12月1日，山河智能自主研发的“I”系列5G+智能钻机下线，该产品是露天矿山爆破施工无人驾驶潜孔钻机，关键性能参数行业领先，多项关键核心技术为世界首创。（李钒澂）

【自贸区知识产权质押融资银企对接会】2021年12月2日，中国（湖南）自由贸易试验区知识产权质押融资银企对接会在长沙经开区举行，6家银行、13家企业进行知识产权质押融资项目现场签约，签约贷款总金额9620万元。（李钒澂）

【新能源SUV阿图柯下线】2021年12月10日，广汽三菱合资新能源SUV车型阿图柯下线。阿图柯定位国际级优质A+级纯电SUV，从内外饰设计、智能网联、车内空间等方面进行创新，配置新一代讯飞XTTS语音、AR实景导航、无感式数字钥匙、360°全景泊车影像。车重配比50:50，搭配前麦弗逊+后多连杆运动悬架，最小离地间隙160毫米，扭矩350牛顿米，可实现CLTC 520千米续航。（李钒澂）

【3家企业获智能制造试点示范工厂揭榜单位】2021年12月28日，工业和信息化部公布《关于2021年度智能制造试点示范工厂揭榜单位和优秀场景名单的公示》，三一集团高端泵送工程装备智能制造示范工厂、山河智能高端工程装备智能制造示范工厂、蓝思科技（长沙）有限公司显示元器件智能制造示范工厂入选全国2021年度智能制造试点示范工厂揭榜单位。（李钒澂）

中国（湖南）自由贸易试验区长沙片区临空区

【概况】2021年，中国（湖南）自由贸易试验区长沙片区临空区（以下简称“长沙自贸临空区”）税收18.2亿元，外贸进出口额71.65亿美元，固定资产投资58.98亿元，新增企业1392家。2021年1月，经省委编办批复，长沙自贸临空区整合黄花综保区、临空产业开发区两套机构组建而成，实际管理面积66.7平方千米，包含长沙临空经济示范区28.73平方千米、自贸试验区14.29平方千米，为市派县代管体制。8月19日，长沙自贸临空区挂牌成立，全面理顺园区与长沙县的管理体制，建立独立招商、财政分成、自主开发建设等工作机制。是年，长沙自贸临空区被评为省自贸试验区先进单位，在市六大片区评价中排名第一位，获长沙市做优片区先进单位奖励100万元。

园区建设。高标准编制片区国土空间控规、风貌规划导则、机场周边排水专项规划，持续优化产业布局及发展空间。争取专项债资金34亿元，推进项目建设，黄花综保区整区封关，进出口商品展示交易中心、养天和总部医药物流园、顺丰二期等建成投用；临空北路等4条道路通车；推动湖南自贸试验区展览展示馆、上水堂国际公寓、机场集疏运道路、空铁联动发展示范带、开慧机场改扩建及梅花工贸新区建设等。

园区招商。按照“南工北城中贸易”产业布局，聚焦航空偏好型和外向型产业进行精准招商。新引进重点产业项目23个（含“三类500强”企业2个）。有在谈项目44个、总投资467亿元。国际货运航线累计14条，全年货量8.1万吨，比2020年增长37%。

园区改革。用系统集成思维重点推进8项制度创新，形成6项初步成果，特别是“邮快跨”集约发展新模式为湖南自贸试验区获批以来首例且唯一一个刊入国务院自贸试验区工作部际联席会议简报的国家级创新案例；“同飞工程”反向飞地企业零的突破——昌龙同飞公司、长龙同飞公司、毛家同飞公司、长沙宜选公司、湖南湘免国际贸易公司；探索实施“标准地＋承诺制”改革试点，北京声迅项目用地以“标准地”模式摘牌并开工建设；工程机械二手设备再制造向埃及、越南出口设备7台、23万美元；国际文化艺术品交易回流海外文物379件入区。　　（刘香娥）

【黄花数字贸易港开园】 2021年3月19日，湖南自贸试验区首个以数字贸易为特色的专业子园区——黄花数字贸易港在长沙黄花综合保税区举行开园暨首批入园企业签约活动。作为湖南自贸试验区首个以数字贸易为特色的项目，承载黄花综保区未来产业发展的重要平台载体，黄花数字贸易港重点突出跨境贸易、产业数字化等方向，在数字贸易、服务贸易、产业孵化等方面进行重点招商，引进或意向入驻企业20余家，平台服务商10余家，与7家湖南本地高校达成合作，跨境电商、数字直播、人才培训等板块基本成型。　　（刘香娥）

2021年8月19日，中国（湖南）自由贸易试验区长沙片区临空党工委、管委会挂牌　　（长沙自贸临空区 供图）

【长沙黄花综合保税区（二期）通过联合验收】 2021年6月17日，长沙黄花综合保税区（二期）通过联合验收组的实地查验和综合评审，省政府口岸办主任郭宁代表湖南省人民政府与长沙海关副关长、联合验收组组长韦泳亮共同签署《长沙黄花综合保税区（二期）验收纪要》。长沙黄花综保区二期通过验收，园区即将开启整区封关运行，将为湖南自贸试验区长沙片区临空区块高水平开放、高质量发展带来更大机遇。　　（刘香娥）

【长沙自贸临空区入选国家加工贸易产业园】 2021年9月1日，商务部网站公示首批全国加工贸易产业园审核认定名单，湖南省长沙市加工贸易产业园名列其中，成为全国首批13家国家加工贸易产业园之一，其中包含长沙自贸临空区、长沙经济技术开发区。作为长沙市国家加工贸易产业园建设的重要载体，自贸临空区依托区域内的长沙黄花综合保税区和国家航空口岸——长沙黄花国际机场，在加工贸易方面形成以电子信息和医疗器械产业为主导，航空高端装备、保税维修及再制造产业为特色的发展格局。　　（刘香娥）

【长沙自贸临空区诞生中国（湖南）自由贸易试验区首个国家级制度创新案例】 2021年12月20日，国务院自由贸易试验区工作部际联席会议简报（第25期）刊发“湖南自贸试验区长沙片区着力推进‘三个一体化’实现国际邮件、国际快件和跨境电商业务集约发展”案例，这是自2020年9月21日中国（湖南）自由贸易试验区获批以来诞生的首个国家级案例。该案例聚焦国际邮件、国际快件和跨境电商3类业务（以下简称“邮快跨”业务）企业需求和产业发展实际，创新实施口岸监管通关一体化、业务信息一体化、体制机制一体化，将3个场所、3套监管系统合而为一，实现“邮快跨”业务一站式通关，降低企业运营成本、提升监管服务效能，同时有效促进跨境电商产业集聚发展。（刘香娥）

松雅湖生态新城发展中心

【概况】 2021年，长沙县松雅湖生态新城发展中心总体规划经过多轮修编，产业规划、水渡河片区控制性详细规划、交通规划、城市风貌设计等基本出台。55.6平方千米城镇开发区域和17.09平方千米弹性发展空间在总规方案中明确。成立长沙县松雅湖生态新城建设指挥部，指挥部办公室设在发展中心。开展科研监测，与科研院所、专业监测公司合作，对公园内水质、动植物资源进行连续性跟踪监测。完成《生物监测季报》3份，完成《治理区水域和非治理区水域水质对比评估报告》及1—10月松雅湖水质月度检测报告，湖区水质《地表水环境质量标准》（GB 3838—2002）3类标准。打造宣教品牌。松雅湖湿地自然学校2021年开设自然课堂50期，举办冬夏令营4期，志愿者培训2期，举办世界湿地日、爱鸟周、爱在六一等各类宣教活动5场，1500余名学生家长报名参加，接受各媒体报道22次，发挥国家级湿地公园综合宣教主题功能。（王紫馨）

【项目建设】 2021年，长沙县松雅湖生态新城发展中心围绕融城通道建设和城市骨干道路提质，启动毛塘片区集中整治项目，累计完成产值7500万元、安沙大道一期项目（含捞刀河大桥）竣工通车、金安大道（原物流大道）二期西段项目完成1800万元、丁冲路及芦冲路（原北一支路、北七支路）项目完成2100万元，松雅新城财政预算内续建项目1个，新建项目5个，全湖隔离护栏工程纳入2021年政府投资续建项目，并完成工程施工及验收。松雅湖公共设施设备配套工程、松雅湖北部园林公共厕所维修改造、松雅湖荷塘映日及东六线廊架屋顶造绿3个项目完成竣工验收并投入使用，松雅湖公园绿化提质改造、松雅湖东三线入口改造2个项目完成立项、工程招标及合同签订工作并开始施工。（王紫馨）

【招商引资】 2021年，长沙县松雅湖生态新城发展中心松雅新城过会项目12个。其中，望新总部、永旺梦乐城、洪山总部、星大总部4个项目摘牌，望新总部、洪山总部开工开建，永旺梦乐城进行规划方案设计；圣保罗、新华技师学院、星城壹号、志鹏总部、长沙县玮思学校、松雅总部6个未摘牌项目推进用地及调规等相关事宜。（王紫馨）

长沙县现代农业创新示范区

【概况】 2021年，长沙县现代农业创新示范区以“打造国家现代农业示范区升级版”为目标，推动“农业高质增效、乡村宜居宜业、农民富裕富足”，为全面实现乡村振兴贡献力量。致力绿色有机产业发展，引入“乡吾农品”运营长沙县有机文创园，辐射带动周边有机产业发展，在现有40家有机认证企业基础上，支持鼓励农业企业进行有机标准化种养、“智慧农业”开发建设，扶持项目129个，扶持资金1515万元，引导社会资本加大对现代农业投入。打造长沙县农产品区域公用品牌“星沙味道”，授权企业66家，370余款特色农产品，开辟慧享游、天猫旗舰店等线上网销平台6个，板仓路、高桥大市场等线下实体店3家，吾悦广场等专柜20个，自有平台实现销售6000万元。引入中植集团长龙街道“杨祠盈商小镇田园综合体项目”，投资3.2亿元；引进春华镇“星农智谷田园综合体项目”，申报投资2.8亿元；北京军上十丰农业公司春华镇“千亩玫瑰产业园项目”运营；农业招商引入社会资金总额超6亿元。对县域438家企业梳理分类，初步筛选出25家上市重点企业，并联合上市服务机构从25家上市重点企业中筛选出6家在3年内有望实现上市的企业和7家通过培育3至5年可具备上市条件的企业，建立“长沙县拟上市重点企业（挂牌）后备资源库”，掌握企业详细资料及问题清单，实现“一企一档”。支持社会资本成立宇逸农业发展有限公司搭建湘蒙优质农产品互通全产业链平台，实现优势互补，鼓励本地企业到科右中旗发展产业，督促建成湘蒙农产品加工物流园和湘蒙现代农业示范园，支持引入湘绣技术带动科右中旗民族手工业“王府刺绣”升级。（易　向）

【“星沙味道”区域公用品牌发展】 2021年，“星沙味道”区域公用品牌凝聚授权企业66家，370余款特色农产品，开辟慧享游、天猫旗舰店等线上网销平台6个，板仓路、高桥大市场等线下实体店3家，吾悦广场等专柜20个，自有平台实现销售收入6000万元。（易　向）

【服务企业上市】 2021年，长沙县推进企业上市工作专班建立专业机构常态化服务团队，与中国国际金融股份有限公司、国浩律师事务所等5家单位签订战略合作协议，为16家企业出具专业“诊断报告”。邀请专家走访拟上市企业20余家次，开展“星城投融荟”等路演活动，分批次组织25家创投基金、私募基金、股权基金对拟上市企业开展投融资对接。帮助养天和等上市后备企业解决司法纠纷、专业经营资格等问题30余个，组织养天和大药房股份有限公司、佳和农牧股份有限公司等12家企业申报各级补助资金624万元。组织40家企业（长沙县23家，长沙经开区17家）申报2021年度长沙市重点上市后备企业名单。（易　向）

商贸服务业

编辑　周进银

商贸流通

【概况】 2021年，长沙县出台《关于加快商贸流通创新发展促进消费升级的若干激励政策申报指南》，有63家企业申报87个项目，补贴专项资金1352万元。组织县域内23家行业重点企业申报省物流标准化、家政服务、老字号和市龙头企业、电子商务项目奖励补贴资金。多维度建立健全工作体制，加大督促快递企业落实主体责任。制定《长沙县2021年文明创建常态化百日攻坚大竞赛“快递、外卖”专项整治工作方案》，明确镇街落实属地监管责任，部门落实行业监管责任，企业落实企业主体责任。推进《长沙县成品油站行业发展规划（2021—2030）》编制工作，新建6座加油站并投入运营。制定三次油气回收专项工作方案和夏秋季蓝天保卫战加油站油气污染专项整治工作方案。组织召开夏秋季“蓝天保卫战”加油站专项整治暨油气回收三次改造工作推进会，改造12座加油站。牵头组织实施成品油市场“打非治违”专项行动，重拳打击成品油行业违法犯罪行为。全县商贸服务业商事主体企业数122844家，占全县商事主体总数的77.29%。其中，新增20411家，新增占比17.2%。 （周　瑶）

【《2020年度商贸流通发展专项资金申报指南》】 2021年8月11日，长沙县商务局联合县财政局印发《2020年度商贸流通发展专项资金申报指南》，面向65家商贸企业拨付专项资金1352万元，助力长沙县商贸流通企业高质量发展。

（周　瑶）

【《长沙县成品油站行业发展规划（2021—2030）》】 2021年，长沙县完成《长沙县成品油站行业发展规划（2021—2030）》编制，在营加油站71座、批待建加油站点15座，规划确定新增加油站点46座，撤销原规划站点11座，至规划期末加油站点有132座。 （周　瑶）

【成品油市场“打非治违”专项行动】2021年，长沙县商务局牵头开展联合执法行动67次，出动执法人员483人，检查单位（对象）671家（人），查扣车辆15台，取缔非法加油点3个，立案查处30起，办结26起，罚款47.34万元，其中，移送公安案件2起，非法运输案件23起，安全生产案件7起。涉及流动加油车非法经营3起，工地及公司自用油27起。 （周　瑶）

现代服务业

【概况】 2021年，长沙县服务业增加值846.6亿元，比2020年增长8.8%。兑现市县级新增入规奖励资金505万元，引导和支持小微企业升规上限，全县服务业新增入统62家。编制《服务业“十四五”发展规划》。深化信息技术、文化创意、商务服务、科学技术等领域优质企业培育力度，遴选“服务业创新领先企业50强”，兑现服务业引导资金604万元，支持中宏融资租赁公司等20家企业。长沙黄兴海吉星国际农产品物流园（二期）等17个项目入选长沙市服务业“三百工程”，占全市重点项目比重14.41%，固定资产投资额30.26亿元。会展新城、临空产业集聚区创建省级、市级服务业示范集聚区。对灵活用工平台等一批现代服务业招商引资项目，出台项目招商引资合同申报兑现规范文件，明确招商引资项目履约兑现方式，简化申报流程，提升项目审核兑现效率，兑现奖补资金282万元。编制《长沙县楼宇经济发展规划》，出台《长沙县商务楼宇认定办法》和《长沙县促进楼宇经济发展若干措施》，兑现楼宇经济专项资金441万元，鼓励楼宇硬件升级、企业创效，引导打造高端商务楼宇。举办“聚星沙 赢未来”楼宇招商推进会，100余家客商参加，签约8个合作项目。投运商务楼宇31栋，建筑面积160万平方米，入驻企业2000余家。湘商世纪鑫城等4栋楼宇入选全市服务业“三百工程”重点楼宇，拥有“亿元楼宇”2栋、“5000万元楼宇”4栋、“千万元楼宇”6栋。

是年，长沙县在长沙国际会展中心举办2021长沙国际工程机械展览会、2021湖南（国际）通用航空产业博览会等各类展会27场，实现展览面积122.19万平方米；在长沙国际会议中心举办第二届中国—非洲经贸博览会暨中非经贸合作论坛、博鳌亚洲论坛全球经济发展与安全论坛大会等各类会议39场。2021年完成首次兑现《关于促进会议产业发展的扶持意见》政策奖补资金50.69万元，通过政策带动会议产业发展，集聚中高端人才和项目，构建展览与会议并重，展、会、节、演、赛融合发展的大会展格局。 （王凌倩 易洪波）

【2021长沙国际工程机械展览会】 2021年5月19日，长沙国际工程机械展览在长沙国际会展中心开幕。展会为期4天，以“智能化新一代工程机械”为主题，本届工程机械展览会展览面积30万平方米，参展企业1450家。其中，全球工程机械50强32家参展参会。有30万人次专业观众现场观展，线上线下观展300万人次，现场成交400亿余元。美国卡特彼勒、凯斯，日本日立建机、住友，德国利勃海尔，韩国斗山、现代，国内三一重工、中联重科等国际巨头均携各自头部产品亮相展会。有奔驰重卡、日本五十铃、潍柴动力、壳牌中国、埃克森美孚6家世界500强企业参展，并携全新技术成果亮相展会。

（易洪波）

【第二届中国—非洲经贸博览会暨中非经贸合作论坛】 2021年9月26—29日，第二届中国—非洲经贸博览会暨中非经贸合作论坛在湖南省长沙

2021 年 5 月 19 日，2021 长沙国际工程机械展览会在长沙国际会展中心开幕（县商务局 供图）

市举行。本届博览会的主题是“新起点、新机遇、新作为”，阿尔及利亚、埃塞俄比亚、肯尼亚、卢旺达、南非、塞内加尔 6 个非洲国家作为主宾国参会，浙江和江西担任主题省。针对疫情防控新形势，本届博览会采用“线下为主、线上线下相结合”的办会模式，同步开启“云会议、云展览、云交易”。（易洪波）

【博鳌亚洲论坛全球经济发展与安全论坛大会】 2021 年 10 月 18 日，以“大变局下的经济安全与可持续发展”为主题的博鳌亚洲论坛全球经济发展与安全论坛首届大会在湖南长沙启动。本次大会举办期间经济发展与安全博览会、全体大会、中外企业家座谈会等重要活动及 22 场分论坛，2600 余名嘉宾现场参加。议题涵盖“一带一路”、粮食安全、能源供给与安全、数字科技、金融风险、网络安全、产业链供应链安全等内容，为世界经济复苏与可持续发展提供建议。（易洪波）

【《长沙县促进楼宇经济发展的若干措施》修订出台】 2021 年，长沙县现代服务业发展中心对原楼宇政策进行重新修订。4 月 7 日，新版政策以长沙县人民政府名义印发，包含《长沙县商务楼宇认定办法》（以下简称《认定办法》）和《长沙县促进楼宇经济发展的若干措施》（以下简称《若干措施》）两大版块。《认定办法》从楼宇面积、建筑性质、企业入驻率、楼宇服务等各方面对商务楼宇范围进行明确规定。《若干措施》分为适用范围及对象、支持条款、附则三个部分。支持条款分别从楼宇主体运营、楼宇企业办公和楼宇综合发展三个方面进行奖励补助。《若干措施》明确要求申报企业工商注册地、税务征纳关系和实际经营地均在长沙县商务楼宇内。（王凌倩）

【楼宇招商推介会】 2021 年 12 月 2 日，长沙县在世景国际广场举办“聚星沙·赢未来”楼宇招商推介会。活动由县人民政府主办、县现代服务业发展中心承办、县融媒体中心协办，旨在加快星沙楼宇经济发展步伐，为率先打造“三个高地”、建设现代化示范区贡献力量，助力长沙县楼宇经济高质量发展。推介会吸引 100 余家客商参加，8 个合作项目签约。（王凌倩）

对外贸易与经济合作

【概况】 2021 年，长沙县外贸进出口总额 152.63 亿美元，比 2020 年增长 19.1%。全县有外贸备案企业 2224 家，新增 456 家，破零企业 321 家。其中有外贸业绩企业 792 家，外贸进出口额超 5000 万美元的企业 50 余家。新增丝绸之路等跨境电商企业 7 家，新增连年有鱼、创狮电子商务等 5 家服务外包企业。制定《长沙县长沙经开区打造内陆地区开放高地三年行动计划（2021—2023 年）》。组织召开外贸工作部署会暨银企对接会，为长沙县博能科技、迈科轴承等企业提供融资 4000 万余元；为县辖 178 家（次）外贸企业向省市申请各类扶持资金 3744 万余元，县级财政对 133 家企业拨付外经外贸发展专项资金 1784.31 万元。组织召开跨境电商业务培训班、2021 年外贸业务培训班、长沙县外贸企业座谈会、《关于推进外经外贸发展的若干政策措施》征求意见会、外贸业务全流程实操等各类培训班 10 余次。召开中国国际商会长沙县商会第六届换届选举大会。（周　瑶）

【《长沙县长沙经开区打造内陆地区开放高地三年行动计划（2021—2023 年）》出台】 2021 年 7 月，《长沙县长沙经开区打造内陆地区开放高地三年行动计划（2021—2023 年）》对外发布，明确三年目标任务，提出实施开放战略对接、湖南自贸试验区长沙片区建设、对外贸易提质增效、国家综合交通枢纽建设、优质项目引进来、优势产能走出去、开放环境优化七大行动，推动构建全方位、宽领域、多层次对外开放新格局。（周　瑶）

【《长沙县开放型经济发展第十四个五年规划》制定】 2021 年，长沙县制定《长沙县开放型经济发展第十四个五年规划》，分发展环境、发展思路、主要任务、保障措施4章16节，2.1万余字。《长沙县开放型经济发展第十四个五年规划》明确到2025年，高标准建成自由贸易试验区，在全国自贸试验区建设中走在前列，外贸进出口总额257.76亿美元，年均增长15%以上。跨境电商进出口额年均增长20%以上。外资直接投资1.5亿美元；内联引资235.17亿元，年均增长14%以上。“十四五”时期累计引进“三类500强”投资项目30个以上，22条产业链引进补链延链强链项目50个以上。（周　瑶）

2021年9月14日，长沙县第二届夜经济嗨购节在星沙万象汇广场举行

（县商务局 供图）

消费市场

【概况】 2021年，长沙县完成社会零售品总额643.4亿元，比2020年增长14.6%；其中，限额以上部分189.9亿元，增速9%，比2020年增速提高8.6%。围绕“四季主题促消费”主题，陆续举办“春天有约·品质长沙”2021星沙商圈网上年货节、“美好生活 价享中南”2021长沙县汽车消费节、“星夜超能力”长沙县第二届夜经济嗨购节、“味道湖南”长沙味道长沙县美食节等节会活动，投入财政资金200万余元。指导星沙商圈大型商超策划开展“三八”女神节消费季、“五一”畅享嗨购季、“5·20”甜蜜嗨购季、端午浓情嗨购季、“六一”童趣嗨购季、年终大促、双11大促等活动。1月21日，指导成立长沙县餐饮行业协会，首批会员单位104家。联合餐饮协会组织开展“味道湖南”长沙美食季长沙县道地名菜评选活动。松雅湖吾悦广场、万象汇、和通商城3家商场获第三批省级绿色商场，其中，万象汇、和通2家商场被省商务厅推荐至商务部参评2021年度国家级绿色商场。制订《长沙县商务局2021年度安全生产监督检查工作计划》《2021年长沙县商务局安全生产工作要点》《长沙县商务局安全生产大排查、大管控、大整治工作方案》《长沙县商务局文明创建、安全生产督查工作方案》等专项方案。（周　瑶）

【“春天有约·品质长沙”2021星沙商圈网上年货节】 2021年，长沙县举办“春天有约·品质长沙”2021星沙商圈网上年货节，活动期间，吾悦广场、万象汇、中茂城营业额分别有1800万元、1300万元、1200万元，分别比2020年增长529%、192%、415%。10多家省、市、县媒体平台参与报道，相关报道、推文、视频40余篇次。（周　瑶）

【2021年长沙县汽车消费节】 2021年4月20日—5月20日，长沙县汽车消费节在中南汽车世界开幕，活动以“美好生活 ‘价’享中南”为主题，包含开幕式、中南汽车直播月、中南汽车世界特卖会、长沙县汽车产业高峰论坛等活动。其中，4月30日—5月2日举办为期3天的中南新车特卖会，活动有100余个知名品牌集中放“价”，1575辆汽车享全年最低价，让利空间1800万余元。新华网、人民网、凤凰网、新湖南、湖南都市等18家媒体平台参与报道。（周　瑶）

【“味道湖南”长沙美食季长沙县道地名菜、名厨、名店评选】 2021年9月29日，长沙县举行“味道湖南”长沙美食季长沙县道地名菜评选活动，活动吸引200余道菜品参与，筛选60道菜品进入决赛，最终，凉塘腊鸭等10道菜品入选“长沙县道地名菜”，长沙老湘食餐饮有限公司舒焱明等10人入选“长沙县道地名厨”，长沙县星沙凉塘腊味馆等10家入选“长沙县道地名店”。（周　瑶）

【长沙县第二届夜经济嗨购节】 2021年9月14日—10月14日，长沙县举办“Super Powers·星夜超能力”第二届夜经济嗨购节。其间，夜经济嗨购节开幕式、宵夜侠出动·幸运超能力降临日、星夜品牌计划·线上嗨购折上折、蓝天保卫战·夜间加油享实惠、夜经济示范点评选等五大主体活动分别举行，36家企业及1000余个商户参加活动。（周　瑶）

供销合作

【概况】 2021年，长沙县供销系统销售总收入28.5亿元，利润总额1.75亿元，上缴各种税费总额7900万余

元。全县农村电商销售45亿元，同期增长2%；其中，本地农产品销售10.3亿元，消费帮扶1900万余元，对口帮扶65万元，新提供就业岗位400余个，2021年包裹下行月均超300万票，对比2020年增长30%；获全国县域网络竞争排名第21位（中西部地区第1名）。2021年，长沙县供销综合改革进入“培育壮大”新阶段，支持系统企业特别是新建供销网点持续健康发展，探索“党支部+村级供销合作社”发展壮大集体经济，促进共同富裕。先后组织相关单位负责人赴山东金乡县、安徽铜陵市考察学习“党支部+村级供销合作社”发展壮大集体经济做法；拟制《长沙县关于推行“党支部+村级供销合作社”发展壮大村集体经济的实施方案（草案）》；探索建立“生产+供销+信用”供应模式，拓宽农产品上行渠道，在路口镇花桥湾村、安沙镇和平村、春华镇九木村、北山镇新云村试点开展股份合作，由县供销社社有资产公司+村股份经济合作社共同出资组建村级供销公司，销售本地生鲜、蔬菜。

（廖　洁）

【供销改革】 2021年，长沙县供销社探索基层供销社、社属企业管理模式改革。下发《关于对基层社、社有企业绩效管理考核办法（试行）》，实施对基层社、社有企业年度考核。探索规范基层社运行机制。长沙县供销社联合春华镇、北山镇政府分别指导春华镇供销社、北山镇新云村供销社召开第一次社员代表大会。探索股份合作引办农民合作社。引办天健农机合作社、红花蜜蜂专业合作社，两个合作社被评为省级示范社。

（廖　洁）

【新供销网点发展】 2021年，长沙县供销社实施“长沙县供销合作社培育壮大工程”，支持系统企业特别是新建供销网点持续健康发展。制定“长沙县供销合作社培育壮大工程”资金管理办法、资金申报指南，运用县级资金200万元，铺排项目23个。组织系统企业申报市社“三大体系”资金项目，实际实施项目6个，争取市级引导资金118万元。参与成立“湖南星城供销电子商务有限公司”，搭建“两个到户”（ 联结到户、服务到户）的县级平台，并以此平台联结全县供销系统所有基层网点，促进合作互联。新公司完成工商登记注册，股东注资300万元，正常运营。

（廖　洁）

【供销系统服务乡村振兴】 2021年，长沙县供销社探索“党支部+村供销社”发展壮大集体经济，促进共同富裕。组织相关单位负责人赴山东金乡县、安徽铜陵市考察学习“党支部+村供销社”发展壮大集体经济做法；拟制《长沙县关于推行“党支部+村级供销合作社”发展壮大村集体经济的实施方案（草案）》；尝试建立“生产+供销+信用”供应模式，拓宽农产品上行渠道，在路口镇花桥湾村、安沙镇和平村、春华镇九木村、北山镇新云村试点开展股份合作，由县供销社社有资产公司+村股份经济合作社共同出资组建村级供销公司，销售本地生鲜、蔬菜。融入全县“乡村振兴标杆区”建设，制定《长沙县供销合作社联合社“十四五”发展规划及二〇三五年远景目标》。推进生产、供销、信用“三位一体”建设。在2020年合作基础上，10月29日，县供销社与星沙农商行签订深化合作框架协议，共同推进生产、供销、信用“三位一体”建设；与建行长沙支行达成战略合作。将县级化肥淡季储备资金从70万元/年增加到100万元/年，年储备化肥1.5万吨，确保长沙县春耕生产用肥充足、质优、价稳。2021年在化肥市场价格普遍上涨30%～40%的情况下，长沙县做钾肥、复合肥价格与2020年持平，尿素价格涨幅控制在10%以内。指导组建安沙镇唐田新村供销社，指导天健公司开展粮食生产全流程社会化服务，“天健大包干”模式拓展到266.67公顷。

（廖　洁）

【全国电子商务进农村综合示范工作】 2021年，长沙县供销社持续推进全国电子商务进农村综合示范工

2021年10月29日，长沙县供销社与星沙农商银行签订战略合作协议

（县供销社 供图）

作，7月16日通过政府常务会并以长沙县人民政府办名义下发《长沙县电子商务进农村综合示范项目实施方案》。长沙县电子商务进农村综合示范工作领导小组办公室完成挂牌、各项职能职责出台上墙，4名信息员聘用上岗。电商公共服务体系建设与运营、县乡村三级物流体系建设与运营、县农村电子商务培训体系三个标的已开标确定承办主体并召开发布会。长沙县金井镇首家镇级电商服务站—金井镇电商服务站于11月11日营业，开业当天盈收5万余元。该电商服务站提供网销网购、收发快递、农产品代销、生活缴费、手机维修、预约出行、农技服务、助农直播、小额金融服务等服务。（廖 洁）

【农村电商及消费帮扶】 2021年，长沙县电商中心展示农产品38类共364项，入驻企业6家（已签定入驻协议）；接待各类学习、考察220次，业务洽谈135次，举办大型培训19场；开展直播350余场，举办“线上、线下”大型活动17次；开展“线上+线下”消费助农活动，端午、中秋组织电商中心入驻企业开展“供销有爱 电商助农”活动，销售本地农产品67万元，开展“消费帮扶 供销有爱”长沙县第二期农产品促销会，销售长沙县本地帮扶对象及对口龙山、桑植帮扶对象农产品155万元，活动在湖南经视、《星沙时报》、融媒体等媒体轮流报道。组织电商培训8次，浓厚电商氛围。深入青山铺等5个镇开展电商技能培训，惠及当地涉农经营主体、电商从业者、新农人等1200余人；开展新电商培训暨农产品资源对接大会，网红大咖、农产品供应商等近1000人参会；对接小农户，助力农产品上行。8月在湖南星城供销电子商务有限公司的“星城农品”小程序中开设“星城农家菜”专栏，探索销售本地小农户当时当地当季生鲜、蔬菜，实现小农户与市场的有效衔接。截至2021年年底，“星城农家菜”在星沙城区开辟8个销售点并在长沙县政务中心设置生鲜柜，帮助4个村销售生鲜、蔬菜，累计销售生鲜、蔬菜30.2万元。（廖 洁）

【再生资源试点调研及培训】2021年，长沙县供销社到湖南万容科技股份有限公司进行调研，探索合作方式；实地调研再生资源试点镇果园镇、金井镇、高桥镇、春华镇、路口镇再生资源工作开展情况，并在试点镇开展培训工作，为5个镇的环保专干、保洁员500余人进行再生资源回收工作的现场教学、培训。（廖 洁）

烟草专卖

【概况】 2021年，长沙县烟草专卖局（分公司）税利4.8亿元；销售卷烟4.07万箱，比2020年增长3.59%；含税销售收入16.76亿元，比2020年增长7.42%；单箱均价4.12万元，比2020年增长5.23%。（朱颖绮）

【卷烟营销】 2021年，长沙市烟草公司长沙县分公司发挥加盟终端品牌价值，全年建设“湘汇636”8家、“湘村636”5家，完成终端前背柜一体化提质改造1076户，覆盖率21.32%，位居全市系统第一位。结合乡村振兴战略，统筹推进城乡终端建设，精心打造具有市场竞争力的诚信优选商行和提供优质便民服务的农村综合服务体，既为顾客提供便利，又带动农村店铺增加销售。组织营销人员“线上+线下”进行客户服务，指导经营，提供法律咨询、素质培训、品牌宣讲等免费服务。（朱颖绮）

【专卖监管】 2021年，长沙县烟草专卖局（分公司）查获各类涉烟违法案件269起，查获违法卷烟2892.56万支，5万元/20万支以上大要案件88起，打掉非法囤积卷烟仓库38个。查获涉刑案件5起，其中，四级以上网络案2起，刑拘10人，逮捕8人。打假打私总量及人均查获量排全省县级局第一位，查获真烟总量排全省县级局第二位，人均查获真烟量排名全省第三位。与公安、交警、高速公路管理、邮政、海关等部门联合协作，准确掌握违法运输车辆活动轨迹实现精准打击。与浏阳市局、汨罗、平江等烟草局进行对接协商，签订《跨区联合执法协作协议》。加强大数据分析，探索货运智慧平台创新项目，提高物流寄递监管效率。构建“分类共治”监管体系，提升监管效能。紧盯重点区域、重点环节、重点市场、重点人群，突出重点区域联合公安、市监部门共同开展专项清理，对非法收购、囤积、运输、贩卖真烟行为进行全链条打击。开展“严禁向未成年人销售卷烟、电子烟”的专项行动，联合检察院开展对中小学周边的电子烟清理行动，在长沙县一中开展“守护成长”电子烟专题讲座，打造公交宣传牌。通过大厅电子宣传屏、H5电子海报等，让需要办理延续、变更等事项的持证户实现足不出户网上办、掌上办、家里办。及时清退中小学和幼儿园周边零售户、“空壳户”“休眠证”等持证户717户。（朱颖绮）

【烟草系统履行社会责任】2021年，长沙县烟草专卖局（分公司）开展“我为群众办实事”，聚焦群众“急难愁盼”问题设立二级清单，办实事70余件，参与党员440人次，受惠群众7800余人次。先后开展“3·15”普法宣传、慰问革命老前辈、同植“先锋生态林”、圆梦“微心愿”、社区环境治理、助力防疫宣传、乡村振兴等主题实践活动33起。发挥零售终端便民服务作用，有“党员驿站”30个、“爱心柜台”5个。（朱颖绮）

金　　融

编辑　周进银

综述

【概况】 2021年，长沙县金融业税收13.23亿元，比2020年增长24.6%，占全县纳税总额的6.9%。驻县银行存款余额1687.89亿元，比2020年增长14.26%，其中，居民储蓄809.56亿元，比2020年增长13.62%；贷款余额1879.26亿元，比2020年增长28.32%。全县有银行24家、银行营业网点181个，其中，法人银行2家：星沙农商行、星沙沪农商村镇银行。保险公司26家，各类保险公司营业网点65个。证券公司营业部7家。（朱文沁）

【金融服务】 2021年，长沙县金融事务中心指导驻县金融机构开展金融入企活动，长沙银行、星沙农商行等银行选派100余名金融联络员到企业提供金融咨询服务，解决企业金融需求。开展“百名行长进百企”等银企专场对接活动24场次，对接企业700余家，达成授信68.67亿元。邀请上海证券交易所、深圳证券交易所、市上市服务中心、合作中介机构的专家、领导走访拟上市企业20余家次，开展“星城投融荟”等路演活动，分批次组织25家创投基金、私募基金、股权基金对拟上市企业开展投融资对接。帮助解决养天和公司等重点企业司法纠纷、专业经营资格等问题30余个，助力企业扫清上市和发展障碍。组织佳和农牧股份有限公司等12家企业申报各级补助资金624万元。

（朱文沁）

【产业基金设立】 2021年，长沙县金融事务中心筹备2支政府投资基金子基金建设，临空产业投资基金（规模10亿元）设立方案通过市长办公会，由长沙市投资控股有限公司、长沙县临空集团与上海光控浦益股权投资管理有限公司等公司合作组建，正在中基协备案；“三高四新”战略投资基金（规模2亿元）管理人遴选完成，长沙县星城发展集团有限公司与长沙市现代农业发展投资有限公司、广发信德投资管理有限公司达成初步合作意向，产业基金设立方案拟报县投资基金管理委员会审批。

（朱文沁）

【数字人民币试点】 2021年10月15日，长沙县金融事务中心承办长沙县数字人民币试点“三一科学城”特色园区建设启动仪式，在园区内开通三大应用场景，分别为可供员工消费的数字人民币餐厅、乐运魔方自营场馆数字人民币消费区、个体商户数字人民币体验区。全县开通个人钱包56万户、对公钱包1.2万户，个人白名单发生85.3万户，交易1.15亿元，开通应用场景8类4900个。

（朱文沁）

【“金融风险”防范和化解】 2021年，长沙县金融事务中心落实“疏堵并举、防治结合”的综合治理长效机制，定期组织城区街道和重点乡镇调度会议研究打击和处置非法集资。与县委编办、县市监局、县行政执法局对接，研讨金融执法改革。开通非法集资举报投诉专线电话。采用网格化管理和监测预警机制，抓好非法集资风险排查和预警，每月开展摸排，建立台账。摸排企业1400余家，向市金融办报送10起涉非吸类案件，认定8起，清退资金128万元，化解陈案18起，审结17起、不起诉1起，陈案审结率100%。常态化开展舆情风险处置；每月通过监管系统数据核验等非现场监管方式对县内融资租赁、小额贷款、典当行等地方金融机构进行风险排查，每季度开展1次现场排查，针对存在问题的机构责令限期整改。完成对恒广小贷实缴增资、众兴小贷委贷业务新增、星大典当法人变更、晖瑞小贷新设和星城融资租赁新设等县级初审工作。开展8场“守住钱袋子·护好幸福家”防范非法集资主题宣讲活动。（朱文沁）

银行

【中国银行星沙支行】 2021年，中国银行星沙支行内设6个部门，下辖8家营业网点（含支行营业部），配备24台智能柜台柜机、ATM机49台、离行式自助银行10家。截至2021年年底，该行本外币存款时点规模125.44亿元，本外币贷款时点规模144.39亿元。该行践行“制造强国”发展战略，助推“三高四新”产业集群企业发展。该行从额度保障、信贷政策、信贷流程、融资利率、绿色通道等五方面实施差别化信贷支持。

全年为县域内企业批复信用总量162.56亿元。依托“县域、经开区、临空经济示范区”三大业务板块，紧密围绕县域内三大政府平台给予一系列授信支持，2021年，该行为长沙县域内三家平台公司核定信用总量46.97亿元。普惠金融业务发展。2021年银保监普惠“两增两控”贷款新增2.39亿元。该行发展房地产按揭贷款、车位分期贷款、汽车分期贷款、中银E贷、优客分期、个人投资经营贷款、出国留学贷款等，与10余家汽车经销商开展业务合作，2021年，该行汽车分期放款金额1.52亿元。为客户提供贸易融资、国际结算、外汇买卖、跨境现金管理、境内外汇款、本外币现金等全方位金融产品和金融服务，业务币种涵盖美元、英镑、日元、加元、港币、欧元等。辖内8家网点智能柜台全覆盖，客户可自助办理90%以上非现金业务。各网点均设立“中行温暖角”提供便民服务。（姚尧平）

【中国工商银行长沙星沙支行】 2021年，中国工商银行长沙星沙支行拨备前利润26758万元，净利润12219万元；人民币储蓄存款时点增量3.94亿元，人民币储蓄存款日均增长2.46亿元；各项贷款余额170.33亿元（含票据融资），较年初增长46.35亿元，公司本外币贷款余额130.98亿元，较年初增加38.31亿元，普惠银监口径贷款余额6.63亿元，较年初增加3.78亿元；国际结算量21.70亿美元，跨境人民币结算量75.48亿元，结售汇业务量5.2亿美元，国际贸易融资5940万美元；国际业务新增客户拓户10户；累计销售本外币理财产品66570万元，基金1507万元，代理保险1000万元；私人银行同业口径客户46户；新增信用卡客户数1048户；分期付款6053万元；新增商户数489户。

星沙支行服务实体企业，支持大中型企业及政府和平台公司。支行在加强对头部客户如三一重工、蓝思科技、电广等企业的营销外，加大对政府平台公司营销力度，截至2021年12月，对县区政府平台贷款累计发放28.04亿元，对经开区PPP项目发放贷款12.2亿元，在经开集团、星城投资表内贷款均位列第一位。支行利用科技赋能，创新供应链融资模式，借助三一场景优势和工行线上金融产品优势，共同完成三一金票服务平台建设，投产半年来，为三一重工171户上游供应商发放供应链融资684笔，放款金额合计34707万元。2021年为铁建重工87户上游供应商发放供应链融资208笔，放款金额32563万元；为蓝思科技21户上游供应商发放供应链融资89笔，放款金额12925万元。支行发挥工行普惠贷款价格优势，抢占小微企业客户群和市场份额，为县域范围内的中小微企业提供优惠贷款。年内，普惠担保贷款余额7965万元。全年不良贷款清收处置2518万元，收回账销案存资产548.4万元，不良贷款余额1116万元。（张　毅）

【中国农业银行股份有限公司长沙县支行】 2021年，中国农业银行长沙县支行下辖14个营业网点，其中，分布在县域城区11个、乡镇网点3个。截至2021年12月末，支行各项存款余额139.65亿元，各项贷款余额227亿元。2021年为长沙县3家平台公司——经济技术开发集团、星城发展集团、临空产业投资集团共授信35.73亿元，投放贷款14.93亿元；联合中金公司参与临空集团公司5亿元发债；为长沙临空综保供应链开立3亿元信用证，支持临空经济区外贸业务发展，参与长沙县北部新城片区开发、长沙县樂梨花园片区开发项目并提供融资服务。为园区300余家企业授信150亿余元，落实省分行出台的科创企业和制造业重点支持名单、降低准入门槛、提高用信额度、扩大信用贷款范围、推广产权质押等20条举措支持科创企业发展，将科创企业金融服务作为战略性业务，创新推出科创贷、惠园贷、链捷贷、新才e贷等系列服务科创企业信贷产品，帮助科创企业解决融资难题。2021年完成黄花镇、路口镇、高桥镇、金井镇、开慧镇、果园镇、福临镇、安沙镇8个村镇的“乡村振兴带头人”贷款的整村推进，向村支两委、家庭农场主、专业大户等“带头人”发放乡村振兴带头人惠农e贷500余笔，金额1.4亿元；新发放农户个人贷款1.2亿元；利用惠农通机具和“湖南银行微银行”公众号，实现社保、医保代缴辖内行政村全覆盖，共计缴费26.4万笔，较2020年提升5.5万笔。为充分满足农户用款额小、频繁、价优、便利的体验需求，农行长沙县支行推出农户信息建档项目贷款，以村为单位、以户为主体，建立“一村一表”“一户一档”的电子信息档案，把差异化大的个性化农户数据，转化为标准化的授信信息，最终实现农户信息批量建档、入库、贷款申请自动授信、自动审批、线上放款，让每一个守信农户都能享受金融普惠服务。2021年新增移动端农户信息建档671户，发放农户信息建档贷款3946万元。（赵莆珍）

【中国建设银行星沙支行】 2021年，中国建设银行星沙支行一般性存款时点余额114.3亿元，较年初新增10.42亿元。一般性存款日均余额113.06亿元，较年初新增12.91亿元。各项贷款余额121.41亿元，较年初新增17.41亿元。各项贷款日均余额113.57亿元，新增19.19亿元。实现账面利润3.55亿元，比2020年增长0.64亿元。中间业务净收入1.15亿元。资产质量持续优良，不良率、

2021年10月15日，“三一科学城”数字人民币特色园区建设启动式在三一魔豆仓举行（县金融事务中心 供图）

逾期率实现双降。存贷利差保持系统前列。先后为星城集团和经开集团发行合计18亿元的中期票据，其中经开集团10亿发行票率创2021年以来中部六省同期限同评级最低利率；取得星城集团14亿元中期票据主承销商，为债券承销业务的持续发展奠定了基础。与长沙海关签订全面战略合作协议。出台《长沙县乡村金融综合服务方案》。为湘丰茶叶、童年记等农业龙头、“一花一茶一民宿”特色产业及新型农业经营主体累计投放贷款14.48亿元。获省行月度、年度“五星团队”称号11次。星沙产业基地数字人民币智慧食堂开通；洁源水业悦生活缴费上线。绿叶水果、谊品生鲜、八田日等数字人民币消费场景开通。各相关生态的KPI考核指标均名列前茅。网点综合竞争力评价系统内长沙地区第一位。在第七轮安全评估中被评为优秀，被授予长沙县公安局安全保卫工作先进单位荣誉称号。

（张校银）

【中国邮政储蓄银行股份有限公司长沙县支行】 2021年，中国邮政储蓄银行股份有限公司长沙县支行收入1.99亿元，利润1.5亿元。年内，该支行负债规模112.5亿元，其中，个人储蓄存款98.6亿元、公司存款13.9亿元；资产规模159.2亿元，其中，零售信贷规模42亿元、公司信贷规模117.2亿元。年内，该支行发放兵役卡，代发农民工工资10730户6500万余元；定期对镇（街道）、村（社区）开展金融知识、消保权益、反洗钱等知识普及，安排客户经理对村镇内有金融服务需求的个人、农户、小企业等开展上门服务，打通融资渠道，为服务“三农”、乡村振兴贡献银行力量。其中对黄花镇崩坎村、大兴村拓展信用户2400余户，通过惠农惠民合作项目，发放贷款3000万余元，开通个人数字支付3200余户。

（唐　姣）

【长沙银行股份有限公司星城支行】 2021年，长沙银行股份有限公司星城支行有员工261名，内设7个部门，辖区内辖37家机构，包括9家一级支行，5家二级支行，3家社区支行，20家自助式社区银行，下辖84家农村金融服务站基本覆盖县域重点区域和居民密集地区。基本覆盖了19个乡镇、街道县域重点区域和居民密集地区。年末，支行存贷款总规模590亿余元，其中，基础存款时期数273.09亿元，储蓄存款时点突破282.34亿元，时期数102.27亿元，民营企业贷款余额32.82亿元，零售贷款余额48亿元。是年，缴纳各类税收7101.17万元，个人所得税缴纳564.02万元。

（吴作优）

保　险

【中国人寿保险股份有限公司长沙支公司】 2021年，中国人寿保险股份有限公司长沙支公司（以下简称“长沙支公司”）完成新单保费15892.06万元，寿险新单保费10776万元，其中，10期交保费3797万元；团险渠道完成短期险保费3837.06万元，银保渠道完成新单期交业务保费4005万元。个险渠道完成3年期保费1927万元，10年期新单保费3797万元，销售保障性保费2326万元。拓展长沙支公司银保渠道自营业务，全年新单保费4005万元，其中，3年期1416万元、5年期2589万元。拓展长沙支公司团险渠道大短险业务，全年新增保费600万余元。推进柜面、综合服务创新，全年柜面接待服务14852人次，处理追踪新单10682件；保全业务61120件（含寿险App线上处理件数）；理赔11055件（线上5295件，线下5760件），开通电子化通知服务12431人次。

（陈　均）

【中国人民财产保险股份有限公司长沙支公司】 2021年，中国人民财产保险股份有限公司长沙支公司（以下简称“人保财险长沙支公司”）保费收入7.28亿元，赔付支出3.92亿元，缴纳税款1.23亿元；继续保持“湖南省文明单位”荣誉称号。人保财险长沙支公司政策性农险业务为4.5万户农户提供风险保障。开展其他民生保险，为全县1.34万户居民提供治安保险风险保障；为全县提供精神病人监护人责任险风险保障；为县内5所乡镇联校、9所公办学校3.6万余名学生提供风险保障；承办长沙县补充工伤保险、城镇职工、城乡居民基本医疗非联网非即时结算项目，承保县民政局民生保险，保障对象为全县户籍居民，承担区域内的公众火灾、见义勇为、无责溺亡等5项保险责任。针对因新型冠状病毒肺炎引起的重疾、医疗或者疾病身故的客户，人保财险长沙支公司推出6项专项支持举措，推出约定法定传染病保险，将团体意外险、交通工具意外险等与法定传染病产品结合，在全县推出企业复工复产综合保险。（易李卓玛）

表 3　2021 年长沙县银行保险证券情况一览表

指标名称	计量单位	2021 年	2020 年	同比指数（%）
银行机构各项存款余额	万元	16391950.7	14772595	110.96%
城乡居民储蓄存款余额	万元	8095638.273	7125143	113.62%
银行机构各项贷款余额	万元	18792621.51	14645392	128.32%
银行机构营业收入	万元	347368.1318	323384	107.42%
银行机构网点数	万元	183	183	100.00%
银行机构职工人数	人	2321	2293	101.22%
人均储蓄存款	元	57821.86	51838	111.54%
驻县银行	家	24	23	104.35%
各类保险机构网点数	个	84	84	100.00%
国有控股保险公司保费收入	亿元	23.09	15.4	149.94%
证券公司营业部	家	8	8	100.00%

（资料来源：县统计局）

旅　　游

编辑　李珊珊

综 述

【概况】 2021 年，长沙县有国家 AAAA 级景区 3 个：杨开慧纪念馆、田汉文化园、影珠山景区，国家 AAA 级景区 8 个：黄兴故居纪念馆、锦绣江南生态农庄、湘丰茶博园、浔龙河生态艺术小镇、天华山景区、长沙紫竹山旅游区、花田厝鲜花艺术小镇、三珍虎园；星级乡村旅游区（点）46 家（其中，五星级乡村旅游区（点）21 家）。全年接待游客 2101 万人，旅游综合收入 197.62 亿元。

（袁 吟 文 婷）

【长沙县开通长株潭红色旅游直通车】 2021 年 9 月 3 日，长沙县开慧镇杨开慧纪念馆举行“百年风华，红动长株潭”——长株潭红色旅游直通车启动仪式，首发株洲—长沙县、湘潭—长沙县、长沙县（开慧镇）—韶山市（毛泽东故居）、长沙县（缪伯英故居）—炎陵县（何孟雄故居）4 条景点线路，每周末发车，3 市游客可点对点直达景区，共享丰富的文旅资源。 （袁 吟 文 婷）

【长沙县被评为“中国文旅融合发展示范县”】 2021 年 11 月 7 日，北京举行以“贯彻新发展理念 · 推动高质量发展”为主题的 2021“中国城市高质量发展案例暨城市品牌”发布活动。活动中公布了 2021“中国城市高质量发展案例”典型城市代表，长沙县被评为“中国文旅融合发展示范县”。 （袁 吟 文 婷）

【开慧镇被评为“全国乡村旅游重点镇”】 2021 年 12 月 17 日，福建省龙岩市永定区召开由文化和旅游部组织的全国乡村旅游工作现场会，长沙县开慧镇作为湖南省乡镇代表及获奖乡镇，现场接受第一批“全国乡村旅游重点镇（乡）”授牌。

（袁 吟 文 婷）

【4 个村（社区）入选第三批“湖南省乡村旅游重点村”】 2021 年 12 月 14 日，湖南省文旅厅、省发改委公示入选湖南省乡村旅游重点村镇名录的村镇名单，长沙县果园镇田汉社区、安沙镇和平村、开慧镇飘峰山村、开慧镇开慧村 4 个村（社区）入选第三批湖南省乡村旅游重点村。

（袁 吟 文 婷）

【长沙县新增 A 级景区】 2021 年 12 月 15 日，长沙县三珍虎园被评为国家 AAA 级旅游景区；12 月 27 日，影珠山景区被评为国家 AAAA 级旅游景区。至此，长沙县 A 级景区增至 11 家，其中，国家 AAAA 级景区 3 家，国家 AAA 级景区 8 家。

（袁 吟 文 婷）

【长沙县新增星级乡村旅游区（点）】 2021 年 12 月 20 日，长沙县朴愿有机农耕科普园、隐珠谷被评为湖南省四星级乡村旅游区（点）；12 月 30 日，江天假日生态农庄、汉硕野枫谷游学小镇、胖仔农庄被评为湖南省五星级乡村旅游区（点）。至此，长沙县星级乡村旅游区（点）有 46 家，其中，五星级乡村旅游区（点）21 家。

（袁 吟 文 婷）

【“服务文旅产业 赋能乡村振兴”长沙县文化旅游协会成立大会】 2021 年 8 月 26 日，长沙县文化旅游协会成立大会在明城国际大酒店举行，县委常委、宣传部部长杨溢，县人大常委会副主任曹艳萍，县人民政府副县长提名人选邱友梅，县政协副主席陈沃辉、县文旅局党组书记、局长李顺林等领导出席会议，县文旅局相关负责人、各镇街旅游专干以及 110 家县内文化旅游企业的负责人等参加会议。大会对长沙县文化旅游协会成立筹备工作报告进行审议，并审议通过《长沙县文化旅游协会章程》（草案），长沙县文化旅游协会理事单位组成议案，长沙县文化旅游协会会长、副会长单位议案，长沙县文化旅游协会秘书长议案，长沙县文化旅游协会监事会成员单位议案等，选举产生协会会长、副会长、秘书长、理事。

（鄢思雨）

旅游资源

【杨开慧纪念馆】2021 年，杨开慧纪念馆接待游客 120 万余人次，提供优质免费讲解服务 1500 批次，开展主题教育宣讲活动 30 余场次。推出精品力作，《杨开慧与建党精神》《杨开慧革命信仰研究》2 篇论文获“湘籍建党先驱与伟大精神—纪念中共湖南支部成立 100 周年”学术研讨会优秀论文奖；《杨开慧是个什么样的人》《杨开慧的多重身份》《读懂杨开慧》等 3 篇开慧系列原创文章在中共中央党史和文献研究院的理论中国公众号发布；《杨开慧——信仰研究》在《半月谈》杂志发布。协助拍摄《温婉骄杨—杨开慧》《红船》《百年风华》以及湖南人民出版社线上云游直播《杨开慧》、新华社湖南分社线上直播讲解《数风流人物》等节目。参与中纪委党课《牺牲我小 成功我大》采访拍摄、《人民日报》环球杂志社采访、参加湖南省妇女联合会主办、湖南省人民出版社湘潮杂志社承办的云游红色湘女纪念场馆第一站杨开慧纪念馆直播、参与长沙融媒体拍摄等。讲解员何锐在退役军人事务部红色讲解员大赛中获湖南省第一名；郑天晓入围《致敬国家丰碑——全国红色故事讲解员大赛》新媒体赛段并借调参与中国共产党历史展览馆讲解工作。开发特色湘绣、主题书签、瓷器摆件、纪念像章、装饰挂件、信封邮票、特色名信片、红色书籍等 30 余种文创产品，印发纪念杨开慧烈士 120 周年诞辰邮册《永远的骄杨》。是年，该馆被评为“长沙市 2020 年度十佳红色旅游景区”、长沙市“平安景区”、“长沙县党员教育现场教学点”。

（黄 莎）

【黄兴故居】 2021年，黄兴故居接待游客约27.6万人次。开展“勤勉坚忍　无我笃实——黄兴先生珍贵文献史实展”“黄兴故居涉台教育宣传”“英名天下扬——许光达大将生平展”主题展14场次，受众人数2.3万人。舒俊所撰《许光达故居导游词》在“我写长沙红”导游词征集大赛中获三等奖，彭烨所撰《七两黄金见初心》在“我讲长沙红”红色故事讲述大赛中获志愿组优胜奖。周烨与湖南省黄兴研究会理事长黄柏禹合撰《男子要为天下奇》（黄一欧传）一书由岳麓书社出版，论文《黄兴的亮剑精神》在《澳门导报》获连载。作为“湖南省对台交流基地”，以纪念辛亥革命110周年为契机，举办“纪念辛亥革命110周年——海峡两岸议辛亥线上线下交流活动”及“海峡两岸纪念辛亥革命110周年书画展活动”。6月，黄兴故居纪念馆被长沙市精神文明建设指导委员会评定为“长沙市文明风景旅游区”。（彭　烨）

【徐特立故居】 2021年，徐特立故居纪念馆接待游客21万余人次，开展主题教育宣讲活动80场次，听众3200人次。徐特立革命故事进机关1场次，受众党员40余人。开展馆校共建，11月2日，与湖南交通职业技术学院共建“德育实践教学基地”共建合作协议签署、举行实践教学基地挂牌仪式，培养该校20余名优秀学生讲解志愿者，参与到该馆志愿讲解服务中，更好的传承、发扬徐老革命精神。11月15日，在江背镇派出所开展“悦耀星沙——徐特立故事进机关宣讲活动”，现场学习《一本没有字的教科书》《把国家的前途、民族的解放摆在第一位》等故事。

（陈启亮）

【李维汉故居】 2021年，李维汉故居接待游客11万余人次，接待机关团体开展党史学习教育活动680余批次。配合《湖南日报》、红网、湖南都市等新闻媒体拍摄人物与故居宣传视频。12月，接待李维汉孙女李明鉴等到故居开展继承革命传统·共圆百年梦想，李维汉故居红色文化传承暨《讲给孩子的百年梦想》丛书故事分享活动。开展故居整修和周边环境整治工程，征收民房1栋改造为李维汉生平事迹陈列室。是年，李维汉故居被公布为湖南民营经济人士理想信念教育基地、湖南省社会主义学院教育基地、长沙县党员教育现场教学点。

（简鑫斯）

【柳直荀故居】 2021年，柳直荀故居接待游客约2万人次，接待机关团体开展主题教育活动110余批次。配合红网等新闻媒体拍摄人物与故居宣传视频。接待省人大常委会主任刘莲玉等省、市、县领导到柳直荀故居参观。拍摄第二期“悦耀星沙·云游故居”视频，在省、市、县相关网络平台播放。制作柳直荀故居VR实景展览并在“文旅星沙”公众号线上推广。是年，柳直荀故居被公布为长沙市爱国主义教育基地、长沙县党员教育现场教学点。

（简鑫斯）

【杨立三故居】 2021年，杨立三故居接待游客12万余人次，接待机关团体开展党史学习教育活动650余批次。配合红网等新闻媒体拍摄人物与故居宣传视频。开展清明缅怀活动、诞辰120周年纪念日活动等，接待湖南省委原书记杨正午、湖南省人大常委会原秘书长胡伯俊、省党史研究院院长胡振荣等到杨立三故居参观。自主研发杨立三微党课《“三严”部长杨立三》《三封信件显清廉》等。联合金井镇残疾人托养服务中心在杨立三故居开展“迎国庆·践初心·聚爱心”公益活动。拍摄第二期“悦耀星沙·云游故居”视频，在各级网络平台播放。邀请专业公司制作杨立三VR实景展览并在“文旅星沙”公众号线上推广。1月，杨立三故居被授牌为“湖南省全民国防教育基地”；12月，被公布为湖南省级文物保护单位。

（简鑫斯）

旅游推介

【2021长沙县红色文旅年活动发布会暨民宿文化旅游节】 2021年3月28日，“百年风华　红动星沙”——2021长沙县红色文旅年活动发布会暨民宿文化旅游节活动在长龙街道慧润·杨柌盈商小镇举行。活动现场发布2021长沙县红色文旅年系列活动。本次活动由中共长沙县委、长沙县人民政府主办，长沙县文化旅游广电体育局、长沙经开区星沙产业基地管理中心、长龙街道办事处承办，以“百年风华·红动星沙”为主题，推出“薪火传承”“魅力文旅”“融城绽放”三大红色文旅活动。推出“体验共产党人初心使命”和“感悟共产党人革命情怀”2条红色经典旅游线路。活动现场，大鲸农场、慧润农科新城科普基地等10余家民宿现场制作烤全羊、花果虾、白石源茶油焖黄鸡等20余种美食，供游客免费品尝，山河智能滑移装载机现场“跳舞”。当天，由自媒体代表、网络大V、旅游博主为成员的长沙县民宿体验团成立。（李珊珊）

【2021长沙县红色文旅年文化旅游（武汉站）】 2021年4月27日，“百年风华　红动星沙”2021长沙县红色文旅年文化旅游产品推介会走进武汉，以四大红色主题旅游资源邀请武汉人民追寻红色足迹。会上，长沙市旅游协会与武汉市旅游协会签署战略合作协议，进一步推动两地旅游企业之间合作，推动资源共享、客源互送、市场共兴。活动现场，武汉市文化和旅游局二级巡视员杨琼鹏，长沙市文化旅游广电局党组成员、副局长余岚，长沙县人民政府二级调研员刘宗正出席推介会并致辞，长沙县文化旅游广电体育局党组书记、局长李顺林推介长沙县文旅资源，开慧镇、果

2021年3月28日，“百年风华　红动星沙”——2021长沙县红色文旅年活动发布会暨民宿文化旅游节在长龙街道慧润·杨祠盈商小镇举行

（长龙街道 供图）

园镇、江背镇、慧润杨祠小镇等分别推介域内特色旅游资源。

（袁吟文婷）

【2021长沙县红色文旅年文化旅游推介会活动（株洲站）】 2021年11月30日，由长沙市文化旅游广电局、株洲市文化旅游广电体育局指导，长沙县文化旅游广电体育局主办的“星”光璀璨“株”联璧合——2021长沙县红色文旅年文化旅游推介会活动在株洲举行。长沙县政府办，长沙县文旅局，株洲云龙示范区、荷塘区、石峰区、天元区文化旅游体育局以及株洲、湘潭的100余家旅行社参加活动。长沙县就特色文旅小镇开慧镇，特色景区影珠山，特色亲子研学地远大、小顽国，还有亲子、党建（红培）、茶旅、花旅、民宿之旅、湘赣边线路、长株潭线路等旅游产品进行推介。现场设置非遗产品、文旅特产等展示区，江四爷腊八豆、有机大米、小花片等长沙县特色产品。现场，长沙县与株洲云龙示范区、株洲市荷塘区、石峰区分别签署《长株潭文旅一体化战略合作协议》。本次推介会是长沙县在开通长株潭红色直通车之后助力长株潭一体化的又一有力举措，对推动区域文化旅游合作互融，组建长株潭旅游市场联动机制以及市场融合有积极意义。　（李珊珊）

【2021长沙县文旅新消费示范活动颁奖活动举行】 2021年12月19日，“HI游星沙　娱你有约”2021长沙县文旅新消费示范活动颁奖暨HI游星沙100名亲子自驾游活动在松雅湖国家湿地公园举行。长株潭地区100名亲子在此开启长沙县冬日亲子之旅。现场，对之前评选出的长沙县十大文化旅游特色消费示范项目——湖南天大生物科技股份有限公司、乐运魔方、远大城研学实践教育营地等进行颁奖。亲子研学游·百名亲子家庭自驾游，以及潮玩新意游·百万粉丝旅游达人带你玩活动开启，100组亲子家庭自驾到田汉文化园和影珠山森林公园开展相关活动。　（李珊珊）

【浏阳河文化旅游产业带长沙县第六届红樱文化旅游节】 2021年2月27日，由长沙县文化旅游广电体育局、长沙县农业农村局、长沙县江背镇人民政府联合主办的春之韵·樱为爱——浏阳河文化旅游产业带长沙县第六届红樱文化旅游节在江背镇锦绣江南度假庄园举行。长沙市文旅广电局局长郭润葵宣布活动开幕。现场表演大型舞蹈《春之韵》、歌舞《花开盛世》、歌曲串烧《我心中的名字》《春雨》、大型情景剧《锦绣江南》、乐队表演唱《突然的自我》《童年》等节目。长沙县文化旅游广电体育局党组书记、局长李顺林发布长沙县入县游奖励政策和长沙县赏花地图。

（鄢思雨）

【2021长沙县红色文旅年文化旅游推介会（广州站）】 2021年9月29日，“湘约羊城　粤耀长株潭”2021长沙县红色文旅年文化旅游推介会走进广州，本次活动由长沙市文化旅游广电局、长沙县人民政府主办，开慧故里5A创建领导小组、长沙县文化旅游广电体育局承办，活动全程以“追随红色足迹，打卡青年毛泽东在长沙的朋友圈”为线索，由人物带景点，从毛泽东的爱人、战友、恩师3部分着手，通过长沙、株洲、湘潭3地名人名景过渡到长沙县的名人名景。会上推出“风华正茂”足迹游、“革命伉俪”情缘游、“潮级美味”探秘游3条旅游路线，李顺林对长沙县整体资源进行推介，开慧镇、金井镇、福临镇分别对域内文旅资源单独进行推介，株洲、湘潭两地旅行社协会会长对当地文旅进行推介。　（鄢思雨）

【长沙县浏阳河文化旅游产业带文旅产品发布会】 2021年12月21日，浏阳河文化旅游产业带文旅产品发布会在江背镇举行，现场发布4条浏阳河文旅系列产品线路，分别为网红时尚秀线路：金洲村浏阳河景区—印山天玺湖—磨盘洲—五福村金银坝风景区；休闲养生趣线路：麻姑井酒窖—天大生物铁皮石斛种植基地—锦绣江南；船游亲水乐线路：三馆一厅旅游码头—槊梨陶公庙—崇源农庄；红色故里游线路：黄兴故居—徐特立故居一韶山，组织20余家媒体进行采风，镜头笔触聚焦神韵星沙。

（鄢思雨）

【力量之都 爱在星沙2021长沙县“夏之恋”工业旅游推广暨中国旅游日宣传活动】 2021年5月20日，由长沙县文化旅游广电体育局主办的“力量之都 爱在星沙”2021长沙县“夏之恋”工业旅游推广暨中国旅游日宣传活动在远大城启动。以长沙县工业企业员工为代表的52对情侣和夫妻欢聚小天城57层高楼，集体高空告白，“520”与工业旅游花式互动。现场，长沙县人民政府党组成员、副县长彭正球为参与活动的情侣和夫妻送去祝福词。长沙县首次发布“恋在星沙·浪漫约会风光游”“情定星沙·幸福蜜月休闲游”“爱满星沙·亲子工业研学游”3条“夏之恋”工业旅游线路。李顺林为52对情侣和夫妻发放专属爱情护照，凭该护照1年内免费畅游长沙县杨开慧纪念馆、田汉文化园、湘丰茶博园等10个等级景区。当晚，联动全城多个楼宇和电子屏开绚丽浪漫的“520”主题灯光秀。

（鄢思雨）

表4　2021年长沙县旅游情况一览表

指标名称	计算单位	2021年	2020年	同比指数（%）
接待游客人数	万人次	2101	1680	125.1
旅游总收入	亿元	198	187.7	105.5
旅行社总数	个	16	14	114.3
星级乡村旅游点	个	46	44	104.5
星级饭店个数	个	3	3	100.0
其中：五星级	个	1	1	100.0
四星级	个	2	2	100.0
星级饭店客房总数	间	821	821	100.0
等级景区个数	个	11	10	110.0

（资料来源：县统计局）

交通·邮政·通信

编辑　李珊珊

综　述

【概况】 2021年，长沙县公路总里程6232.649千米，其中过境高速公路7条137.287千米，国、省、县、乡、村道路公路总里程6095.362千米，包括：3条国道80.259千米、8条省道261.966千米、县道422.496千米、乡道712.086千米、村组道4582.999千米，干线公路35.556千米；与邻县之间、县与乡之间全部通二级以上公路，县道、乡道硬化率均100%，村道硬化率95%，公路密度为361.1千米／百平方千米。全年长沙县交通运输局开展领导带队检查90次，安排整改隐患约200处；深入“两客一危一货”、公交、站场、维修及驾培等行业排查治理隐患1485处，全行业未发生一起生产安全责任事故。安全生产监管对象包括1个二级汽车客运站、7家客运企业（4家公交企业、3家客运企业），1515台客运车辆（其中，道路客运车辆107台，公交客运车辆1408台）；118家二十台车以上普货运输及渣土运输企业，13811台（含挂车）普货车辆，5家危货运输企业、103台危货运输车辆；33家物流园区，706家维修企业（一类、二类、三类），26家驾培企业。 （刘丽娜）

【安全监管】 2021年，长沙县交通运输局开展领导带队检查90次，安排整改隐患约200处；深入“两客一危一货”、公交、站场、维修及驾培等行业排查治理隐患1485处，全行业未发生一起生产安全责任事故。深入物流园区、水上交通、道路运输、铁路沿线及隧道桥梁等五个方面开展专项整治，排查治理一般隐患1361处，整改完成突出问题1处（物流园区小、散、乱问题），重大隐患2处。推进交通问题顽瘴痼疾集中整治。制定下发《长沙县交通运输系统2021年交通问题顽瘴痼疾集中整治行动方案》《2021年省、市交通问题顽瘴痼疾集中整治行动考核任务分解表》，对各单位工作进行责任分解，及时推进整治省、市、县交办及通报问题。处理省、市、县整治办交办件50余份，排查治理道路风险路段隐患13处，整治交警部门抄告170家普货企业和692台车辆违法违章行为，督促运输服务中心、运服中队对涉事企业（个体户）开展警示约谈40余次，每季度与县行政执法局、交警大队等职能部门对34家渣土运输企业、15家混凝土企业及运输企业开展联合检查。参与消防安全百日攻坚行动，全局出动检查人员730人次，检查企业约1000家，排查消防安全隐患600余条。推动交通运输行业岁末年初安全生产百日大会战。全局检查企业约1800家次，检查车辆近1000台次，排查治理隐患近700处。推动“打非治违”联合执法。结合仓储物流市场专项整治，联合执法部门开展联合执法，检查仓储物流经营单位1147家，发现一般性隐患2087条，全部完成整改。全县10家零散物流档口中7家自行搬离或迁入物流园区（其余3家正在整改），105处违章建筑（1处补办手续）中有46处关停经营，另有17处无柱违建雨棚申请剔出整治范围。在网、报、微、端等媒体平台发布安全生产宣传报道300余篇，在行业企业、客运站场、公交车、干线公路等悬挂横幅397条、设置电子屏幕及宣传栏168个，进企业、进驾校开展交通安全知识集中宣讲10余次，发放各类宣传册6000余份，每月督促驾校开展“五个一”、运输企业开展交通安全宣传教育活动。组织开展培训。开展“安全生产月”、“11·9”消防安全月等专题教育培训4次，参训人员约2000人次，开展货运站场消防事故应急救援演练1次，开展县交通运输系统消防安全教育培训暨火灾应急逃生演练活动1次。持续推动警示。以“4·18”宁乡较大道路交通事故等事故案例为警示，联合县行政执法局、县交警大队组织约谈全县交通运输企业200余家次。 （刘丽娜）

交通建设

【概况】 2021年，长沙县新改建农村公路115.022千米，完成88.4%。农村公路安保项目（省安防项目）完成10.09千米，省农村公路提质改造项目（乡镇通三级公路、旅游路、资源产业路）完成31.5千米。改善县域高速公路出入口路域环境，完成12个高速公路出入口路段路面提质改造。干线公路优良率99%，农村公路中等路率94.5%，排名全市第一位。组织实施交通建设项目质量和安全监督工作，完成农村公路的外业检测任务，完成14个在建项目的交工核验。推进“智慧交通”建设，完成县公交监管服务平台和县道路货运物流监管服务平台的建设，提升交通服务和监管的信息化水平。 （吴红杰）

【“四好农村公路”创建示范县】 2021年，长沙县交通运输局向市交通运输局申请2021年第一批、第二批乡村振兴农村公路提质改造项目175个，计163.045千米，涉及全县16个镇（街），投资6935.7万元。根据中共长沙市委办公厅、长沙市人民政府办公厅《2021年全市重点民生实事项目实施意见的通知》要求，长沙县市重点民生实事考核内容为新改建农村公路130千米，所有项目超额完成建设。推进省农村公路安保工程项目建设，省交通运输厅下达长沙县农村公路安保工程项目10.09千米全部完成。省农村公路（乡镇通三级公路、旅游路、资源产业路）项目，2021年省农村公路建设投资计划35千米，涉及长沙县7个乡镇，投资3448万元。省重点民生实事考核任务为建设农村公路（旅游路、资源产业路）项目30千米，所有项目超额完成。是年，长沙县继续保持“四好农村路”省级示范县、“四好农村路”全国示范县荣誉称号。（张勇刚）

【干线公路建设】 2021年，省206线—国道319线—县道011线安全文明示范路起于省道206线长沙县平江界，经金井、高桥、路口、春华镇后，在捞刀河南侧与国道319共线，至花山处往南沿县道011，止于杭长高速，全长54.11千米，分两标段实施，其中，第一标段为国道319线开元东路东延线至花山段大修，路线全长3.7千米，按一级公路标准建设，提质改造为双向四车道，设计时速80千米，路基宽度23.5米；第二标段为全线（大修段外）安全文明示范路建设，主要包含全线硬路肩功能强化、居民集中路段改造、全线公交停靠站改造、交叉口渠化处理、路侧开口综合治理等内容。（李　鑫）

【公路养护】 2021年，长沙县提高干线公路日常养护资金使用效率，持续推进日常小修养护改革，制定小修养护清单，公开招标养护单位对列养公路分南北片区进行小修养护；国省干线实施中修里程7.135千米，预防养护里程8.775千米，普通国省干线路况优良率98.96%。坚持建管养并重，全年投入5451万元对全县5465.758千米农村公路开展养护工作（包括日常养护、中修清灌缝、大修换板和水毁修复等其他项目），其中，省补助资金940万元，市补助资金940万元，县补助资金3571万元。实施年度农村公路养护工程实施计划，实施中修清灌缝处理约30万米、大修换板约14.33万平方米，完成年报数据库内1750千米线路路况评定工作，长沙县农村公路路况评定排名全市第一位。6月1日，承办关于深化农村公路管理养护体制改革试点工作推进会。9月18日，长沙县被评为“十三五”湖南省农村公路养护管理优秀单位。（曹春云 张勇刚）

【交通建设质量监督检测】 2021年，长沙县对农村公路补助计划和重点建设项目进行全面质量安全监督。完成2020年市县农村公路建设补助项目93%的路面检测工作（计划171个项目进行路基检测161个，路面检测159个）；完成2021年市县农村公路建设补助项目46%的路面检测工作（计划173个进行路基检测145个，路面检测80个）；监督重点农村公路项目23个，项目总投资6.5亿元。质量监督方面，对项目建设原材料、实体工程质量开展跟踪检查，抽检项目86个，检测指标1251个。安全监督方面，进行日常监督检查98次，安全生产专项检查4次，疫情安全防控检查17次，发现安全隐患173个，督促安全隐患整改173个，下发限时整改通知书53份，全部整改闭合。是年，长沙县重点交通建设项目质量评定全部合格。（曾文熙）

【交通信息化建设】 2021年，长沙县交通运输信息中心做好“12345”热线、问政湖南、微星沙、百姓呼声等平台的线上回复受理、督办和落实工作。受理“12345”热线工单2956件、云平台工单200件、微问政平台工单97件、数字化城管623件、电话咨询投诉822件，综合办结率100%，综合满意率99.85%。全年抽查“两客一危”客运车辆14621次，货运车辆18954次，未发现超速驾驶、疲劳驾驶、凌晨异动等报警情况。平稳推进信息化平台建设，县公交监管服务平台于4月完成终验，投入运行。公交充电数据接入100%，实现公交充电补贴的精确核算，协助处理2021年半年度的公交充电补贴核算。对长沙县公交线路和站点数据的重新采集，50%的公交线路采集完成。对接公交智能视频监控一键式报警项目，接入公交智能视频监控报警数100%。全县管理运营的公交车辆有1408台、公交线路77条、公交线路站点2654个、公交驾驶员816人、公交定位设备信息1742台、POS机设备1450台。启动长沙县道路货运物流监管服务平台建设。（吴再翼）

交通运输

【概况】 2021年，长沙县有公交线路78条，在线营运公交车辆1408台，线路总里程约1642.3千米，公交通村率100%。推进公交项目建设，完成497座老旧公交候车亭提质改造。对“两客一危”车辆和重型货车开展动态监测，抽查客运车辆12880次、货运车辆14712次，未发现超速驾驶、疲劳驾驶、凌晨异动等报警情况。（李建松）

【公交线路优化】 2021年，长沙县有公交线路78条，其中，城市公交线路33条，运力1128台；城乡公交37条，运力235台；园区定制公交6条，运力41台；开慧红色旅游线2条，运力4台，基本建成一个相互补充、无缝对接、出行顺畅的公交网络，公交通村率100%。城乡公交线路采取两元一票制，并实施与长沙市区一致的公交IC卡优惠政策。（李建松）

【公交站场建设】 2021年，长沙县城区范围内投入使用的公交首末站为13个（含湘龙站），除映霞路站、松雅站、路口站外，其余均为临时站，东升路站位于灰埠东升路旁，用地面积15911.28平方米，设计停车位74个，夜间可供100辆公交车停放；映霞路站位于黄兴大道与映霞路交会处西南角，场地面积约2公顷，24个充电位；松雅公交首末站位于长沙县滨湖路以南，特立路以北，东八路以西，东七路以东，用地面积14488.64平方米。停车坪面积1.19万平方米，充电桩28根，可供110台公交车辆停放；路口站使用面积9015平方米，停车坪面积8623平方米，可供51台公交车辆停放；黄兴大道站位于特立路与东八路交会处西北角，面积5000平方米，设计停车位48个（含充电车位42个），21个充电桩，可停放48台车；丁家岭站位于东十路丁家岭安置区旁，场地面积约4000平方米，14个充电位，具备公交停车保养功能；华湘安置区站位于华湘安置区，场地面积约6000平方米；德普企业公元首末站位于螺丝塘路与长桥路，场地面积7900平方米充电桩9根，可供80台公交车辆停放；雷公岭首末站该站位于特立西路与雷公岭路交叉口西南角站内内停放的均为市属公交线路；临空站该站场位于鹏盛路与大元路交会处，用地面积3000平方米，设计停车位27个（含20个充电车位）充电桩7个，可停放27台车；星沙联络线位于星联线桥下，用地面积17546平方米，设计停车位106个（含40个充电车位）充电桩20个，可停放106台车；浔龙河站占地面积1.8万平方米；湘龙站位于湘龙街道龙塘小区西侧，用地约2.67公顷，约0.67公顷建设BRT换乘站，其他2公顷为县内公交站用地。（李建松）

【货运物流】 2021年，长沙县有经营许可的道路货运经营户4046家，其中，网络货运企业4家，办理《道路运输证》的营运货车13782台。全县货运量2680万吨，货物周转量149832万吨千米。对超限超载、交通违法违章的156家道路运输企业、758台车进行53次教育约谈，督促企业改正。对113家普通货运企业进行安全生产检查。对物流园区开展疫情防控、安全生产、消防安全等排查102次，要求相关企业在规定时限内完成整改。针对5家危货运输企业开展日常监督服务，开展“隐患清零”“安全生产三年专项整治”等专项检查，检查出68个隐患，隐患整改全部完善好并归档保存；针对危货企业电子运单出现异常和驾驶员闯禁等违法行为约谈危货企业15次。现场宣导“安全生产三年专项整治”文件精神，要求企业落实并制定行动方案。对市交通局、市公安局等执法部门提供的相关危货运输企业违法违章、隐患清零8项指标不合要求的道路运输车辆所属企业的法人或主要安全负责人开展警示约谈；全年收到长沙长钢气体有限公司等3家危货运输企业存在5起未系安全带、违法停车、未按规定交通标线行驶等违法行为，对相关企业负责人开展警示约谈，并督促整改。对县交通局安全监控指挥中心提供的长沙县危货运输企业违章情况表（超速报警、疲劳报警、凌晨异动）在行业内进行周公布和月公布，督促企业严格管理疲劳驾驶、超速等交通违法违规行为，强化企业主体责任。

（李建松）

交通管理

【概况】 2021年，长沙县将“路长制”工作与全域旅游、美丽乡村等建设深度融合，服务乡村振兴战略。各级道路纳入“路长制”比例100%，列养村道纳入比例100%；干线公路优良率99%，农村公路中等路率94.5%，排名全市第一位。不停车超限检测系统干扰逃避不停车超限检测率16.94%，无因超限超载引起的重大交通责任事故。建设停车场57个，建成停车泊位26115个，完成松雅湖片区、师范学校片区停车难重点区域治理，开展县主城区70%停车场数据接入市智慧停车平台的准备工作以及智慧停车相关工作。（吴红杰）

【交通运输行业行政审批】 2021年，长沙县交通运输局规范货运市场，推进“一件事一次办”改革工作，对依申请类事项网上政务服务办理深度再升级，依申请类事项网上政务服务办理深度达到三级以上。新编县交通运输局《行政许可服务事项办事指南》。受理办结各类行政许可案件1276件，其中，货运经营许可1243件，公路工程许可审批33件，维修经营备案147件，依法注销货运经营许可438件。办理道路货物运输证3882本，办理货运车辆年审10938台，注销道路运输证524本，办理车辆转籍532台，货运驾驶员从业资格证诚信考核1846人。（杨利龙）

【机动车驾驶人培训机构管理】 2021年，长沙县交通运输局对26家机动车驾驶人培训机构开展疫情防控专项检查，及时向企业发布汛期相关信息及要求，并对企业工作给予指导。监督长沙县城东驾校举行考试17期，参考人数608人，考试合格人数490人。配合中央生态环境保护督察“回头看”，开展取缔机动车驾驶员培训非法训练场专项整治行动，联合县行政执法局，清查原有和新增的非法训练场27处；下发《中央环保督察信访交办问题“回头看”工作方案》。开展文明交通进驾校“五个一”活动（在驾校建立一个交通安全宣传阵地、讲好一堂文明交通法制课、播放一部交通安全警示教育片、组织一次文明交通志愿服务、举行一场文明守法驾驶宣誓仪式活动），督促驾校及时下载、播放中央、省“五个一”活动领导小组下发的系列警示教育片，加强对驾校主管人员和授课老师、教练员的文明交通法治培训。（陆　岸）

【维修市场服务】 2021年，长沙县交通运输局对维修企业开展环保宣传，对重要区域进行巡查，要求企业与有资质的企业签订危废处理合同，废油禁止污染地面。加大烤漆房管理，对3家企业烤漆房环保手续不全的企业，下达隐患整改通知书，并责令停用。对没有烤漆房设备的企业或烤漆房升级后仍不达标的企业，禁止从事钣喷作业，钣喷作业要在密闭烤漆房内进行，禁止露天或敞开式喷涂作业。对维修企业的三年行动活动开展情况进行重点督查；落实特种设备安全专项整治、消防安全专项整治、危险化学品安全专项整治等各专项行动。督促维修企业规范作业，严厉打击维修企业车辆改、拼装，擅自修报废车等违规行为。（陆　岸）

【物流园区整治】 2021年，长沙县交通运输局组织完成全县仓储物流场所摸底和隐患排查整治工作，物流园区违章建筑整治速度加快。经营散户搬迁至物流园区52家，6家无国土手续的物流园全部关停。（李建松）

【共享单车管理】 2021年，长沙县交通运输局制定《长沙县促进互联网租赁自行车规范发展的实施方案》，联合城管、行政执法、交警共同出台《长沙县共享单车实行总量控制配额管理考核评估办法》，牵头开展准入考核工作，确定长沙县共享单车的投放管理模式；督促指导长沙县内3家共享单车运营企业按配额投放、有序经营。（李建松）

【“大交通”发展机制】 2021年，长沙县交委办按县委交通专题工作会议要求，调整组织机构；严格交通规划审核把关，将县城国土空间规划、城区路网规划、长沙经开区控规规划等与交通“十四五”规划和中长期发展综合规划进行有效融合，加强西向融城对接；组织召开县交委办专题会议、县交委办联席会议48次，印发各类文件73个，开展工作督查32次，办理建议提案4件（主办件2件、会办件2件）。制定《长沙县中长期综合交通运输发展规划》《关于深入贯彻交通强国战略建设高质量交通强县的实施意见》《长沙县解决停车难重点区域治理方案》《长沙县城区交通优化方案》《干线公路路线方案》《干线公路建设时序表》及《长沙县城区“断头路”改造三年行动计划》等。（龚　宇）

【静态交通管理】 2021年，长沙县交委办发挥统筹协调作用，加强与市静态办的汇报和衔接。制定《长沙县解决停车难治理停车乱两年行动实施方案（2021—2022年）》。制定3项具体考核指标（新改建停车场和增加停车位、重点区域停车难治理、智慧停车升级）的任务清单和考核验收要求。完成市对县的停车工作考核，新建停车场59个，新建停车泊位28095个，完成松雅湖片区、师范学校片区停车难重点区域治理工作，完成第一批县停车场接入市智慧停车平台。（吴红杰）

【“路长制”工作】 2021年，长沙县强化“政府主导、镇街负责、部门联动、属地管理”的“路长制”工作机制。纳入“路长制”实施范围的道路2653.271千米，各级道路纳入“路长制”比例均100%，列养村道纳入比例100%；规范设置905块“路长”公示牌；全县通过“路巡”APP平台提交工单约252条，均处理完成；县级路长巡查现场交办问题28处，全部整改到位；开展“长沙县最美农村路”评比活动，评选出春华镇龙泉路、江背镇好布桥至罗家洲公路、金井镇杨立三故居至湘丰茶园“茶产业路”、果园镇田新公路四条不同特色的“长沙县最美农村路”。（陈都有）

【公路治超】 2021年，长沙县全面构建科技治超体系，提升治理能力现代化水平，凸显大数据运用，推进科技治超和非现场执法。在市对县绩效考核年度治超工作综合评价中，长沙县排名第二位；确保普通干线公路超限超载率控制在1%以下；高速公路入口超限超载率控制在0.5%以下；干扰逃避不停车超限检测的行为控制在20%以内；全年没有发生因超限超载引起的重大交通责任事故。年内，长沙县按程序公示的重点源头企业有27家；唐田（位于长沙县安沙镇和平村国道107线K1592处）和黄花（位于长沙县国道319线与县道011线交会处）各设立1个超限检测站；7套不停车超限超载检测系统（另有2套建设完工，尚在软件调试阶段未投入使用）。（彭薇亦）

航空

【概况】 2021年，长沙黄花国际机场完成旅客吞吐量1998.3万人次，保障运输起降16.2万架次，完成货邮吞吐量20.9万吨，比2020年分别增长3.95%、4.28%和8.88%。长沙黄花国际机场旅客吞吐量全国排名第12位。

安全形势　开展“问题隐患清零”行动，加强西跑道大修、供水供电、消防安全、鸟击防范等重点隐患治理，推进安全整治三年行动，长沙黄花国际机场完成阶段性任务151项，完成率92.1%。推进“平安民航”建设，开展应急指挥体系镜像演练，提升应急处置能力。全年未发生事故征候以上不安全事件。

运行保障　长沙黄花国际机场通航国内外105个机场，其中，国内95个，国际10个。新增包头、凯里等20个航点，打造“长兴”“湘沪”“北极星”等精品航线；支持基地航司发展，长沙黄花国际机场的基地航司市场份额提升至42%。推进西跑道大修、Ⅱ类灯光运行改造及离港系统升级，C楼远机位登机口、T1新增安检通道项目投入使用，新增5个远机位登机口和4条安检通道。推进绿色低碳发展，长沙黄花国际机场新能源车辆占比提升至31%，桥载设备对接率

100%，创收2000万余元，2021年长沙黄花国际机场自用能耗较2019年下降近10%。

服务品质　以“民航服务质量标准建设年”活动为契机，结合党史学习教育，开展“为旅客办实事”活动，完成面向旅客服务痛点的60条服务新举措。协调空管常态化进驻AOCC，提升机场运管委协同决策能力，全年航班正常率89.7%，连续4年超过85%。推出10项无障碍服务承诺，升级发布42项旅客服务承诺，新增483条服务标准。深化中转服务品牌建设，中转旅客比2020增长10%。推动旅客“易安检”上线运行，优化“乐湘伴”关爱服务内容，为老年人及特殊旅客提供线上预约、线下全程陪护、健康码申报帮扶等系列贴心服务，长沙黄花国际机场连续3年进入“SKYTRAX全球最佳机场百强榜”。

升级中转服务　推出跨航司中转平台、中转通小程序并建立中转联盟，中转最短衔接时间（MCT）、急转保障、中转产品位居全国同类机场前列。“智慧中转平台建设”获CAPSE创新服务奖，基本实现一次支付、一次值机、一次安检、行李直挂、无忧中转服务。长沙黄花国际机场中转旅客吞吐量83.6万人次，比2020年增长10%。中转占比4.2%，比2020年增长5%，急转成功率比2020年提升32%。4月22日，长沙黄花国际机场联合中国民航信息网络股份有限公司举办以“乐享经长飞，湘遇在星城”为主题的机场旅客中转便利化暨省际跨航司行李直挂服务发布会，长沙、深圳、昆明、郑州、兰州5家机场组成“跨省中转通机场联盟”。旅客在以上5家机场中转，实现一次值机、一次安检，国内机场中转业务与省际跨航司行李直挂服务实现新突破。

（欧阳婷）

【“空铁”联运新模式】　2021年，长沙黄花国际机场利用全国首条自主知识产权中低速磁浮轨道交通，借助长沙高铁“八纵八横”布局，整合航司、铁路、磁浮轨道以及韶旅集团资源，发布首条“省外—长沙—韶山”空铁联运红色旅游线路，初步建立空铁地多式联运机制。“力行天地·红动潇湘”空铁地联运暨党史红旅首发仪式于4月22日在湖南韶山举行，标志着中国首条“国内—长沙—韶山”红色旅游线路空铁地联运产品上线，旅客可以一站式购买航空与高铁车次组合的联运产品到韶山。（欧阳婷）

【长沙机场西跑道及相关滑行道大修工程通过验收】　2021年，长沙黄花国际机场对跑道及相关滑行道、周边排水沟、土面区进行大修整治，同时对助航灯光升级改造。11月9日，长沙机场西跑道及相关滑行道大修工程通过行业验收。大修工程采用不停航施工方式，工期40天，实现铣刨30万平方米、摊铺面积60万平方米。

（欧阳婷）

【服务承诺发布】　2021年11月26日，长沙黄花国际机场举行“用心承诺，友善星程”服务承诺品牌发布会，发布42项服务承诺，重点推出10项无障碍承诺。与2018年版本的39项服务承诺相比，此次42项服务承诺额外增加交通集成、出行顺畅、便捷停车、磁浮城市航站楼值机等19项特色条款，其中明确提出，95%的国内航班经济舱旅客等候及办理乘机手续时间不超过10分钟；95%的国内航班旅客等候安全检查的排队时间不超过12分钟；首件行李在第1位旅客到达行李领取转盘后10分钟内出现；托运行李晚到，行李运抵长沙后24小时内送达长沙市区旅客地址；95%出租车排队等候时间不超过12分钟；95%市区专线巴士等候时间不超过30分钟等一系列举措。精准分析不同群体个性化服务需求，在《长沙黄花国际机场旅客服务承诺（2021年版）》的基础上，特别细化10项“无障碍服务承诺”，推出系列适老、关爱特殊旅客的定制服务。（欧阳婷）

邮政

【概况】　2021年，中国邮政集团有限公司湖南省长沙县分公司拥有城乡邮政服务网点39个，其中，叠加邮政储蓄网点39个，城区设置快递包裹揽投部站10个，实现邮件的上门揽收和投递；另有邮政报刊亭46个、邮政渠道站点243个，拥有各类邮政

2021年11月26日，长沙黄花国际机场举行“用心承诺 友善星程”服务承诺品牌发布会

（欧阳婷 摄）

运输车辆175辆、投递人员210人，投递段道182 条。全县邮政业务实现收入2.66亿元，居民存款净增8.07亿元，居民存款规模88.27亿元。9月，联合市分公司举办全县服务质量专题培训会，并进行现场考试。联合县委、县政府开发《星沙都挺好》《中国共产党星沙百年》邮册，内含“中国共产党成立100周年”、全县革命历史人物和经济建设民生等相关邮票。

（顾守文）

【业务发展】 2021年，中国邮政集团有限公司湖南省长沙县分公司实现寄递收入1.23亿元，比2020年增长15%。快递包裹实现收入6487.3万元，比2020年增长14%，新增快包客户38户，创收1282万元；实现快递包裹业务量3276.91万件，收寄量位居全省县域第一位。全县总资产年净增11.99亿元；其中，储蓄余额净增8.07亿元，新增保费3.32亿元，基金、信托净增8456万元。开发源头代发资金3.75亿元，新增代发户3165户。全县特快收入完成2157.3万元，比2020年增长69.1%。全县新签特快客户111户，产生特快收入1439.1万元，恒昌、俏妃、葫芦、科源4个高端电商客户收发邮件62.37万件，实现收入683.9万元。制定众创众享发展方案，实现散户收入429.97万元。发挥揽投站优势。其中，开元揽投站借助开发的新客户恒昌医药公司，完成收入374.88万元；松雅揽投站借助法院集约送达项目和新开发的高端电商客户俏妃，完成收入615.241万元。做好专业引导，加大窗口特快的揽收力度。营业窗口实现特快收入66.79万元。政务市场优势巩固。紧盯法邮、警邮、政邮等项目的覆盖和挖潜。全县政务类项目实现收入437.52万元；升级“一体化服务”模式，对县人民法院集约送达项目进行拓展和维护，创收226.7万元。（顾守文）

【乡村振兴】 2021年，长沙县邮政三级物流体系项目于12月实现验收，改造1个县级物流配送中心，13个镇级物流中转站，在所辖村组、社区建成385个村级物流配送点，其中，171家具备快递收寄、金融信息发布、产品代购代销、便民缴费服务等功能于一体的综合性电商服务。走村访户宣传惠农政策加强信用村建设，发展普惠金融，以金融助力扶贫，与县内多家农业合作社签订合作，借助邮政电商平台及物流体系实现产品的销售推广寄递一条龙服务。（顾守文）

【农村电商】 2021年，中国邮政集团有限公司湖南省长沙县分公司建成有效综平站点163家，遍布县域范围内的13个乡镇、140个行政村。开展以提高站点活跃度的多品类邮政业务活动，在站点布放收款码、智慧小店、农特红包等为抓手开展多形式转介活动。7月开始推行全流程快递进村，县各村级站点通过易邮自提系统实现快递代投25.03万件、收寄快递包裹2625件；渠道专业通过邮政“9·19”电商节活动、联通项目实现批销额54.26万元，销售雪天盐系列160吨；金融业务部联合综平站点开展数场大抽奖活动，参与人数近1000人，转介金融总资产587万元。探索打造由企业内部职工承包经营的邮政社区综合服务中心模式。收集小区住户有效信息867条、转介客户68人、揽收资产532万元、信用卡12张、代收包裹2715件，代投包裹2.45万件。（顾守文）

【邮政企业资产盘活】 2021年，中国邮政集团有限公司湖南省长沙县分公司资产经营收入完成145.95万元，比2020年增长90.06%。对租入资产进行清查，对板仓路办公楼及黄花、路口、北山等空地开展评估，采取公开招租或合作方式增加盘活收入；将天华路2楼住房和星沙大道茶楼出租及老饭铺项目合规，提增出租效益30万元；对即将到期合同采取多次谈判预计降低成本36万元。与县政府相关部门多次汇报实现调规，在闲置多年的房屋土地上新建安沙邮政服务三农县域仓储配送中心，项目正式动工。将板仓等4处自有资产（有土地证有房产证）经过土地房屋测绘两证合一更换成综合不动产证并更名，金井等14处自有资产（有土地证无房产证）经过土地测绘更换成土地不动产证并更名。马坡岭商铺购置合同纠纷通过法律诉讼程序得到解决，商铺预告登记由法院强制执行在公司名下，争取县政府及各相关单位支持商铺购置应缴纳契税实现22.77万元减免，该商铺购置普票换专票的难题于12月解决，抵扣税金约47万元。

（顾守文）

通　信

【中国电信股份有限公司长沙县分公司】 2021年，中国电信股份有限公司长沙县分公司（以下简称“县电信分公司”）下辖综合部、财务部、网络部、销售服务部、渠道部及城北、城南、城西等9个营业部和安沙、北山、春华等13个支局。公司在职员工302人，被评为长沙县单位内部安全保卫工作先进集体（县公安局颁发）。县电信分公司升级打造农村支局集镇村平安乡村的天翼看家，完成数字果园、数字春华的升级，并与38个乡镇签署乡村建设协议，推进乡镇、村级单位数字化管理转型升级。全面提升5G能力建设。网络建设投资2923万元，主要用于5G基站新建及有线光网对新建楼盘、小区、政企项目和市场的覆盖。新建5G宏站369个、4G宏站41个、室内分布系统152个，为市场运营保驾护航。有线光网全年完成52个新建楼盘、小区、市场覆盖。实施“云改数转”战略，以5G和云为核心打造云网融合的新型信息基础设施、运营支撑体系，推进5G应用，与三一重工、延锋汽车多家企业签署5G战略应用协议，开展5G+工业互联网、5G+智慧交通等方面应用，搭建“疫情防控信息监测平台”以“机防”加“人防”的双重屏障为乡镇、县疾控中心等多个部门的疫情防控工作提供有力支撑。

（杨　艳）

【中国移动长沙县分公司】 2021年，中国移动通信集团湖南有限公司长沙市长沙县分公司（以下简称“长沙县移动”）系中国移动在长沙的县级分支机构。完成通服收入7亿元，客户规模超90万户，宽带用户规模超20万户。手机网络质量满意度领先值3.44，宽带质量满意度领先值8.27，均排名全市第一位。长沙县移动基站规模5700个，新增开通5G站点936个，5G汇聚机房13个，电信普遍服务基站21个。实现长沙县主城区、高校、重点商圈、高铁新城、黄兴会展、空港城核心区以及黄花国际机场的5G连续覆盖；落实乡村振兴战略部署，做到乡镇农村5G 700M全覆盖，实现5G“乡乡通”；持续推进农村宽带覆盖，实现城区覆盖率99%，农村覆盖率98%。长沙县移动加强通信保障，参与大型活动通信保障33次，通信保障总人数350万人次。在秋季校园开学期间，通过容量需求、故障监控、指标监控、建设需求、通信车保障5个方面，确保高校开学高峰期网络情况运行良好。加强防疫支撑，主动对接县防疫指挥部与各级政府，助力政府部门从严从紧落实各项防控措施，做好全县所有区域的通信保障。1天内抢通长沙县第一人民医院防疫隔离病区通信，6小时开通境外人员回国隔离中转酒店有线网络，5天完成疫苗接种点4G、5G网络及监控、广播等建设，24小时内完成110个核酸检测点的装机。推出防疫包、大数据防疫平台、云视讯、云广播及企业视频彩铃等六大防疫产品，运用大数据技术针对区域内常驻人口、返乡人口精准推送防疫短信40万余次。牵头摸排、整改星沙街道范围内的“飞线”乱象等，组织2719人次完成主次干道及小区内背街小巷的现场“飞线”整治及数字化城管工单1042处，完成乡镇光缆及入户线路整治314处。完成光缆迁移196千米，分纤箱等光纤设备迁移58个，完成杆线迁移405根，完成5个老旧小区413户线缆整改。全面加强数字技术赋能，推进“5G+”计划，助力全社会数字化发展。落实与长沙县政府以及长沙经开区管委会签署战略合作职责，聚焦重点发展行业，加强5G产业链培育。探索推进5G、人工智能等新技术在企业制造环节的融合应用，打造“5G+工业互联网”高质量网络和公共服务平台。与各乡镇政府紧密对接，提供定制化5G云广播服务；联合长沙经开区、县政府等，打造5G政务大厅、5G智慧警务，助力数字政府建设；推进智慧校园建设，与多所学校开展深度合作，打造涵盖课堂教学、家校互动、综合管理、雪亮校园等多维一体化智慧校园平台体系；与县内医院开展5G医疗远程会诊、移动护理合作，推进5G技术在医疗健康行业的深度应用。（段　慧）

【中国联通长沙县分公司】 2021年，中国联合网络通信有限公司长沙县分公司（以下简称“长沙县联通”），移动用户规模31万户，固话宽带用户保持稳健增长，运营收入超2.5亿元。截止2021年年底，长沙县优化有效基站规模超328个（不含5G）、光纤户端口27.7万个；全县通信网络行政村覆盖96.5%、宽带光纤行政村覆盖92%。

是年，长沙县联通落实“512工程”中打造内网改造公共服务平台的工作要求。为长沙县电子政务外网进行安全升级，为政务外网提供上网行为审计，链路负载均衡，虚拟化服务器杀毒软件以及准入设备管理升级等服务，为长沙县政府办公网络安全、速率、上网行为审计等方面提供服务。签订智慧城市智慧运营中心政务云机房、县大数据中心智慧协同办公OA、县环卫局智慧公厕、县交通局办公楼网络改造升级、县税务局办公网络改造升级等项目。定期进行防汛应急预案更新，清查补充物资备品备件、配件存量；人员安排沟通调度规划等根据实际情况更新完善以确保汛期平安。长沙县联通结合疫情防控需求启动疫情网络保障应急预案，进行抗疫重点保障工作4次，出动70人次，为全民核酸检测、抗疫宣传工作等场景所在地的传输线缆安全、基站设备运行、网络信号稳定提供全面保障；发送防疫公益短信15万余条。完成全国“两会”、湖南（国际）通用航空产业博览会、中部（长沙）人工智能产业博览会、博鳌论坛、计算机大会中国共产党成立100周年等国内外重要会议、活动通信保障20次，获长沙县政府授旗表彰。配合长沙县网信办开展“清朗”行动，清理、封堵违规“黄堵”网站383家，并提供违规网站归属地及办公场所等信息，协助进行源头清理。规范入网流程，严格按照实名制入网要求为用户办理入网，与用户签署《企业及个人申请和办理通信网络服务涉电信网络新型违法犯罪法律责任告知书》。通过“12321”平台举报等途径，协助公安机关关停异常号码4000余户。参与反电信诈骗宣传，深入街道开展居民网络安全知识宣传活动。

（彭　晶）

生态环境

编辑　周进银

环境质量

【空气质量】 2021 年，长沙县空气质量主要监测指标中，细颗粒物（$PM_{2.5}$）、可吸入颗粒物（PM_{10}）、二氧化氮（NO_2）、二氧化硫（SO_2）4 项指标的年平均浓度分别为 33 微克 / 立方米、51 微克 / 立方米、23 微克 / 立方米、6 微克 / 立方米；臭氧（O_3）、一氧化碳（CO）的特定百分位数浓度分别为138微克/立方米、1.2 毫克 / 立方米。（黎　璇）

【水环境质量】 2021 年，浏阳河、捞刀河长沙县段水环境质量总体保持在《地表水环境质量》Ⅲ类水质范围内，星沙、黄兴、黄花 3 个县级以上集中式饮用水水源地水质达标率均 100%。（黎　璇）

【声环境质量】 2021 年，长沙县声环境质量继续保持稳定，市控 18 个区域环境噪声、交通噪声均达到相关标准要求，1 个省控声环境功能区噪声点（湘龙家园站点）达到《声环境质量标准》Ⅲ类标准要求。湘龙街道湘瑞社区、㮾梨街道陶公庙社区创建为噪声控制示范区。（黎　璇）

【土壤环境质量】 2021 年，长沙县针对重点区域、行业和污染物，长沙县开展地块管理及再利用、涉镉企业排查整治和重点行业企业土壤环境隐患排查和监测等专项工作，有效管控农用地和城市建设用地土壤环境风险。（黎　璇）

表 5　2021 年长沙县环境质量状况统计表

主要指标	年均值	较 2020 年增减百分比（%）
细颗粒物（微克 / 立方米）	33	－2.9
可吸入颗粒物（微克 / 立方米）	51	8.5
臭氧（微克 / 立方米）	138	持平
二氧化氮（微克 / 立方米）	23	持平
二氧化硫（微克 / 立方米）	6	持平
一氧化碳（毫克 / 立方米）	1.2	9.1
空气质量优良率	90.4%	－0.6

（资源来源：县统计局）

生态建设

【概况】 2021年10月12日，长沙县被生态环境部评为“第五批国家生态文明建设示范区”。11月，长沙县被评为“湖南省生态文明建设示范县”，金井镇、高桥镇创建成为长沙市生态文明建设示范镇，金井镇湘丰村、果园镇新明村、春华镇九木村、开慧镇开慧村创建成为长沙市生态文明建设示范村。（黎 璇）

【环保宣传】 2021年，长沙市生态环境局长沙县分局（县环委办）网站运营正常，全年更新相关栏目信息72条次，配合开展基层信息公开工作，在基层信息公开栏目更新栏目、信息22条次；配合完成依申请信息公开工作，全年处理群众依申请信息公开信件7件次。制定《六五环境日暨“三湘环保世纪行”十大活动工作方案》，包括生物多样性宣传教育活动、最美基层环保人评选活动以及六五环境日开幕式等十大活动。邀请媒体记者持续对全县10个典型生态文明建设示范镇村进行采写，结合各地区特色，形成报道发布在大型主流媒体，宣传生态文明理念。编制生态环境方面法律法规汇编，普及法律法规知识，提升行政管理水平。全年组织“环保大讲堂”及多场专题业务培训，组织生态环境系统、医疗卫生机构以及教育、住建、交通等部门的业务培训。（黎 璇）

【生态文明创建】 2021年10月12日，长沙县被生态环境部命名为第五批国家级生态文明建设示范县。11月，长沙县又被评为“湖南省生态文明建设示范县”，金井镇、高桥镇成功创建长沙市生态文明建设示范镇，金井镇湘丰村、果园镇新明村、春华镇九木村、开慧镇开慧村成功创建长沙市生态文明建设示范村。是年，长沙县启动创建国家“绿水青山就是金山银山”实践创新基地。（黎 璇）

【生态修复】 2021年，长沙县自然资源局完成青山铺天华矿业矿区生态修复项目和52个农土资金及土地整治后续整修维护项目建设。开展国土绿化行动，开放义务植树基地16个，营林造绿1266.67公顷。（王知敏）

节能减排

【绿色建筑发展】 2021年，长沙县继续推进实施新建民用建筑全部按照绿色建筑标准规划、设计、建设，所有新建小区楼盘、大型公共建筑、政府投资的公益项目等均执行绿色建筑的标准率。是年，县住建局新报审项目中59个项目列入绿色建筑实施计划，总建筑面积464.82万平方米；受理节能、绿建核查项目74个，总建筑面积469.71万平方米；获一星级以上设计标识项目7个。

（余向阳）

【建筑节能管理】 2021年，长沙县住建局贯彻执行《湖南省公共建筑节能设计标准》（DBJ43/003—2017）和《湖南省居住建筑节能设计标准》（DBJ43/001—2017），严格按照建筑节能标准（节能65%新标）进行审批，新建建筑设计、施工图审查、施工、竣工验收等环节阶段节能强制性标准执行率100%。在项目设计审查阶段，配合县自然资源局对重点区域内的项目建筑形态、整体风貌、风格、立面等进行严格把关，并结合《《长沙市城市规划管理技术规定》《星沙新城建设品质管控导则》等，引导建设项目方案设计、有效指导方案的审批工作，确保相关建设要求高标准落实落地。是年，全县应用可再生能源建筑项目31个、实施海绵城市技术措施较好项目4个、安装公共建筑能耗监测系统项目22个。（余向阳）

【建筑垃圾管理和资源化利用试点县建设】 2021年3月，长沙县被定为湖南省14个建筑垃圾管理和资源化利用试点县（市、区）之一。3月29日，长沙县出台《长沙县建筑垃圾管理和资源化利用试点县实施方案》。加强施工项目现场建筑垃圾分类收集与存放管理，长沙县于4月将建筑垃圾源头管理纳入施工现场文明施工检查和申报全市建筑施工绿色工地内容。发展预制装配式结构，在全县推广星城春晓、荣盛花语城三期、荣康医院等装配式建筑项目，在县建筑企业推广建筑信息模型应用、绿色建筑设计标准等新技术、新材料、新工艺、新标准，促进建筑垃圾源头减量。5月19日，长沙县召开建筑垃圾特许经营协议签订推进会。11月3日，长沙县确定2个建筑垃圾源头减量示范项目：三一云谷5、6号地块住宅项目卫星路以及雷公岭路提质改造工程。

（余向阳）

污染防治

【概况】2021年，长沙县以精准治污、科学治污、依法治污为工作方针，强化系统思维，致力标本兼治，深入打好污染防治攻坚战，集中力量解决涉及群众切身利益的环境问题。继续开展“蓝天保卫战”、碧水攻坚战土保卫战等。围绕“减污降碳协同增效”新目标，推动蓝天保卫战新三年行动向纵深发展。县委常委会7次、县政府常务会8次、环委全会4次、专题调度会30余次、现场巡查调度150余次，部署推进生态环境保护各项工作。（黎 璇）

【蓝天保卫战】 2021年，长沙县围绕“减污降碳协同增效”新目标，推动蓝天保卫战新三年行动向纵深发展，各项指标均达到绩效考核要求。全年治理裸露黄土52.2万平方米，综合治理涉挥发性有机物（VOCs）重点企业 17 家、涉工业窑炉企业 21 家，清理不达标非道路移动机械 48 台，淘汰老旧车辆 75 台，安装验收餐饮油烟在线设备 90 台，新增公交车新能源车辆占比 100%，成功创建碳达峰示范县以及 2 个低碳示范社区。

（黎　璇）

【碧水攻坚战】 2021 年，长沙县以“河长制”为抓手，全面完成浏阳河、捞刀河综合治理 73 项任务，创建市级美丽幸福河流 2 条、小微水体管护示范片区 4 处，规模养殖场粪污处理设施设备配套率和粪污综合利用率均 100%，桐仁桥水库、三叉河入围 2021 年省级美丽河湖评选，我县“河长制”工作在《人民日报》、人民网、水利网等媒体刊载典型经验文章 75 篇。（黎　璇）

【净土保卫战】 2021 年，长沙县以面源污染治理为重点，开展地块管理及再利用、涉镉企业排查整治和重点行业企业土壤环境隐患排查、监测等专项工作，12 个农村环境整治任务村全部完成整治，村镇生活垃圾无害化处理率 100%。长沙县参加 2021 年全国生态文明与再生资源行业会议，并作为先进典型在大会上作专题报告分享。持续开展“静音行动”，创建 2 个噪声控制示范区。（黎　璇）

【农村治厕治垃圾】 2021 年，长沙县改造农村户用无害化厕所 5400 座、新建农村公共厕所 10 座，农村无害化户厕普及率 98% 以上；推广农村生活垃圾分类“多网融合”模式，完善农村垃圾收转运处置体系，年回收利用农村低值可回收物 1.35 万吨、集镇厨余垃圾 1.1 万吨、集镇餐厨垃圾 1.13 万吨，无害化处置有害垃圾 126.5 吨，使农村生活垃圾回收利用率增至 31%，有 5 个镇垃圾排放量连续 2 年负增长、5 个镇维持总体控量。

（黄金雨）

【工业污染防治】 2021 年，县工信局打造绿色制造先进典型，鼓励企业推行绿色设计。推荐金龙铸造 1 家企业申报长沙市工业产品绿色设计示范企业、推荐天能电机 1 家企业申报国家绿色设计产品（工信部公示）、推荐金镂机械等 3 家企业产品列入湖南省绿色设计产品评价标准入库计划开展制标、推荐三树建材申报示范企业列入第二批湖南省工业固体废物资源综合利用示范创建计划。协助省工信厅、市工信局加强对绿色制造体系示范单位的日常监督管理，完成重点行业金龙铸造、迈通智能等 2 家绿色工厂的挥发性有机物（VOCs）废气治理任务。推进低挥发性有机物（VOCs）含量原辅材料替代应用。开展低挥发性有机物（VOCs）含量原辅材料推广使用摸底排查建档 59 家企业并动态调整。推荐长沙市工业发展专项资金项目绿色发展类低挥发性有机物含量原辅材料替代应用奖励类项目 17 家企业，2021 年度向上争取资金 398.72 万元。开展自愿性清洁生产。征集 6 家企业纳入市工业自愿性清洁生产审核年度计划，均通过专家评审和实地验收。制订长沙县工信局工业污染防治工作 2021 年度总体工作计划，深入重点行业企业开展监管巡查，督促企业落实生态环境主体责任，检查重点企业 44 家，抽查回访企业 11 家。对经梳理存在问题的企业进行交办整改，交办 18 家，完成整改企业 16 家。（胡宇濠）

环境监管

【环保督察】 2021 年，中央生态环境保护督察交办 96.75 个问题，办结 85.75 个（另 11 个阶段性办结），反馈涉长沙县的全市共性问题均达上级整改序时进度要求；第一轮中央和省四次生态环境保护督察交办反馈的 424.7 个问题基本整改到位。

（黎　璇）

【环保执法】 2021 年，长沙县行政执法局组织开展蓝天保卫战、涉河涉水、危废、噪声污染等专项执法行动，全年查办大环保相关案件 5450 起，其中，环立字案件 459 起，移送涉嫌环境污染犯罪案件 3 起，移送行政拘留案件 6 起。做好第二轮中央环保督察相关工作，参与办理信访交办 87 件。对臭氧帮扶企业进行回头看，56 个问题已整改并销号。牵头联合相关部门启动环保、城管、农业、水利、自然资源、林业六大领域的生态环境损害赔偿工作，涉及考核的 6 起案件全部办结。（谭　佳）

【环保行政审批与政务服务】 2021 年，长沙市生态环境局长沙县分局审批环评报告表项目 105 个，生猪养殖类环评报告书项目 4 个，否决 5 个因选址问题或环评专家评审未通过项目。办理简化管理排污许可证 43 件，其中，首次申请 23 件、重新申请 2 件、变更 10 件、续证 8 件，按照新规定无需办理排污许可证或已关停的 50 个单位，对其主动提交的排污许可证注销申请进行审查并注销。办理夜间审批 305 个，涵盖 34 个建筑工地，对首次办理或群众投诉较为集中的工地进行现场检查 40 余次。办理辐射安全许可证 37 件，其中，首次申请 23 件、重新申请 5 件、变更 9 件。受理“12345”市民热线、县长信箱等投诉 43 件次，办结率 100%。全年核发辐射安全许可证 30 家。固废系统已注册产废单位 1039 家，已备案通过涉危险废物企业危险废物管理计划 901 家，备案通过危险废物申报 804 家。（黎　璇）

城乡建设与管理

编辑　周进银

城乡规划

【概况】 2021年，长沙县成立县国土空间规划委员会，构建“两级三类”国土空间规划体系。全县划定生态红线保护面积43平方千米，城镇规划用地、耕地保护、林地保护一张图模拟方案形成初步成果。推动镇、村“多规合一”规划编制，推动专项规划支撑体系建设，配合控制性详细规划修编与优化调整。落实工程建设项目审批制度改革要求，优化审批流程，推进项目建设，加强规划管控，提升城市品质。是年，全县完成75个建设项目的总图批复，核发建设工程规划许可证90本，总建筑面积441万平方米（其中，市政19本，道路长13243.5米、管线长27591.08米、建筑面积110036平方米）。

（何　颖　魏海峰　文晔灿　蔡　晶　胡　鑫）

【镇、村国土空间规划】 2021年，长沙县自然资源局启动《长沙县村庄分类与布局规划（2019—2025年）》修订工作，13个镇级国土空间规划形成初步方案，125个村庄启动村庄规划的编制，其中，91个村庄规划完成初步成果，25个村庄获县人民政府批复。制定《长沙县镇、村国土空间规划编制任务行动计划（2021—2023年）》，组织召开镇、村国土空间规划编制暨耕地保护专项规划工作推进会，组织人员对相关规划编制技术进行现场培训。组建县国土空间规划委员会，拟定《长沙县国土空间规划委员会工作规则》，明确机构设置和工作职责、委员、工作机制和程序。

（何　颖　魏海峰）

【专项规划编制】 2021年，长沙县完成存量土地清理及城镇现状基数认定工作，启动《长沙县城市综合交通体系专项规划》《长沙县蓝绿空间系统专项规划》《长沙县浏阳河文化旅游产业带发展规划》《长沙县“十四五”自然资源规划》等规划编制。配合临空产业集聚区编制《临空经济核心区控制性详细规划》，配合黄花综保区组织《长沙黄花综合保税区控制性详细规划》修编，配合市自然资源和规划局编制《黄花机场片控制性详细规划》。

（何　颖　魏海峰）

【建筑风貌管控】2021年，长沙县落实《长沙市城市和建筑景观风貌品质管控有关规定》《长沙市关于报送重要项目建筑方案的通知》等城市建筑景观风貌管控相关文件精神，所有建设项目审查审批阶段严格执行《星沙新城建设品质管控导则》及《补充说明》等相关文件要求。为进一步规范全县工程建设项目规划建筑方案审批管理，强化建筑风貌管控，提升星沙城区形象，根据《长沙县国土空间规划委员会工作规则》相关要求，按建设项目类型、投资类别、规模大小等，对长沙县建设项目规划建筑方案实行局规划联席会、副县长专题会及县规委会三级审查，严把建筑风貌审查关。

（文晔灿　蔡　晶）

城乡建设

【危房改造】 2021年，长沙县实施改造农村危房改造共计135户拨付援建资金498万元（C级危房53户、D级危房42户、无房户40户），其中，脱贫不稳定户5户、边缘易致贫户4户、突发严重困难户1户、低保户63户、农村低保边缘家庭1户、农村低收入家庭1户、农村分散供养特困人员60户。动态新增危房应改尽改、全面覆盖。对所有不愿意实施农村危房改造，通过租房或投亲靠友等其他方式解决住房安全保障的农户，在核实其住房确有保障的前提下，农户均签订《自愿放弃承诺书》，并收集租房协议、投亲靠友证明和现居安全房屋的照片等佐证材料。　（余向阳）

【污水处理】 2021年，长沙县城生活污水处理率99%，处理黑臭水体2处。乡镇污水处理总设计规模7.12万吨/天，乡镇污水处理厂无法覆盖的人口聚居区，建成52处一体化分散式处理设施，处理规模约1.3万吨/天。城乡污水管网总计长度803千米，形成建制镇污水处理厂、次集镇污水处理站、小型分散式污水处理设施三级污水治理网络。推进一批雨污分流改造项目，实施万家丽路、黄兴大道、特立路雨污分流工程。完成城乡550千米排水管网功能性排查，城区生活污水处理率99%。　（余向阳）

【国有土地上房屋征收】 2021年，长沙县国有土地上房屋征收项目23个，涉及被征收人409户，签约368户，签约率89.98%。征收房屋面积13.54万平方米，征收土地面积22.70万平方米。在保障被征收人合法权益的同时，助推重点项目建设和重点片区经济发展。

（余向阳）

【人居环境】 2021年，长沙县实施城镇老旧小区改造项目16个，涉及改造房屋46栋，惠及居民1679户，总建筑面积14.83万平方米，项目总投资7990万元。推进老旧小区加装电梯工作，全县8个老旧小区业主自筹1350万元加装电梯27台。

（余向阳）

【住房保障】 2021年，长沙县有公共租赁住房项目56个，房源25940套(间)，总建筑面积约120万平方米，总投资约44亿元，累计争取上级奖补资金11亿元。交付使用项目52个、房源13475套（间），整体配租率95%。拓宽保障性住房保障范围，全年长沙县个人公租房实物配租保障247户，新增定向配租公租房139家企业。廉租住房租赁补贴全年发放133户，99520元。全年进窗购房券3.78亿元，兑付3.48亿元。住房租赁试点期间长沙县争取租赁住房奖补资金约3亿元，筹集项目33个13320套间。出台《长沙县人民政府办公室关于印发长沙县行政事业单位职工住房补贴实施方案的通知》。对全县82个行政事业单位开展住房

补贴调查摸底工作，完成6家单位试点工作。（余向阳）

房地产业

【概况】 2021年，长沙县房屋建筑施工面积3005.8万平方米，房屋建筑竣工面积934.5万平方米。全年房地产开发投资265.6亿元，比2020年增长8.0%。商品房销售面积251.78万平方米，减少14.14%；商品房销售额211亿元，减少13.08%。完成购房资格审查6670份。根据园区重点企业技术人员购房政策，解决临空区、自贸区、果园艺术小镇等区域重点企业技术人员购房问题。配合镇街做好拆迁团购房工作，解决2200户拆迁户的购房问题。（余向阳）

【房地产业与房地产开发】 2021年，全县新建商品房预售面积314.6万平方米，比2020年减少3.53%，其中，住宅供应面积245.44万平方米，比2020年减少0.58%。全县新建商品房成交面积251.78万平方米，比2020年减少14.14%，其中，住宅成交面积207.92万平方米，比2020年减少12.72%。商品房网签销售总金额211亿元，比2020年减少13.08%，其中，住宅网签销售金额171.49亿元。全县新建商品房成交均价8025元/平方米，比2020年下降0.69%，其中，住宅成交均价8112元/平方米，比2020年上升5.13%。（余向阳）

【物业管理】 2021年，长沙县有物业服务企业180家，已实行专业化物业管理的项目375个，物业管理总面积4281万平方米，从业人员数量约1.3万人。投入270.5万元，实施安全生产和提质改造项目40个。全县配备物业专职社工110名，分配至50余个社区。下放业委会备案、小额维修资金审批等权限至街道，增强基层物业监管履职能力。全年开展文明创建督察1000余次，下发整改通知单300余份。开展“绿色社区”创建，评选出10个年度“绿色社区”。（余向阳）

重点工程建设

【概况】 2021年，长沙县重点建设项目事务中心建设项目66个，参与协调省、市重大建设项目14个，助推26个民生项目竣工投产。北师大附中空港城校区高中部、泉塘二小改扩建、松雅湖二小改扩建等4所学校建成开学，新增学位1.2万余个。推进“一圈两场三道”建设，东六路人行天桥开放通行，特立路大众传媒、开元互通2座人行天桥完工。香堤北路（含捞刀河大桥）、滨湖西路、望新路等市政道路完工；长沙海关驻黄花机场一期竣工验收，鹏盛消防站完工。万家丽路快速化改造北延线项目电力隧道实现全线贯通；南昌1000千伏变电站及输电线路、农大220千伏输电线路、西三线长沙支线与新疆煤制气管道工程投产；黄兴大道供水管网（二期）、乌川水厂供水管网、县道012公路供水项目建成投用，城乡供水能力提高。江杉高速公路项目路基全线贯通。全年代建项目中有骏豪小学、县检察院、水塘垸综合整治项目等多个项目被评为“湖南省优质工程”。（黄楚云）

【万家丽路电力隧道贯通】 2021年11月21日，长沙万家丽路电力隧道（用于容纳大量电缆的隧道式工程，又名“电缆隧道”）全线贯通。隧道总长约13.6千米，南起火炬路，北至规划信息大道北。万家丽路电力隧道沿线管线复杂，多处下穿或侧穿敏感建筑物，包括捞刀河、地铁5号线、高速公路、高架桥等，其中，下穿200余米宽的捞刀河施工难度最大。万家丽路电力隧道贯通后，有效解决当前长沙河东城区供电能力严重不足问题，为地铁3号线、5号线以及长株潭城际铁路等省市重点工程用电提供服务。（黄楚云）

【香堤北路（含捞刀河大桥）】 2021年，长沙县香堤北路（含捞刀河大桥）竣工验收，对外开放交通。香堤北路南起捞刀河路，跨越捞刀河，北至物流大道，是连接星沙主城区与安沙镇的一大交通要道，道路标段线路全长1988米，红线宽36米，双向6车道，设计时速50千米。根据长沙县委、县政府构建“一核三城、两轴四区”大都市经济区发展新格局，香堤北路为“四区”中北部生态服务新城的骨干道路，香堤北路（含捞刀河大桥）项目的通车，将有效缓解县道002线（原国道107线）和滨湖路的交通压力，提升北部新城首开区核心区的土地利用价值。（黄楚云）

【长沙县人民医院（湖南省人民医院星沙院区）】 2021年5月9日，长沙县人民医院（湖南省人民医院星沙院区）项目封顶，该项目总投资约24.5亿元，总建筑面积22.69万平方米，建成后医院将按三级综合医院标准开设临床、医技科室，设置护理单元，培育肝胆外科、儿科、心血管内科等八大重点学科，提供1200张床位。（黄楚云）

城市管理

【概况】 2021年，长沙县城管局整改城区易涝点，推进开元路、黄江大道等17条道路排水管网清淤。处置数字化案件，结案13万余条，结案率97.74%。处置各类问题交办清单31批。落实城区道路保洁及洒水工作，4台雾炮车循环喷雾降尘作9万余千米。开展渣土扬尘治理，823台环保渣土车运行。完成“两办”信息报送，被采纳工作信息120余条。优化行政审批，全年600余件审批，无一错件或投诉。汛期及时统筹调度各单位排查疏通积水点，城管队伍疏通积水点100余处。《长沙晚报》推出1期专版、《星沙时报》推出4期专题专版和5次集中采访，围绕抗击疫情、垃圾分类、市政道路提质、“口袋公园”等重大、特色工作，组织采访报道。（黄 玉）

【园林绿化管理】 2021年，长沙县通过国家园林县城复查。办理200处占绿行政审批项目，完成绿化移交项目35个，覆绿应急项目近40个，绿化提质和修复面积近8万平方米。打造精品街角景观，城区新增8处口袋公园，创建星沙生态公园、星沙中心广场公园2座“人民满意公园”。城区主次干道绿化实施“增花添彩”，摆花布置16个点位。星沙中心广场迎党庆主题花雕被中纪委监委宣传报道。开元路试点栽植高杆月季，打造月季主题大道。机场联络线高架桥全线花箱更换大盆三角梅。提升11个出入城口景观，打造“城市门户”新形象。（黄　玉）

【市政设施管理】 2021年，长沙县城管局修复路面和人行道26.8万平方米，修复平侧石、路缘石25060米、修复中央护栏1.3万米。每月对城区31座桥梁、15道地下通道开展定期巡查2次。提质改造开元路、金茂路等8条市政道路，持续实施道路空间品质提升工程，投资2.3亿元提质改造特立路、东八路、雷公岭路、卫星路4条道路。开展建筑立面、广告招牌、施工围挡整治，高标准维护主次干道亮化设施，城区路灯全覆盖，道路亮灯率98%以上，提升“夜星沙”气质。（黄　玉）

【市容环境卫生管理】 2021年，长沙县通过国家卫生县城复审，再获“国家卫生县城”。全县城区环卫专业队伍清扫保洁面积1300万余平方米，基本实现机械作业机扫全覆盖。做好中非论坛、博鳌论坛等重大节会市容环境保障。推进垃圾分类，建成全市最完善垃圾分类运输、处理体系；成立一支“五统一”（服装、帽子、手套、工作证、垃圾夹）垃圾分类桶边指导员队伍；举办第一场大型垃圾分类主题宣传活动；制作长沙县垃圾分类主题曲《你会分类吗》以及主题曲MV；打造星沙中心广场、星沙生态公园、泉塘公园3个垃圾分类主题公园；成立垃圾分类宣讲团，建成8个厢房并投入运行。（黄　玉）

【数字化城管】 2021年，长沙县构建“城管+大数据”管理体系，推进完善环卫、市政、渣土管理平台建设。探索智能化采集终端，基本实现对部分城市管理问题的全自动识别及采集。与公安、市政、渣土等部门共享视频监控，共享环保大气监测终端，76个水位监测终端分布在涵洞、道路内涝点等区域，实时监控，超限报警，基本实现主城区全方位、全时段监管。（黄　玉）

【广告亮化管理】 2021年，长沙县城管局开展城市照明亮化提质行动，修复路灯1.3万余盏、线路故障500余处，清洗箱变179台、路灯牛皮癣2000余处。开展违规标识标牌、发光字、广告招牌整治行动，全县拆除违规户外广告招牌1500余处，拆除沿街破旧、多余立杆160余处。组织城区大型电子屏做好疫情防控、各级党代会、生态文明创建、大型展会等相关工作公益广告播放，完成60余批次15430个版面公益广告播放。（黄　玉）

供　气

【概况】 2021年，长沙县城镇燃气经营企业分为管道燃气、压缩天然气和瓶装液化气三类，有燃气经营企业11家，分别是：管道燃气经营企业3家，压缩天然气经营企业4家（长沙市仅有的3家压缩天然气母站全部集中在长沙县），瓶装燃气经营企业4家，县内设立三级供应站195家。其中，有10家燃气企业同时承担长沙市内五区的燃气供应。长沙县敷设燃气管道1327.5千米，其中，次高压管道55千米，中压管道744千米，低压管网528千米。（黄　玉）

【燃气安全生产教育培训】2021年，长沙县城管局举办全县城镇燃气安全生产教育培训及城镇燃气泄漏事故应急救援演练。印发6万余份燃气使用安全宣传单和餐饮单位用气安全告知单，制作18条燃气使用安全用气标语，通过大型户外广告屏、公交站台进行播放，张贴燃气安全宣传海报2100余份，发放安全宣传册1万余份。组织编制《长沙县液化石油气瓶装供应站布点规划（2020—2035）》。（黄　玉）

【燃气安全整治】 2021年，长沙县根据《长沙县城镇燃气行业三年专项整治行动方案》要求，联合各属地镇街、行政执法队检查燃气经营企业（含瓶装燃气三级供应站）675家次，排查各类安全隐患572处，整改到位563处，整改率98%，移送违法违规案件11起。（黄　玉）

供　水

【概况】 2021年，长沙县城区星沙、榔梨、黄花及廖家祠堂4座水厂设计能力48万吨／日，全年安全供水约1.4亿吨，出水合格率100%。长沙县先后建成农村水厂4处：白鹭湖水厂（2万吨／日）、双江水厂（0.17万吨／日）、乌川水厂（1万吨／日）、金井水厂（5万吨／日），供水主支管网1800余千米，全县沿农村主要道路骨干管网建成，城乡供水管网实现多处联通对接，全县农村总供水能力8.17万吨／日，农村供水范围覆盖89%的行政村，75%的村民组，全县农村供水实现国家农村饮水安全目标。年内，长沙县新增农村自来水受益人口4.92万人。（余向阳　廖国君）

【重点项目建设】 2021年，星沙水厂9万吨／日改扩建项目完成格栅配水井、预臭氧池、反应沉淀池、送水泵房及变配电间、机修间、加药间、污泥脱水间、供水调度中心等单体建构筑物主体、装修及工艺设备安装工作。推进黄花水厂3万吨／日、榔梨水厂7万吨／日改扩建工程。（余向阳）

【供水管道建设】 2021年，长沙县投资3600余万元，在香堤北路、凉塘路、新远大路、滨湖西路等10余条道路部分路段敷设给水管道，总长度20余千米。（余向阳）

科学技术

编辑　李珊珊

科技企业创新

【概况】 2021年，长沙县有科技型中小企业数量617家，全县有效高新技术企业790家，铁建重工成功上市，实现县内企业科创板上市的“零突破”。鼓励企业加大研发投入，搭建研发平台，开展技术创新等研发活动。全县全社会R&D经费投入88.77亿元，占GDP的4.91%。规上工业企业研发投入63.05亿元，比2020年增长0.24%；全县新增科技创新平台（基地）14个，其中，国家级1个、省级5个、市级8个。全县有科技创新平台（基地）90家，其中，国家级7个、省级42个、市级41家。 （刘晋芳）

【创新主体培育】 2021年，长沙县继续深入实施高新产业强基工程，把高新技术培育作为实现经济高质量发展的重要抓手，为产业转型升级和打造国际创新高地注入强大动能。全县申报全国高新技术企业490家，通过认定380家，有效高新技术企业790家，比2020年增长40%，总量和增量均列长沙市第一位。湖南省科技型中小企业617家，比2020年增长91.02%。 （刘晋芳 夏姝姝）

【创新平台建设】 2021年，长沙县新增国家文化和科技融合示范基地1家（湖南明和光电设备有限公司）、省级工程技术研究中心2家（湖南中大创远数控装备有限公司、湖南湘联节能科技股份有限公司）、省级备案的新型研发机构2家（长沙工研院环保有限公司、湖南潇湘大数据研究院）、省级技术创新中心1家（湖南天河国云科技有限公司）。新增立项的市级技术创新中心5家（湖南同心模具制造有限公司、湖南维胜科技有限公司、湖南五新隧道智能装备股份有限公司、长沙天恒测控技术有限公司、湖南固尔邦幕墙装饰股份有限公司），新增市级新一代人工智能开放创新平台1家（长沙行深智能科技有限公司）。 （刘晋芳 夏姝姝）

科技管理

【概况】 2021年，长沙县成立由县委书记任主任、县长任常务副主任的长沙县科技创新委员会，负责统筹推进全县科技创新工作；县区联合出台《长沙县长沙经开区建设国家自主创新示范区三年行动计划（2021—2023年）》文件，县委主要领导召开县区硬科技企业座谈会，全年多次调度工作进展，及时掌握落实情况。修改完善《长沙县科学技术“十四五”规划》文稿。修订《长沙县科技特派员专项资金管理办法》，改变资金拨付方式，由前资助转变为中期考核后拨付。加强科技计划项目实施和管理，推进五个省“十大技术攻关项目”建设，铺排县本级科技计划项目116个，组织验收到期科技计划项目100个；铺排科技特派员项目76个。2021年，长沙县在全国科技创新百强县市中排名第六位，领跑中西部；县域科技创新工作在省政府重点工作综合大督查中作为典型经验受到通报表扬。长沙县被评为2020—2021年度湖南省科技特派员工作先进单位。长沙县科技专家服务团被评为2020年度优秀科技专家服务团。 （刘晋芳）

【《长沙县科学技术“十四五”规划》】 2021年10月，《长沙县科学技术“十四五”规划》经过专家评审会评审、县政府常务会和县委常务会审议研究等程序，编制完成并对外发布。《长沙县科学技术“十四五”规划》分《全力打造科技创新高地》《培育科技力量聚集创新优势》《强化创新引领支撑产业发展》《深化协同创新凝聚发展合力》《加强科技惠民赋能社会民生》《全面强化规划实施保障》6章26条。 （刘晋芳）

【《长沙县长沙经开区建设国家自主创新示范区三年行动计划（2021—2023年）》出台】 2021年6月，长沙县出台《长沙县长沙经开区建设国家自主创新示范区三年行动计划（2021—2023年）》。正文主要包括总体思路、工作目标、主要任务、保障措施四部分。 （刘晋芳）

【5个“十大技术攻关项目”建设】 2021年，湖南省铺排10个“十大技术攻关项目”，其中，5个在长沙县范围，分别为顶立科技第三代半导体、三一汽车高端液压元器件、天河国云区块链底层技术、铁建重工大型掘进机主轴承、铁建重工地下工程装备数字孪生技术、山河智能工程机械数字样机及孪生技术等。2021年，五个省“十大技术攻关项目”均完成年度投资计划和研发，完成投资2.51亿元，解决在液压元器件、数字孪生、大型掘进机主轴承等方面的一批重点技术问题。 （刘晋芳 夏姝姝）

【长沙县科技计划项目铺排及验收】 2021年，长沙县实施县本级科技计划项目，经过资料初审、现场踏勘、部门联审、专家评审等环节，2021年度长沙县科技计划项目立项116个，其中，前资助类项目44个，安排资金1005万元；事前立项事后补助项目72个，拟安排资金1095万元。对2020年12月到期的100个县科技计划项目进行验收，验收方式包括资料审核、现场核实、专家答辩等，最终确定99个项目通过验收，拨付25个事前立项事后补助项目支持资金255万元。 （刘晋芳 王 刚）

【长沙县科技特派员工作铺排】 2021年，长沙县通过“上引行家，下选专家”的方式，围绕茶叶、水果、畜牧、水产等长沙县优势和特色农业产业，安排76个科技特派员项目，邀请省内知名院校的79名专家教授担任科技特派员，为农业企业提供科技服务。精准助力茶产业发展，建立“12345”工作模式，成立以湖南农业大学刘仲华院士为首席专家的“长沙绿茶”科技特派员工作站，共建湖南名优茶技术创新中心，推进长沙县茶叶全产业链深度融合发展，不断提升“长沙绿茶”品质和品牌影响力。

（王飞跃）

科技成果转化及应用

【概况】 2021年，湖南顶立科技公司科技成果获得中国有色金属工业科学技术奖一等奖，中车时代、五新隧道等7家公司科技成果获湖南省技术发明（科学进步）奖，其中，技术发明奖一等奖1个、科技进步奖二等奖3个和三等奖3个。搭建起企业与高校院所的产学研合作桥梁，开展轨道交通产业发展及技术成果对接沙龙、智链智造高峰论坛、清华大学校企对接交流会等活动。做实长沙市技术转移转化基地，推进同济源品再生医学转化与应用科创中心、国家干细胞转化资源分库落户，构建同济大学优秀技术成果在区转移转化的平台通道；实施新一代信息技术与制造业融合应用场景“揭榜挂帅”，首批9个企业揭榜。激活科技成果交易市场，省科技厅在长沙设立技术交易合同备案登记点，全县技术合同交易登记额64.33亿元，比2020年增长22%。是年，长沙县被评为“湖南省技术市场工作优秀县市区科技行政管理部门”。

（刘晋芳）

【SWCH980—260M超级全液压履带桩架亮相】 2021年8月8日，山河智能新款桩架产品——SWCH980—260M超级全液压履带桩架亮相。立桅高度62米，超出业内同类产品近7米，钻孔深度超52米，全装备最大行走重量260吨。采用“动力头大扭矩装置与控制”“整机稳定性增强”“便捷拆装与运输”“组合式驱动套”等多项具有自主知识产权的新技术，具备安全稳定、拆装便捷、绿色环保、智能化、高效率等特点。经中国工程机械工业协会鉴定：“SWCH980—260M桩架整体技术性能指标达到国际领先水平。”

（夏姝姝）

【新一代信息技术与制造业融合应用场景揭榜】 2021年6月10日，长沙经开区对外发布《关于开展2021年度长沙经开区新一代信息技术与制造业融合应用场景揭榜工作的通知》。9月9日，召开新一代信息技术与制造业融合应用“揭榜挂帅”项目媒体推介会，9大项目入选首批“揭榜挂帅”名单，9家企业“披挂上阵”领取揭榜任务，单个项目资金最高800万元。

（刘晋芳）

科技创新生态

【概　况】 2021年，长沙县兑现县级科技创新奖补政策，对93个符合条件的高新企业企业和创新平台项目奖补资金805万元；指导企业争取上级科技资金1.2亿余元。落实研发费用税前加计扣除等税收优惠政策，全年有846家企业享受研发费用税前加计扣除金额42.35亿元，享受企业数及加计扣除金额比2020年分别增长29.6%、16.8%。组织开展政策宣讲、科技项目申报等各类培训会10余场次。在全社会营造科技创新氛围，围绕“百年回望：中国共产党领导科技发展”主体，组织开展2021年长沙县科技活动周活动；做好科普基地培育工作，路口镇人民政府等2家单位认定为长沙市专业科普场馆（基地）。

（刘晋芳）

【长沙县科技活动周开展】 2021年5月27日，“百年回望丨中国共产党领导科技发展——长沙县科技活动周”启动仪式在路口镇锦绣公园举行。星通汽车、源品生物、中部创新、华汛应急等企业携自主研发“硬科技”产品亮相。科技活动周期间，策划县科技特派员组团式服务、科技成果转化及转移政策业务培训、保护知识产权执法行动、长沙县青少年科技创新大赛、卫生科普系列活动、防灾减灾科普电影进校园等系列主题活动，使科技创新成果和科学普及活动真正惠及于民。长沙县科技局被评为“2021年度全国科技活动周表现优异单位”。

（樊　曦）

2021年5月27日，“百年回望丨中国共产党领导科技发展——2021年长沙县科技活动周”启动仪式在路口镇锦绣公园举行　　（县科技局 供图）

气象

【气象服务】 2021年，长沙县完善气象防灾减灾机制，联合制定《长沙县防汛气象预警应急响应机制》《长沙县防汛信息报送规定》《长沙县灾害性天气应对机制》。做好决策气象服务。制定《决策气象服务周年方案》，向政府决策部门报送一周天气消息、气象专题报告124期。开展公共气象服务。通过湖南气象灾害预警服务一体化平台发布强降水监测警报51次，8415条，地质灾害风险临近预警47期，62303条，暴雨靶向预警1476353人次。通过云MAS移动终端发送气象服务信息56万余条。提升为农服务水平。联合省、市农业气象专家到春华镇万亩粮食生产示范区开展农业气象服务需求调研。开展气象服务保障，为中国农民丰收节提供精细化现场气象保障服务。

（毛　宇）

【气象现代化建设】 2021年，长沙县综合气象业务运行平台安全稳定运行，全年3次升级观测软件，所有观测要素数据及时有效上传。湘江流域加密自动气象站上线运行，建设城市热岛效应监测网络观测站3个。完成全县所有人工影响天气炮点安全等级评定。完成全国自然灾害风险普查试点县任务，通过气象灾害风险普查信息收集系统录入数据45463条，并通过湖南省气象局专家组审核。

（毛　宇）

【防雷安全监管】 2021年，长沙县气象局行政审批窗口办理业务16件：发放防雷装置设计核准书8张、防雷装置竣工验收意见书2张；审核批准施放气球活动6次，批准施放气球80个。开展防雷安全大检查，编制《长沙县2021防雷安全监督检查计划》，对本行业领域开展防雷安全隐患排查。全年开展防雷安全执法检查98次，下达12份防雷装置整改意见书，排查防雷安全隐患36处，隐患整改36处，整改率100%。行政立案1件，行政处罚1件，行政罚款1万元。开展气象科普活动，以“3·23”世界气象日、“5·12”全国防灾减灾日、安全生产月、“科普宣传周”等活动为契机，设立咨询台、摆放气象科普展板、发放宣传资料，接待长沙市康礼克雷格小学生80余人开展气象科普知识讲座，到现代商贸中等职业学校开展气象科普校园行活动。

（毛　宇）

表6　2021年长沙县科技发展情况统计表

指标名称	计算单位	2021年	2020年	为2020年的%
高新技术产业企业数	个	790	566	139.6
高新技术企业总产值	亿元	1543	2646.7	58.3
高新技术产业增加值	亿元	439.4	663.5	66.2
省级工程技术研究中心	家	41	37	110.8
市级工程技术研究中心	家	48	40	120.0
全社会研究与发展活动经费	亿元	88.8	76	116.8
实施本级科技计划项目	项	116	97	119.6
当年获专利授权数	件	7070	5125	138.0
其中：发明专利数	件	831	545	152.5

说明：全社会研究与发展活动经费为初步预计数

（资料来源：县科技局、县市监局）

教　　育

编辑　李珊珊

综 述

【概况】 2021年，长沙县有各级各类学校（园）553所。其中，幼儿园362所（含公办157所、民办205所），小学131所（含公办127所、民办4所），初中29所（含公办27所、民办2所），九年一贯制（小学至初中）学校8所（含公办2所、民办6所），特殊教育学校1所，普通高中11所（含公办8所、民办3所），十二年一贯制（小学至高中）民办学校1所，职业中专10所（含公办1所、市县共管的民办中职学校9所），有校外培训机构260家。全县公办学校有在职教师9504人。其中，在职公办教师8270人，校聘教师1234人。有在校生约24万人。其中，幼儿约6.3万人，小学生约10.6万人，初中生约3.4万人，特殊教育学生132人，普通高中学生约1.7万人，职业中专学生约2万人。是年，长沙县被评为“全省2021年高考组考工作优秀考区”，长沙县教育局获“国家义务教育质量监测实施县级优秀组织单位”、湖南省中小学校“新时代好少年·红心向党”主题教育读书活动先进集体、“中小学生信息素养提升实践活动优秀组织奖”、“基础教育精品课征集遴选活动优秀组织单位”、“关心下一代工作优秀集体”等市级以上荣誉30余项；长沙县教育局关工委、中南小学、泉塘二小、天华小学被评为长沙市教育局“新时代好少年·红心向党”主题教育活动先进集体。长沙县教育局等20个单位被评为长沙市教育局第八届国际环保四联大赛“优秀组织奖”。一批学生征文、演讲、朗诵分别获教育部、省教育厅、市教育局奖，梅花学校获长沙市“育邦关爱留守儿童”先进集体。

（尹旻剀 涂启伦）

【学校建设】 2021年，长沙县完成学校建设的政府投资计划5.4692亿元，完成长沙县财政安排进度资金投资5.0414亿元，新改扩建中小学校7所，新建和改造公办幼儿园15所，新增义务教育学位7380个。全年竣工校舍36栋，新建面积154235平方米，提质改造学校24所，维修改造面积22659平方米，塑胶运动场提质7个，完成乡镇标准化寄宿制学校6所、乡村小规模学校17所、中小学扩容建设5所、义务教育“薄改与能力提升”1所等专项工程建设。在长沙市级评估中，长沙县学校所有专项工程项目学校全部合格，其中，6所乡镇标准化寄宿制学校被评为优秀。

（龚宏鹄）

【教育评价改革】 2021年，长沙县出台《长沙县深化教育评价改革试点方案》。分层次创新各学段教育质量评价，分别出台《2021年高中教育质量综合评价方案》《2021年初中教育质量综合评价方案》《2021年义务教育阶段素质教育质量评价方案》，年底对各高中学校、镇街中心学校、初中、小学进行评价考核。出台《长沙县减轻义务教育阶段学生作业负担和校外培训负担工作实施方案》《长沙县中小学课后服务工作实施方案》、“五项管理”实施细则及专项督导实施方案。科学改革中考中招政策，出台《长沙县2021年初中学业水平考试与高中（中职）招生工作实施方案》《长沙县初中学生综合素质评价实施方案及细则》。

（杨 宁）

【教育基金使用】 2021年，长沙县教育基金会设立冠名奖教奖学、助教助学项目20个。全年资助大、中、小学贫困学生7221人次、1153万元；扶助困难教职工708人次、204万元；奖励品学兼优学生10040人次、165万元；奖励德技双馨优秀教师9340人次、1063万元；市教育基金会支持长沙县5所薄弱学校办学条件改造120万元。

（杨孟兰）

【教育督导】 2021年，长沙县作为国家义务教育质量监测样本县，选派8所中学、12所小学、590名样本学生、373名教师代表参与5月27、28日数学、体育、心理健康现场测试。县教育局连续3年被教育部基础教育质量监测中心评为“县级优秀组织单位”。

（汤腾飞）

【招生考试】 2021年，长沙县实行新高考，取消往年文理分科，按历史和物理两大类十二种科目组合新高考。1月23日至25日为本届8509人高考考生进行模拟演练适应性考试。全年组织高考、学考、中考、美术联考、PETS考试、自考、成考、研考、教师资格证九大类考试，考试人数93724人，考场数6155个，考务人员6849人，考试次数11次，未发生一起考试安全事故。是年，长沙县被评为“长沙市2020年度高考工作优秀考区”。

（缪小兰）

【校园安全】 2021年，长沙县实验中学、长沙县松雅湖第二小学等10所学校创建为“市级平安校园”；长沙县黄兴镇中心小学、长沙县湘龙小学等102所学校创建为“县级平安校园”；召开湖南省地方标准《学校治安反恐防范要求》宣贯暨试点动员部署会；80台校车增设车载“人脸识别考勤系统”，提升校车智能体系管理能力，长沙县校车平安运行。

（李上丰）

【家庭教育】 2021年，长沙县教育系统有家长学校191所，其中，市级示范家长学校20所，县级示范家长学校105所，在校家长学员114689人。全年举办家长学员培训239场次，举办亲子活动547场次，参加活动的家长学员17.65万人次。6个湖南省教育学会“十三五”家庭教育规划课题获省级“优秀”课题；18个家庭教育“十四五”规划课题已由湖南省教育学会审批立项；全县有教师和家长学员撰写的493篇家庭教育论文分别获湖南省教育学会一、二、三等奖，其中，一等奖75篇；大同二小、中南小学、贝贝幼儿园三所家长学校获市教育局“优秀家长学校”。

（向　芳）

【民办教育】 2021年，长沙县有民办义务教育学校13所，学生数140827人，教职工1198人。压缩学科类校外培训机构，开展培训机构“营转非”工作，有学科类校外培训机构44所，义务教育学科培训机构26所，义务教育学科培训机构数量压减率87.5%。全县有学科培训类机构44家，全面停止审批校外培训机构。7月20日后，长沙县停止面向学年龄前儿童、中小学生和普通高中学生的学科类校外培训机构的审批。校外培训机构治理，全年对无证办学机构立案11起，查处违规办学行为6起。制定《长沙县减轻义务教育阶段学生作业负担和校外培训负担实施方案》，和长沙银行签署合作协议，将培训机构预收费全部纳入资金监管平台。联合发文制定《长沙县义务教育阶段学科培训机构收费标准》。召开会议对各培训机构负责人进行系统培训，明确“营转非”的具体流程及时间要求，18家申请“营转非”机构在12月31日之前全部转为非营利培训机构。

（陈小飞）

【教育教学工作调研】 2021年，长沙县教育局对9所高中（包括2所民办高中）教育教学进行2次调研，下半年新增职业中专学校的教育教学工作调研。全年2次听课385节，优课率48.79%；学生问卷763份，学生对学校管理工作满意度95%。下半年增加对教师问卷调查，教师问卷922份，教师对学校管理工作满意度98.3%。初中学段和小学学段有镇（街）中心学校业务专干加入，分5组对33所初中、68所小学进行教育教学常规工作调研，初中听课317节，优课率55.5%，比以往同期调研优课率有提高；小学听课592节，优课率45.4%，比2020年提高6%。

（黄伊利）

【教育科研课题建设】 2021年，长沙县开展课题建设指导，省教育科学规划课题立项并开题1个，结题2个。长沙市教育科学规划课题立项并开题16个（其中，党史学习教育专项课题3个），中期检查11个，结题9个，一等奖6个，二等奖4个。在2021年长沙市教育科学规划课题优秀成果推广活动，长沙华夏实验学校进行现场汇报，长沙县大同星沙第二小学、长沙华夏实验学校进行展板展示。湖南省教育学会课题立项并开题16个，中期检查4个，结题8个，一等奖3个，二等奖5个。湖南省教育科学研究工作者协会课题立项并开题5个。长沙县教育科学规划课题立项并开题21个，其中，“双减”“五项管理”与“教育评价改革”专项课题11个。长沙市友谊教育科研奖二级一等1个，二级二等2个，二级三等3个。

（黄伊利）

【长沙县中小学心理健康教育大会】 2021年，长沙县教育局对全县中小学心理健康教育工作进行摸排调查统计，包括师资配备情况、心理咨询室建设情况、开课情况等，形成《长沙县心理健康教育现状分析及实施建议》调研报告。召开长沙县中小学心理健康教育工作大会，制定下发《长沙县中小学心理健康教育实施办法》《长沙县中小学心理危机干预实施条例》《长沙县中小学心理健康教育工作评估细则》。

（黄伊利）

【长沙市“家校社协同 育人新样态”研讨暨现场经验交流会召开】 2021年5月21日，长沙市“家校社协同育人新样态”研讨暨现场经验交流会在长沙县中南小学东校区召开。活动由长沙市教育科学研究院、《湖南教育》（D版）编辑室主办，长沙县教育局承办，长沙县中南小学协办。江苏省张家港市家庭教育服务中心主任、未成年人健康成长指导中心负责人、首届全国最美妈妈徐彩萍做题为“家校社协同育人的思考和实践”讲座。长沙县中南小学从“转变学习方式”角度，分享构建家校社育人共同

2021年11月16日，长沙县2021年度“与爱同行”企业冠名奖教奖学、助教助学金发放大会召开。图为会议向捐资助教突出贡献单位颁奖

（县教育局 供图）

体的具体做法。中南小学还就“破解作业拖拉难题”开展主题沙龙，家长代表、班主任、专家同台交流探讨孩子作业拖拉处理方法。（黄伊利）

【长沙县2021年度“与爱同行”企业冠名奖教奖学、助教助学金发放大会】 2021年11月16日，长沙县2021年度“与爱同行”企业冠名奖教奖学、助教助学金发放大会召开。长沙县教育局领导班子成员、各爱心企业单位一把手、各商会会长、县各中心学校校长、教师及学生获奖代表等300余人出席。会上，长沙县青年企业家联合会会长发出“捐资助教、与爱同行”倡议书，现场争取“同心育才奖”基金1000万余元。

（杨孟兰）

【教育系统文明创建】 2021年，长沙县教育系统参与或主办国家级文明创建主题活动1次、省级2次、市级5次。建立1支由公安、交警、执法、学校行政、保安、家长志愿者、教师联合组成，人数超过1万人的护学岗队伍，坚持开展护学岗志愿活动。通过长沙县数字化城市管理平台接收并处理城市管理相关问题120余件，有效优化校园及周边环境。全年无安全责任事故发生。长沙县有省级文明校园1所、市级文明标兵校园5所、市级文明校园19所、县级文明校园30所。（尹旻剀）

基础教育

【概况】 2021年，长沙县有中小学校194所，在校中小学生161452人，教职工11570人。幼儿园总数362所，其中，公办幼儿园157所，民办幼儿园205所（含普惠性民办幼儿园159所，非普惠民办幼儿园46所）。一级普惠幼儿园31所，二级普惠幼儿园20所，三级普惠幼儿园47所，四级普惠幼儿园59所。学前三年毛入园率99.3%，公办幼儿园和普惠性民办幼儿园所占比87.3%，幼儿在园占比94.03%。县教育局制定《长沙县2021年增加公办幼儿园学位工作实施方案》，全年新增公办园学位13478个。幼儿教师持证率98%，大专及大专以上学历90%，长沙县公（民）办幼儿园有教职工7598人，在编教职工191人。长沙县小学、初中学生巩固率100%，高中阶段毛入学率98.6%。义务教育均衡发展水平居全省前列，小学、初中适龄人口入学率均100%。出台《关于切实规范义务教育阶段招生入学工作的通知》《长沙县城区义务教育阶段2021年秋季招生入学办法》，义务教育阶段小一、初一新生入学，实行网上报名、免试入学。长沙县公办小学按照相对就近、适当调剂的原则，实行公示学区、划片招生、登记入学；初中按照单校划片（对口升学）、多校划片、适当调剂相结合的方式入学。2021年实施新中考中招，初中学业水平考试“等级制改总分制”“综合素质评价作为初升高的录取依据之一”，将原“划片招生录取”政策改成“平行志愿招生”。

（蒋景文 傅宇平 肖 可）

【特殊教育】 2021年，长沙县成立特殊教育研究培训中心，定期开展对长沙县义务教育阶段中小学校进行随班就读、送教上门、控辍保学的专项督查与指导。全县有特殊教育学校1所、资源教室4个，6～15岁适龄残疾儿童少年481人，其中，特校就读130人，普通学校随班就读246人，送教上门105人。长沙县普通学校随班就读和送教上门生平均公用经费提高至6000元/年/人。学校有10个教学班，有专任教师35人、临聘教职工11人，其中，有中小学高级教师7人、市级卓越教师3人、县级卓越教师1人。是年，长沙县特殊教育学校开展大型爱心志愿者活动12次，开展教育教学研究并有18篇科研论文获奖。（陈湘建）

【学前教育普及优质均衡发展】 2021年，长沙县新认定公办三级园15所，普惠性民办幼儿园新认定8所，新升级1所；通过省级办园行为督导评估；长沙县级财政对学前教育投入约4500万元（不含建设经费和贫困补助经费）。（肖 可）

【研学旅行】 2021年，长沙县推进研学旅行工作，利用周边旅游资源，推动资源共享和区域合作，打造一批研学实践精品线路，形成布局合理的研学活动网络。全县创建28个劳动与实践基地（营地），申报13个劳动与实践基地（营地）。（黄秀英）

【课后服务】 2021年，长沙县教育局下发《长沙市中小学校课后服务工作实施办法》，出台《长沙县中小学课后服务公示制度（试行）》《长沙县非学科类校外培训机构参与课后服务遴选方案（试行）》。9月，长沙县开始实施课后服务，参与学生近8.9万人。（蒋景文）

【长沙县中小学生个人才艺展示活动举行】 2021年5月10日，长沙县中小学生个人才艺暨乡村少年宫成果主题展示系列活动在长沙县中南小学举办。活动外聘评委26个，设8个考场，分小学独唱、小学独舞、小学独奏与戏曲及表演、中学独唱、中学独奏、中学独舞，活动延续两天，近1000名中小学生参加复赛。选拔850名学生参加市三独赛，获奖一等奖24%、二等奖36%、三等奖40%；美术类作品比赛约500余人次，获奖一等奖26%、二等奖36%、三等奖38%。

（黄伊利）

职业教育

【概况】 2021年，长沙县有公（民）办中等职业学校9所，其中，县管公办学校1所，市、县共管学校8所，在校学生18257人，教职工1216人。

长沙县作为国家级职业成人教育示范县，坚持深化产教融合、校企合作，推行预备员工制。对接长沙市二十二条产业链建设骨干专业和特色专业群。开展“职业教育宣传活动周”。在2021年国家、省、市各级职院校中职技能竞赛中，长沙县职业中专学校获奖151项，其中，国家级比赛奖励4项、省级比赛奖励62项、市级比赛奖励85项。（向　芳）

【2021年长沙县职业教育宣传活动周活动举行】 2021年，长沙县在长沙县职业中专星沙校区举办2021年长沙县职业教育宣传周暨阳光招生政策宣传活动，搭建职业教育宣传平台。现场向社会、家长和学生宣传国家、省、市、县关于职业教育的政策，长沙县职业教育发展现状、职业教育办学成果、办学特色、专业与产业对接情况等。集中向家长和学生宣传长沙县中职学校阳光招生政策，指导志愿填报，提高家长对阳光招生政策的知晓率，推动中职学校阳光招生工作向纵深发展。搭建县域公民办职业教育共同发展平台。就县内公（民）办职业学校集中宣传，让家长和学生了解各校办学成果和办学特色，引导家长和学生合理择校。促进县域中职规模与长沙区域经济发展需要相适应，实现县域高中阶段职普协调发展。（向　芳）

【长沙县职业中专学校】 2021年，长沙县职业中专学校有路口和星沙2个校区，总占地面积34.1公顷，建筑面积140464平方米。学校拥有现代数字化教 学综合楼、实训大楼、学生公寓、图书馆、室内外运动场等教学教育设施。学校固定资产总值6.3亿元，教学仪器设备总值9737万元，办学条件居全省前列。学校有教职工375人，常规教学班72个，在校学生3992人。学校开设有智能制造、建筑园林、现代服务3个专业群，专业13个，其中，智能制造专业群是省示范性专业群，建筑园林为市示范性专业群。2021年，长沙县职业中专学校获“湖南省首批教学诊断与改进复核先进单位”“长沙工匠培育和竞赛基地”“长株潭城市群一体化职业教育共建共享（智能制造类）实训基地”“长沙市语言文字达标校”等多项荣誉称号。（向　芳）

高等教育

【概况】 2021年，长沙县辖区内有高职院校17所，其中，本科院校3所，分别为长沙师范学院、湖南信息学院、湖南警察学院；专科院校14所，分别为湖南大众传媒职业技术学院、湖南交通职业技术学院（干杉校区）、湖南现代物流职业技术学院、湖南安全技术职业学院、长沙电力职业技术学院、湖南水利水电职业技术学院、湖南都市职业技术学院、湖南司法警官职业学院、湖南机电职业技术学院、湖南工程职业技术学院、湖南劳动人事职业学院、湖南艺术职业技术学院、湖南三一工业职业技术学院、湖南工艺美术职业学院（长沙基地）。（周进银）

【长沙师范学院】 2021年，长沙师范学院有星沙、安沙2个校区，校园面积69.82万平方米，建筑面积40.18万平方米，教学科研仪器设备总价值1.14亿元，馆藏纸质图书100.68万册。设置本科专业26个，涵盖教育学、艺术学、文学、理学、工学、管理学等。在职教职工1026人，其中，专任教师665人；在校学生1.5万余人。拥有1个省级“双一流”应用特色学科以及2个国家级一流本科专业建设点、10个省级一流本科专业建设点，3门国家级一流本科课程、3门国家级教师教育精品资源共享课、53门省级一流本科课程；建有全国幼儿体育发展研究中心、湖南省学前教育研究中心等10个省级以上科研平台；主办的《学前教育研究》是全国学前教育领域最权威期刊、CSSCI来源期刊。学校先后被遴选为教育部卓越教师培养计划改革项目实施单位、体育美育浸润行动计划试点高校、“师范教育协同提质计划”参与帮扶高校、“幼师国培”示范性综合改革培训基地、“教育部—联合国儿童基金会合作项目”实施单位以及湖南建设“教育强省”师资培养基地。2021年8月，学校获批成为立项建设的硕士学位授予单位。（赵　尧）

【湖南信息学院】 2021年，湖南信息学院占地面积66.67公顷，师生员工2万余人。设有计算机科学与工程学院、电子科学与工程学院、管理学

长沙师范学校安沙校区　（宋文志　2021年10月16日摄）

院、国际商学院、艺术学院、通识教育学院、马克思主义学院、创新创业学院、继续教育学院。开设有软件工程、电子信息工程、网络工程、物联网工程、自动化、通信工程、数字媒体艺术 、人工智能、数据科学与大数据技术 、电子商务、财务管理、金融工程 、工程造价、物流管理、国际经济与贸易、会计学、互联网金融、商务英语、环境设计、播音与主持艺术、音乐表演、视觉传达设计、舞蹈表演、旅游管理 24 个专业，基本形成以工程应用类专业为主体，现代服务类和文化创意类专业为两翼，工学、管理学、经济学、艺术学、文学等学科专业协调发展格局。2021 年 8 月，湖南信息学院经湖南省教育厅等部门批准为硕士学位授予立项建设单位。年内，湖南信息学院获得全国先进社会组织、湖南省文明标兵校园、湖南青年五四奖章集体、2020 年湖南省学生资助研究先进单位、2020 年度网络学习空间应用普及活动优秀学校、湖南省民办学校教育扶贫工作先进单位等荣誉称号。

（程雨婷）

表 7　2021 年驻长沙县高职院校一览表

编码	学校名称	地 址	学校标识码	主管部门	办学层次	学校性质
1779	长沙师范学院	长沙县安沙镇毛塘铺工业园	4143013806	湖南省	本科	公办
1781	湖南信息学院	长沙县安沙镇毛塘铺工业园	4143013836	湖南省教育厅	本科	民办
1758	湖南警察学院	长沙县远大三路 9 号	4143011534	湖南省	本科	公办
1791	湖南大众传媒职业技术学院	长沙县星沙街道特立路 5 号	4143012300	湖南省	专科	公办
1796	湖南交通职业技术学院干杉校区	长沙县干杉乡黄江路	4143012397	湖南省	专科	公办
1836	湖南现代物流职业技术学院	长沙县远大二路 1251 号	4143013940	湖南省	专科	公办
1839	湖南安全技术职业学院	长沙县万家丽北路 304 号	4143014025	湖南省	专科	公办
1834	长沙电力职业技术学院	长沙县泉塘街道盼盼路 252 号	4143013938	湖南省	专科	公办
1835	湖南水利水电职业技术学院	长沙县泉塘街道东四路 20 号	4143013939	湖南省	专科	公办
1843	湖南都市职业技术学院	长沙县远大三路黄花国际空港	4143014121	湖南省教育厅	专科	民办
1804	湖南司法警官职业学院	长沙市远大二路 1069 号	4143012601	湖南省	专科	公办
1795	湖南机电职业技术学院	长沙市开福区万家丽北路一段 359 号	4143012343	湖南省	专科	公办
1799	湖南工程职业技术学院	长沙县万家丽北路水渡河 100 号	4143012425	湖南省	专科	公办
1855	湖南劳动人事职业学院	长沙县长龙街道开元东路 1319 号	4143014508	湖南省	专科	公办
1813	湖南艺术职业学院	长沙县星沙街道滨湖路以南	4143013032	湖南省	专科	公办
1848	湖南三一工业职业技术学院	长沙县榔梨街道榔梨工业园	4143014322	湖南省教育厅	专科	民办
—	湖南工艺美术职业学院（长沙基地）	长沙县湘龙街道腾辉路 76 号（湖南湘绣产业科技教育园）	—	湖南省教育厅	专科	公办

（资料来源：县教育局）

社会教育

【概况】 2021 年，长沙县开展社区教育和全民终身学习工作，全民学习、终身学习氛围不断浓厚。全县有社区学院 1 个，镇（街道）社区学校 18 个，社区学习中心 205 个，社区学习中心覆盖率 100%。社区教育由传统的县、镇（街道）、村（社区）三级教育网络的课堂教学 1.0 模式逐渐转向“互联网 + 社区教育”线上融合发展的 5.0 模式。通过社区学院引进国家数字化学习资源，把社区教育资源辐射到各镇（街道）、村（社区），线上线下相结合，集中课堂学习和个人分散学习相结合，通过“互联网+”注册悦学星沙公众号，打造指尖课堂，设置线上课程19门，计703课时，关注人数661人，浏览学习人数4740人。在全县开展一系列精品课程进社区活动，送课300余场次。（向　芳）

【2021年长沙县全民终身学习活动周举办】 2021年12月29日，由长沙县委、县人民政府主办，县教育局承办，长沙县社区学院协办的2021年全民终身学习活动周活动开幕式在长沙县政务中心举行，活动以“庆建党百年华诞　谱终身学习新篇”为主题。全县各社区终身学习团队代表及获奖代表参加活动。开幕式上，循环播放2021全国百姓学习之星、市级终身学习品牌、讲红色故事、唱红歌视频展播、直播节获奖作品展播；现场向社区教育工作先进单位和个人颁奖，其中，第五批老年教育基地负责人1名，“百姓学习之星”获奖者9名，“终身学习品牌”获奖者3名，优秀学习型团队代表1名，学习型家庭获奖者12名，光影与梦想——2021年长沙县摄影大赛一等奖获奖者2名，第五届“味道长沙”社区美食烹饪大赛一等奖获奖者3名，第八届长沙社区教育优秀微课程评选一等奖获奖者4名，长沙县第二届直播节一等奖获奖者3名。（向　芳）

【社区教育品牌建设】 2021年，长沙县社区教育工作围绕国家、省、市安排的各项赛事活动，组织“百姓学习之星”“终身学习品牌”“优秀学习型团队”“优秀学习型家庭”“优秀乡土教材”“书香社区全民爱阅读征文”“光影与梦想”“味道长沙”“社区教育优秀微课程”等赛事，评出县级百姓学习之星9名，县级终身学习品牌3个，县级优秀学习型团队8个，县级优秀学习型家庭12个，获国家级百姓学习之星1位，国家级优秀乡土教材3个，入选“书香社区全民爱阅读国家级征文”6篇，国家级优秀组织奖1个以及市级荣誉28个。（向　芳）

师资建设

【概况】 2021年，长沙县组织教师参加国家级省级培训1025人次，市级培训543人次，县级培训11428人次，计12996人次参加各级培训学习。组织1154个团队参与湖南省中小学（幼儿园）教师信息技术与学科教学深度融合在线集体备课大赛，725个团队获奖（其中，获特等奖21个、一等奖111个、二等奖255个、获三等奖338个），8所学校获优秀组织奖，在全省各区、县（市）中排名第二位。是年，长沙县在湖南省教师发展中心组织的“国培计划（2021）”项目县整校推进自主研修项目专家视导中排名第二位，被湖南省教师发展中心评为“优秀项目县”；长沙县教师进修学校被评为“2021年度湖南省中小学教师网络研修（工作坊研修）工作先进单位”。年内招聘教师812人。（张湘杰）

【师德师风建设】 2021年，长沙县组织学习《湖南省师德师风教育读本》，撰写心得6000余篇。评选出“十佳魅力教师”10名、“十佳师德标兵”10名、“十佳班主任”10名、优秀教师、优秀教育工作者100名。查处违反师德师风不良行为6起。《推进“五好教育工程”深入推进师德师风建设》《筑坚实“师德大厦”，办人民满意教育》等典型做法分别在“学习强国”、新湖南等媒体宣传推介20余次。（何颖慧）

【教师待遇】 2021年，长沙县增设教育质量提升奖，实现义务教师教师平均工资收入不低于公务员标准。审批在职教师年度一次性绩效工资增量6.863亿元，其中，教师绩效考核奖（教育教学奖）2.989亿元，教育质量提升奖1.315亿元，文明综治奖2.559亿元。落实《长沙县乡村教师支持计划（2016—2020年）实施细则》，全年长沙县发放乡镇工作补助2582万元。（何颖慧）

【教师职称评审】 2021年，长沙县申报中小学高级教师职称评审610人，其中，申报普通高级194人、基教高14人、资深乡村教师21名中级教师379人。高级教师通过96人，通过率49.48%。基层中小学高级教师（岗位）通过7人，通过率50%。基层中小学高级教师（资深）通过21人，通过率100%。中小学一级教师通过340人，通过率89.71%。中小学一级教师认定通过31人、二级教师认定通过882人。（何颖慧）

【教师资格证认定及注册】 2021年，长沙县教育局开展教师资格证认定。全年审核高中教师资格证认定申请信息608条，认定通过并颁发初中、小学和幼儿园教师资格证3082本。受理6169名教师教师资格证定期注册申请。5749人注册初审合格，418人初审注册暂缓，2人注册初审为不合格。（何颖慧）

【名师名校长评定】 2021年，长沙县教育局开展市级卓越教师评比和县级名师工作室设定工作。全县有市级名校长4人，县级名校长10人；市级卓越教师70人，县级卓越教师231人；市级名师（名校长）工作室1个，县级名师工作室26个，市级名师工作站6个。（何颖慧）

【支教工作】 2021年，长沙县选派3名骨干教师到西藏贡嘎县支教、1名骨干教师到新疆吐鲁番支教，26名优秀中小学、幼儿园教师到邵阳洞口县支教1年。从长沙县内城区学校选派46名中小学教师到县内农村中小学支教1年。（何颖慧）

文 化

编辑　周进银

公共文化

【概况】 2021年，长沙县推进公共文化服务设施建设，提质改造15个标准化村（社区）综合文化服务中心、4个文旅融合示范点，向群众免费开放，定期开展活动。长沙县图书馆分别在本馆和杭州城市学院建成“长沙县书房”，系统展示长沙县人文历史。是年，长沙县图书馆被评为2021年文化科技卫生“三下乡”活动优秀团队、“悦艺先锋”志愿服务队，长沙县图书馆书香志愿者中队分别被评为2021年、2020年度湖南省文化和旅游志愿服务“最佳志愿服务组织”，“悦艺先锋”志愿服务队被评为2021年度湖南省文化和旅游志愿服务“最佳志愿服务组织”，长沙县图书馆被评为“童阅美好 不负韶华”第39届湖南省少年儿童主题读书活动先进集体、2020年“书香助力战‘疫’，阅读通达未来”论文及创意作品征集活动优秀组织单位、“书香长沙”第39届少年儿童主题读书活动先进集体，福临镇综合文化站入选第九届全国服务农民、服务基层文化建设先进集体推荐名单等。（胡 偲 文 婷）

【地方特色资源库建成】 2021年，长沙县图书馆投入40万余元将本县红色名人、文博故居、非遗文物、松雅讲坛、周末有戏、镜像资源等内容打造成地方特色资源库，通过联系县内文博场馆、旅游景区、悦读空间、分馆及农家书屋，采取网络在线直播、培训讲座、云视讯等形式在现场进行推广。（林利兰 文 婷）

【公益培训】 2021年，长沙县开展公益培训，在县文化馆总馆及星沙、泉塘、湘龙等分馆开展“悦艺益课堂”“悦生活 文旅云”线上线下公益培训7期，零门槛开设声乐、舞蹈、器乐、美术、书法等多个艺术培训1552个课时的课程，免费培训群众8万余人次。“悦艺益课堂”公益培训服务项目获长沙市第三届项目类“群星奖”。（余 果 文 婷）

【公益电影】 2021年，长沙县在各镇（街）、村（社区）、公园、中小学校、镇（街）村（社区）各地敬老院等地免费放映红色电影《古田军号》《永不消失的电波》《南征北战》《建国大业》《建党伟业》等共3491场次。创新开展庆祝中国共产党成立100周年红色电影巡演、安全生产宣传片放映等。（余 果 文 婷）

群众文化

【概况】 2021年，长沙县开展“田汉大舞台”为主题的文化品牌活动，“悦艺星沙”系列群众广场文化活动，送戏下乡76场、公益电影放映电影3491场；举办长沙县迎春茶话会文艺演出、百年风华正茂·长沙县庆祝中国共产党成立100周年文艺晚会、“悦艺星沙”广场文化活动、群众团队展演、“永远跟党走”长沙县庆祝中国成产党成立100周年群众合唱比赛、长沙县第十一届全民健身广场舞大赛、群众书画作品展等活动近40场次，文化馆实体馆服务总人次近30万人次，全年参与表演人数2万余人，线上线下观看人数30万人。（胡 偲 文 婷）

【文化志愿服务活动】 2021年2月2日，中共长沙县委宣传部、长沙县文化旅游广电体育局承办的“我们的中国梦 湖湘文化进万家”文化志愿服务活动在果园镇田汉社区、长沙经开区长城信息公司同步开展。文化志愿者现场向群众赠送1000本图书、对联600副，年画贴画700对，福字700张，中国结200个和篮球、羽毛球、围棋等体育设备。（胡 偲 文 婷）

【“雅韵星沙 周末有戏”惠民品牌】 2021年，长沙县“雅韵星沙 周末有戏”惠民演绎品牌，每周五晚为星沙老百姓送上经典花鼓戏、儿童剧、湘剧、话剧等精彩剧目，市民通过“星沙文旅云”小程序免费抢票、同步直播观演，演出22场，线上线下惠及观众45万余人次。（胡 偲 文 婷）

【“永远跟党走”长沙县庆祝中国共产党成立100周年群众合唱比赛】 2021年6月10日，“永远跟党走”长沙县庆祝中国共产党成立100周年群众合唱比赛总决赛在田汉实验剧场举行，经过前期4场初赛，16支队伍脱颖而出，用歌声向党和祖国深情表白。县教育局、县公安局、星沙街道、安沙镇、县行政执法局、县水利

2021年11月10日，“百年风华 红动星沙”长沙县第十一届全民健身广场舞大赛在星沙文化中心广场举行（县文旅局 供图）

局获金奖。本次活动由县委宣传部、县文旅局、县直机关工委联合举办，全县各镇（街道）、县直机关单位36支队伍参赛，参赛人数2400余人。

（余　果　文　婷）

【长沙县第十一届全民健身广场舞大赛】 2021年11月10日，“百年风华 红动星沙”田汉大舞台·金茶杯长沙县第十一届群名健身广场舞大赛在星沙文化中心广场举行，全县20支镇（街）代表队参加比赛。活动由中共长沙县委宣传部、长沙县文化旅游广电体育局主办。经过2个多小时的比拼，泉塘街道、㮾梨街道、开慧镇、星沙街道4支代表队获金奖。通过活动的开展，营造庆祝中国共产党成立100周年的浓厚文化氛围，展示全县群众奋发向上的精神风貌。

（余　果　文　婷）

【全民阅读特色品牌打造】 2021年，长沙县打造“书香星沙”和“松雅书院”阅读品牌，通过线上、线下相结合的形式，邀请何立伟、何顿、汤素兰、章庭杰、李兆良等专家、学者及公益讲师开展形式多样的读者活动，全年进馆服务总人次158万。全县总分馆、农家书屋开展第八届“书香星沙”中华经典诵读比赛、松雅讲坛、品书荐书、馆校共建、中国传统文化大讲堂、电影展播、第五届“迎新春微信有奖猜灯谜”、“红色故事绘”、“E课堂”中老年人手机电脑培训、“百年风华，红动星沙”主题读书活动、“品红色阅经典”我爱阅读100天读书打卡等活动1310场次。（林利兰　文　婷）

【“阅读，一个都不能少”馆校共建活动】 2021年，长沙县图书馆开展“阅读，一个都不能少”馆校共建活动，将图书馆的阅读服务辐射至全县中小学校。全年在金井镇观佳小学、果园镇中心小学、大同星沙小学、开慧镇大花小学、长沙华夏实验学校等9个学校开展活动10场次，新办理读者证2624张，服务学生4702人次。

（林利兰　文　婷）

【长沙县第八届书香星沙中华经典诵读比赛】 2021年4月23日，长沙县图书馆启动“百年风华，红动星沙”庆祝中国共产党成立100周年暨长沙县第八届书香星沙中华经典诵读比赛。此次比赛分为初赛、预赛、决赛，全县各机关、企事业单位、280家农家书屋、23个分馆、阅读组织及诵读爱好者参与，近400支队伍、1000余名诵读爱好者参赛。决赛于6月19日在长沙县田汉实验剧场（星沙文化中心）举行，采取“线上直播+线下参与”的模式开展，观众30万余人。　（林利兰　文　婷）

艺术创作与展示

【概　况】2021年，长沙县围绕中国共产党成立100周年创作儿童剧《巨人计划之信仰》、舞台剧《传承》、音乐《忠诚的誓言》《信仰》《童心向党》《红船宣言》《外卖哥》《田汉精神永传承》等优秀文艺作品近20个，其中，儿童剧《巨人计划之信仰》被评为第十届中儿童戏曲节暨“庆祝中国共产党成立100周年”线上展演优秀展演剧目，《外卖哥》获湖南省第九批“中国梦”主题作品奖、湖南省第七届艺术节最佳作品奖，《童心向党》获第十一届“小荷风采”全国少儿舞蹈展演湖南省选拔小荷奖。10月，组织8个原创节目参加湖南省第七届艺术节“三湘群星奖”优秀作品评选活动，在市级评选中获2金4银，在全省总决赛中《血红的名册》《村里的健身房》2个作品获优秀作品奖。　（余　果　文　婷）

【儿童剧《巨人计划之信仰》出品】 2021年，长沙县文化旅游广电体育局、湖南省话剧院联合出品原创儿童剧《巨人计划之信仰》，该剧是中国共产党成立100周年的献礼剧目，用孩子视角讲述小英雄的故事，以“信仰”为轴，史实为底，串起《我的妈妈杨开慧》《少年许光达》《小戏迷田汉》3位湖湘英雄故事。该剧在田汉实验剧场、湖南大剧院、杨开慧故居、许光达故居、田汉故居等多地演出，《人民日报》、新湖南、文旅中国等媒纷纷报道，反响热烈。

（胡　偲　文　婷）

【红色舞台剧《传承》】 2021年，长沙县纪委监委联合县委组织部、县委宣传部和县文旅局共同打造红色舞台剧《传承》，将廉政教育与党史学习教育有机结合，突出红色题材文艺创作在党史学习教育中的作用，把红色人物的廉洁故事搬上舞台。《传承》以情景再现的方式，讲述长沙县老一辈共产党员在中国革命与建设不同历史时期的5个勤廉故事。在田汉实验剧场、湖南信息学院等地演出，获得广大群众的一致好评。

（胡　偲　文　婷）

【文艺创作】 2021年，长沙县组织文艺创作骨干深入采风，深挖本土红色文化，创作文艺作品，围绕中国共产党成立100周年创作音乐作品《忠诚的誓言》《信仰》《童心向党》《红船宣言》《外卖哥》以及快板《田汉精神永传承》等作品。开展“艺心向党·云游湖南”——庆祝中国共产党成立100周年主题作品创作和征集活动，收集作品29个参加市级海选，其中有6个作品代表长沙市角逐省级奖项。　（刘普群　文　婷）

文化遗产保护

【概况】 2021年，长沙县有不可移动文物点255处，其中，古遗址41处，古墓葬74处，古建筑43处，近现代重要史迹及代表性建筑86处，石窟寺及石刻11处。有众多名人故居，其中，黄兴故居、徐特立故居为全国重点文物单位，有杨开慧故居、缪伯英故居、李维汉故居、柳直荀故居、许光达故居、田汉故居等14处省级文物保护单位，市级文物保护单位25处，县级文物保护单位16处。有剪纸、皮影、湘绣、纸扎、竹编、婚丧、石刻等非物质文化遗产。全县有“长沙陶公庙庙会”“长沙绿茶制作技艺”“长沙县山歌”“腊八豆制作技艺”4个省级非物质文化遗产项目，“长沙快板”“长沙县双江滚灯车”“长沙县双江锣鼓亭子”“北山布龙”“春华皮影”“青山竹编”“赛龙舟”“大筒演奏”“江背镇糯米黄酒制作技艺”9个市级非物质文化遗产项目，“麻林桥豆腐制作技艺”“龙舟制作技艺”“小花片制作技艺”等11个县级非物质文化遗产项目；市级传承人11位，县级传承人9位，非物质文化遗产传习所5个。6月，长沙市人民政府办公厅公布大筒演奏、长沙县赛龙舟、麻姑井糯米黄酒酿造技艺为第七批市级非物质文化遗产代表性项目；12月，省政府公布腊八豆制作技艺为第五批省级非物质文化遗产代表性项目。12月31日，湖南省文物局公布杨立三故居、刘少奇天华调查驻地旧址为第十一批省级文物保护单位。在全省开展文物保护范围和建设控制地带划定的数字化工作；加强地下文物保护，配合省文物考古研究所完成机场改扩建工程、长龙街道麻园墓群等项目的文物勘探、发掘工作。指导春华镇修缮百熙文化园、抛砖屋场，指导金井镇修缮郑家大屋。

（易识远 文 婷）

【“文化和自然遗产日”宣传活动】 2021年6月11日，“人民的非遗 人民共享”2021年长沙县“文化和自然遗产日”宣传金井巡展活动开幕，以非遗展板展示长沙陶公庙会、长沙绿茶制作技艺、双江滚灯车等多项长沙县非物质文化遗产保护成果。节目演出后，举行“非物质文化遗产讲座”，让人民群众深入了解非遗文化。

（易识远 文 婷）

【文物保护规划】 2021年，长沙县文旅局根据《中华人民共和国文物保护法》《长沙市建设工程地下文物调查勘探及考古发掘工作管理办法》《关于加强文物保护利用改革的实施意见》等法律法规，为确保长沙县地上地下文物安全，守住珍贵文化遗产，邀请省文物考古研究所开展文物保护范围和建设控制地带划定的数字化工作，与县自然资源局协作，先期挑选100处文物点编制“数字档案”，实现文物规划“一张图”，推进文物全域管理模式，为全县不可移动文物保护利用工作打好坚实的数字基础。本次项目调查对象为255处不可移动文物中的100处文物点，其中，全国重点文物保护单位2处、全省重点文物保护单位12处、县级重点文物保护单位1处，尚未核定85处；文物类别五类，分别为古建筑、近现代重要史迹及代表性建筑、古遗址、古墓葬、石窟寺及石刻。

（易识远 文 婷）

文旅市场管理

【概况】 2021年，长沙县文化旅游广电体育局（以下简称“县文旅局”）印发《长沙县文化旅游广电体育局行业（领域）安全生产职责分工》和《2021年文旅行业（领域）安全生产监管检查工作计划》等文件，开展安全生产专项整治三年行动百日攻坚行动和消防安全百日攻坚行动，全年检查生产经营单位2500余家次，整改安全隐患1400余处，重大隐患2处，整改1处，移交违法违规案例3起，处罚2起，其中，开展夏季游泳池安全专项整治检查生产经营单位100余家，消除各类安全隐患60余处，责令7家文旅企业停业整顿；开展无证场所整治，印发《关于2021年度继续开展无证娱乐场所专项整治工作的通知》，开展联合检查31次，发现非法违法行为224起，关停无证娱乐场所14家。

开展“安全生产月”活动，在现场发放安全生产宣传资料3700余份。分批次组织全县娱乐场所、网吧、高危险性体育项目经营单位负责人及从业人员开展安全生产培训12次，培训文旅企业从业人员近1.2万余人次，开展消防安全应急演练8场次。开展两法一视频学习培训2场次，制作新《中华人民共和国安全生产法》海报700份发放至全县文旅企事业单位；印发《县文旅局公路路域环境治理工作方案》，各镇（街道）、黄兴会展经济区文旅办对辖区内旅游标示标牌进行巡查，暂未发现违规设置及破损标示标牌相关问题；对所负责的省道103沿线和相关县道进行3次全面巡查，排查整改道路安全隐患问题8处，并督促相关单位对安全隐患进行及时整改；开展道路交通问题顽瘴痼疾集中整治，检查文旅企业325家次，整改道路交通安全隐患问题18处；通过电子显示屏、娱乐场所开机界面植入、微信公众号推送、星级酒店摆放宣传海报等方式开展创建国家食品安全城市、防范野生蘑菇中毒等宣传；开展食品安全检查，检查文旅企业700余家，检查出食品流通企业从业人员无健康证或健康证过期等问题122处，排除其他食品安全隐患11处。

（毛 也 文 婷）

【文旅市场文明创建】 2021年，县文旅局印发《关于在“我们的节日·春节”期间组织开展“崇德向善迎新春 红红火火过大年”暨厚德建设美星沙“亲情季”学雷锋志愿服务关爱行动的方案》《关于开展“在星沙，都挺好——雷锋志愿者在行动”系列主题活动的方案》，组织局机关、图书馆、文化馆、田汉园等开展常态化志愿服务活动。分别于3月29日、5月19日组织召开2021年度长沙县娱乐场所、网吧文明创建工作会议，对娱乐场所、网吧文明创建工作作出具体要求。5月18日，组织召开局系统文明创建工作部署会，传达学习县文明创建工作会议精神，就文旅文明创建工作要点与标准进行详细解读，对文明创建迎省检工作进行安排与部署，完成迎省检工作。11月8日，安排局系统干部职工下沉一线，完成全省未成年人思想道德建设工作迎检，完成文旅系统“在星沙，都挺好——志愿者说”主题征文和“潇湘家书”征文，4篇征文刊登在县文明网，完成文明创建信息报送，在县文明网刊登70余篇。组织开展市、县级文明创建先进单位申报，县文旅局被评为2020届长沙市文明标兵单位，开展文旅系统“文明创建常态化建设百日攻坚大竞赛”。（毛　也　文　婷）

【文旅市场综合治理】 2021年，县文旅局印发《长沙县文化旅游广电体育局2021年禁毒工作实施方案》《县文旅局2021年禁毒宣传月活动工作方案》等文件，结合安全生产月、禁毒宣传月等相关活动开展禁毒宣教活动。组织全县文旅企业通过线上、线下相结合方式开展文旅行业禁毒知识培训，2500余人参训；通过电子屏、微信、短信、村村响广播、文旅星沙微信公众号、局官网等媒介向群众推送禁毒公开信，播放禁毒知识1万余次；开展禁毒宣传检查，检查文旅相关企业287家；印发《县文旅局反恐工作实施方案》，完成防范非法集资宣传教育活动，开展扫黑除恶常态化工作，完成文旅行业领域专项整治，被评为长沙市扫黑除恶专项斗争优秀集体。完成2021年度市级行业平安单位创建申报，部署开展2021年“4·15”全民国家安全教育日宣传教育活动，指导全县村村响广播持续开展电信网络新型违法犯罪的宣传教育和反诈公益宣传，宣教群众100万余人次，提高群众防范意识。

（毛　也　文　婷）

【文旅市场政务服务】 2021年，县文旅局开展行政审批50家（其中，互联网上网服务15家，歌舞娱乐和电子游艺7家，高危险性体育12家，文艺表演团体设立1家，演出场所经营单位的备案1家，艺术品经营单位的备案2家，营业性演出5家，地下文物保护评审7家）；落实省、市、县对“就近办”政务服务工作的要求，对下放至镇街的8个行政审批事项开展业务培训；推进湖南省长沙县信用体系建设、信用修复相关工作，落实文旅行业诚信建设相关工作要求，及时报送动态信息，录入并公示审批信息；根据《长沙市司法局关于印发〈长沙市行政许可案卷评查规则〉〈长沙市行政处罚案卷评查规则〉的通知》的要求，对所审批事项作出行政许可决定之日起7个工作日内在本单位门户网站向社会公布。根据《湖南省人民政府〈关于调整一批行政权力事项的通知〉》要求，取消“体育经营活动场所备案”事项，承接省级“广播电视节目制作经营单位设立审批”下放事项，将工作落实到位。

（毛　也　文　婷）

【旅游管理】 2021年，县文旅局督促旅行社、星级酒店上报上年度第四季度报表、账务年报及2021年前三季度报表。处理“12345”市长热线及“12301”投诉16起。完成对星级酒店垃圾分类督查。完成省厅退回的旅行社年报填报；完成旅行社诚信经营信誉等级评估。新增旅行社2家，全县有16家旅行社。

（毛　也　文　婷）

新闻出版

【概况】 2021年，星沙时报社有36件作品获省市各类新闻奖，其中，《23名“无名氏”流浪者成长沙县新市民》获湖南新闻奖文字消息类三等奖，长沙市新闻奖一等奖，摄影作品《回家》获长沙市新闻奖一等奖，全年建成融媒服务站25个。是年，星沙时报社被共青团长沙市委授予“青年文明号”；星沙时报官方抖音被中共长沙市委网信办授予“2021长沙最具影响力政务抖音号”。星沙时报社采用短视频、有声长卷、创意H5、Flash动漫、Vlog、无人机航拍、互动长图及VR技术，打造立体多维的新闻阅读体验，推出多件融媒爆款产品。在庆祝建党百年、党史学习教育、我为群众办实事、项目建设、文明创建、长沙县两会、疫情防控等重大主题上，推出一批融媒体产品。高考期间，《星沙时报》头版头条推出《高考首日：这些故事很暖心》，实时记录交警、应急、医疗等部门合力护考的感人场面。星沙时报抖音号推出《3岁萌娃跟交警爸爸护考：让他提前感受高考氛围》10秒短视频，2天之内星沙时报自有平台浏览量超过1000万人次，点赞超过10万人次，并被人民网、新华社、星辰在线、“学习强国”等10余家媒体转载、采用，由“萌娃护考”掀起的网络暖心关注超过1亿人次，并获长沙市委宣传部第46期新闻阅评点名称赞；以长沙创建国家食品安全示范城市为契机，星沙时报社与县食安办、创建一线工作人员合作，深挖创建国家食品安全示范城市工作亮点和经验，打造网红形象“维维哥”“卫卫姐”，分别以《幸福星沙口口“鲜”》《赏味“食”代变迁》等主标题报道长沙县创城成果经验、长沙县食品安全工作。（钟　晴）

【抗疫报道】 2021年，星沙时报社围绕疫情防控，掌上星沙App开设“新冠疫苗接种科普小课堂”专题，解读新冠疫苗研发的科学性、生产的规范性、使用的安全性和有效性以及接种的必要性、疫苗接种的注意事项等问题，获长沙市委宣传部第26期新闻阅评简报表扬。8月，黄兴融媒服务站策划拍摄“秋天的第一份爱心”主题42秒短视频，新湖南、红网、《长沙晚报》、长沙新闻频道等多家媒体跟进报道，《麓山快评》《长沙观察》紧跟《一封信》发布撰写评论员文章。

（钟　晴）

【专题报道】 2021年，《星沙时报》在庆祝中国共产党成立100周年期间连续推出40个整版“建党百年建功有我——长沙县庆祝中国共产党成立100周年特别报道”；其中，掌上星沙App的融媒产品《穿梭百年看星沙》，通过一颗“星”的穿越，展示中国共产党成立以来100年里长沙县在党的领导下从站起来、富起来到强起来的发展历程，短视频产品整体播放量超过80万，被提名为湖南报业重大题材报道创新奖；掌上星沙App策划推出专题“星沙百年记”“建党百年建功有我”“奋斗百年路启航新征程”等，运用视频、音频、图文、评论等融媒体报道，展现中国共产党在长沙县的百年历程，平台专题综合点击量超300万人次；星沙时报社官方微信全年10万+推文达20条；星沙时报社官方抖音号根据真实案例创作的“拒食野生蘑菇”宣传短视频，点击率超660万人次。 （钟　晴）

【平台建设】 2021年，星沙时报社官方微信粉丝45万+，排名稳居湖南省纸媒排行榜前三位，数次居全省第一位，微信矩阵粉丝总数超80万人次；掌上星沙客户端作为湖南第一个区（县）级移动客户端平台，用户数超过100万，是长沙县手机用户随身“资料库”。星沙新闻网的推稿及转发量每月均稳居123个县（市、区）分站之首。官方抖音号粉丝量累计210万人次，总点击量超过9000万人次，位列湖南省抖音媒体号综合排行榜前十位。 （钟　晴）

【系列报道】 2021年，星沙时报社开展“牢记嘱托创新实干——星沙答卷”“三十而立再出发，二次创业攀新高”“拆迁指挥部的晚8点”等系列报道，实施“1+1+N”（新闻报道+纪录片+新媒体平台）生产传播方式。“婉言”系列报道聚焦“强园富县”改革，以视频Vlog+图文的形式宣传“十三五”期间长沙县交通建设成果宣传方案，以镜头体现基层故事，凸显融媒服务站品牌特色，打造时报记者IP形象。“你好，这是我的新名片”系列报道以长沙县第十四次党代会为契机，展示长沙县各镇街的新思路、新蓝图、新目标，描绘未来高质量发展图景，推出19篇“新名片”报道，通过发挥报纸、新媒体等全媒体平台聚合发力，每篇平均点击量5万+，总体阅读量超过100万人次。

（钟　晴）

广播电视电影（融媒体）

【概况】 2021年，长沙县融媒体采编中心各平台发稿6万余条，向上级主流媒体供稿8600余条，50余件作品获省、市新闻类奖项，全网点击率10万+作品60余条。推出《星沙百年记》大型系列报道，首次采用纪录片、手绘漫画、动画视频、音频、文字综述等方式全方位呈现中国共产党在长沙县的百年历程，反映星沙经济社会发展变迁，采取故事化讲述方式，以小切口折射大主题，该系列报道在全网点击率超过200万，并纳入全县党史学习教育学习内容。抓实党史学习教育，推出《党旗在基层一线高高飘扬》《百年物语》等电视节目，《寻访红色记忆　传承红色精神》报纸系列报道，《奋斗百年路　启航新征程》新媒体专题，《“我为群众办事”实践活动》系列报道，全面展现长沙县党员干部主动为民服务的良好精神风貌。宣传学习习近平总书记“七一”重要讲话精神的具体举措，推出重点专栏《牢记初心使命　争取更大光荣》。是年，长沙县融媒体采编中心被评为“2021年湖南基层传播智慧广电先进单位”。 （胡　颖）

【广电网络发展】 2021年，长沙县星天网络公司经营创收（含税收入）3862万元。办理入网报装项目42个，签订有线电视入网合同39个，进场施工项目21个，竣工验收项目23个，新增覆盖数21256户。全年有线网络新建工程48个，改造及业务小工程96个，抢修工程112个。与中国广电湖南网络股份有限公司签订《战略合作协议》，完成县机关事务中心智慧后勤维保业务、县人民医院智慧视讯项目、“汇一大健康”智慧电视平台等项目。启动无线数字电视推广项目，在果园镇田汉村、春华镇金鼎山社区等全县美丽乡村示范村实施三位一体全方位免费服务。 （刘金华）

【媒体经营】 2021年，长沙县步天传媒公司经营创收700万元。以“微融媒工作室”的业务形态，分别与县委组织部党建中心、北山镇、路口镇、大数据中心、县委党校等单位建立合作关系；打造优质活动，红歌新唱“锋”火相传——长沙县雷锋之歌快闪活动、“万人入党宣誓　致敬建党百年”入党宣誓活动、汲取奋进力量”红色故事分享会等活动获得好评。推出精品视频，《青春的答案》《红歌新唱“锋”火相传主题快闪活动视频》在省级比赛中获佳绩。 （章　耘）

党史研究

【概况】 2021年，长沙县以庆祝中国共产党成立100周年和开展党史学习教育为契机，讲好红色故事，传承红色基因，开展党史资料征集、研究、编撰等，创新开展党史宣传教育，县委党史研究室被评为2021年度全省党史工作先进单位。加强党史资料征集，征集刘少奇王光美夫妇、农民运动史料等300余件。开展中国共产党在星沙100年重要党史资料征集活动，征集到1949年10月27日长沙县第一届各界代表大会全体代表合影以及杨锡纯、张汉藩烈士照片等党史资料400余件。弘扬陈树湘烈士“断肠明志”精神，编撰长篇纪实小说《铁血师长陈树湘》，由湖南文艺出版社公开出版。收录74位长沙县籍革命先辈小故事100余个，9月内部出版《湖湘首善耀忠魂》。编印画册《百年正青春　星沙都挺好》及邮册《中国共产党星沙百年》《星沙都挺好》。弘扬刘少奇“天华调查”所蕴含的精神风范，撰写论文《刘少奇天华调查的时代启示》。开展党史宣传教育，依托“璀璨星沙——长沙县历史陈列”“中国共产党星沙百年”两个展览宣讲党史，全年接待1万余人次。向各红色纪念场馆赠送《铁血师长陈树湘》《湖湘首善耀忠魂》《湘潮》等书籍和期刊1万余册。《长沙晚报》发表《缪伯英：以身许党 敢为人先》《铭记徐特立的“三个第一”》等文章10余篇。摄制《礼赞百年华诞——心中的歌献给亲爱的党》音乐专辑。开展“华诞杯”诗词楹联书法比赛活动，评出获奖作品45篇，汇编出版作品集《诗情墨韵颂百年》。举办《中国共产党星沙百年》展览并于7月对外开放。承办“纪念刘少奇湖南农村调查60周年学术研讨会暨刘少奇思想生平研究会2021年会”和长沙县、长沙经开区中国共产党星沙百年座谈会。收集整理杨开慧纪念馆等10个红色场馆资料，助其申报湖南省党史教育基地，杨开慧纪念馆入选湖南省党史教育基地。参与抛砖屋场等场馆陈列大纲评审。（周进银）

【纪念刘少奇湖南农村调查60周年学术研讨会召开】2021年4月12日，“纪念刘少奇湖南农村调查60周年学术研讨会暨刘少奇思想生平研究会年会”在长沙县召开，参会嘉宾和论文代表90余人。会议由中国中共文献研究会刘少奇思想生平研究分会、中共湖南省委党史研究院主办，湖南省中共党史学会、中共长沙市委党史研究室、长沙市委党史联络组、中共长沙县委、长沙县人民政府、刘少奇同志纪念馆（刘少奇故里管理局）承办。长沙市委常委、长沙经开区党工委书记、长沙县委书记、长沙高铁新城党工委书记沈裕谋，长沙市委常委、市委宣传部部长陈刚分别致辞；全国人大财政经济委员会副主任委员刘源，全国政协委员、中央党史和文献研究院原院务委员、刘少奇思想生平研究会会长张宏志，湖南省委常委、省委宣传部部长张宏森，中共湖南省委党史研究院院长胡振荣等出席会议并讲话。中共湖南省委党校教授李美玲等6位论文作者代表现场交流发言。会后，与会人员参观刘少奇天华调查陈列旧址、陈树湘故居等。组委会收到学术论文60篇，入选论文52篇。（周进银）

【长沙县“华诞杯”诗词楹联书法比赛】2021年2月20日—4月30日，中共长沙县委党史研究室、中共长沙县委党史联络组、长沙县作家协会联合举办长沙县“华诞杯”诗词楹联书法比赛，以“忆党史、铭党恩、强党性、促党建、肃党纪、正党风”为主题，讴歌党的丰功伟绩，展示全县各级党组织、广大党员干部群众奋进新时代的精神风貌。组委会收到诗词作品158篇、楹联作品46幅、书法作品58件，最后评出获奖作品45篇，袁培根、罗典获诗词一等奖，肖仲波获楹联一等奖，易海珊获书法一等奖。9月29日，长沙县“华诞杯”诗词楹联书法比赛总结会议召开，现场发放《诗情墨韵颂百年——“华诞杯”诗词楹联书法比赛作品集》。（周进银）

【中国共产党星沙百年座谈会召开】2021年7月9日，长沙县、长沙经开区召开中国共产党星沙百年座谈会，回顾中国共产党在星沙的百年光辉历程，缅怀先辈先烈，展望星沙光明前景。省委党史学习教育第九巡回指导组组长宋建民、副组长刘柏生到会指导，沈裕谋出席并讲话，长沙县委副书记、县长张作林主持座谈会。县区领导周虔、李建章、王益枝、周志远、郭瑞、杨溢，省委党史学习教育第九巡回指导组、市委党史学习教育领导小组办公室、市委党史学习教育第一巡回指导组有关成员参加会议。中国共产党成立百年来曾在长沙县（长沙经开区）担任县委书记、党工委书记、管委会主任、县长、县人大常委会主任、县政协主席的领导（家属）等40余人参加会议。长沙县第一任县委书记殷美琮之孙殷勇，县委原书记白乙明之女白小京，县委原书记周桂龙，原县长柳冠群、蒋新祺，长沙经开区管委会原主任易宇欣，县委原副书记欧阳斌等7位老领导（家属）均现场发言。会后，与会人员到长沙县档案馆参观《中国共产党星沙百年》展览。（周进银）

地方志

【概况】 2021年2月，长沙县地

2021年4月12日，“纪念刘少奇湖南农村调查60周年学术研讨会暨刘少奇思想生平研究会年会”召开　　（长沙县档案馆 供图）

方志编纂室启动编纂《长沙县年鉴（2021）》，印发《关于编纂〈长沙县年鉴（2021）〉的通知》。组稿单位150余个，初稿75万字。制定精品年鉴编纂方案，确定《长沙县年鉴（2021）》框架。年末，《长沙县年鉴（2021）》初稿通过方志出版社终审，入围中国精品年鉴工程第三轮评审。5月，《长沙县年鉴（2020）》公开出版。坚持文化惠民，推进地方志文化进机关、进农村、进社区、进校园、进企业、进军营，组织开展《地方志工作条例》宣传等，向县直机关及各镇（街道）、村（社区）赠送《湖南乡镇简志·长沙卷》《长沙年鉴（2020）》1000余册，在《长沙史志》刊发《“五心”精写人物传记》等文。参与长沙县“纪录小康工程”，查找《长沙县志》《中国共产党长沙县历史》《长沙县年鉴》等史志书籍，收集整理1949—2020年长沙县全面建成小康大事记，通过“纪录小康工程”数据系统录入大事记1000余条。12月31日，《长沙县年鉴（2020）》被中国地方志指导小组、中国地方志学会评为第八届全国地方志优秀成果（年鉴类）县级一等年鉴。

（周进银）

【《长沙县年鉴（2020）》出版】 2021年5月，长沙县地方志编纂室编纂的《长沙县年鉴（2020）》由方志出版社公开出版，全书54万字。《长沙县年鉴（2020）》采用分类编辑法，设类目、分目、条目3级结构层次。全书设特载、大事记、长沙县概览、中国共产党长沙县委员会、长沙县人民代表大会、长沙县人民政府、中国人民政治协商会议长沙县委员会、长沙县纪律检查委员会·长沙县监察委员会、群众团体、法治、军事、工业·园区建设、经济管理与监督、金融、城乡建设与管理、交通·邮政·通信、商贸·旅游、农业·水利、科学技术·教育、文化、卫生·体育、社会生活、镇·街道、人物等类目24个，分目134个、条目487个、图片96幅、表格56个。卷首专题图片设《金色星沙》《绿色星沙》《红色星沙》，《附录》类目下设《统计资料》《微信公众号选录》《人文拾萃》。

（周进银）

【《长沙乡镇简志·长沙县卷》编纂】 2021年2月，长沙县地方志编纂室印发《长沙乡镇简志·长沙县卷》编修工作方案，明确各镇（街道）记述上限追溯自建置之始或事物发端，下限至2020年12月31日，按照区域概况、经济发展、基础设施、社会事业、特色地情五大必设版块进行记述，各板块下根据镇（街道）实际设置条目，随文配图等。至4月30日，各镇（街道）全部完成初稿撰写。长沙县地方志编纂室对所有初稿进行修改，把好政治关、保密关、体例关、文字关和数据关，之后反馈至各镇（街道）审定，定稿20万字，8月底上报长沙市地方志编纂室审核，年底初步定稿。

（周进银）

档 案

【概况】 2021年，长沙县档案馆接待查档利用9123人次，调阅档案13200卷（件），查档咨询1511人次，电话查档1332次。接收整理民政局、应急局、交通局等单位到期档案，质检查看著录项原文24737件，三重档案204盒、基建档案180盒、脱贫攻坚文书目录32384条、科技目录156条、声像目录116条、实物目录2条、疫情防控档案目录6036条，档案消毒11029卷，修复破损档案150余卷，档案鉴定43万余卷。征集《青山杨氏六修族谱》（24卷）、图书资料344册、报纸55本、光盘2张。查阅编制案例，收集编制素材，编制《长沙县档案馆指南》，完成概况和部分全宗介绍。

（陈 宇）

【“区块链+数字档案馆”建设】 2021年7月21日，长沙县档案馆投资184.5万元的“区块链+数字档案馆”建设项目竣工验收。项目分两部分，主体档案管理系统。将档案查询、利用、鉴定、行政OA功能等项目主体功能上线，实现档案数据痕迹追溯、权限控制等功能，全县60个县直单位和18个镇街均使用区块链+档案管理系统。“家门口档案馆”建设。利用区块链技术“安全、不可篡改”的优势，将文书档案、婚姻档案、林权档案、土地档案等信息“上链”，在果园镇7个试点村（社区）投放自助查询和手动查询系统，建成“家门口档案馆”，村民不出村即可查询、打印所需档案资料，实现“让档案多跑路，让百姓少跑腿”的目标。

（陈 宇）

【档案工作宣传】 2021年，长沙县档案局利用“6·9”国际档案日，在全县开展档案专场宣讲、微宣讲比赛、专题部署会、主题展览、集中培训、档案知识线上竞赛、主题征文、制作手抄报、活动代言等各类宣传活动，并定制宣传用品发放到全县各单位。

（陈 宇）

【档案工作指导】 2021年，长沙县档案局采取多渠道开展业务培训，将业务指导和业务培训有机结合起来，通过主动上门、利用微信、QQ、电话、等方式方法到县扶贫办、县疫情防控指挥部等单位进行档案工作指导和培训。召集县文旅局、县融媒体中心、果园镇等单位，配合长沙市档案局对“国家基本公共服务档案规范化管理”课题进行调研。年内，对85个单位档案工作开展年检。采取“双随机一公开”执法检查监管平台的方式，对镇（街道）、档案中介服务公司的档案管理制度落实、基础设施建设、档案收集整理保管及信息化建设等情况开展档案专项执法检查。推广档案工作服务农村基层社会治理国家级试点经验做法，邀请市档案局专家对县60个申请单位进行评估，遴选出34个村（社区），打造长沙县档案品牌。制定《“十四五”长沙县档案事业发展规划》，为档案事业现代化发展提供行动指南。

（陈 宇）

卫生健康·体育

编辑　李珊珊

医疗机构

【概况】 2021年，长沙县卫生健康局（以下简称“县卫健局”）辖区内二级机构有长沙县疾病预防控制中心、长沙县卫生健康综合事务中心、长沙县妇幼保健计划生育服务中心、长沙县健康促进中心（长沙县卫生健康信息中心）、长沙县基层医疗卫生机构财务事务中心，非长沙县卫生健康局发证的医疗机构有：市级医院1所（长沙市第八医院），县级医院6所（长沙县第一人民医院、长沙县第二人民医院、长沙县中医院、长沙县星沙医院、长沙县妇幼保健院、长沙县精神病医院），民营医院12所（湘雅博爱康复医院、长沙星沙年轮骨科医院、长沙手外科医院、长沙楚元中西医结合医院、长沙华夏医院、长沙吉祥精神病医院、长沙仁康医院、长沙青松医院、长沙星怡康医院、长沙湘之雅贵宾医院、唯康医院、长鸿医院）；长沙县卫生健康局发证的各级各类医疗机构596个，其中，综合医院8家，县精神病医院1家，计划生育技术服务站1所，街道社区卫生服务中心5所，街道社区卫生服务站9所，镇（中心）卫生院23所；村卫生室208所，医务室32个，门诊部100个，个体诊所195所，个体卫生室18所，中医备案诊所32所。长沙县精神病医院于2021年12月14日被长沙市卫生健康委员会确认为二级精神病医院。是年，长沙县财政投入卫生健康系统经费6.74亿元，其中，上级投入1.83亿元，县级投入4.91亿元。年末辖区内医疗机构医护人员数量9104人，其中，副高及以上职称258人，中级职称1511人，初级职称1952人，研究生及以上学历183人，本科学历2302人。年末编制床位数4073张，实际床位数3120张。（罗　兰）

【县级公立医院综合改革】 2021年，长沙县推进基层医疗卫生机构紧密型乡村卫生服务一体化工作；将星沙医院与湘龙街道社区卫生服务中心组建成医共体单位，让更多老百姓在家门口享受县级医院医疗服务；以《关于印发健康长沙行动实施方案的通知》为蓝本，制定《健康长沙县行动实施方案》文件，开展健康长沙县行动，提升全民健康素养水平，普及健康生活方式，建设与长沙县经济发展水平相匹配的健康长沙县。2021年全县县乡医疗机构门急诊人次330.60万人次，比2020年增加28.08%；住院人次11.87万人次，比2020年增加9.13%。（罗　兰）

【国家基本药物制度执行】 2021年，长沙县所有公立医疗机构实施国家基本药物制度，零差率销售；优先配备基本药物，其中，二级公立医院基本药物配备使用金额占比49.6%，基层医疗卫生机构基本药物配备使用金额占比87.4%；推进县级医院代购，村卫生室代购制度；成立长沙县药品保供服务中心，保障基层医疗卫生机构药品配备，满足人民群众用药需求。2021年2月，迎接市级2020年度基本药物制度绩效评价，获全市第一名；4月，承办长沙市基本药物培训班，300余人参训。全县基层医疗卫生机构门诊次均药品费用64.99元，比2020年下降5.39%，住院次均药品费用496.61元，比2020年下降3.63%。（罗　兰）

表8　2021年长沙县主要公立医疗卫生单位一览表

序号	名 称	地 址	邮 编
1	长沙县疾病预防控制中心	星沙街道特立路96号	410100
2	长沙县卫生健康综合事务中心	星沙街道特立路96号	410100
3	长沙县妇幼保健院	星沙街道开元东路298号	410100
4	长沙县第一人民医院	路口镇三惠路157号	410142
5	长沙县第二人民医院	㮾梨街道新建路4号	410129
6	长沙县中医院	安沙镇安沙中路42号	410148
7	长沙县精神病医院	天心区南托街道中意二路876号	410119
8	长沙县星沙医院 / 长沙县星沙街道社区卫生服务中心	星沙街道开元路53号 / 板仓路399号	410100
9	长沙县福临镇中心卫生院	福临镇福临社区张大屋组	410146
10	长沙县江背镇中心卫生院	江背镇正街11号	410135
11	长沙县北山镇中心卫生院	北山镇北山路216号	410152
12	长沙县金井镇中心卫生院	金井镇金福路278号	410144
13	长沙县金井镇双江卫生院	金井镇双江社区金山北路15号	410144
14	长沙县高桥镇卫生院	高桥镇茶香南路32号	410145
15	长沙县路口镇卫生院	路口镇振兴路268号	410142

续表

序号	名 称	地 址	邮 编
16	长沙县果园镇卫生院	果园镇杨泗庙社区 313 号	410157
17	长沙县春华镇卫生院	春华镇金鼎山社区 207 线旁	410139
18	长沙县黄花镇卫生院	黄花镇中心广场 67 号	410137
19	长沙县黄兴镇干杉卫生院	黄兴镇干杉社区杉岭北路 22 号	410133
20	长沙县黄兴镇卫生院	黄兴镇接驾岭社区 208 号	410133
21	长沙县安沙镇卫生院	安沙镇毛塘铺 / 安沙镇唐田新村	410149
22	长沙县青山铺镇卫生院	青山铺镇天华村 62 号	410147
23	长沙县开慧镇卫生院	开慧镇板仓社区骄杨东路 65 号	410146
24	长沙县开慧镇白沙卫生院	开慧镇李家山社区	410146
25	长沙县黄兴镇仙人卫生院	长沙县黄兴镇仙人市村 410 号	410133
26	长沙县江背镇五美卫生院	长沙县江背镇五美社区 130 号	410136
27	长沙县㮾梨街道社区卫生服务中心	㮾梨街道保家村保家路 200 号	410129
28	长沙县泉塘街道社区卫生服务中心	泉塘街道东九路 179 号	410100
29	长沙县长龙街道社区卫生服务中心	长龙街道茶塘路	410100

（资料来源：县卫健局）

【基本药物制度实施】 2021 年 2 月 24 日，长沙市卫生健康委联合长沙市财政局成立绩效评价小组，到长沙县开展 2020 年度国家基本药物制度实施情况进行绩效评价。绩效评价小组到长沙县路口镇卫生院、长沙县北山镇中心卫生院等基层医疗卫生机构，以实地调研和查阅资料的形式，详细了解各医疗卫生机构基本药物配备使用比例、日常管理制度、药师服务能力建设等情况，获全市第一名。

（罗 兰）

【清廉医院建设】 2021 年，长沙县开展“清廉医保”“医疗欺诈”“床位问题”“惠民惠农一卡通”“四风问题变异回潮”等专项整治，对 13 家主要负责人调整的医疗机构进行离任审计和 7 家近年来未被政府审计的单位开展内部审计，对审计发现的问题立行立改。全年处置问题线索 68 条，立案 11 起，提醒谈话 32 人，批评教育 13 人，诫勉谈话 4 人。全年开展专题研究或部署党风廉政建设会议 7 次，主要负责人集体廉政谈话会议 1 次，清廉医院建设会议 2 次，作风建设会议 1 次，培训 1 次。

（罗 兰）

【长沙县肿瘤防治中心】 2021 年 3 月 21 日，肝癌防治健康中国行湖南首站暨长沙县肿瘤防治中心揭牌仪式在长沙县第一人民医院举行。为推动落实《健康中国行动（2019—2030 年）》癌症防治行动，长沙县以预防为主、关口前移，引导民众广泛形成“我的健康我做主，我的健康我维护”的防治意识。长沙县肿瘤防治工作纳入《健康长沙县行动实施方案》。启动肺癌、结直肠癌高危人群免费筛查项目。7 月，长沙县启动肺癌、结直肠癌高危人群免费筛查项目。9 月，完成金井镇、开慧镇、高桥镇、路口镇、福临镇、青山铺镇、果园镇、春华镇 8 个北部乡镇 2 万名结直肠癌、3500 名肺癌高危人群的免费筛查。

（罗 兰）

2021 年 3 月 21 日，肝癌防治健康中国行湖南首站暨长沙县肿瘤防治中心揭牌仪式在长沙县第一人民医院举行　　（县卫生健康局 供图）

公共卫生

【基本公共卫生服务】 2021年，长沙县卫生健康局服务人口110.48万人，为辖区老年人、儿童、妇女、慢性病患者、肺结核患者、严重精神障碍患者等居民提供健康服务。5月31日，结合庆祝中国共产党成立100周年，在全县开展第三届“最美家庭医生”“最美家庭医生团队”和“最美乡村医生”评选活动，对评选出的16名“最美家庭医生”、20个“最美乡村医生”、12个“最美家庭医生团队”进行表彰，通过新闻媒体进行宣传报道。全年组建217家庭医生签约团队，签约居民21.87万人，签约率19.7%，续签率68.81%，高血压、糖尿病等重点人群签约率78%。

（罗　兰）

【健康扶贫】 2021年，长沙县组建家庭医生签约服务团队217个，为困难群众（脱贫户、监测户、低保对象、特困人员、残疾人、计生特殊家庭等）免费开展家庭医生签约服务，建立“一人一策”健康管理台账，截至11月，现有在管脱贫户和监测户中四类慢病人员4366人，其中，高血压3435人，糖尿病872人，严重精神障碍839人，肺结核14人，签约率100%，11月长沙县卫生健康局对健康扶贫工作开展督导工作，慢病履约等健康扶贫工作全部落实到位。2021年长沙县乡村振兴对口帮扶张家界市桑植县和龙山县水田坝镇，召开对口帮扶专题会议，商讨安排部署对口帮扶工作。11月局领导带领5名医疗技术骨干到桑植县开展为期3周的支医工作，接收桑植县和龙山县水田坝镇13名医务人员到县级医疗机构的跟班学习，以优势互补、资源共享为基础，促进两地健康事业的协同发展。（罗　兰）

【紧密型乡村卫生服务一体化建设】 2021年4月，长沙县深化医药卫生体制改革领导小组办公室下发《关于印发〈长沙县紧密型乡村卫生服务一体化管理工作方案〉的通知》，要求通过紧密型乡村卫生服务一体化改革，实现乡镇卫生院对村卫生室行政、业务、人员、药械、财务、绩效考核实行“六统一”管理，全县20家基层医疗卫生机构制定符合本单位实际的紧密型乡村卫生服务一体化实施方案，明确村卫生室实行季度考核、工资发放与绩效考核挂钩，强化村卫生室公卫绩效、家庭医生签约服务绩效考核激励约束作用和导向作用，全面提升基本公共卫生服务品质。各乡镇卫生院（社区卫生服务中心）与辖区在岗乡村医生签定聘用合同，实行统一管理并为其购买养老保险。通过实行乡村一体化管理，村卫生室综合服务能力提升。（罗　兰）

妇幼保健

【概况】 2021年，长沙县辖区内20～64岁妇女172499人，孕产妇7090人，0～6岁儿童64307人，出生人口数7193人。是年，长沙县孕产妇死亡率为零，高危孕产妇筛查率79.74%。婚前医学检查率93.47%，产前筛查率99.06%，孕产妇保健系统管理率97.54%，7岁以下儿童健康管理率97.08%。5岁以下儿童死亡率2.22‰，婴儿死亡率0.97‰，新生儿死亡率0.83‰，孕产妇艾滋病、梅毒、乙肝检测率均为100%，活产剖宫产率38.70%，活产出生缺陷发生率119.98/万，出生医学证明首次签发率98.45%，废证率0.08%。叶酸服用率99.99%，叶酸服用依从率92.13%。全县21个基层医疗卫生机构都配有妇保、儿保专干，实现县、乡、村三级妇幼健康工作全覆盖。加强对妇幼专干工作考核和业务培训，并推行妇幼专干的动态管理。每季度对基层开展1次全面督导，并定期派妇幼业务骨干下乡镇督导，对乡、村级医生进行业务培训。落实孕产妇健康管理和0～6岁儿童健康管理两项基本公共卫生服务，强化危急重症救治，全力保障母婴安全，做实出生缺陷三级防控，提高出生人口素质。开展免费孕中期产前筛查9010例，免费无创DNA（脱氧核糖核酸）检测9558人，免费地中海贫血基因诊断8196例，免费新生儿疾病筛查9889人，免费新生儿遗传性耳聋基因筛查9892人，免费听力筛查初筛人数为9887人，0～6岁儿童眼保健与视力筛查76525人，免费“两癌”检查20018人。

（罗　兰）

【长沙县妇幼保健院】 2021年，长沙县妇幼保健院编制床位499张，开放床位370张。卫生技术人员886人，中高级人员443人。全年门急诊人次127.2万人次，出院人次2.88万人次，分娩量9403人次。3月11日，该院启动三级妇幼保健院创建工作。6月23日，通过三级医院信息化应用评审。7月15日，长沙县妇幼保健院与湖南省脑科医院（湖南省第二人民医院）签订医联体成员单位协议。7月，重大慢病的信息化标准和智能决策的关键技术及应用项目获2020年度湖南省科学技术奖二等奖，长沙县妇幼保健院为第三完成单位。9月17日，长沙县妇幼保健院成为湖南省县域三级妇幼保健院。11月5日，长沙县妇幼保健院肖不平、黄淑燕、杨鹏、刘敏、王芳艳以及长沙市卫生健康局等10人组成长沙市代表队参加全省母婴安全急救技能比武并获第一名。是年，长沙县妇幼保健院被评为国家级巾帼文明岗、全国改善医疗服务示范医院、湖南省巾帼文明岗、湖南省省级母婴安全优质服务单位、长沙市十佳巾帼文明岗、长沙市文明单位、长沙市医改工作优秀公立医院。

（罗　兰）

【学科建设】 2021年3月11日，长沙县妇幼保健院与长沙医学院签订非直属附属医院合作协议并举行揭牌仪式。长沙县妇幼保健院协助长沙医学院全面开展教育教学人才培养工作，成立临床学科教研室，选拔49名优秀教研老师，邀请长沙医学院老师授课提升带教水平，全年接收3批51名医学院学生到院实习。是年，长沙县妇幼保健院有1个市级重点专科（产科）、3个县级重点专科（产科、乳腺外科、儿科）、3个名医工作室。以重点学科引领发展方向，开展电子胃肠镜、脐静脉置管等新技术、新项目，将早产新生儿收治孕周降至31周，成功开展新生儿经外周静脉穿刺中心静脉置管技术，解决早产儿需长期静脉输液和静脉营养的难题。

（罗　兰）

医政医管

【疫情防控及医疗救治】 2021年，长沙县为做好疫情防控工作，医政医管科组织县院感专家、镇街卫健办卫生健康监督员及基层医疗卫生机构防控专干等人员，进行院感、常态化疫情防控、新冠疫苗接种、核酸采集等进行专项检查达14次，完成全县区域内6家县级医疗机构、21家基层医疗机构、11家民营机构，近600家个体诊所、村卫生室、门诊部等机构的督导工作。委托院感质控中心利用星云感控对全县各级医疗机构实施全县院感同质化管理，完成全县各级医疗机构全覆盖培训、考试。1月29日组织60家医疗机构2682人参加新冠肺炎新冠知识考试，合格率96.79%，优秀率86.35%；2月8日组织13家医疗机构192名核酸采集人员进行采样测试合格率100%，优秀率76.04%；4月下旬至5月《医疗机构内新型冠状病毒感染预防和控制技术指南（第二版）解读》及《新型冠状病毒肺炎防控方案第八版》培训考核，5月8—21日完成3604人上半年院感培训。5月20日在长沙县田汉实验剧场（长沙县市民会议中心一楼会议室）对长沙县民营个体医疗机构进行院感管理、新冠防控相关知识培训。各诊所、门诊部、医务室、中医备案诊所及其他民营医疗机构法人或主要负责人均参加培训。9月份4064人完成《基层医疗机构疫情防控知识培训》《医疗机构内新型冠状病毒感染预防与控制技术指南第三版》培训及测试，完成率91.63%，10月13—14日组织县内一级以上医疗机构院感专职人员参加长沙市医院感染管理人员能力培训班。3月20日、3月30日、11月4日先后举办3场新冠病毒疫苗接种现场医疗保障培训会议（11月4日为3～11岁儿童疫苗接种医疗保障培训会），600余人参训并通过考核，为推进全县新冠疫苗接种工作按计划安全、有序、高效开展提供保障。2021年8月、10月，因省内疫情突变，组织全县大规模人群核酸检测工作。

（罗　兰）

【分级诊疗、医联体】 2021年，长沙县成立首个医共体区域医疗中心，4月，长沙县星沙医院被授予“中国基层胸痛中心”牌匾。“胸痛中心”可以通过医院120分站、急诊科、心内科、重症医学科等多学科协作的方式，优化资源配置，打造胸痛患者快速诊治通道，缩短救治时间、降低急性心肌梗死等危急重症的死亡率，改善预后。夯实5个医疗联合体建设工作，建成医共体1个（星沙医院与星沙街道社区卫生服务中心），通过加强信息化建设，加强远程会诊建设及双向转诊工作的管理。全县远程会诊中心2个，远程会诊项目6个，全年远程放射（DR）诊断数量29335例，远程放射（CT）诊断数量3754例，远程超声诊断数量1386例；远程心电诊断数量16122例；远程疑难病例会诊诊断数量338例，远程病理诊断数量950例，共51885例，比2020年同期增长79.66%。　（罗　兰）

【优质服务基层行】 2021年，长沙县根据《关于印发〈湖南省“优质服务基层行”活动实施方案〉的通知》文件要求，从2019年4月启动并开展全国“优质服务基层行”活动，年末，全县23家基层医疗卫生机构，达到推荐标准6家，达到基本标准16家，达到国家、省、市要求。

（罗　兰）

【医疗质量控制中心】 2021年，长沙县成立7个医疗质量控制中心（以下称“质控中心”）。放射诊断质控中心承接乡镇医院影像远程会诊工作，全年会诊人次34464人次。参与全县医疗机构全覆盖督导4次，疫情防控督查4次，县级交叉督查2次，乡镇卫生院、社区卫生服务中心院感质量巡查2次以及26家口腔医疗机构督查。临床用药质控中心开展全县医疗机构处方及医嘱点评工作，抽查全县6家县级单位、51家基层医疗机构（含30家村卫生室和卫生站）计1950张处方和165份病历医嘱。其中，县级医疗机构中处方平均合格率96.5%，基层医疗机构中处方平均合格率87.7%，村卫生室和卫生站处方平均合格率82.7%。县级医疗机构医嘱平均合格率90%，基层医疗机构抽查医嘱平均合格率87.6%，全县院感防控实现医务人员“零”感染。

（罗　兰）

【科教培训】 2021年，长沙县有注册全科医师277名，其中，临床类别233名，中医类别32名，乡村全科12名。农村订单定向医学生规培方向全部选择全科方向。深化医学重点学（专）科建设，申报2个市级医学重点学（专）科建设单位及建设项目（长沙县妇幼保健院产科和长沙县第一人民医院普通外科）。长沙县第一人民医院护理学科通过省级重点专科验收。开展继续医学教育，举办省级继续教育项目5次。开展三基竞赛，提升医务人员理论和操作技能。落实县委人才办科技特派工作，结合医联体建设在县级医院选派10名科技特派员到5家基层医疗机构进行帮扶。

（罗　兰）

中医药管理

【中医药服务网络】 2021年，长沙县形成以县中医院为龙头，基层医疗卫生机构为枢纽，村卫生室/社区卫生服务站为网底，涵盖县级综合医院、专科医院和私立诊所的中医药服务网络体系。县中医院成立基层指导科，开展实地督导、远程会诊、现场带教、定期坐诊等方式加强业务指导，全年完成双向转诊657人次。全县所有基层医疗卫生机构建成中医馆，中医药人员占比20%以上，提供中医药服务，配备300种以上的中药饮片，能够规范开展6类15种以上中医药适宜技术，基层中医门诊人次占比30%以上；100%社区卫生服务站和80%以上村卫生室能够规范开展4类以上中医药适宜技术。是年，创建成为县级全国基层中医药工作先进单位。（罗　兰）

【中医药人才队伍培养】 2021年，长沙县开展中医类别全科医师转岗培训，全年8名中医类别医师完成全科医生转岗培训并取得培训合格证。开展西学中培训，医疗机构选派60名西医临床骨干医师参加西学中培训。对县、镇（街道）、村三级医疗机构医务人员开展中医药知识与技能培训和考核，培训1100余人次。对全县村卫生室和社区卫生服务站医师开展中医药适宜技术技能考核，考核合格207人。举办中药炮制培训班并选送优秀选手参加2021年市中医药职业技能中药传统技能竞赛，获团体第四名，个人二等奖、三等奖各1名。（罗　兰）

【中医药特色建设】 2021年，长沙县拥有2个省级中医重点专科，县中医院脾胃病科和骨伤科。成立长沙县中医院陈小中脾胃病名医工作室，推广应用特色诊疗技术，协定方“参芪调胃饮”“脾胃1号方”“脾胃2号方”在临床中的运用，有明显的疗效；骨伤科在临床诊疗中发挥中医药及中医特色疗法治疗各类筋骨疾患，创伤骨折及颈肩腰腿痛的诊治，是骨伤科治疗的特长及优势。建设2个市级基层中医名科（示范中医专科）金井镇双江卫生院和果园镇卫生院的康复科。完成3家中医药特色村卫生室建设并验收合格。开展中医馆健康信息平台建设，10家基层医疗机构完成平台网络对接工作。在县乡医疗机构开展中医护理进病房，2021年中医护理服务180887人次。（罗　兰）

【中医药预防保健】 2021年，长沙县疫情期间投入经费47.74万元为医护人员、病患及家属、社区工作者、隔离酒店等重点人群免费提供中药汤剂预防新冠肺炎。全县274名中医类别或能够提供中医服务的医务人员参与家庭医生签约，签约人数21.87万人，重点人群签约率78%，建档立卡贫困人口签约率100%。65岁以上老年人中医药健康管理率71.45%；0～36月龄儿童中医药健康管理率74.82%。18465名孕产妇纳入中医药健康管理。（罗　兰）

【中医药健康文化传播】 2021年，长沙县组织开展中医药文化知识巡讲和义诊，普及中医药知识、养生保健理念和方法。全县各级各类医疗机构开展中医药义诊和宣讲158次，投入经费22.74万余元，义诊15035人次、其中，建档立卡贫困人口919人次，减免患者费用2.07万元。（罗　兰）

综合监督

【概况】 2021年，长沙县卫健领域监管单位5849家，其中，公共场所3569家，医疗卫生机构604家，学校及托幼机构492家，校外培训机构218家，托育机构20家，生活饮用水单位150家，集中消毒餐饮具单位4家，用人单位1700家。按照国家、省、市双随机和重点抽检工作安排，长沙县完成359家单位的监督抽查，其中，国家抽检319家，县本级40家。长沙县连续三年位列全市卫生健康监督综合稽查工作第一位。2020—2021年，组织近1000家用人单位的主要负责人和职业卫生管理人员1500人次参加职业卫生专题培训，经培训合格后上岗。（罗　兰）

【三级综合监督执法网络建设】 2021年，长沙县以县级（县卫健局、县行政执法局）为总纲，镇街（卫健办、属地执法队）为主体，村（社区）为网底的三级卫生健康综合监督执法网络持续加强；19个镇（街）的70名镇街卫健综合监督执法人员负责日常监管工作；村（社区）信息员202名；各基层医疗机构卫生监督协管员44名。（罗　兰）

【监督执法检查】 2021年，县卫健局联合县行政执法局、镇街卫健办，采取日常监督、专项整治、随机监督抽查等方式，检查各类监管单位6022家次，监督抽查359家（国家任务319家，县本级40家）单位。查处卫健执法案件332起（一般程序案件328起，简易程序案件4起），结案303起，到位罚没款55.45万元。其中，医疗执业案件19起、非法行医案件15起、放射诊疗案件11起，消毒产品案件11起、医疗废物案件22起、公共场所案件239起、职业卫生案件10起、生活饮用水案件3起、学校卫生案件1起、控烟案件1起，取缔非法行医场所5个。全县一级及以上39家医疗机构全部安装使用医废在线监督监测系统，1家恒温游泳场馆签订水质在线监督监测系统。制作并下发被监督单位二维码1173家。（罗　兰）

【行政许可工作】 2021年，县卫健局办结行政许可1091件，其中，放射类许可77件、公共场所许可961件、饮用水许可50件，不予许可3件；核发放射工作人员证40件。（罗　兰）

【源头管理与日常监管】 2021年，县、镇两级卫健综合监督队伍检查企业1500余家，下达卫生监督意见书1320份，检查发现问题1002条，给出职业卫生管理建议1215条，开展用人单位执法检查153家次，对27家用人单位责令整改，查处职业卫生类案件13起，办结13起，其中，警告2起，罚款11起，罚没款23.5万元。（罗 兰）

新冠肺炎疫情防控

【概况】 2021年，长沙县组建11个工作组，科学制定系列工作实施方案和工作责任落实体系，镇（街）和县直相关部门相应建立疫情防控工作机制，组织召开2次县委常委会、1次疫情防控领导小组会、52次疫情防控调度会。阻击国内10起局部疫情和境外疫情输入。

2021年，长沙县开展3轮全员核酸采集，1750名医务人员参与核酸采样。28家公立医疗机构发热门诊和预检分诊建设规范化，推进疫苗接种工作，全县累计接种疫苗2848074剂次。（罗 兰）

【核酸检测】 2021年，长沙县核酸检测由长沙县新型冠状病毒肺炎防控指挥部核酸检测组牵头、各镇街、部门负责。全县具备核酸检测能力的疾控机构、医疗机构和第三方检测机构共17家，达到每天18.26万单管的能力，第三方检测能力17.06万管。全县规划设置采样点953个，采样台1394台。2021年8月初南京疫情、2021年10月长沙县发现外省输入新冠肺炎确诊病例期间，开展实战演练及全县全员核酸检测。全年累计完成核酸检测3910829人次。（罗 兰）

【新冠疫苗接种】 2021年，长沙县通过镇街及卫健、教育等部门采取“集中＋分散”“敲门行动”，方式等工作，积极推进到期未种、加强针、3～11岁人员疫苗接种工作。全年累计接种2848074剂次；3～11岁人群第一剂接种完成率97.93%，第二剂接种率80.31%。3岁以上人群全程接种率93.13%，全县60岁及以上人群接种覆盖率62.10%。（罗 兰）

【入境航班疫情防控】 2021年，长沙黄花国际机场接待入境航班79批次、42趟内罗毕定期航班、国际货机2262趟，直接入境人员12970人次，报告新冠疫情感染者215例（其中，奥密克戎变异株19例）。累计收治新冠疫情感染者34例，均为境外输入，病情稳定。（罗 兰）

疾病预防控制

【传染病疫情防控】 2021年，长沙县无甲类传染病发生，报告乙类传染病12种2181例，发病率158.68/10万，较2020年下降6.56%；报告丙类传染病5种9875例，发病率718.45/10万，较2020年下降42.44%；报告突发公共卫生事件6起。（罗 兰）

【结核病、性病、艾滋病防治】 2021年，长沙县设7个HIV（人类免疫缺陷病毒）筛查实验室，初步建设HIV快检点15个，全年进行HIV初筛165718人次，充分发挥“四免一关怀”政策在患者管理方面的作用，每季度对艾滋病患者进行1次随访管理，做到定期服药和复查，长沙县艾滋病患者随访CD4检测率为97.5%，治疗率为93.5%，治疗成功率95%以上。2021沙县发现登记结核病患者617例，比2020年有所下降（653例），2020年病例规则服药率为91.12%，治愈率91.00%。2021年发现耐药肺结核患者8例，其中7例纳入治疗。（罗 兰）

【免疫规划】 2021年，长沙县有23家儿童预防接种门诊，6家产科接种单位，1家成人预防接种门诊，均实现信息化网络化管理，其中，数字化预防接种门诊21家。另开放32家新冠临时接种点（含以上门诊）。全年接种免规类疫苗34.8万剂次（含替代），非免规类（不含新冠）疫苗近40万剂次，新冠疫苗269.83万剂次。免疫规划建卡建证率100%，疫苗基础免疫接种率95%以上，加强免疫接种率90%以上。将水痘、流行性腮腺炎疫苗接种纳入幼儿园、小学预防接种证查验工作，23家儿童预防接种门诊及141家小学、349幼儿园均按要求使用查验证系统，并通过各种媒体宣传告知家长通过“健康星沙”家长端进行自主查验。开展医务人员流感疫苗免费接种，全年接种5248剂次。2021年，AEFI监测系统报告272例疑似预防接种异常反应，包括76例常规疫苗和196例新冠疫苗疑似预防接种异常反应，无不明事件及群体性AEFI情况发生，无AEFI反应投诉事件及预防接种安全事故发生。（罗 兰）

【慢性病防治】 2021年，长沙县管理107705例高血压患者和30837例2型糖尿病患者，完成97327名老年人体检工作。长沙县自2017年承担“国家心血管病高危人群早期筛查与综合干预项目”以来，全县累计完成14701人初筛调查、3644人高危干预、3573人短随调查和3569人短随干预、8932人长随调查和8888人长随干预。（罗 兰）

【慢病监测】 2021年，长沙县报告死亡人口信息6648例，报告粗死亡率4.83‰，人均期望寿命80.4岁，四大类慢性病早死概率12.06%。前5位死因为：心脏病、恶性肿瘤、脑血管病、伤害和呼吸系统疾病。恶性肿瘤报告发病数2670例，报告发病率

320.66/10万。报告死亡数1543例，报告死亡率185.31/10万。心脑血管事件报告发病人数4661人，报告发病率为339.11/10万。（罗　兰）

【地方病防治】2021年，长沙县根据省、市地方病防控工作安排，结合长沙县实际情况，落实碘缺乏病监测，抽取8～10岁儿童200名进行尿碘监测，尿碘中位数为265.00微克/升，处于“大于适宜”水平；监测孕妇尿样100份，尿碘中位数为181.80微克/升，处于“碘适宜状态”水平。采集300份盐样，其中，合格碘盐286份，碘盐合格率95.33%；非碘盐11份，碘盐覆盖率96.63%；合格碘盐食用率95.33%，调查显示长沙县居民绝大部分都在食用合格碘盐，合格碘盐食用率95%以上，但仍有极少部分家庭食用非碘盐。（罗　兰）

【学校卫生】2021年11月，长沙县完成对5所中小学及3所幼儿园2192人次的近视筛查；对小学四年级及以上学生1454人进行学生视力不良影响因素调查；对5所中小学校抽查30间教室进行教学生活环境卫生监测。根据近视筛查标准，本次调查检出近视933人，近视率42.56%，男女生近视人数分别为435人和498人，男女生近视率分别为38.22%和47.24%。幼儿园6岁儿童近视率13.41%，小学生近视率21.46%，初中生近视率69.20%，高中生近视率84.91%。与全国基线调查结果基本相符。（罗　兰）

【职业卫生】2021年，长沙县通过国家职业健康监测信息系统平台报送县辖区内重点职业病监测信息71432条。长沙县疾控中心和星沙街道社区卫生服务中心将县辖区内接触矽尘、水泥尘的28家小、微企业的267名劳动者作为尘肺病主动监测的对象，检出疑似职业性尘肺1例，粉尘作业复查对象3例。为做好2021年中央转移支付地方职业病项目要求，长沙县应抽取130家用人单位作为职业病危害因素监测对象。全年监测132家用人单位，重点行业112家。职业性放射性疾病监测和医用辐射监测项目，全年收集医疗机构信息数据59家、非医疗机构信息数据6家。放射工作人员315人，个人辐射剂量监测307人，年度放射工作人员职业健康检查307人。长沙县疾控中心调查人员通过查阅档案、实地走访、电话回访等多种方式，对尘肺病人的住址、联系方式、工伤保险、生存状况、困难救助等相关信息调查核实，确保做到各项信息的准确完整，随访存活的职业性尘肺患者32例。（罗　兰）

健康促进

【概况】2021年，累计开展健康知识讲座1000余次，公众健康咨询500余次，受益12万人次；更新宣传栏6期1800次，通过电视、报纸、微信、LED显示屏、村村响等积极开展健康科普宣传，辖区健康素养水平27%。组织开展长沙县心理危机干预队伍建设暨心理健康师资培训、2021年健康管理师培训、健康促进与宣传工作培训、长沙县营养指导员培训等。与县总工会、县文明办、县文旅局合作开展“万步有约”健走激励大赛，将活动和企业帮扶、控烟禁烟、健康扶贫等工作相互结合，被评为国家银牌健走示范区；组织开展长沙县第九届健康知识巡回讲座、中医急救科普知识活动等；在世界无烟日、全国爱眼日、全国爱牙日、全国高血压日、世界艾滋病日等各重点卫生健康宣传日全面开展健康相关活动。开展无烟党政机关摸底和建设，以及无烟学校、无烟医疗卫生机构建设，启动青少年烟草流行监测工作；完成64家健康社区、健康食堂、健康餐厅、健康社团等健康支持性环境建设和评审工作；开展团体预约无偿献血，累计完成4560人次献血，被评为市级无偿献血组织先进单位。（罗　兰）

【健康教育培训】2021年，长沙县卫健局组织开展长沙县第九届健康知识巡回讲座40场次，内容涉及心理、中医养生、职业健康、青春期等多个方面，开展中医急救科普知识活动10场次；世界无烟日、全国爱眼日、全国爱牙日、全国高血压日、世界艾滋病日等各重点卫生健康宣传日全面开展健康相关活动。开展无烟党政机关摸底和建设工作，62家一级机构代表县级接受市级无烟党政机关评审工作；开展无烟学校、无烟医疗卫生机构建设，启动青少年烟草流行监测工作；完成64家健康社区、健康食堂、健康餐厅、健康社团等健康支持性环境建设和评审工作。开展健康知识讲座1000余次，公众健康咨询500余次，受益12万人次；更新宣传栏6期1800次，开展长沙县心理危机干预队伍建设暨心理健康师资培训，500名教育系统师资参与；开展健康管理师培训，100名医疗、教育、企业单位健康促进工作人员参与；开展健康促进与宣传工作培训，通过网络意识形态、新闻摄影、合理膳食、无烟环境等相关课程，培训150人健康促进工作联络员；开展长沙县营养指导员培训，150名托幼机构和医疗机构营养工作负责人参训。

（罗　兰）

【爱国卫生运动】2021年，长沙县强化爱国卫生组织机构建设，调整县爱国卫生委员会成员名单；推进卫生城镇创建，是年，长沙县通过国家卫生县城省级复审，春华镇被评为“湖南省卫生乡镇”、青山铺镇被评为“长沙市卫生乡镇”，创建省级卫生村6个、市级卫生村6个，省级文明卫生单位4家，市级文明卫生单位6家；在金井镇、路口镇以及开慧镇锡福村等5个村启动全市首批健康乡镇、健康村建设试点；组织开展冬春季爱国卫生运动和以“文明健康 绿色环保”为主题的爱国卫生月活动。加强病媒生物防治工作，在城区建设病媒生物防治设施示范小区5个；推进控烟履约工作，建设无烟党政机关65个、无烟学校417个、无烟医疗机构40个。

（罗 兰）

体 育

【概况】 2021年，长沙县有各类体育体育场地3573个，人均公共体育场地面积2.23平方米，全县有老年人体育协会、冬泳协会、篮球协会、棋类运动协会、羽毛球协会、太极拳协会、气排球协会、足球协会、信鸽协会、乒乓球协会等体育行业协会和自行车、羽毛球、足球、击剑、篮球等体育俱乐部，成为群众体育活动开展的重要组织者。9月，长沙县被国家体育总局授予“全国群众体育先进单位（2017—2020）”荣誉称号。

（陈 卓）

【体育阵地建设】 2021年，长沙县建成健身步道1条（长龙街道杨祠小镇5千米）、乡镇全民健身中心1处（安沙镇和平村）、小型球场1处（金井镇新沙村）、智慧社区健身中心23处，向景区投放“悦动空间”健身驿站5套，向全县各镇街采用政府购买的方式投放体育器材158.5套，采购总金额148万元。长沙县有各类体育体育场地3573个，总面积239.0568万平方米，人均公共体育场地面积2.23平方米，提升体育服务。县、镇（街道）、村（社区）三级健身阵地网络基本形成。 （陈 卓）

【群众体育】 2021年，长沙县开展县级体育赛事活动10余次，其中包括承办湖南省第十届老年人运动会地掷球赛；承办第八届长望浏宁四县（市、区）象棋、围棋团体赛；承办“我要上全运”“金冠杯”中华人民共和国第十四届全运会群众赛事活动乒乓球项目湖南省选拔赛。举办2021年长沙县红色主题运动会，2021年长沙县机关足球赛，2021年全民健身日活动暨乒乓球团体赛，“传承红色基因·践行‘三高四新’”2021年长株潭城市群大型体育赛事系列活动“红色忠诚”长沙县第十届环松雅湖自行车赛、2021年长沙县文化旅游广电体育系统跑步教学赛等赛事活动。 （陈 卓）

【体育培训】 2021年，长沙县通过云视讯开设线上教学活动，开设太极拳线上培训，惠及近1000名群众。开展线下培训，开办“悦动星沙”2021年体育舞蹈免费培训、“悦动星沙”2021年长沙县太极拳进机关、进社区免费培训等培训班。通过政府购买服务的方式开展中小学生暑期体育技能免费培训，免费培训项目在以往培训篮球、足球、排球、体育舞蹈、羽毛球、乒乓球、象围棋、射箭、击剑项目的基础上增加武术项目，项目总数10个，培训学员1000余人。开展社会体育指导员培训，全年开办4个项目的社会体育指导员培训班，包括曳步舞、瑜伽、运动伤害预防及处理、篮球教练员。 （陈 卓）

【红色主题运动会】 2021年6月28日，长沙县举办红色主题运动会，将中国革命战争中的英雄人物和感人故事等“红色元素”融入体育竞赛中，结合现代趣味运动会特色，设计不同类型的团队比赛项目，让运动员在比赛中，着革命年代前辈的战衣，回到战火纷飞的艰苦年代，从党的光辉历史中汲取砥砺奋进的精神力量，通过克服各种困难和挑战，一路迈向新时代；通过运动会的方式带动红色旅游景点发展，打响长沙县红色旅游资源的品牌，助推“体育+旅游”融合发展。 （陈 卓）

【第十届环松雅湖自行车赛】 2021年11月27日，“传承红色基因·践行三高四新”长株潭城市群大型体育赛事系列活动——“红色忠诚”长沙县第十届环松雅湖自行车赛在松雅湖国家湿地公园开赛。湖南省内近400名骑友参与本次比赛。长沙县第十届环松雅湖自行车赛作为本次系列活动的重要组成部分，比赛分为山地车男子精英组、山地车女子精英组、山地车男子大师组、山地车女子大师组四个组别，比赛起终点均为国际友谊林，向东沿环湖路绕行3圈，全程约3万米。本次赛事针对长沙县籍选手特设本地（长沙县籍）选手个人赛，有长沙县籍身份证参加比赛的男、女选手自动参加该项目的角逐，不分组别取男、女个人比赛成绩前5名。

（陈 卓）

【全民健身日活动暨乒乓球团体赛】 2021年7月29日，由长沙县人民政府主办，县文化旅游广电体育局、县体育总会承办，县乒乓球协会协办的2021年长沙县全民健身日活动暨乒乓球团体赛在长沙县文化体育服务中心举办。此次比赛有全县各镇街及机关单位的32只代表队、近300名选手参赛。参照国家体育总局最新审定的《乒乓球竞赛规则》，设混双、男双、女双、男单、女单5个项目。星沙街道获镇（街道）组第一名，教育局获机关组第一名。 （陈 卓）

应急管理

编辑 周进银

防灾减灾

【防汛抗旱】 2021年，长沙县遭遇23轮强降雨过程，其中，暴雨橙色预警21次和暴雨红色预警1次。启动防汛Ⅳ级应急响应3次，15次组织召开防汛会商会议，多次进行防汛督查、实现山洪灾害易发村、堤垸、水库防洪演练全覆盖。对防汛信息化系统，检修维护水位雨量遥测站和视频监控系统，确保各类预警预报信息准确及时。 （廖国君）

【森林防火】2021年，长沙县实现森林防灭火“人员零伤亡、财产零损失、较大火灾零发生、卫星热点零出现”的“四零”目标。长沙县自然资源局牵头推进各项预防措施的落实，严防森林火灾发生，出动森林防火宣传车2183台天，挂横幅1526条，设置宣传警示牌1854块，发放资料约11.07万份，因置换鞭炮发放鲜花1.45万束，守卡布点1234处次，巡查巡护4129人次，劝返带鞭炮钱纸香烛火种进山人员681人次，制止野外违规用火46起，排查整改森林火灾隐患22处；牵头推进森林防灭火专项整治三年行动，出台县政府禁火令、翻印5000份大版面禁火令、制作38个禁火令录音U盘，排查整改一般隐患67起，镇街森林火灾应急预案等制度措施19个，进行一轮对照检查；开展森林火灾风险普查，印发《长沙县第一次森林火灾风险普查试点工作实施方案》，邀请专家团队指导、组织人员培训，完成森林火灾风险普查；牵头推进野外火源治理和查处野外违规用火行为专项行动，以县森林防火指挥部办公室名义印发通知，全县出动4429人次，排查出森林火灾隐患22处，整改22处，发放宣传品约4.94万份，挂横幅407条，发送警示短信约1.39万条，制止野外违规用火13起，查处野外违规用火2起，行政处罚2人，教育劝阻3人次，罚款0.05万元；以县森林防火指挥部办公室名义印发《关于开展林区输配电设施火灾隐患专项排查治理的通知》。在全县部署开展林区输变电设施火灾隐患排查治理，排查治理一批林区输变电设施火灾隐患。 （王知敏）

2021年12月30日，长沙黄花国际机场2021年应急指挥体系镜像演练举行 （长沙黄花国际机场 供图）

【地质灾害防治】 2021年，长沙县自然资源局组织技术单位和各自然资源所开展矿山监管检查745次，全年依法注销17家采矿权。检对全县排查出的166隐患点重点防控，其中确定64处纳入2021年度全县地质灾害防治方案进行重点管控，2处纳入市级重点地质灾害点进行重点管控。全年通过短信平台发送预警预报信息20万余条，指导地质灾害应急处置50余处、转移安置群众10余批次。组织地质灾害防治知识宣讲培训18场次，发放各类宣传手册和资料4万余份。对福临镇影珠山开物小学、江背镇江背社区五七组等8处地质灾害隐患点布设13套普适化监测设备，建立地质灾害监测系统，提升监测预警能力。是年，长沙县自然资源局被评为全省砂石土矿专项整治工作成绩突出单位。 （王知敏）

【长沙黄花国际机场2021年应急指挥体系镜像演练举行】 2021年12月30日，长沙黄花国际机场2021年应急指挥体系镜像演练举行。该镜像演练由长沙黄花国际机场应急办牵头组织，联合长沙黄花国际机场运行控制中心，民航湖南空管分局、长沙黄花国际机场公安局、华南蓝天油料、湖南航空与长沙黄花国际机场近20个部门参加演练。演练导调教官现场发布“ABC航从德宏芒市飞往长沙的YL1234航班突发空中出现机械故障，请求地面援助”的演练背景，指挥员开始向塔台、航司、机组获取机型、机号、机械故障类型、旅客、货物、油量、机组意图等关键性信息。演练中，导调教官向各参演人员发布演练进程、设置演练场景，并结合民航行业内案例设置演练突发情况。此次演练主要设置第一阶段的预警与先期处置，第二阶段的启动应急、建立运转体系与集结资源，第三部分的恢复与善后行动以及第四阶段的召开新闻发布会，包含低空联动、通常观察、集结待命等43项演练任务。演练全面涵盖突发事件应急救援处置事前先期处置、指挥体系搭建，事中应急救援现场处置，事后家属援助和舆情管控各环节。演练结束后，各单位对处置进程进行复盘、总结，全面梳理演练过程中存在的问题以及优化改进的措施。（欧阳婷）

安全生产

【概况】 2021年，长沙县发生生产安全事故39起、死亡40人，其中，交通运输业事故起数和死亡人数为30起、32人，占事故总量的76.9%、80%；其次是商贸制造业，事故起数（5起）和死亡人数（5人）分别占事故总量的12.8%、12.5%；建筑行业事故起数（3起）和死亡人数（3人）分别占事故总量的7.7%、7.5%。全县安全生产形势稳定，长沙县被湖南省委、省政府评为“全省安全生产和消防工作优秀单位”，被长沙市委、市政府表彰为2021年度安全生产和消防工作优秀单位。

抓依法治安。长沙县应急管理局立案257起（其中，简易程序194起），罚款422.67万元，用新“安法”查处首起企业涉嫌未按照安全风险分级管控采取相应的管控措施案件；建立安全生产领域行刑衔接长效机制，印发安全生产行政执法与刑事司法衔接实施方案，成立全县安全生产领域行政执法与刑事司法预防专职队伍，办理4起安全生产领域危化品行刑衔接典型案例，被省、市作典型推介。开展“1+4+17”安全生产专项整治集中攻坚，全年检查生产经营单位40823家次，排查整改安全隐患50220处，警示约谈1373家，联合惩戒41家。

抓全民宣教。承办全省“安全生产月”活动启动仪式，组织专题群众性安全文艺演出和应急装备展示，长沙县应急管理局编排的节目《有一种奔忙》被应急管理部微博转发。以“星安课堂”为平台，线上线下相结合，开展安全生产“大宣传、大培训、大教育”活动，在全县开展“一法两条例”培训，约35万人次受训。

建成应急系统融媒体工作室，强化应急管理宣传报道。理顺全县应急响应、联动机制，完成应急管理综合应用平台一期工程建设。编制《长沙县灾害性天气应对机制》，修订全县各类综合性应急预案，理顺灾害性天气的各部门单位事前监测预警与预警响应措施、事中应急处置、事后恢复、支持保障的运行机制，全县整治低温雨雪风险隐患300余处，主要集中在物业小区、高空防坠、在建工地、排水设施、陡坡路面、供水、供电设施等方面。开展长沙县2021年防汛抢险和山洪地质灾害专项应急预案演练等10余场次大型应急演练、1000余场次中小应急演练活动。处置“5•16”路口镇罐车侧翻、“11•22”烟花爆竹运输车自燃爆炸等多起突发事故。

完成全国自然灾害综合风险普查工作试点任务，并在全国普查试点总结会上作典型经验发言。对2021年以来发生的15轮自然灾害（其中，1186人受灾、16户农房倒塌、2户严重损坏、147户一般损坏）的受灾群众启动救助程序，发放自然灾害救助资金23.4万元。补充采购500万元的防汛抗旱、森林防灭火、减灾救灾、应急救援紧缺物资，组织专家对去年中央下达的230万元物资采购进行验收入库，签订沙子卵石代储协议，推广安全责任保险，做到高危行业领域应投尽投。（梁　婷）

【应急管理宣传教育】 2021年6月1日，长沙县安全生产委员会联合山河智能装备股份有限公司承办全省“安全生产月”活动启动仪式。全年按照“四个一”要求推动宣传教育，组建一个应急系统专业的融媒体室；上线一个培训平台，长沙县“星安课堂”成为全县应急管理干部学习培训的平台；上演一台文艺节目，联合县文化艺术团编排一台群众性安全文艺节目。其中，大型诗朗诵《有一种奔忙》视频并被应急管理部微博采用；组织一次政校合作，按照长沙县政府与湖南安全职业技术学院有关政校合作协议要求，各镇（街道）和县直部门提供实习岗位，学院提供实习学生，联合开展2021年学生顶岗实习工作，通过双向选择，60名学生到长沙县应急管理岗位顶岗实习。（梁　婷）

【安全生产十项清单】 2021年，长沙县建立健全安全生产宣传清单、排查清单、隐患问题清单、压实责任清单、整改交办清单、公示进度清单、依法打击清单、督导督办清单、问题销号清单、考核验收清单等“十项清单”，并在全县推进“3+2”行动攻坚（消防百日攻坚行动、仓储物流市场专项攻坚行动、道路交通顽瘴痼疾整治行动、工贸企业执法集中攻坚战和学生防溺水专项整治行动），黄兴高桥物流园等6家手续不齐物流园全部搬空，一大批安全生产、消防和交通问题顽瘴痼疾得到根治。

（梁　婷）

【安全发展工作平台】 2021年，长沙县创新监管方式，开发“安全发展工作平台”，通过大数据信息化互联网物联网和区块链技术，有效实现县域内“应急资源”一张图，“应急响应”一张图，工作“履职情况”一张图，属地区域“风险感知”一张图。平台涵盖安全生产、应急管理、三年

行动等8项内容，掌握各镇（街道）、各负有安全生产监管职责部门履职情况。（梁　婷）

卫生应急

【概况】 2021年，长沙县开展大型活动医疗保障及应急演练，参与医疗保障及应急演练任务375次，派出现场医务人员1057人次，出动救护车375车次。长沙县120急救中心全年派车11334次，110联动105次，122联动241次，119联动8次，参与突发公共事件应急医疗救援7次。（罗　兰）

【突发公共卫生事件处置】2021年，长沙县加强对呼吸系统疾病、肠道传染病、自然疫源性疾病、新冠病毒感染性肺炎的监测，定期开展疫情分析及形势研判。全年全县报告突发公共卫生事件相关信息4起，均为未分级事件。开展疫情动态分析12期，开展风险评估报告5期。开展突发公共卫生事件处置。10月，规范处置1起外省输入新冠肺炎聚集性发病事件。省、市、县三级疾控中心联合开展流行病学调查，制定专门疫情处置方案，科学管理密接、次密接等重点人群，落实综合防控措施，疫情得到有效处置。（罗　兰）

【卫生应急保障及紧急医学救援】2021年，长沙县开展大型活动医疗保障及应急演练163场次，派出现场防疫指导人员321人次，做好第二届中非经贸博览会防疫保障；为博鳌亚洲全球经济发展与安全论坛首届大会提供疫情防控保障。（罗　兰）

【卫生应急能力提升】 2021年，长沙县强化培训和演练。开展重点急性传染病监测、学校易发传染病防控、基层传染病防控、新冠肺炎防控等培训工作，提升突发事件应急处置能力。开展卫生应急演练活动，2月2日开展长沙县2021年应对新冠肺炎人群核酸检测应急演练，进一步提高全县新冠肺炎疫情应对能力。（罗　兰）

消　防

【概况】 2021年，长沙县消防救援大队辖区发生火灾569起（含25起高速公路火灾），其中，轻微火灾507起，非轻微火灾62起（含8起高速公路火灾），无人员伤亡，直接财产损失约760万元，未发生较大以上和有影响的火灾。接警出动1627次，出动消防车 2620台次，出动指战员 15411 人次。完成“两会”、国庆、防疫消防安保、中非经贸博览会等执勤安保任务50余次。参与扑救“5·16”化学危险品槽车侧翻事故等灭火救援任务。检查社会单位2502家，发现火灾隐患1335处，督促整改1161处，下发责令改正通知书884份、行政处罚决定书204份，临时查封决定书200份，罚款281.2万元，新挂牌重大火灾隐患73家，整改销案50家，关停湖南黄兴投资有限公司、大禹货运等重大火灾隐患单位，全面净化消防安全环境。是年，长沙市消防救援支队长沙县大队黄兴消防救援站站长郑啟鸿被评为全省消防救援队伍优秀共产党员；长沙县消防救援大队防火监督员文滢代表长沙市消防救援支队参加“湖南省首届消防安全知识宣讲大擂台”比赛，获金话筒奖和人气奖。（黄睿智）

【消防宣传】2021年，长沙县消防救援大队依托干部、文员和镇政府专职消防员、社区消防宣传大使为骨干组建18支消防宣传队，全年到小档口、小作坊、小娱乐场所上门培训8700余场，专场培训280余场，灭火演练180余场，应急疏散逃生演练180余场，入户宣传6300余户，发放消防安全手册6万余份，消防教材5000余本，张贴消防安全海报5000余张。组织330余名乡镇、村两委干部和1000余名重点单位责任人、管理人开展消防知识集中培训；联合省、市媒体对12家存在突出火灾隐患的单位进行媒体曝光；全年开展消防宣传车进社区活动40余次。对外开放消防站31次，接待中小学校、企事业单位等参观者4000余人。发布消防安全提示、播放消防公益广告5200余条次；运用微信公众号等发布工作信息和火灾隐患整改动态350余条。组织开展“5·12”防灾减灾、安全生产月、暑期消防安全教育等大型主题宣传活动10余次，在“119消防宣传月”活动仪式启动当天开展大型商业综合体消防安全演练、消防器材装备展示以及灭火逃生体验等活动，2万余名群众现场受益。（黄睿智）

【重点领域整治】2021年，长沙县消防救援大队以消防安全整治“三年行动”为抓手，针对重点领域，开展高层建筑电缆井管道井、“多合一”场所、大型商业综合体、仓储物流企业、“厂中厂、园中园”、中庭等11个消防安全专项整治。摸排辖区内电动车生产、销售、改装、维修企业115家，并落实电动车集中充电管理小区125个；对辖区内175个小区，356家企业开展消防车通道划线工作，办理占用消防车通道案件23起；完成老旧小区消防工程建设2个，11个老旧小区新纳入民生工程；排查高层建筑消防安全隐患924栋；对辖区内6家大型商业综合体开展达标创建；排查“多合一”场所2425家，发现火灾隐患1228处，整改火灾隐患1024处；检查仓储物流场行业25家，发现火灾隐患250余处，整改火灾隐患200余处，行政受案处罚25

2021年11月9日，长沙县119消防宣传月活动启动仪式在吾悦广场举行

（长沙县消防救援大队 供图）

家，11家仓储物流场所被列为重大火灾隐患单位由县人民政府挂牌督办整改。（黄睿智）

【消防安全百日攻坚行动】 2021年8-11月，长沙县消防救援大队在全县组织开展消防安全百日攻坚行动，成立消防安全“百日攻坚”行动领导小组，每周对各镇、街和行业主管部门“百日攻坚行动”工作开展情况排名通报，对排名靠后的镇、街和行业主管部门进行约谈，对火灾事故高发、攻坚行动工作分类排名后3名的镇（街）将实行挂牌督办，对发生较大及以上火灾的单位实行一票否决；消防安全“百日攻坚”行动中，长沙县消防救援大队检查单位16424余家，复查单位4783家，排查整改火灾隐患20565余处，立案查处单位 28家，查封单位4家，“三停”（停产停业、停止使用、停止施工）企业1家，罚款31余万元；挂牌重大火灾隐患单位4家，整改销案4家。（黄睿智）

【消防队伍建设】 2021年，长沙县消防救援大队针对星沙站房屋水、电、暖、卫生间、管道等基础设施损坏及房屋结构不合理等问题，投入经费400万元对楼内进行整体改造；投入350余万元完成安沙消防站生活设施及营产营具采购，确保安沙消防站于7月驻员担负执勤；加快“交钥匙”工程建设，黄花鹏盛消防站全面建成。建立乡镇专职消防队新模式，招聘50名镇政府专职消防队员入驻各乡镇专职消防队执勤，5个乡镇专职消防队经改造达到小型消防站建设标准；建立联勤联训机制，出台《长沙县镇政府专职消防队建设管理办法（试行）》，初步建立与专业消防站相结合的应急救援体系。5月26日，在长沙县召开全省乡镇消防力量建设现场会，向全省推介乡镇专职消防队建设的长沙县经验。（黄睿智）

【湖南省乡镇消防力量建设现场会在长沙县召开】 2021年5月24日，湖南省消防救援总队在长沙县韦尔斯利酒店召开全省乡镇消防力量建设现场会。会议提出到2022年，全省全部乡镇建立专职消防队、全部村寨建立志愿消防队，乡村消防力量实现全覆盖。与会代表现场观摩长沙县金井镇、福临镇乡镇专职消防队，全面了解建队模式、器材装备和日常执勤训练情况。金井镇于2016年组建专职消防队伍，有队员12人，实行24小时值班备勤制度，有效缓解基层消防监管力量薄弱的压力；福临镇消防站依托乡镇干部、公安民警、协警、民兵、应急队员、巡防队员、森林防护员等编配为兼职消防队员，场地与镇政府共用。两个消防站均达到“5分钟到场、3分钟展开、1分钟出水”的灭火作战标准。会上，长沙县人民政府和长沙市、常德市、邵阳市、益阳市等消防支队分别作经验介绍。湖南省消防救援总队总队长高宁宇通报全省乡镇消防力量建设情况。湖南作为农业大省，农村地区面积广、人口多，农村火灾多发频发，安全防范任务繁重，2017年来全省发生农村火灾19967起。农村地区消防救援力量不足，是造成火灾蔓延扩大以及火灾人亡的重要原因。（黄睿智）

社会生活

编辑　李珊珊

居民生活

【城镇居民生活】 2021年，长沙县城镇居民人均可支配收入57134元，比2020年增长6.9%；人均消费支出35806元，比2020年增长5.8%。城镇居民收入方面，工资性收入是城镇居民可支配收入增长的主要来源。2021年，城镇居民人均工资性收入37162元，比2020年增长7.2%，占可支配收入的65.0%。经营净收入有所增长。长沙县城镇居民人均经营净收入5988元，比2020年增长6.1%。财产净收入持续增长。长沙县城镇居民人均财产净收入10955元，比2020年增长5.8%。转移净收入增长较快。长沙县城镇居民人均转移净收入3028元，比2020年增长9.0%。城镇居民消费方面，长沙县城镇居民八大类消费呈现“七涨一跌”，除交通通信类消费支出比2020年下降5.0%外，食品烟酒、衣着、居住、生活用品及服务、教育文化娱乐、医疗保健、其他用品和服务类消费支出均有所增长，分别比2020年增长5.3%、2.1%、1.2%、4.1%、21.9%、6.1%、0.7%。（马凤仙）

【农村居民生活】 2021年，长沙县农村居民人均可支配收入40781元，比2020年增长9.8%；人均消费支出27265元，比2020年增长13.2%。是年，长沙县农村居民四大类收入全面增长。工资性收入持续增长。长沙县农村居民人均工资性收入30492元，比2020年增长9.5%，占可支配收入的74.8%，是农村居民收入的主体。经营净收入稳步增长。长沙县农村居民人均经营净收入7088元，比2020年增长9.8%。财产净收入较快增长。长沙县农村居民人均财产净收入681元，比2020年增长29.5%。转移净收入稳步增长。长沙县农村居民人均转移净收入2519元，比2020年增长9.3%。农村居民消费支出2021年，长沙县农村居民人均生活消费支出27265元，比2020年增长13.2%。从消费结构看，八大类生活消费全面增长，食品烟酒类、衣着、居住、生活用品及服务、交通通信、教育文化娱乐、医疗保健、其他用品和服务类消费支出分别比2020年增长15.0%、5.3%、7.1%、8.7%、6.9%、29.8%、8.4%、2.5%。（马凤仙）

生育健康服务

【概况】 2021年，长沙县全员人口781675人，全员下发未匹配数据34521全员匹配率由95.66%上升到98.06%。已婚育龄妇女136274人，出生人口7401人，人口出生率9.47‰，死亡人口4624人，人口自然增长率3.55‰，人口出生性别比108.42，符合政策生育率98.42%；流动人口240929人，其中，流入人口191376人（跨省流入16882人，省内流入174494人），流入半年以上流入人口188088人，流出人口49553人。是年，对村两委、两优一先、工商联执委、工商联常委、文明单位、两代表一委员（党代表、人大代表、政协委员）等人员情况进行计生审核，涉及单位700家，个人审核4211人，否决57人。（罗　兰）

【老龄健康智慧医养服务】 2021年，长沙县第七次普查人口数据统计显示，长沙县60周岁以上的老年人18.36万人，占比13.36%；65周岁以上老年人13.3万人，占比9.68%。全县养老床位6160床，护理型床位4549床，医养结合机构6家。19家医疗卫生机构被评为长沙市2021年老年友善医疗机构，长沙县第一人民医院、长沙县果园镇卫生院被评为2021年湖南省老年友善医疗机构。9月30日，湖南省卫生健康委员会、湖南省中医药管理局确认长沙县为湖南省首家智慧医养服务试点县。10月29日，国家发展和改革委员会将湖南省智慧居家医疗护理康复服务长沙县试点服务推介为第一批运用智能技术服务老年人示范案例。12月10日，长沙县“互联网+”医养结合服务项目在首届长沙市新型智慧城市典型应用和解决方案评选中被评为优秀案例。（罗　兰）

【计划生育家庭服务】 2021年，长沙县发放独生子女保健费8889人，发放资金203.88万元；农村奖扶14561人，发放资金1397.85万元；手术并发症17人，发放资金8.4万元；计生特殊家庭伤残396人，死亡646人，发放金额1308.74万元；城镇独生子女父母奖励（非人社）51人，发放金额7.69万元；老年护理补贴479人，发放金额114.96万元；计划生育特别扶助专项27人，发放资金39万元；城市低保57人，发放金额3.39万元。共计发放资金3072.4万元。春节期间，走访慰问计生困难家庭对相关人员374人，发放春节慰问金84.3万元。6月10日，2021年国家计划生育家庭扶助关怀工作现场推进会在长沙召开，长沙县代表湖南省作典型发言。7月12日，国家卫健委办公厅《卫生健康工作交流》刊发信息《火把传递希望 温暖伴爱同行》推介长沙县经验。（罗　兰）

【计划生育技术服务】 2021年，长沙县开展爱心助孕特别行动，形成“政府主导、政策推动、社会参与、专家支撑、项目运作”工作机制，惠及全县计划生育失独家庭和广大不孕不育家庭。开展爱心助孕义诊2场次，233个家庭享受爱心助孕服务，5个失独家庭得到免费援助，228个家庭得到优惠援助。推出免费避孕药具“微信下单，快递上门”服务，向社会公示217个村级、28家医疗机构发放点、21台药具自助发放机点位，发放避孕药具101455人次。（罗　兰）

就业创业

【概况】 2021年，长沙县以打造充分就业强县为抓手，开展重点就业群体就业服务。举办春风行动就业援助现场招聘会、民营企业招聘月、对口帮扶劳务协作、县内外高校毕业生就业创业引才服务专项行动等共48场，参会企业2400家，提供岗位5万余个，参与求职人数近2万人，1.5万余名劳动者在长沙县实现就业。深化校企合作，与大中专高职院校开展9场高校毕业生就业服务季活动，为高校毕业生提供1万余个就业岗位。发展新就业形态，支持劳动者多渠道灵活就业，加强金融支持，发放社保补贴、创业补贴、创业担保贷款等7000万余元。提供“双创”扶持资金550万元，针对10类重点群体进行创业帮扶，为就业创业人群提供强有力的资金保障，全年创新创业带动就业扶持项目82个，比2020年增长20%以上。全县新增城镇就业18236人，新增农村劳动力转移就业3050人，失业人员再就业17247人，其中，就业困难对象再就业4987人，就业岗位存量40万余个，城镇登记失业率4%，城镇调查失业率控制在全省基准点（5.5%）以下。职业技能培训47000余人次，发放培训补贴3900余万元，全县就业质量提升。开展省级充分就业村（社区）创建，对23个重点村（社区）升级软硬件设施，优化基层就业创业服务。就业见习163人，各类职业技能培训50746人，发放创业担保贷款3178万元。 （吴　琼）

【就业帮扶】 2021年，长沙县出台《关于支持脱贫人口及农村低收入人口就地就近就业创业，发展就业帮扶车间和乡村公益岗位，巩固拓展脱贫攻坚成果助力乡村振兴的实施方案》和《长沙县巩固拓展脱贫攻坚成果同乡村振兴有效衔接期间就业帮扶车间创建和政策补贴经办指南》。落实就业扶贫相关政策，发放原贫困劳动力职业培训、以工代训等各类补贴约180万元，涉及544名原贫困劳动力。全面建立劳务协作长效工作机制，依托“春风行动”系列招聘活动，组建三支援企招工小分队携县区万余岗位，到怀化、永州地区6县（市区）原贫困县驻点开展劳务协作，与新宁县、永顺县、安化县等原贫困县建立劳动协作机制，分别签订劳务协作协议；8月底，到岳阳、邵阳、永州等地进行劳务协作，签订劳务协作战略协议，同时支持蓝思科技股份有限公司做好员工招聘；10月17日，由长沙经开区、县内40家企业和湖南星城人才集团组成招聘团到桑植县开展对口帮扶招聘会活动。 （吴　琼）

2021年10月12日，长沙县高校毕业生校企对接服务行动启动。图为长沙县人社局在湖南工业大学专场校企对接双选会活动 （汤　帅　摄）

【线上线下招聘】 2021年，长沙县开展逢五现场、专题招聘会42场，参会企业2400家，提供招聘岗位5万余个，参与招聘求职人数近2万余人次，达成求职意向7000余人次。加大对登记失业人员、就业困难人员、贫困劳动力等群体“311”就业服务力度，聚力做好“春风行动”“名企招聘月”“高校毕业生服务季”“金秋招聘月”“点亮万家灯火”“就业帮扶周”“退役军人招聘会”等专项招聘会。同时，实施“互联网＋公共”就业服务，开通星沙人才网就业服务网站、星沙就业微信公众号，自“星沙就业”微平台推出以来，关注粉丝有2万人，依托微信平台发布政策、岗位、活动及就业服务等信息。 （吴　琼）

【2021年湖南省民营企业招聘月启动仪式暨现场招聘会举行】 2021年4月15日，2021年湖南省民营企业招聘月活动启动仪式在长沙县人力资源市场招聘广场举行。本次活动由省人社厅、省教育厅、省退役军人事务厅、省总工会、省妇联、省工商联、长沙市人民政府联合主办，省就业服务中心、长沙县人社局具体承办。长沙市委常委、长沙经开区党工委书记、长沙县委书记沈裕谋致辞，省人社厅党组副书记、副厅长、一级巡视员黎石秋出席启动仪式并讲话，省总工会党组成员、副主席傅筝，省妇联党组成员、副主席卢妹香，省工商联党组成员、副主席漆平波，省就业服务中心党委书记、主任周光明，省退役军人事务厅二级巡视员许勇才参加活动。2021年湖南省民营企业招聘月活动以“职在民企，就有未来”为主题，在4月中旬到5月中旬持续为民营企业、中小微企业等各类用人单位招聘和2021届高校毕业生、退役军

人、脱贫劳动力、登记失业人员、农民工等各类求职人员求职提供线上线下集中服务。为丰富和扩大启动仪式现场活动实效，主办方在现场设置企业招聘专区、我为群众办实事专区、直播带岗线上招聘专区、招聘企业展示专区4个功能专区，举行省级产业工人定向培养基地与民营企业用工定向输送签约仪式，开展“迎建党百年、谋就业新篇”主题“党建＋志愿”服务活动，为求职者和企业现场提供就业创业、社会保险、劳动关系、工伤待遇等政策咨询和相关即办业务受理服务，291家企业现场提供2万余个岗位，近1200人达成就业意向。

（吴　琼）

【稳就业补贴扩面发放】 2021年，长沙县发放实现灵活就业的5114名就业困难人员社会保险补贴约1550.68万元，联系有吸纳高校毕业生记录的小微企业1224家，为58家小微企业招用的195名高校毕业生发放社保补贴61.35万元。为在疫情中展现社会担当的15家吸纳重点人群的企业发放一次性吸纳补贴2.9万元，审核通过辖区内19个院校3679名困难毕业生的求职创业补贴551.85万元。发掘就业见习基地企业吸纳见习骨干作用，为14家见习基地发放349人次高校毕业生和失业青年见习补贴131.054万余元。为37家小微企业和个体工商户发放贴息贷款3178万元，比2020年增长98%，为73家创业实体发放创业担保贷款财政贴息119万余元，降低企业融资成本。（吴　琼）

【省级充分就业社区（村）创建】 2021年，长沙县开展省级充分就业社区（村）建设，借助“党建聚合力书记领航行动——党建＋就业”，优选19个重点社区、4个重点村升级软硬件设施，将末端延伸至社区（村），做实做细做优基层就业创业服务，推动实现更充分更高质量就业，23个社区（村）全部创建成功。开展公共就业服务信息化平台建设，在首批60个社区（村）放置1台落地式触摸屏显及信息归集和发布器，联通县人力资源市场信息后台进行数据分析、信息采集和精准帮扶，让居民实现足不出户就业。（吴　琼）

【职业技能大赛】 2021年11月12日至14日，长沙县职业技能培训展示赛暨长沙市第一届职业技能大赛开幕式在长沙县职业中专举行。本次比赛活动由县人民政府主办，县人社局、县工信局、县财政局、县教育局、县总工会、县妇联、长沙经开区人社局、县职业中专学校等联合协办，紧扣长沙县产业发展，对接全国技能大赛、全省技能大赛、长沙市技能大赛，采取政府主导、市场运作方式。全县镇（街道）、各企事业、职业技能培训学校的236位选手报名参赛，考核选拔68名优秀选手组建长沙县代表队。12月22日，长沙市第一届职业技能大赛在贺龙体育馆闭幕，长沙县代表队在花艺、MR资源开发、焊工、网络安全4个赛项上获得金牌，获长沙市第三名。（吴　琼）

【创新创业带动就业】 2021年，长沙县扶持各类创业项目80个（其中，扶持创新创业带动就业项目56个，创业孵化基地3个，初创企业贷款贴息补助4个，初创企业一次性开办费项目9个，经营场所租金补贴项目8个），拨付扶持资金506.32万元，拨付2020年度6个市级创新创业带动就业项目第二笔扶持资金23万元，拨付2021年9个市级创新创业带动就业项目第一笔扶持资金41万元。全县新增创业主体数1万个，带动城乡就业1.5万人，带动就业效果明显。（吴　琼）

社会保障

【概况】 2021年，长沙县全面实施全民参保计划，开展养老保险政策宣讲及业务提升培训，全县参加养老保险、失业保险、工伤保险人数再创新高，社保制度实现全覆盖。着力降低企业社保负担，实施机关事业单位养老保险制度改革，200家单位完成机关事业单位原试点，涉及退费人员1.41万人，金额1.85亿元。新增社会保险参保单位约4000家，新增企业职工参保人员近10万人，办理职业年金记实10467人次，442家参保单位享受过渡费率政策3000万余元。加大对重点群体工伤预防宣传，工伤保险参保人数比2020年增长10%，工伤事故发生率比2020年降低18%。推进人社信息化建设，累计完成社保卡基础信息采集92.96万人，制卡85.98万人，领卡78.15万人，新增即时制卡网点14个，持卡人群覆盖城镇职工、城镇居民、农村居民，加载金融、就医、社保资金发放等功能应用。落实社保待遇调整政策，城乡居民基本养老保险基础养老金再次上调每人每月10元。积极稳岗纾困，发放失业保险稳岗返还资金涉及4000余家企业1200万元，发放失业保险待遇、失业补助金涉及7万余人次9800万余元。兜牢民生保障，为2125人次支付一次性伤残、医疗补助金1.15亿余元。落实基层人社平台标准化建设，实现城乡人社服务体系全覆盖。推进人社服务快办行动，深化“一件事一次办”，将可纳入事项全面纳入“一网通办”系统，所有事项全部正常办理，“一网通办”平台办结事项72742件。抓好基金管理风险防控，建立社会保险基金管理风险防控工作联席会议制度，对22项风险点进行全面排查，对2.5万余条疑点数据通过信息系统、业务台账进行逐一核实，全面查找风险点，堵塞漏洞，确保社保基金安全运行。

（吴　琼）

【养老保险】 2021年，长沙县企业职工养老保险、机关事业单位养老保险、城乡居民养老保险参保人数分别为82.8万人、2.2万人、40.57万人

2021年5月27日，《保障农民工工资支付条例》实施1周年暨工伤预防宣传活动在吾悦广场举行 （彭英杰 摄）

（包含退休人员），比2020年增长9%；3项养老保险费收入约31.8亿元，养老保险待遇支出约16.36亿元，养老保险基金累计结余72.75亿元。全县14.41万名退休人员使用社会保障卡发放养老保险待遇，社保卡发放率93.24%。完成低保对象、特困人员、重度残疾人员、计生特扶对象等困难群体城乡居民养老保险代缴8778人，城乡居民养老保险参保人数40.57万人，实现应保尽保。 （吴 琼）

【机关事业单位养老保险制度改革】 2021年，完成2237名机关事业单位退休人员职业年金待遇计发，实现职业年金全面发放。全面启动机关事业单位死亡人员个人账户退费工作，完成109名机关事业单位死亡人员个人账户清退工作（含36名机关事业单位死亡人员职业年金一次性退费）。 （吴 琼）

【退休人员养老金政策调整】 2021年1月，长沙县城乡居民基本养老保险基础养老金每人每月上调10元，是自2009年启动城乡居民基本养老保险制度以来，第18次提高基础养老金标准，惠及12.19万人；调整后每人每月233元（系全省最高标准）。同时，对全县年满65周岁及以上参保老年城乡居民加发老年基础养老金，惠及9.52万人。6月，企业退休人员和机关事业单位退休人员继续按照统一办法同步调整基本养老金，惠及3.34万人。其中，企业退休人员基本养老金连续17年上调，人均月增资约110.43元，增幅5.26%，人均养老金标准2200元／月。 （吴 琼）

【社会保障卡发放养老保险待遇】 2021年，长沙县开始全面使用社会保障卡发放社保待遇，14.41万名退休人员使用社会保障卡发放养老保险待遇，社会保障卡发放率93.24%，各险种涉及未使用社会保障卡发放待遇的4.5万人基本切换到位。 （吴 琼）

【养老保险待遇核查“回头看”】 2021年7月，开展养老保险核查“回头看”工作，对长沙县机关事业单位、企业职工和城乡居民近60万余人养老保险的社会保障卡全面清理核查，进行账户止付、注销等排除风险操作，录入核查数据2368条，完成疑点反馈421条。 （吴 琼）

【被征地社保】 2021年，长沙县被征地农民社保资金收入8.48亿元，支出2.42亿元，总结余9.01亿元。发放被征地农民基本生活补助及社保补贴82929人次，发放各项待遇1.73亿元。建立被征地农民纳入社保和发放待遇的稽核机制，通过云平台查询机关社保情况，避免在职在编的人员纳入被征地农民社保和重复发放，通过与社保中心发放丧抚补贴人员信息对比，防范已逝人员冒领基本生活费。 （吴 琼）

【工伤保险】 2021年，长沙县工伤保险新参保建设项目215个，受理工伤事故备案2120起，受理劳动能力鉴定申请1445件。全年救治工伤病人4137人次，支出2125万元；核准88名工伤职工在异地就近医治，报销医疗费用149万元；同时对285起治疗费总额在2000元以下的工伤事故实行“小工伤”快速处理，支付17.8万元。236人按月享受伤残津贴、抚恤金等长期待遇512万元，2627人次享受一次性伤残、医疗补助金等伤残待遇，支付10394万元，同时从1月起，31名1—4级伤残人员伤残津贴上调130元／月，177名工亡职工的亲属抚恤金上调52元／月。5月，将全县工伤保险一至八类行业费率降至0.4%～2%等8个档次执行，工程建设项目缴费费率降至0.72%，总体费率下降约0.2%。 （吴 琼）

【工伤预防宣传】 2021年，长沙县通过线上、线下形式在易初莲花、蓝思科技股份有限公司、山河工业园等人流密集、企业集中的15个公交站台投放工伤预防宣传广告，传递“平安是回家最近的路”的安全理念；委托专业机构制作“工伤保险小贴士”系列短视频、漫画12篇在县人社局公众号和微星沙视频号发布；在蓝思科技股份有限公司黄花生产基地、山河智能装备股份有限公司等4家企业厂区打造工伤预防宣传阵地，将工伤预防知识和人社政策送到职工身边。在全县营造“人人知晓工伤预防、个个参与工伤预防”的良好氛围，参保人数比2020年增长9.5%，工伤事故发生率比2020年降低18%。

（吴　琼）

【失业保险】 2021年，长沙县失业保险参保单位18971家，参保人数197243人，失业保险总收入14868万元（其中，保险费收入11381万元），支出10106万元，基金总结余11000万元。新增申领失业保险金3762人，享受失业保险待遇41804人次，失业保险金支出6838万元；办理技能提升补贴2910人，支出398万元；发放失业补助金28106人次，支出930万元，一次性申领失业金40人，支出60万元；享受生育补助28人，支出18万元。（吴　琼）

【失业保险稳岗返还】 2021年，长沙县继续实施普惠性失业保险稳岗返还政策，创新稳岗返还发放方式，取消以往的申报制度，采取后台数据比对方式，在履行相关审核、公示等程序后，直接向符合条件的参保单位精准发放稳岗返还，向4000余家企业发放稳岗返还资金1200万元。

（吴　琼）

【“放管服”改革】 2021年，长沙县对照市级事项将可纳入的事项全面纳入“一网通办”系统。全年办结事项99927件，认领依申请类事项284项，非依申请类3项。其中，全程网办事项35项，就近办事项36项，马上办事项99项。所有事项全部完成流程配置并可正常办理，其中147项提升到3级深度，35项提升到4级深度。制作新版就近办办事指南，重新梳理就进办事项（删除5项，增加2项，修改4项），优化业务办理40余项。（吴　琼）

医疗保障

【概况】 2021年，长沙县实施城乡居民重大疾病补充医疗保险，全县城乡居民重大疾病保障水平提升5%～8%，“探索实行城乡居民重大疾病补充医疗保险”的工作经验获《湖南医疗保障工作》2021年第1期推介。将村卫生室纳入门诊统筹，全县开通41家（其中，乡镇35家，街道6家），全年报销2.7万人次，报销164万元，“深入推进村卫生室纳入门诊统筹”的工作经验获《湖南医疗保障工作》2021年第17期推介，实现县、域内、城区3个街道基层协议医疗机构门诊报销互联互。2021年，泉塘、湘龙、星沙3个街道社区卫生服务中心门诊统筹结算4.6万人次，比2020年增长24%，报销金额186万元，比2020年增长17%。落实特门特药，被省医疗保障局推荐为“两病”用药保障示范县。将重点人群核酸检测费用、新冠疫苗接种费用约2亿元纳入医保报销，发挥医保基金“救命钱”的作用，确保全县人民免费接种新冠疫苗。

（黄媛圆）

【医疗保障水平】 2021年，长沙县居民医保普通门诊统筹（含两病）报销 80万人次，基金支出4310万元，比2020年增长11% 。住院支出保持稳定，全年县职工出院5.2万人次，基金支付约3.2亿元，实际报销比例71%；居民住院 11.7万人次，统筹支付 4.6亿元，实际报销比例51%。2021年特殊门诊、特殊药店报销13.5万人次，基金支付约6408万元，比2020年增长30%。大病待遇保障不断提升，城职医保限额从30万元提高至45万元，城居大病保险享受约11万人次，基金支出约6100万元，比2020年增长25%。开展医疗救助，走访其他困难对象2058户，发放医疗救助资金1902万余元；“一站”式结算医疗救助1.6万人，救助2300万元。规范公务员重大疾病补助申领程序及标准，年度最高报销增至45万元；按照市、县相关政策精神，落实长沙县离休和六级以上伤残军人医疗保障待遇；落实精神病人医疗保障待遇，避免精神障碍患者肇事肇祸事件的发生。（黄媛圆）

【医保扶贫】 2021年，长沙县落实困难群众参保资助政策，继续对特困人员、低保对象和返贫致贫人口实施倾斜支付，夯实医疗救助托底保障，进一步减轻群众就医购药负担。全年贫困人员医保参保个人缴费补助3.5万人，扶贫一站式结算1.4万人次，报销9081万元，平均实际报销比例89%，确保贫困人口应保尽保。

（黄媛圆）

【集采、规范医疗服务价格】 2021年，长沙县组织医保定点医疗机构参与国家药品集采，县公立医疗机构国家组织药品集中采购各批次均按照约定采购量完成，约定采购量912万片，实际采购量2470万片，药品平均降价50%以上。规范医疗服务价格，开展公立医疗机构医疗服务价格自查自纠，对医疗服务价格不规范的问题均整改完毕，追回违规金额10万元。

（黄媛圆）

【基金监管】 2021年，长沙县组织经办机构、定点医疗机构、药店开展全方位自查，定点医疗机构自查主动退回违规金额22万元，药店自查主动退回违规金额2332元。严厉查处违规医疗机构，通过打击欺诈骗保专项行动，解除或暂停医药机构协议14家，关停医保刷卡13台，移送公安机关骗保案件线索1件，移送行政执法机关骗保案件线索10件，追回违规资金464万元。（黄媛圆）

【便民服务化改革】 2021年，长沙县梳理服务事项，优化办事流程，30

余项医保服务事项“就近办”，业务办理“零证明”。上线全国统一医保信息平台，为全县医保参保群体提供省内通行证。公务员体检实现网上自主选择，“医保电子凭证”应用覆盖全县医保参保人员50%以上。

（黄媛圆）

民政事务

【概况】 2021年，长沙县享受居民最低生活保障对象5554户10132人，发放保障金6627万元；特困供养对象3755户3894人，发放生活保障金4889.61万元、料护理补助531.89万元；全年临时救助2098户569.1万元；开展城市特殊困难群体“五帮扶”活动，帮扶460户129.4万元。黄兴、安沙、金井3家敬老院转型升级，江背镇敬老院新院搬迁；新增民办养老机构1家，发放民办养老机构建设运营补贴327万元；新建居家养老服务中心12个、提质升级10个，发放建设运营补贴454万元；实施基本养老服务补贴改革，发放高龄津贴2369.73万元。完成村（居）民委员会换届选举，开慧镇锡福村被评为省级优秀村规民约，长沙县民政局获村（居）规民约工作省级先进单位；铺排社区建设项目57个，资金460万元，春华镇春华山村被评为市级“十佳”五型示范村；“三五模式畅通组级微治理”获省级第一批基层治理创新典型案例。实行婚姻登记业务“全市通办”，办理结婚登记4671对、离婚登记1557对。特困家庭高等教育慈善助学共资助特困大学生809人、334.5万元；发放残疾人两项补贴2135.8万元；发放孤儿基本生活费48.5万元、事实无人抚养儿童生活补贴123.9万元、重病和重残儿童生活补贴95.7万元。新增福彩投注站点24家、福潮店8家、商圈店1家，全年福利彩票销量25929万余元。127个新建商品住宅区和企事业单位以及28条道路的命名（更名）工作完成。举办2021年长沙县“志愿者日记”征集大赛暨2021年度优秀志愿服务组织、“最美志愿者”颁奖典礼。全年火化遗体5620例，发放惠民殡葬补助602.84万元。推进“寒冬送温暖”“炎夏送清凉”专项行动，全年救助流浪乞讨人员934人次。

（曹 斌）

【社会救助】 2021年，长沙县享受居民最低生活保障对象5554户10132人，发放保障金6627万元。特困供养对象3755户、3894人，发放生活保障金4889.61万元、照料护理补助531.89万元。全年临时救助2098户，发放资金569.1万元。开展城市特殊困难群体“五帮扶”活动，帮扶460户129.4万元。全年补助精简退职对象2160人67.9万元。认定包括困难职工和农民工及其家属在内的住房保障低收入家庭129户。县财政出资，为散居特困人员购买护理保险，为全县留守儿童和困境儿童购买综合保险，为全县城乡居民购买民生保险，办理理赔近200人次180万余元。开展“迎新春、送温暖、访民情、解民困”春节系列活动，走访慰问困难对象3万人。

（盛 彪）

【养老服务】 2021年，长沙县江背镇敬老院完成新院搬迁，全年拨付县级敬老院建设经费400万元、专项经费935.32万元，中央及省级敬老院建设资金300万元。新增民办养老机构1家，完成吉祥凤凰城老年公寓二期建设，新增养老床位1088张，发放建设运营补贴327万元。开展照料护理设施提质升级，新增照料护理型床位近400张，照料护理型床位占比50%以上。新建居家养老服务中心12个、提质升级10个，打造AAAAA级居家养老服务中心2个，发放建设运营补贴454万元。安排县级福彩公益金1009万元用于养老服务发展。推进综合性养老服务中心建设，指导黄兴、安沙、金井3家敬老院转型升级。开展养老机构等级评定，评定四星级养老机构1家（青山铺镇敬老院）、三星级养老机构3家、二星级养老机构11家、一星级养老机构1家。关爱帮扶老年人，开展“暖心大礼包、温暖过新年”上门慰问活动，为101户留守老人和29名百岁老人送去新年慰问大礼包。开展高龄津贴补贴发放工作，全年发放资金2369.73万元，看望100岁老人18名。实施基本养老服务补贴改革，按照每名服务对象每月500元、400元的标准购买服务或抵扣入住养老机构费用。（袁志国）

【基层政权建设】 2021年，长沙县18个镇街（含黄兴会展区）217个村（社区）完成村（居）民委员会换届选举。开慧镇锡福村被评为省级优秀村规民约，长沙县民政局获村（居）规民约工作省级先进单位。实行线上员额管理系统，规范社区员额管理，县委组织部和县民政局共同核定社区类别和员额，有一类社区35个、二类社区23个、三类社区9个，员额人数789人。完成村级组织活动场所和城区社区办公服务用房建设项目9个，资金300万元。市、县两级铺排社区建设项目57个，资金460万元，春华镇春华山村被评为市级“十佳”五型示范村。引导村（社区）探索社会治理创新，“三五模式畅通组级微治理”获省级第一批基层治理创新典型案例。

（傅 进）

【婚姻家庭】 2021年，长沙县婚姻登记服务中心办理婚姻登记总量10608件，其中，结婚登记4671对、补领结婚登记1304对、申请离婚冷静期2952对，最终办理离婚登记1557对、补领离婚证124本。为对象免费拍摄照片8984张，免费复印证件资料20378套，免费为996对新人举行结婚证颁证仪式。免费为507对离婚夫妻进行婚姻辅导和离婚调解服务，其中，劝导成功266对，占比约52.5%。

（张卫荣）

【慈善事业和社会工作】 2021年，

长沙县特困家庭高等教育慈善助学资助特困大学生809人，发放助学金334.5万元。持续开展“城乡低保家庭尿毒症患者救助”项目，全年救助113人，发放救助金60.32万元。开展定向捐赠9例，金额61.6万元。全年发放重度残疾人护理补贴802.3万元，困难残疾人生活补贴1333.5万元。儿童福利工作有序开展，全年办理收养登记3例，完成儿童之家提质改造项目16个，发放孤儿基本生活费48.5万元、孤儿学费补助20.4万元、事实无人抚养儿童生活补贴123.9万元、重病、重残儿童生活补贴95.7万元。全县217个村（社区）参加儿童主任培训，发放儿童主任岗位补贴52.1万元。开展“关爱困境儿童·开心过大年”活动，为700名困境、留守儿童送去新年大礼包；开展特困老人适老化改造项目，71户困难老年人家庭完成家居环境适老化改造；在全县15家养老院开展“情系养老院，送戏送温暖”活动，为观戏的1000余名老人送上祝福和礼物，丰富老人精神文化生活。（刘晓平）

【福彩销售】 2021年，长沙县新增福彩投注站点24家、福潮店8家、商圈店1家。发展福彩销售“第二赛道”，2家投注站完成线上引流活动。全年福利彩票销量25929万余元，比2020年增长约6.7%，销售总量及投注站数均在全省县级市场中排名第一位。（刘海龙）

【区划地名管理】 2021年，长沙县127个新建商品住宅区和企事业单位建筑物进行标准化命名及门牌编制，完成28条道路的命名（更名）工作。开展“长开线”界线联检，签署《长开线平安边界建设协议书》。按照国家统一标准，整改及新立路名牌702块。（方 芳）

【《长沙县地名图集》出版】 2021年12月，《长沙县地名图集》《长沙县标准地名录》《长沙县地名词典》《长沙县地名志》《长沙县地名文化荟萃》出版。作为地名工具书，《长沙县地名图集》等由长沙县民政局主编、长沙县第二次全国地名志普查领导小组办公室组织、湖南地图出版社出版发行，全面、系统、客观地记录长沙县地名信息，承载厚重的地名文化记忆。该套书籍完成词条编辑1.3万余条，约120万字；续编政区调整历史沿革表，收集从清同治年间到中华人民共和国成立后各个不同历史时期的地图16份；拍摄和收集与词条相匹配的照片106张。（方 芳）

【社会组织服务】 2021年，长沙县登记在册社会组织697个，其中，社会团体169个、民办非企业单位528个，发放社工人才补贴47万元。举办2021年长沙县“志愿者日记”征集大赛暨2021年度优秀志愿服务组织、“最美志愿者”颁奖典礼，评选出5家优秀志愿组织、10名“最美志愿者”。开展以“汇聚社工力量 助力乡村振兴”为主题的社工宣传活动13场，发放宣传资料2000余份，线上观看人数5万余人。安排300万元专项资金支持18个涉及社区治理、特困老人、困境儿童等领域的公益创投项目。全县19个镇（街道）社工站和15个社区社工室，协助开展扶老、助残、济困等工作，为“厚德星沙、好人之城”注入强大的道德力量和精神支持。（陈 鸽）

【殡葬管理】 2021年，长沙县15家农村公益性墓地建墓穴2.7万冢，已安葬1.32万冢，全年火化遗体5620例，发放惠民殡葬补助4579例602.84万元，全年补助入葬农村公益性墓地511例、20.44万元，奖励不留骨灰51例10.2万元。发放农村公益性墓地管理经费102万元。安排农村公益性墓地建设改造资金130万余元，用于完善墓地设施。重点整治违规私建硬化大墓300余冢。联合县文明办开展殡葬宣传月活动，推动丧葬礼俗改革。组织清明节祭扫工作，接待祭扫群众30万余人次。

（陈炭如）

【生活无着人员救助】 2021年，长沙县开展城市生活无着人员救助工作，持续推进“寒冬送温暖”“炎夏送清凉”专项行动，全年救助流浪乞讨人员934人次，护送返乡17人次。

表9 2021年长沙县民政工作和社会救助情况统计表

指标名称	计算单位	2021年	2020年	为2020年的%
登记结婚数	对	4671	5827	80.2
登记离婚数	对	1557	2467	63.1
各类收养性社会福利单位床位数	张	5647	5603	100.8
各类收养性社会福利单位收养人员数	人	1933	1859	104.0

续表

指标名称	计算单位	2021年	2020年	为2020年的%
财政预算安排“低保”资金	万元	6884	6357	108.3
社会救济总人数	人	2098	4344	48.3
居民最低生活保障人数	人	10132	11282	89.8
其中：城镇居民最低生活保障人数	人	439	561	78.3
农村居民最低生活保障人数	人	9693	10721	90.4
特困供养人员人数	人	3894	3732	104.3
接受社会捐赠资金	万元	72	150	48.3
销售社会福利彩票	万元	25929	24519	105.8
基本养老服务补贴覆盖率	%	100	100	100.0
已发放基本养老服务补贴人数	人	95	98	96.9

（资料来源：县民政局）

多措并举推进寻亲工作，为157名流浪乞讨人员找到家属。（刘庆玺）

民族宗教事务

【概况】 2021年，长沙县有39个少数民族，共12642人，占户籍人口的1.52%，超过1000人的有土家族、苗族、侗族和瑶族。少数民族人口45017人，主要包括新疆、四川、青海等地少数民族人口。全县17所高职院校有少数民族师生16193人，其中，学生15710人，教师483人。长沙县是全省宗教工作重点县之一，县内多宗教并存，包括佛教、道教、基督教，成立县佛教协会、道教协会、基督教三自爱国运动委员会3个宗教团体。合法登记开放的宗教活动场所（国家宗教事务局赋码）41处（佛教16处、道教8处、基督教17处），民间信仰场所82处，有认定备案的教职人员170人。（王　昊）

【民族团结进步宣传教育】 2021年，长沙县开展以“铸牢中华民族共同体意识”为主线的宣传教育活动。多次开展民族政策法规知识培训，组织200余名新疆籍来县务工人员开展集中宣讲活动。召开“促团结 话民生”全县各民族代表人士座谈会，全县各民族代表人士畅谈在星沙生活工作的体会感悟，并为全县民族团结进步事业建言献策。组织县内各民族代表开展“喜看星沙新面貌”活动，让各族同胞更直观地感受星沙巨变，激发爱国爱长沙情怀。开展民族团结进步宣传教育，发放宣传资料7000余册，电子屏宣传300余次。召开驻县高校民族宗教工作联席会议，加强驻县高校与当地党委、政府民族宗教工作的协同联动。（王　昊）

【宗教活动场所星级建设】 2021年，长沙县开展“国好 法大”为主题的“五进五好”（习近平新时代中国特色社会主义思想、党和国家重大会议精神进场所，政治品格好；《中华人民共和国宪法》和法律法规进场所、守法遵规好；国旗国歌进场所、文明友善好；核心价值观进场所、服务社会好；中华优秀传统文化进场所、传承文化好）实践活动。对标江浙地区星级场所创建工作，结合长沙县实际，创新开展长沙县星级场所建设工作。推动党的重要精神、国旗国歌、核心价值观、政策法规、中华优秀文化进场所，培养一支政治品格好、守法遵规好、文明友善好、传承文化好、服务社会好的教职人员队伍。全年有23个场所分别被评为一星、二星、三星、四星场所。（王　昊）

【民族团结进步创建工作】 2021年，长沙县开展民族团结进步创建活动，湘龙街道湘贸社区被评为市级民族团结进步示范创建单位，湖南工艺美术职业学院被评为县级民族团结进步示范创建单位。开展民族团结进步行活动，到沅陵、桑植等民族地区开展捐资建校助学活动，连续11年累计帮扶资金160万余元。（王　昊）

【宗教（民间信仰）场所安全建设】 2021年，长沙县在21处民间信仰场所建设微型消防站。在26处宗教场所进行智慧消防建设，并对68处宗教（民间信仰）活动场所进行线路改造。（王　昊）

镇·街道

编辑　周进银

星沙街道

【概况】 2021年，星沙街道面积2453公顷，户籍人口73615人，有社区建制23个先进集体。地方一般公共预算收入3.8亿元；规模工业总产值1.96亿元，比2020年增长38.53%；固定资产投资84.84亿元，产业投资10.36亿元；实际利用内资12.2亿元，直投外资（外商直接投资）500万美元，再投外资（外商企业再投资）3700万美元；外贸进出口额3.65亿美元；规模工业总产值1.96亿元，比2020年增长38.53%；社会消费品零售总额3.8亿元，比2020年增长28.13%，清缴欠税1487.17万元。“五大综合体商圈”全年到店客流约3100万人次。开展常态化疫情防控督导，社区成立23支88人的消杀队伍，摸排下发及流转国内中高风险地区数据18525条、外地返长数据1012条，管理国内中高风险地区到长人员5666人、外地到（返）长人员320人。打造全县首家集社区党务、政务、文化、生活服务融于一体的快乐邻里中心——马达岭快乐邻里中心；23个社区与133家单位达成共建协议，围绕法律援助、结对帮扶、走访慰问等开展共建活动60余次。是年，星沙街道被评为湖南省“第一批全省法治政府建设示范地区”，大西冲社区被评为省法治示范社区，封刀岭社区被评为长沙市住户调查工作先进单位，碧桂园社区创建市级侨胞之家，灰埠社区创建长沙市文明交通“示范社区”、灰埠社区被评为长沙市劳动力调查优秀调查网点。

（杨　棒）

【重点项目】 2021年，星沙街道申报市重大项目15个，其中，续建项目12个，新建项目3个，本年度竣工项目3个。新建项目6月份开工率100%，均通过市对县重大项目现场考核。完成9个拆迁项目，腾地47.56公顷。引进楼宇企业26家，累计入驻企业1385家。（杨　棒）

【营商环境】 2021年，星沙街道为重点项目协调解决用工、用电、环保等各类问题10余件；指导和帮助169家企业申报各项政策，累计申报成功资金1942.67万元。开展安全生产专项整治行动53次，出动执法人员96人，发现安全隐患67处，并督促整改完毕。办理服务事项40241件，通过一网通办平台受理“就近办”事项14638件。试点运行“主动服务”和“一枚印章管审批”，全年采集基础数据108599条、网格处置事件99643条，上报城管数字化455661条，走访25340户，通过网格化平台办理户外广告审批536件。（杨　棒）

【城市管理】 2021年，星沙街道推进“百日奋战　扮靓星城”市容环境整治行动，对主次干道、人行道等“地毯式清扫”120万余平方米，做好区域绿化养护；拆除违规广告、招牌、楼面（顶）发光字、耳招223处约6500平方米。示范道路提质，整治滨湖路沿线环境卫生、停车乱象等，绿化提质开元路、天华路、滨湖路部分路段，修复修补示范路上破损和缺失设施；在滨湖路和星沙大道交会口利用辅道增设右转弯车道，在开元路辅道增加公共车位260个，在望仙路、东二路增划停车位90余个。建设厨余垃圾暂存点163个、厨余垃圾中转站2座、大件及装修垃圾暂存点53个，投入使用蓝屋（可回收物、有害垃圾）61个。拆违控违工作。动态巡查7个重点管控小区，巡查拆除新增违建27处，约1014平方米。（杨　棒）

【生态环保】 2021年，星沙街道对辖区内黄土裸露区域进行撒播草籽及覆盖绿膜整治，撒播草籽250千克，覆盖绿膜4万余平方米。推进禁燃禁烧，劝导处置居民熏制腊制品150余次，发现处置室外违规用火13次，开展烟花爆竹禁燃巡查400余次，处罚违法燃放烟花等行为11次；推进油烟治理，督促辖区内800余家餐饮门店定期自查自检、清洗油烟净化设备；处理露天烧烤投诉80余起，取缔露天烧烤、非法夜市10余处，查处超过排放标准排放油烟案3件。

（杨　棒）

【社会保障】 2021年，星沙街道走访慰问699户困难家庭，慰问金额101.4万元；为428名残疾人换发第三代残疾人证，为20人申报残疾人岗位就业补助；组织1600名劳动者开展职业技能培训。封刀岭社区、金甲坪社区、灰埠社区、马达岭社区申报长沙市充分就业村（社区）；大西冲社区创建“社区自治示范项目（‘三方联动’）微治理”，黄金塘社区创建“和谐社区”。（杨　棒）

【社会治理】 开展矛盾纠纷周排查42次，调处各类矛盾纠纷480起；开展道路交通安全检查，查获酒驾76人、醉驾21人；开展一盔一带整治行动84次，开展各类违法犯罪打击处理，受理治安案件3541起，立刑事案件937起。规范整治校园周边200米的托管、培训机构、商店、宾馆、药店、食品店、文具店等；开展送戏下乡到社区3场，各类文体活动7场，文艺培训72次。（杨　棒）

湘龙街道

【概况】 2021年，湘龙街道面积2263公顷，户籍人口39531人。一般公共预算收入4.2亿元：社会零售品销售总额140亿元，比2020年增长5.2%，固定资产投资总额67.86亿元：工业总产值10.04亿元，比2020年增长12.78%；营利性服务业收入2398.4万元；到位外资1300万美元，到位内资4.3亿元，外贸进出口额3300万美元。拆迁腾地40.69公顷，签订协议85户，完成2019年

51批次东部分、2019年51批次西部分、2019年第59批次地块二等项7个项目。推进恒广国际景园三期、机电职院机械楼、万众校车和广东商会等17个重大项目。是年，湘龙街道被评为长沙市爱国拥军模范单位，长沙市第六次全国人口普查先进集体。成立新冠疫苗接种工作领导小组，开设4个新冠疫苗接种点，完成疫苗接种280258剂次。开展多病共防健康教育宣传和业务知识培训，推广使用“场所码”，加强应急物资储备，落实水渡河农贸市场等重点公共场所及冷链产品企业的对进口冻货产品的检疫排查和消杀管控。（李　莎）

【社会保障】 2021年，湘龙街道城乡居民医疗保险参保人数34141人，组织开展25次技能培训、2次创业培训；对辖区内1.5万余人开展养老保险“回头看”工作，追回多领待遇19人次1.4万余元；对办理失业登记1441人开展“311”（即3次职业推荐、1次就业指导、1次技能培训）就业服务；组织辖区内12家企业申报县市两级创新创业带动就业补助项目。（李　莎）

【综合治理】 2021年，湘龙街道调处各类矛盾纠纷160起，涉及金额1515.5万，开展打击传销清查行动104次，捣毁传销窝点3个。处理农民工欠薪问题6起。推进综合性居家养老服务中心、长湖社区AAAA居家养老服务中心建设。打造社会组织培育基地、党建基地、服务基地，3个“三社联动”（以社区为平台、社会组织为载体、社会工作专业人才为支撑的新型社区服务管理机制）社区服务项目入选市示范项目；“心沐暖阳”品牌项目以及“Hello，老友”退休人员服务项目有序推进。推进小区党支部规范化建设，打造24个具有特色的小区活动阵地——红色睦邻驿站。孵化4个社会公益组织，引进12家社会公益组织。持续推出“湘哥龙妹说安全”系列动画情景剧，介绍相关安全知识，内容生动有趣，推出慎食野生蘑菇、暴雨天气安全防范、有限空间作业安全、物业小区消防安全、消防通道、生活安全、应急小知识14类安全动漫视频。推进美丽街区建设。清理共享单车5200余台、打造湘龙路、腾辉路等10 条文明停车示范路、打通3个安置小区的交通微循环、完成星沙汽配城及万家丽路沿线第五立面提质工作；通过安装智能监测设备、设立监控摄像头、消防广播、球型鹰眼、电气火灾监测系统，打造“湘龙智慧消防”体系，常态化开展扫黑除恶、反电诈、打击传销等专项行动。开展烟花鞭炮打非治违联合执法行动36次，开展醇基燃料零点后联合执法行动16次。推进“三合一”场所（住宿与生产、仓储、经营一种或一种以上使用功能违章混合设置在同一空间内的建筑）整治，开展联合执法124次，排查4000余处，清除“三合一”场所103处。开展校园及周边安全整治8次、黑作坊黑窝点专项整治6次，取缔非法加工作坊2处、开展计划执法检查51家，发现并整改隐患61处，下达责令整改文书21份。开展工贸行业集中攻坚行动47次，发现隐患247处，下达责令整改文书47份，移交一般程序案件1起。（李　莎）

【环境整治】 2021年，湘龙街道对辖区拆迁、无责任主体等区域裸露黄土开展治理，治理面积约1.96万平方米。对摸底在册的157家汽修厂营业证照、备案登记、挥发性有机物治理、危废管理等情况开展联动检查行动95次，检查企业230余次；制定《湘龙街道餐饮油烟专项整治检查表》，定期组织网格员对辖区400余家餐饮单位油烟净化器开启、清洗等情况进行常态化巡查监管；开展禁燃禁烧，联合社区、物业每日开展不少于2次的禁烧动态巡查，并组织开展秸秆回收综合再利用，回收秸秆约94.67公顷。完成锦元、南塘冲2个绿色社区、湘瑞社区噪声控制示范区、南塘冲社区筑梦星园小区病媒生物防制设施示范小区及中南社区绿色餐饮油烟示范街的创建。（李　莎）

泉塘街道

【概况】 2021年，泉塘街道辖区面积2084公顷，户籍人口36385人。地方一般预算收入1.8亿元，全社会固定资产投资46.9亿元；规模工业总产值1.4亿元，比2020年增长18%；限额以上社会商品零售额5.02亿元，比2020年增长26.4%；规上其他营利性服务业营业收入5.29亿元，比2020年增长29.32%；实际到位外资1651万美元；实际到位内资9亿元。街道“百姓宣讲团”等理论宣讲队伍开展宣讲，受众6000余人。推进清廉星沙建设，打造180余米的廉政故事文化墙，推进廉文化主题公园建设，建成“六园三室一墙”的廉洁文化阵地总体布局。在中联重科、蓝思科技等15家大型企业增设核酸采样点、疫苗接种点，免费为高校学生、产业工人、老年居民提供疫苗接种上门接送服务，解决特殊人群防疫难题。是年，街道工会联合会创建国家级模范职工之家；泉睿社区被评为省级示范儿童之家；街道被评为市级基层人力资源和社会保障平台标准化建设优秀街道。（沈子瞻）

【项目建设】 2021年，泉塘街道完成社塘路、小塘路等人行道提质改造、小塘路社区前街改造等18个民生项目建设，3614老旧小区改造工程被评为2021年度长沙县十佳“为民办实事”优秀案例；做好县区重点项目的后勤保障和群众工作，电力“630”农大线220千伏项目开工；完成辖区10条文明示范路和停车位建设，新增停车位1310个，缓解停车难题。拆迁腾地12.96公顷，县区4个项目“清零”。引进长沙龙工场跨境电商产业园项目，湖南对外建设集团、长沙吉利汽车部件等公司落户运营；新引荐20家优质企业入驻新长海服务外包基地，推进微谷云、东鸿文化等直播带货企业发展，打造泉星美食街、星沙文和友成为县域夜经济新名片。

（沈子瞻）

【民生事业】 2021年，泉塘街道春节走访慰问各类贫困家庭284户，发放慰问金64.82万元；创新引入第三方合作组织运营，在星悦社区建成全县第一家AAAAA级社区智慧居家养老服务中心，建设运营居家养老中心14家，覆盖率77.8%；完成适龄妇女“两癌”筛查1590人，养老保险待遇核查“回头看”工作核查社保卡数据1.6万余条，复核异常人员数据181条，发现死亡人员多领取待遇96例，稽核金额161508.41元；做好农民工工资保障，追回中茂城、漓湘悦等10余个建筑工地农民工工资1000余万元；城镇登记失业人员和农村转移就业劳动力的培训，帮助3700余人取得职业资格证书，2400余名失业人员就业。办结热线工单2496件，街道便民服务中心创建标准化试点单位。（沈子瞻）

【城市管理】 2021年，泉塘街道组织开展综合拆违行动170余次，拆除各类违法建设1.3万平方米。开展15次集中整治行动，对辖区内主次干道的各类违法摊点和倚门经营进行整改和取缔，清理“僵尸车”36台、共享单车1.2万辆；推进文明创建百日攻坚专项行动，完成公共基础设施、公益广告提质1380余处，高效查改各类问题近600个。做好以国控站点为圆心的重点区域周边污染防治工作，查改裸露黄土、工地扬尘等环境问题121起。完成2处垃圾分类厢房建设；日均收运厨余垃圾13～16吨，月均收运可回收物220吨，湿垃圾占比5.62%，25个“小蓝屋”正常运营。

（沈子瞻）

【综合治理】 2021年，泉塘街道调处矛盾纠纷212起，开展打击传销集中行动18次，清查疑似传销窝点2162处，捣毁25处，抓获传销人员81人，解救13人；开展禁毒和防骗宣讲活动62次，推进“红袖章”活动开展，每天1210位“红袖章”轮班全方位巡逻。全年发生侵财类案件660起。持续开展交通顽瘴痼疾专项整治，查处各类车辆违法行为16880起，电动自行车、摩托车戴帽率90%以上。推进工贸企业防事故集中攻坚、消防安全百日攻坚、仓储物流市场攻坚等专项整治行动，检查单位1840家次，排查并整改问题隐患2992处，开展新《中华人民共和国安全生产法》专题学习、送训入企等宣教活动150余次。做好创建国家级食品安全示范城市相关工作，全覆盖检查食品生产经营单位3000余家次，查改问题隐患907处，发放示范创建短信12万条。

（沈子瞻）

【3614小区改造工程】 2021年5月，泉塘街道开展3614老旧小区改造项目，该小区是原中国人民解放军第三六一四工厂的职工生活小区，企业改制后于2019年年底移交泉塘街道管理，小区坐落于泉塘街道星悦社区，有18栋小高楼，计760户，有居民2000余人，其中，老年人900余人，是典型的以老年人为主的开放式小区。项目总投资2800万余元，含18栋住宅建筑和1栋集贸市场的改造。主要包含房屋外立面、公共楼道翻新，屋顶重做防水、房屋雨水管更换、新做污水管水、架空强弱电管线下地，停车位、道路、绿化、广场、围墙提质，雨污分流等，整体风格为灰白色调的新中式建筑风格；集贸市场和配套设施改造均采用中国建筑徽派的建筑形式，立面改造景观的设计风格相辅相成，体现江南水乡的建筑文化及人文风貌。该项目被评为2021年度长沙县十佳“为民办实事”优秀案例。

（沈子瞻）

榔梨街道

【概况】 2021年，榔梨街道面积3471公顷，户籍人口34379人，一般预算收入2.5126亿元，规模工业总产值46.75亿元，固定资产投资85.7亿元，社会消费品零售额3.1亿元，新增高新技术企业18家。外贸进出口总额8500万美元，省外境内投资3.2亿元，外资1380万美元。完成9个村（社区）“两委”换届选举工作，帮助群众办实事24950件。开展“领航课堂”学习12次，组织各类培训、宣讲200余次。推进“党建+‘五零’”村（社区）建设，1043名党员联系群众5741户，解决“五零”问题1000余个。举办建党百年表彰暨文艺晚会、篮球赛、羽毛球赛等活动，策划“以匠心致初心”“你好，‘城’之美”等专题，正面报道1110次。完成3轮40万余人核酸检测，核实数据2万余条，接种疫苗20万余针剂。推进2个新社区析置和3个村改居工作。开设叉车、计算机操作等培训班8期，培训370人。组织土岭社区、陶公庙社区开展充分就业村社区创建，申报市级创新创业带动就业项目2家、县级5家，“12345”市民热线处置工单2024条。是年，街道被评为省禁毒工作先进单位。

（杨　伶）

【项目建设】 2021年，榔梨街道花园新城及水乡古镇开发运营进入实质建设阶段，推进紫鑫商业广场、索普电子设备产业园等8个市重大项目。编制政府投资项目清单，实施挂图作战，完成35个项目立项、7个项目招投标，投资1.03亿元建成19个项目。推进拆迁腾地，26个项目交地，其中，25个项目“清零”，房屋签约465户，腾地158公顷。

（杨　伶）

【产业转型】 2021年，榔梨街道弛凡汽车、金镂机械等7个项目通过建设领导小组会议审定，招商引资9.61亿元。新增金阳华汛、创洁生物2家规模工业企业；佰思诚等5家工业企业，云河信息等18家服务批零企业纳入拟入规对象。12家企业与清华大学、中南大学等院校开展合作。（杨 伶）

【营商环境】 2021年，榔梨街道新引进中冷科技年产值1亿余元，云河信息年营业额1亿余元，极兔速递年营业额10亿余元。跟进7家纳入长沙市上市企业后备资源库企业工作进展情况，组织企业与中信证券、国浩律所等开展专题座谈，对企业进行"一对一"上门走访培训，童年记步入实质性上市阶段。（杨 伶）

【市政建设】 2021年，榔梨街道投资2400万余元推进5个城市提质项目建设，提质改造陶公庙、土岭等村（社区）老旧小区环境。完成东六线、东八线、东升路、金成路及大元小学周边基础设施提质改造，启动机场高速、人民东路、磁浮两厢建筑立面和绿化、亮化整改，集中整治影响东六线、东八线沿线城市品质的18处问题，完善城市基础设施，在机关门口、东六线、大元路、东十一线、人民路等区域新增花木1500平方米。（杨 伶）

【综合治理】 2021年，榔梨街道规范城市管理第三方服务，在高峰社区、花园村开展无废城市建设试点。推进"百日奋战 扮靓星城"专项整治，拆除违规户外宣传广告106块，更新围挡7000余米。制止新增违建67处，拆除各类违法建设20余处，总面积6万余平方米。

检查执法对象1523处，立案查处329处，到位罚款67.3万元。完成双桥港截污泵站提质改造等6个项目建设，一河四港水质稳定保持在Ⅳ类水以上。发现查处、移交立案各类违规渣土运输消纳行为247起，罚款约50万元。排查工贸、消防、危化等领域隐患1200余家次，责令停产10家，取缔关闭4家，警示约谈38家。116家企业纳入计划执法，立案查处48家。开展安全生产打非治违行动，处理群众举报17起。开展各类培训演练102场，警示视频教育企业530余家次。开展联合执法100余次，查处违法行为7500次，其中，酒驾67人、醉驾32人。推进综治民调大走访大宣传活动，开展综治述职131场，发放反电诈宣传册4.2万份，下载、注册反电诈App6万人次。（杨 伶）

长龙街道

【概况】 2021年，长龙街道总面积2900公顷，户籍人口5万余人。一般预算收入1226万元，规模以上工业总产值19226.7万元，比2020年增长24.22%，固定资产投资16.91亿元，社会消费品零售总额1017.4万元，比2020年增长27.45%。举办"知行课堂"11期，培训党员干部2000余人次。开展"学党史、感党恩、扶乡村"学教实践活动6场次，培训党员干部500余人次。5月13日，长龙街道政务服务中心等部门从幸福家园迁至金塘路6号。新址占地面积2000余平方米，内设15个办所（中心）。承办2021长沙县红色文旅年活动发布会，在长龙街道杨祠小镇举行庆祝中国共产党成立100周年暨"华·杨祠文教基地"揭牌活动。是年，长龙街道被评为长沙市农村人居环境整治先进单位；长龙街道工会联合会被评为长沙市"小三级"工会规范化建设单位；湘峰村被评为省级乡村振兴示范创建村，杨祠（池畔）民宿被评为长沙市十佳精品旅游民宿。（唐 圆）

【项目建设】 2021年，长龙街道重大项目投资额3.7331亿元，启动拆迁项目38个，对证签约253户，拆迁腾地145公顷，完成"831"项目清零腾地工作，完成长沙县2019年第36批次、长沙县政务服务中心东迁、长永高速北辅道等项目的"清零"腾地和望仙路二期等项目的户头"清零"，解决园区水系损毁、拆迁纠纷等一系列拆迁遗留问题，保障山河智

长龙街道乡村振兴样板小镇——杨祠小镇

（章帝 2021年10月22日摄）

能（二期）、正圆动力、和诚电商等12个项目开工建设。历时10年的长沙县太阳能汽车电动空调制造建设项目完成房屋对证签约。（唐　圆）

【乡村振兴】2021年，长龙街道打造杨祠小镇为乡村振兴标杆区、文旅融合样板区，探索出“城乡融合”“工农融合”助乡村振兴的发展新模式。建成投入使用民宿9栋，集体经济增收30万余元，解决当地村民就业100余人。推进美丽宜居村庄、美丽屋场、美丽庭院集群、入户道路硬化工程等项目建设，提质升级湘峰村咀上片和下马塘片美丽宜居村庄建设，铺排17个子项目，投资342万元建设美丽庭院92户。（唐　圆）

【综合治理】2021年，长龙街道深入开展17个重点行业领域专项整治，检查生产经营单位2118家次，排查安全隐患5712处，警示约谈35家，立案8起，罚款1.2万元，开展安全宣讲350余场。全年开展矛盾纠纷排查48次，调处民事纠纷48件。拆除茶塘村新型建材厂项目历史违建6000余平方米。完成金塘路、蓝田北路、开元路等3条文明停车示范街（路）创建工作。常态化巡查监管在建工地和渣土运输，检查渣土车辆400余台次，及时整改工地各类问题100余处。完成蓝田北路长界社区公共垃圾压缩站等4处垃圾处理设施建设。解决住友橡胶有限公司气味扰民等各类矛盾纠纷，解决园街问题187个。开展绿化景观“微调”，种植花卉2500平方米。（唐　圆）

【民生事业】2021年，长龙街道组织75名网格干部和村（社区）干部下沉网格一线疫情防控，对400余家企业、43家门店和6个村（社区）全体村（居）民进行摸排。制定长龙街道城市驿站设计方案，建设城市驿站示范点。邻睦家智慧医养结合养老中心运营，提供100余张医疗床位服务。在湘峰村试点建设“无蚊村”，茶塘村、湘峰村40个村民组自来水到户。新增582个停车位，缓解辖区停车难题。建立24小时便民服务专区，推行“12345+网格化”模式，收集和解决问题6889件。推出“智慧停车”系统项目，解决辖区乱停乱靠和占道停车问题。金塘路作为“智慧停车”的试点，通过沿线安装的11组摄像头和4个音响，搭配系统软件，即可自动抓拍车辆违停高清大图，广播自动喊话，对违规车辆实时劝离。（唐　圆）

磨盘洲生态公园

（刘思源　2021年8月30日摄）

黄兴镇

【概况】2021年，黄兴镇面积15722公顷，户籍人口8.98万人，地方一般公共预算收入1.12亿元，比2020年增长38%；规模以上工业总产值12亿元，比2020年增长13.3%；固定资产投资120亿元；社会零售品销售额0.4亿元，比2020年增长68.1%；限额以上批发销售额15.3亿元，比2020年增长71.5%；上报内资18.1亿元，吸引外资4200万美元；外贸进出口1.19亿美元，比2020年增长31.79%。创作党员教育资源片《“让衔”英名天下扬》，许光达故居先后承接省委、市委、县委理论学习中心组党史学习教育专题学习，接待各级党史党性教育活动、红色研学旅行等2万余人。（王　乐）

【项目建设】2021年，黄兴镇完成会展核心区景观工程、磨盘洲生态公园、中轴公园、景观廊桥等项目建设，向荣路、杜家坪路等核心区配套道路建成通车，启动湘府东路跨浏阳河大桥、金桂路跨浏阳河大桥、黄江大道拓宽提质等项目。宜必思酒店、诺富特酒店、施柏阁酒店等为代表的高星级酒店完成集群布局，推进龙喜水乡、海吉星二期等产业项目，先锋垸一期、杨梅垸堤防、杨梅水系、泉沿线提质改造等基础设施项目完成。18公顷（原湖南家电物流二期）、长沙县电子商务物流金融示范基地、黄江大道（东四—东六）、10.53公顷房源用地等项目拆迁“清零”，项目“清零”34个，签约764户、腾地295.85公顷。（王　乐）

【产业发展】2021年，黄兴镇国际会议中心和国际会展中心承接会议50场次、展览面积130万平方米，诺富特、宜必思、会展星街、会展会议中心营收1.5亿元。完成现代服务业集聚区——中央厨房产业链分析报告，集聚中央厨房产业类企业118家，带动就业近8000人，创建市级现代服务业示范集聚区。蚂蚁筑梦空间在会展新街开园，国际交流区二期引入运达地产，中国民族促进贸易会签约自贸区总部产业基地，长沙施柏阁大观酒店签约建成，完成豪嘉兴雅府等8宗土地出让，出让面积50.76公顷，总价34.03亿元。全年新增规上企业3家，新申报高新企业7家，新增市场主体2541户，其中，企业1271家。（王　乐）

【城市管理】　2021年，黄兴镇开展“百日奋战　扮靓星城”行动和“三路一区”综合整治，完成数字化平台案件结案10697条，整理绿化区域4.31万平方米，铺设人行道地砖1.56万平方米，增设新标准围档1.9万米，更换道路名牌476块，施画道路标线1673.63平方米，巡查维护管网8.9千米，路灯亮化维护331盏，受理户外广告招牌审批备案114例。在建楼盘小区9个，新交付楼盘3个，全镇有楼盘小区10个，开展小区专项整治，整改隐患204处，整治小区楼顶圈地占用8处，新建电动车棚4个。（王　乐）

【农业农村】　2021年，黄兴镇完成鹿芝岭一字墙等7个美丽宜居村庄项目建设，引导村民筹资筹料折合136万元、筹劳3516个、腾地7145平方米。蔬菜生产面积1133公顷，花卉苗木种植面积2400公顷。光皮辣椒被评为长沙县道地名菜，亩产2000千克以上、产值1000万余元。龙喜度假区被评为省五星级乡村旅游点，赛龙舟项目被评为长沙市第七批次市级非物质文化遗产代表性项目。出台《黄兴镇农村宅基地建房审批管理办法》，接收农村村民宅基地建房资料210份，联合踏勘205户、联席会议通过155户。做好农村产权制度改革“回头看”，在鹿芝岭开展村社分账试点工作，各村集体经济收入均超25万元。设置果之友冻品批发市场、家禽批发市场、润乐家禽屠宰场3个动物检疫申报点，出具动物及动物产品检疫合格证明64.12万份。（王　乐）

【生态环保】　2021年，黄兴镇环境空气质量指数（AQI）优良天数313天，优良率85.75%。办结中央第二轮环保督察交办件5件，开展19个案件“回头看”，排查环评办理、危废管理等环境问题106个，办理环保执法案件380起，取缔“散乱污”作坊41家，覆盖裸露黄土40万平方米，无害化改厕104座。落实“十年禁渔”，整改销号县级河长制交办问题43个，清理河道白色垃圾200余吨，推进榨山港清淤与明达中学污水治理工作，完成2条河流、2座水库的“一河一策”编制工作。整改销号卫片图斑290宗，拆除违建728处、面积24.99万平方米，其中，拆除经营性厂房仓储286处8.4万平方米。（王　乐）

【社会民生】　2021年，黄兴镇全员核酸检测166290人，完成大数据排查11297人，完成新冠病毒疫苗接种161967剂次。全年发放各类困难人群救助、慰问（补贴）1176余万元，组织开展职业技能培训498人次，城镇新增就业1171人，完成养老保险核查56266人，创建红色退役军人服务站。实施精准惠民微建设项目5个，自来水主管网铺设验收，启动长轴社区D级危房搬离57户，松树中小学等6所学校在建，许家园小学建成开学。拆迁群众完成团购选房632套、交房711套，推进三润城等5处房源项目。（王　乐）

【安全监管】　2021年，黄兴镇开展企业安全检查2031家次，整改隐患4113起，立案处罚70家，查处办理涉嫌危险作业罪安全生产行刑衔接典型执法案例，助力长沙市创建国家食品安全示范城市验收。关停兴云现代等3家物流园和26家散乱物流站场，被列为全市物流场所整治工作观摩点。开展交通联合整治行动137次，查处交通违法行为16274起，治理顽瘴痼疾171处，交通亡人事故下降54%。开展“六清”行动，调处矛盾纠纷54起，破处刑事案件131起，加装天网监控点1000个，推广注册反诈App12.4万人。应对房地产债务风险，化解会议中心综合体项目农民工欠薪近1亿元。（王　乐）

【政务服务】　2021年，黄兴镇推出20项重点改革创新事项，申报3项国家、省、市级可复制推广经验，整合会展区块商事行政审批、项目建设行政审批以及展览会议（演艺活动）审批事项，推进展会审批程序优化，建设会展综合服务中心。启动“八五”普法，在海吉星市场建立公共法律服务工作点。继续承接32项经济社会管理权限，完成综合便民服务中心标准化建设，增设市监、自然资源、农业服务3个专窗，启用“行政审批专用章”，承接“一件事一次办”集成审批249项，完成“一网通办”系统直接审批4444件，开展“就近办”业务17478件、“帮代办”4320件，搭建“好差评”评价系统，完成镇、村两级换届。（王　乐）

【黄兴镇发布城市品牌VI】　2021年7月，黄兴镇以“在黄兴　会世界”为城市口号的VI发布，设计以蓝绿相间的会展会议大楼相互映衬，一湾“浏水”绕城而过。其中以长沙国际会展中心和长沙国际会议中心建筑轮廓为主体，代表着黄兴中部会议会展高地的城市定位，蜿蜒的水脉代表黄兴地处浏阳河畔的地理区位和发展右岸经济的战略方向，抽象化的绿水青山造型倡导“绿水青山就是金山银山”的理念，标志主体和水脉组合乘风破

浪的帆船形象代表黄兴打造湖南对外开放高地、长沙国际化引领高地的决心和自信。 （王　乐）

黄兴会展经济区

【概况】 2021年，黄兴会展经济区完成地方一般预算收入6300万元，比2020年增长41.9%；规模以上工业总产值13.07亿元，比2020年增长32.1%；固定资产投资20.36亿元，比2020年增长31.8%；限额以上社会消费品零售额368万元，比2020年增长55.8%。启动“十百千”为民办实事工程，解决群众困难诉求1026件。打造全市首个“货车司机红色之家”。 （刘　武）

【项目建设】 2021年，黄兴会展经济区续拆和新启动12个项目，11个清零，腾地约154.61公顷，动迁73户。聘请第三方机构启动园区“腾笼换鸟”，淘汰落后产能，引进优质企业，佳和农牧、慧盟重工、建雅建筑3家企业相继落户。晟象智慧物流园二期建成，110余家企业入驻。制定《促进经济发展及园区二次招商租赁激励政策》。牵头支持企业8块零星用地规划调整，推进后续用地报批与土地供应。 （韦　维）

【城乡建设】 2021年，黄兴会展经济区加快交院路、明月路提质改造，推进龙峰安置区办证验收及基础设施提质建设，完成干杉安置区三期室外配套基础设施工程。在集镇及交院周边新建4处公共停车场，增加停车位200个。成立专人专班，协调推进长沙监狱、江杉高速、机场改扩建在建项目的水系、路网、电力等设施建设。专项出资200万元修缮农田基础设施，投入170万余元建设48个“小农水”项目。启动“百日奋战·扮靓星城”行动，环卫综合体项目设计启动，4处截污治污工程建成，车马村小微水体管护示范片创建通过市级验收。完成农村无害化户用厕所200座、公厕1座改造。关停2家砖厂、1家企业。拆除违建42处约5.49万平方米，对167宗卫片图斑逐一整改销号。制发片区《2021—2023年乡村振兴规划实施方案》，建成5个美丽宜居村庄示范点，发动群众自主拆除破旧建筑20处、腾地约1.69万平方米、筹资筹劳筹料500万元。水稻种植535.27公顷。 （杨　维）

【民生事业】 2021年，黄兴会展经济区推进龙峰小学、干杉敬老院、干杉墓地建设，增加学位1990个、床位380个、墓穴12559个。定期调度空港城安置区主干道路及地下管网稳步施工。硬化、提质乡村道路4.83千米，建设生态路2.8千米。开展非洲猪瘟防控，生猪死亡率为全县最低。在石弓湾社区设立1个省级就业创业示范点，帮助863人实现就地就近就业。发放低保保障金262万元、特困供养保障金118万元。完成4户贫困群众危房改造。协调干杉设镇工作，破解影响发展的深层次体制机制障碍。提质提速行政审批，新增市场主体688家。建立农村宅基地管理工作联席会议制度，为19户村民办理建房证。 （陈　亮）

【社会治理】 2021年，黄兴会展经济区开展“百名干部进村入户”大走访行动。开展大型法治宣传教育活动7次，禁毒宣传22次，召开道路交通与反电诈屋场会300余场。镇村两级排查与调处矛盾纠纷186起，调解成功率100%。对辖区重点领域、重点行业开展督导检查1236次。开展12期安全生产“夜课堂”培训。

（胡爱国）

江背镇

【概况】 2021年，江背镇面积17452公顷，户籍人口6.37万人。全镇财政总收入1亿元，规模工业总产值43.97亿元，比2020年增长12.9%；社会消费品零售总额0.21亿元，比2020年增长49%；全社会固定资产投资额42.57亿元。是年，江背镇被评为全省“机械制造小镇”，江背镇党委被评为长沙市先进基层党组织。

（熊志青）

【经济建设】 2021年，江背镇梅花工贸新区纳入自贸临空区托管，被定为省级工业园区，全镇有规模企业47家，汽车配件、工程机械和水泥建材为三大支柱产业。党政领导走访企业1000余次，指导、协助企业发改备案120个，申报科技项目15个，发改项目16个，工信项目25个，申报各类惠企政策补贴700万余元。支持帮助10家企业解决土地调规和手续办理问题。利用商会搭建银企桥梁，解决企业资金需求1亿余元。湖南养益君生物科技有限公司摘牌并开工建设，完成4家本土企业签约。盘活闲置资产，引进雷萨同心、新嘉丽安、恒港湾、志沅金属等6家企业，年增加工业产值2亿余元。年内，新增高新技术企业19家，拟上市企业2家。

（熊志青）

【城乡建设】 2021年，江背镇8个市级重大项目投资10亿余元。完成乌川水厂供水主管改造工程二期、三期项目工程。熊瑾玎故居修缮及周边环境整治项目完成主体建设。秋江线部分路段提质改造等6个惠民微建设项目建成并投入使用，完成23千米路段整治提质，新装路灯160余盏。在集镇周边利用闲置土地规划建设公共停车位100余个。硬化、提质乡村道路41.7千米，农田水利建设投资1520万元。群众自发筹资600余万元、筹劳3000人次，捐赠农房2000余平方米作为公共服务场所，建成15个美丽宜居村庄示范点。推行村落景区一体化运营模式，将徐特立故居、浏阳河、天玺湖、五福油菜花海、乌川湖等景区串点成线，接待游客100万

2021年7月12日，湖南省发改委发文确定2021年新增10个省级特色产业小镇，其中，江背镇被评为“机械制造小镇”。图为江背镇机械制造产业园（江背镇政府 供图）

余人次，旅游综合收入2860万元。落实“河长制”工作，金洲村被评为市级小微水体管护示范片，3月江背镇作为乡镇代表在湖南省小型水库样板县创建暨标准化管理培训班上典型发言推介。（熊志青）

【社会建设】 2021年，江背镇组织召开“屋场会”500余场，发放宣传资料5万余份。开展道路交通、食品安全、安全生产、禁毒等培训近100次，覆盖村（社区）、企业、学校等单位700余家。组织专项检查147次，开展安全生产联合执法320余次，排查整改安全隐患1289处，责令停产整顿企业28家。拆除新增违建23处，卫片图斑整改189处。全年办结回复“12345”市民热线1158条，受理并处理县长信箱（含市长信箱转交）交办件信件以及网上群工部来信45条。（熊志青）

【民生事业】 2021年，江背镇办结70个“我为群众办实事”项目，解决200余件群众诉求。完成疫苗接种11.57万剂次。全年发放低保金512.6万元、特困供养保障金403.2万元。开展职业技能与创业培训400余人次，新增就业2537人。在集镇周边利用闲置土地规划建设公停车位100余个。建立建筑领域农民工工资风险监测机制，受理劳动争议案件32件，追回拖欠工资500余万元。组织申报、落实残疾人康复救助项目，托养居家服务60名。新建江背镇敬老院竣工，一期有52名老人入住。（熊志青）

黄花镇

【概况】 2021年，黄花镇面积14083公顷，户籍人口78828人，财政总收入4.12亿元，全镇社会固定资产投资133亿元（含长沙机场改扩建工程、自贸临空区和临空集团），规模以上工业总产值30.45亿元（含黄花综保区），全社会消费品零售总额4.99亿元，比2020年增长25.8%，其他营利性服务业营业收入比2020年增长47%。镇本级财政税收14.02亿元；地方一般公共预算收入2.19亿元。在《中国乡镇综合竞争力报告2020》排名中国中部百强镇榜单第13位。全年依托社区村组网格化管理开展群防群控，3000余党员干部和2000余志愿者开展防疫工作，全镇未发生1例本土病例。推进“党建+‘五零’村（社区）”建设，每周通过抽签的方式讲评19个村（社区）的党建工作完成情况和“五零”建设情况，以会议代替培训，以点评督促落实，各村（社区）均制定“五零”示范组、星级示范户的评选办法。评选星级“五零”村（社区）组28个，星级户47户，星级小区3个。黄花镇党群服务中心投入使用，全年办理个体工商营业执照1500余本、户外广告审批750余个，其他审批服务事项1万余件。（代灵珠）

【产业发展】 2021年，黄花镇7个市重大项目完成投资71769万元。重点完成仙岭墓地二期、回龙垸水系疏通二期、捞刀河流域综合治理、机场路网迁改工程、回林公路提质改造等民生工程。全年工业技术改造投资1.26亿元；新增“四上”企业18家；完成外贸进出口额3500万美元。（代灵珠）

【征地拆迁】 2021年，黄花镇征地拆迁签约613户，腾地640公顷，“清零”48个项目。重点攻克11个历史遗留项目，保障长沙机场改扩建工程、三一智联重卡等重大项目和自贸临空区、长沙经开区26个基础设施和产业项目开工开建，重点攻坚“清零”6个土地收益项目。协调解决团购房源建设中各类问题，为被征拆群众提供团购房项目5个，团购房1000套。（代灵珠）

【环境治理】 2021年，黄花镇70个在建工地落实扬尘治理“八个100%”措施，全年覆盖防尘网30万平方米。投入140万余元对主要水域河道两岸进行清理，对全镇5912处村管小微水体实行网格化管理。全镇无黑臭水体，捞刀河黄花段水质稳定在地表Ⅲ类水以上。迎接中央环保督

察，牵头办理交办问题20个，全部按期办结。（代灵珠）

【乡村振兴】 2021年，黄花镇铺排11个美丽宜居村庄建设点位，全部通过市级验收。通过“激励+奖励”的方式，镇财政给每个点位补贴启动资金20万元，重点铺排小农水、民生立县等项目17个，路网白改黑提质改造，累计补贴300万元。探索“企业+村集体”发展模式，银龙村联合3家企业筹备成立湖南银之龙文旅发展有限公司，建设“饮马捞刀河”生态马道，规模种植“绣球花”，打造都市城郊“网红打卡点”。全年银龙片区接待游客约23.8万人次，全村休闲农业经营收入1680万元，银龙村全年集体收入80万元。（代灵珠）

【社会治理】 2021年，黄花镇开展“戴帽率”专项整治41次，为全镇学生及家长配发头盔3000余顶，“戴帽率”提升至90%；全年疫情防控电话摸排中高风险返长人员、涉外人员8万余人次，酒店集中隔离1200余人，居家健康监测3000余人次，核酸检测38万余人次，接种疫苗13万剂；更新1100块食品安全公示牌；成立专职消防队，在全市消防大比武中3个单项竞赛均排名靠前；规范民办培训机构办学行为，查处3所非法培训机构；整合成立社会事务综合巡防大队，配合公安、执法部门开展全域全天候巡查；通过督促办理用地手续、引导对象自拆、及时组织帮拆等多种措施，拆除历史违建4万平方米，卫片违法图斑销号171宗。（代灵珠）

美丽宜居村庄建设点——银龙村巴山子组

（2021年10月13日摄 黄花镇政府 供图）

春华镇

【概况】 2021年，春华镇域面积12534公顷，户籍总人口4.7万人。全年财政总收入3666万元，一般公共预算收入1678万元；规模工业总产值42644万元，比2020年增长19.9%；固定资产投资175365万元，比2020年增长7%；社会零售品增长额2098万元。完成镇村两级换届选举工作。是年，春华镇获批国家级田园综合体建设试点，被评为省级种业特色小镇、省级文明镇、市级现代农业发展先进单位、市级普法工作先进单位、市级乡村振兴示范镇规划评审一等奖、春华山村被评为第二批全国乡村治理示范村等荣誉。（颜　婷）

【乡村振兴】 2021年，春华镇有种业企业17家、农旅产业项目16个，以种业为主导，湘研种业与世界五百强三井物产达成战略合作。探索与隆平高科技产业园园镇共建，新引进隆平发展等种业企业3家，全镇落户知名种业企业和科研机构16家，打造“种业小镇”形象和“院士农业”品牌。初步建成万亩粮食生产基地百熙文化园，抛砖屋场、战壕文化展示中心建成开园。铺排创建市级美丽宜居村庄点22个，打造鼎盛、安全、荷湖等美丽屋场。9个村（社区）均入选省级乡村振兴示范村，2个村入选省级美丽乡村示范村。春华山村被评为第二批全国乡村治理示范村。村级土地专业合作社实现全覆盖，全镇村均集体经济收入30.6万元，增幅25%，其中，3个村40万余元。（颜　婷）

【社会事业】 2021年，春华镇立面改造60户，治理黄土裸露6处1万余平方米，立案处置焚烧垃圾、秸秆案件6起。发放不动产权证书5829宗，完成34个森林督查卫片核查举证、开展森林防火巡查1500余人次。垃圾分类工作，其他垃圾清运量比2020年下降38%。农户改厕245座。综合施策河长制，镇村河长巡河400余次，整合投入实施“小农水”项目79个。健全社会救助体系，发放救助慰问和补助金242万余元。引进第三方机构，开展年度低保评估核查320户，完成变更194户。（颜　婷）

【综合治理】 2021年，春华镇拆除违建1.06万平方米。组织开展专项行动52次，督促整改安全隐患389条，责令停产整顿小企业、小作坊23家，立案处罚生产经营单位13家。实施道路交通安全综合整治，组织200余人劝导队伍分三班常态劝导，召开“屋场夜话”700余场精准宣教，出动2300余人次联合执法。创建平安春华，集中开展宣传活动6次，建成村级法治文化阵地10处，金鼎山社区成为市县共建法治乡村示范点。
（颜　婷）

【医疗教育】 2021年，春华镇完成新冠疫苗接种6.2万针剂。医院选送7名骨干到市级医院培训进修，全年门诊人次8.3万，住院人次2300人次，花园新村卫生室通过中医特色村卫生室。春华卫生院被评为先进基层党组织、“平安医院”，创建老年友善医疗机构，“清廉医院”建设在省级、市级媒体多次报道。春华中学取得2个免费师范生、69个重高优异成绩。成立“秋实”青年教师成长营开展小学教研活动，吸引60余名青年教师参加。春华中学长沙市农村教师名师工作室英语和数学工作站通过市、县教育局的验收评比，评为市级优秀农村名师工作站。长沙县教育教学常规视导大桥小学、中心小学和春华中学获一等奖，春华中学创市级平安校园，长沙县大课间活动、数学教师素质大赛春华中学均获一等奖。（颜　婷）

【文旅融合】 2021年，春华镇打造百熙文化园、抛砖屋场建成开园，打造米升博物馆、中特国防教育基地、百熙亲子自然营地等文化和研学特色项目，米升博物馆“从一升难平到升平盛世——一粒种子的报国路”展览入选国家文物局2021年度“弘扬中华优秀传统文化、培育社会主义价值观”主题展览100个推介项目之一，获2021湖南文化旅游产业博览会最佳创新创意奖。（颜　婷）

【百熙文化园开园】 2021年5月14日，春华镇百熙文化园开园。该园立足于张百熙墓和张氏祠堂，历经4年筹备、1年施工，搜集相关文献196篇，图片、扫描件及部分实物155件。百熙文化园项目的建成，是结合春华渡槽、武塘纪念亭、抛砖屋场、恒丰楼及春华山中央阵亡将士墓、乐和大院、米升博物馆、万亩粮食基地等春华旅游精品线路的重要节点。（颜　婷）

【抛砖屋场重建】 2021年，春华镇抛砖屋场主体建筑面积265平方米，占地面积0.153公顷。屋场有10个房间，其中，包括7间生活办公用房，1间工具房，1间厨房和1个陈列展厅。展厅分为“从群众中来——大兴调查研究之风”“到群众中去——与群众同吃、同住、同劳动”“解群众问题——走上共同富裕之路”3个部分，全面展示自1960年以来春华农业发展历程和丰硕成果，成为长沙县党史学习教育和红色旅游的重要阵地。（颜　婷）

果园镇

【概况】 2021年，果园镇面积6858公顷，户籍人口25971人，一般预算收入930万；规模工业总产值1.66亿元；重大项目建设13.75亿元；固定资产投资27.92亿元；社会消费品零售额1277万元；工业技术改造投资1.78亿元；工业投资2.23亿元。是年，果园镇医养融合发展模式被省、市、县民政和卫健部门列为医养（康养）融合示范乡镇；果园卫生院获全国“敬老文明号”称号。完成支（村）两委等换届，6个村（社区）创建“五零”示范村，36个村民小组创建“五零示范组”；推进党史学习教育，开展“乡村振兴大讲坛”等活动，开展“四库建设”，“四库”人才400余人，联系人才进机关、企业、医院、学校、村（社区），推进乡村振兴；开展组户星级创建，实施“123”创建模式，打造星级示范组、户；开展“屋场夜话”，宣讲美丽宜居村庄建设、反电诈等14项重点工作，结合“我为群众办实事”，收集群众意见30余条，解决诉求200余件。浔龙河公交枢纽站、加油站、110千伏变电站、东八线辅道提质改造项目（二期）等投入使用；推进宋水线A段提质改造项目，雅礼田汉实验学校完成4栋教学楼主体封顶。（王利娟）

【民生事业】 2021年，果园镇春节慰问对象695人，发放慰问金177.3万元；发放临时救助金18.8万元；大病救助100人次，大病医疗救助30万元。全年在册农村低保对象256户516人，城镇低保对象5户 5人，发放补助金264.697万元；在册特困供养人员189户196人，发放特困供养救助金229.71万元。两项补贴发放280人73.684万元。慈善助学24

2021年5月14日，春华镇百熙文化园开园　（春华镇 供图）

人。完成果园镇城乡居民医保参保缴费19675人。免费就业创业培训100人次。完成扶贫小额信贷38户，贷款111.9万元，贴息金额24741.09元。春季雨露计划13人，1.95万元；秋季雨露计划14人，2.1万元。落实防疫措施，累计接种新冠疫苗42780针次。优化公共服务，雅礼田汉实验学校新增学位2500余个，推进卫生院扩建项目，新增床位100个。（王利娟）

【乡村振兴】 2021年，果园镇建设14个美丽宜居村庄铺排111个子项目，总投资2661.5万元。全镇自发筹资1285万元、投劳8280个，拆除围墙2120米、破旧建筑19处，腾地8980平方米。实施“种三产四”丰产工程示范片项目，打造133.33公顷优质超级稻和133.33公顷油菜种植示范片；虾、蛙、水果、花卉、菌类、中药材等特色农业全面发展，打造贯通产加销、融合农文旅的完整产业链，全镇人均收入18845元，7个村（社区）集体经济收入25万元以上。打造数字果园“五零”智慧监测平台，实现基层治理科技化、智能化；档案工作服务农村基层社会治理国家级试点通过省级验收。（王利娟）

【综合治理】 2021年，果园镇拆违1.28万平方米，整改卫片125处。摸排整改道路、消防等隐患530余处；完成“两河流域”截污治理项目8个，建成一体化污水处理站4处，实现果园镇主要居民集中区（古井、木瓜塘、黄狮）的居民生活污水集中收集处理。开展法治宣传20次，接待群众法律咨询、矛盾调解101起。是年，果园镇被评为县普法十佳单位。（王利娟）

【文化建设】 2021年，果园镇与星光集团、浙江蓝城、上海吉加烜、绝味食品、中全教育集团等洽谈合作事宜；与孩真友趣公司合作，全域打造“研学游”；开发智慧旅游小程序，打造文旅IP“牛霸蛮”，获县文旅竞赛奖；举办全国农民丰收节、樱花文化节、第五届龙虾节等重大活动，樱花文化节获市十佳旅游节会，田汉艺术小镇获市十佳特色文旅小镇，受邀参加湖南文化旅游产业博览会，获最佳创新创意奖。（王利娟）

【田汉艺术小镇重大项目集中开工】 2021年5月21日，田汉艺术小镇重大项目集中开工仪式在长沙市雅礼田汉实验学校项目现场举行。田汉艺术小镇文化旅游基础设施配套项目也在当天集中动工。该配套项目包含交通基础设施、公共停车场、金井河堤防生态整治、夜景亮化、智慧系统、国歌研学营地等，总投资10.25亿元。其中，2021年投资4.8亿元，主要涉及宋水线A段道路提质改造项目，东八线辅道（三期）建设，公共停车场、小龙路、浔龙河路建设等。宋水线A段道路提质改造完成后，由6米四级公路提质拓宽为16米宽的三级公路，并与田汉大道、东八线辅道、果园大道形成环形贯通体系。（王晓梅）

路口镇

【概况】 2021年，路口镇面积8828公顷，户籍人口29321人，固定资产投资6.86亿元，规模工业总产值7515万元，比2020年增长25.8%；限额以上社会消费品零售总额527万元，比2020年增长30%；其他营利性服务业营业收入2116万元，比2020年增长54%；外贸进出口总额1500万美元，比2020年增长87%。地方一般公共预算收入996万元，比2020年增长32.1%，7个村（社区）集体经济总收入404万余元。是年，路口镇被命名为2021年度“湖南省安全发展工作示范镇”，路口供销合作社长沙路口物资供销有限公司和通商城被命名为“第20届全国青年文明号”。（夏　花）

【项目建设】 2021年，路口镇铺排政府投资和社会投资重大项目14个，总投资额21.8亿元。推进军信环保、百江和冰宇液化气站、北部农产品市场、凯思力冷链物流、安畅机动车检测站、龙泉社区集镇综合整治、上杉市河治理等项目。完成县一医院扩建项目、西三线管道项目、潜韶管道项目征地拆迁工作。南昌至长沙1000千伏特高压线路工程动迁58户，选派16名驻企防疫联络员开展“四送”工作，帮助12家市场主体申报技改、节能、“两型”、“四上”等项目14个。（夏　花）

【社会民生事业】 2021年，路口镇申报四类人员危房改造9户，其中维修户4户、新建户5户。完成荆华村土地庙—红旗市、晏坡湾美丽屋场道路等10条公路建设。发放临时救助326人次，救助金额27.67万元。推进慈善助学工作，发放助学金14.8万元。举行“陈康白教育奖”颁奖暨座谈会，为29名高考“励志奖”与“栋梁奖”获奖学生发放“康白教育奖”奖学金，计5.8万元。推进“健康服务进万家行动”，配合县一医院完成800余人肺癌早期筛查、2000余人结肠癌筛查。2021年度城乡居民医疗保险缴费工作完成率97.5%，全年医疗救助申报54人次，救助金额近90万元。完成2021年公开事项目录调整完善和查漏补缺，形成2021版基层政务公开事项目录。全年综合窗口服务办件约2000件。路口社区、上杉市村、花桥湾村3个村（社区）档案服务基层社会治理工作通过县级验收。全年监测人口排查7893户28432人；产业帮扶带动669人次增收；投入产业扶贫资金126万元，惠及贫困户234户701人。7个美丽宜居村庄建设点均通过市级验收。创建市级健康乡镇，麻林村被评为省级卫生村，路口社区被评为市级健康村。（夏　花）

【基层治理】 2021年，路口镇制定出台《路口镇社会矛盾纠纷调处工作办法》，调解成功率98%。推进平安创建工作，公众安全感满意度测评、国家反诈中心App推广等工作均排名全县前三位。拆除4起违建，整改卫片图斑77处，消除台账内历史违建12万余平方米。消防安全百日攻坚行动开展检查80余次，检查单位100余家，发现火灾隐患近150条，全部整改到位；集中攻坚工贸企业事故防范工作，检查工贸企业48家，危化单位3家，发现问题181个，立案6起；开展道路交通顽瘴痼疾整治，联合执法200余次，查处违法行为1200起，妥善处理"5•16"事件，开展防溺水宣传、巡查、设施完善，全年未发生学生溺水事故；检查食品经营户327家，做好食品安全创城迎省检、国检工作，是年，路口镇创建省安全发展工作示范镇。（夏　花）

【文旅融合】 2021年，路口镇挖掘大山冲森林公园生态环境资源，制定《湖南长沙大山冲省级森林公园总体规划》，依托隆平稻作公园产业优势，制定"一河两岸三园"发展规划。做好花田厝鲜花艺术小镇、隆平稻作公园、地锦农场、延家谷、乐养谷等一批产业融合品牌，在花田厝庄园举办第四届南国牡丹文化旅游节，花田厝庄园被评为国家AAA级旅游景区。在隆平稻作公园举办2021年中国农民丰收节湖南主场活动、第三届水稻播种节暨湖南金色农丰种业有限公司新品种发布会以及第四届插秧文化艺术节活动。陈康白科教报国生平业绩陈列创建长沙市专业科普场馆（基地），与朱端绶生平事迹陈列一同被授牌为"长沙县党员教育现场教学点"。（夏　花）

高桥镇

【概况】 2021年，高桥镇面积11200公顷，户籍人口28246人，地方一般公共预算收入962万元，比2020年增长31%，规模工业总产值1.52亿元，比2020年增长17.63%，固定资产投资8.23亿元，比2020年增长19%，限额以上社会商品零售额比2020年增长27.1%。发放最低生活保障金339户9600万元，特困供养生活保障金275户7373万元，临时救助95户16.5万元。组织766名适龄妇女参加免费"两癌"筛查。（陈　蓉）

【产业发展】 2021年，高桥镇实施镇级科技特派员制度，为14家企业派驻科技特派员，提升农科成果转化。制定"千人帮千企"实施方案，对24家重点企业开展"一对一"融入式帮扶，指导16家企业申报惠企项目25个，促成8家企业新落户或扩产增能。规模以上企业科研投入554万元。新增大个体直报单位3家，新增规模以上企业2家，新增市高新技术企业5家。5家企业成功申报科技计划项目。湖南天能电机制造有限公司YE3高效电机产品通过国家工信部审核获"绿色设计产品"，联彩生产基地获省级农业技术成果三等奖。尊飨农业小鸭仙产品获湖南省文旅商品大赛美味小吃类金奖。（陈　蓉）

【文旅融合】 2021年，高桥镇制定"一河两岸三点"文旅融合发展方案，以金井河为中心，囊括白鹭湖、紫竹山、高桥老街、省农科院高桥科研基地等，打造4平方千米核心景区。完成维汉故居游客接待中心及周边配套建设项目。紫竹山景区水电路气上山，基础设施进一步完善。引进香里庄园野奢民宿项目并开工。溪清农业完成茶厂提质项目，启动建设茶饮料观摩主题片区，继续推进星空旅人项目。以村集体经济为载体，申报成为长沙市劳动实践基地。（陈　蓉）

【综合治理】 2021年，高桥镇完成棚改二期项目配套基础设施建设工程土方工程，完成同仁路提质改造。推进"五零"建设，创建"五零"示范村（社区）5个。拆除违建1365平方米，拆除整改卫片30处约14340平方米。新建农村公路13条计9.22千米，排查整改省、县、乡道隐患60处，完善道路安防设施20千米。拆除重建3座危桥。实施山塘水库水利项目74个，完成维汉村李家组下双塘整修、百录村孙家组沟渠疏浚衬

2021年9月23日，2021年中国农民丰收节湖南主场活动在隆平稻作公园举办（路口镇政府 供图）

砌等项目。实施67个小农水项目、9个“一事一议”项目。完成高标准农田建设160公顷，恢复良田13.33公顷。综合治理松材虫病树1956棵。关停“散乱污”企业5家，解决环保问题50余个。结合改厕工作，实现农村生活污水资源化利用5600余户，生活污水处理率90%。垃圾集中收集点覆盖率100%，生活垃圾产生量同期减少4.34%，全镇6个村（社区）均创建市级垃圾分类示范村。中央环保督察连续5年零投诉，创建市第一批生态文明建设示范镇。编制《高桥镇2021—2025年乡村振兴规划》，投资1358万元，创建8个美丽宜居村庄，完成54个子项目建设。

（陈　蓉）

高桥镇白石源村打造美丽宜居村庄“多肉庭院示范户”

（周童　2021年9月30日摄）

【民生实事】 2021年，高桥镇推进“一网通办”，受理业务2641件。实现98项行政权力网上办、49项便民服务“指尖办”，帮代办业务1860件。“12345”市民服务热线平台办结工单273件，办结率、满意率均100%。增设高桥民生服务热线，统筹解决群众的重难点问题。健全矛盾纠纷排查调处机制，化解各类矛盾纠纷115起，调解成功114起。

（陈　蓉）

【美丽宜居乡村县级观摩示范点】 2021年，高桥镇白石源塝上屋美丽宜居村庄紧邻省道206和省农科院高桥科研基地，有村民74户234人。项目总投资153万元，具体建设内容包括：道路两旁及庭院绿化、亮化，美丽庭院建设率95%；农户菜地规范建设；沿线房屋环境整治、文化宣传墙打造；生态休闲公园建设；农户周边道路拓宽、美化；生态路建设等，将白石源村打造成美丽宜居乡村县级观摩示范点。该项目将农业科普研学、美丽庭院建设与发展美丽经济相结合，推广庭院多肉种植项目，打造“多肉庭院示范户”20余户，以白石源村集体为主体申报长沙市第一批劳动教育实践基地，发展农旅融合产业，全年接待研学团队10批次，游客5000余人。　（陈　蓉）

金井镇

【概况】 2021年，金井镇面积20957公顷，户籍人口66343人，财政总收入2316万元。全年规模工业总产值10.3亿元，比2020年增长30%；全社会固定资产投资29.4亿元，比2020年增长18%，其中，产业投资26.6亿元，比2020年增长10%，工业技术改革8.69亿元，比2020年增长11%；社会消费品零售总额3208万元，比2020年增长27.4%；利用省外境内资金220万元；外贸进出口销售额1050.15万美元。全年新增规模工业企业2家、规模建筑业企业1家，规模零售业企业1家，大个体企业3家。4月30日，举办第七届长沙（国际）茶文化旅游节品茶健步走大赛。是年，该镇被评为湖南省脱贫攻坚先进集体、长沙市生态文明建设示范镇（第一批）、长沙市乡村治理示范镇等。　（易爱玲）

【产业发展】 2021年，金井镇推广水稻高产优质品种5个，创建省级示范家庭农场3家。推动金龙智造、金威电器等传统工业企业转型升级，工业技术改革投资8.69亿元。提质“长沙绿茶”品牌，编制《金井绿茶小镇发展规划（2021—2023）》，引进刘仲华院士科研团队，建设湖南长沙茶叶科技小院；提质改造200公顷有机茶园和5000平方米老厂房，茶叶年产量2.58万吨；湘丰茶业集团被评为第二届长沙市市长质量奖，跻身中国茶业百强企业第4位。杨立三故居申报省级文物保护点，三珍虎园创建AAA级景区，金井绿茶非遗文化度假区（金井茶厂）和胖仔农庄被评为湖南省五星级乡村旅游点。举办第七届长沙（国际）茶文化旅游节和长沙县第二届红薯文化旅游节，长沙—金井全域旅游直通车通车，年接待游客量连续3年超过100万人。（易爱玲）

【乡村建设】 2021年，金井镇发展适度规模种粮大户125户，粮食播种面积8786.67公顷，粮食总产量6万吨。推广水稻、旱杂粮等优质高产栽培技术，社会化服务面积2333.33公顷，全程机械化作业面积97%，粮食优质率95%，被评为湖南省五星级服务乡镇农技推广机构。改厕400座。推进美丽河湖建设，金井河金井段被评为市级“美丽幸福河”。21个美丽宜居村庄建设点通过市级验收，获长沙市乡村振兴示范创建乡镇规划比选二等奖，金井社区、双江社区、惠农村、新沙村、观佳村、王梓园村、石井村等12个村（社区）被评为省级乡村振兴示范创建村，古井古寺片区规划获第二届湖南省国土空间规划优秀案例二等奖。探索每村0.67公顷集体建设用地指标集中连片使用，14个村（社区）集体经济年收入均超25万元，湘丰村被评为长沙市发展壮大新型村级集体经济先进单位。（易爱玲）

【营商环境】 2021年，金井镇编制《金井镇工程管理实施细则》，投资6.12亿元，推进茶博馆提质改造等29个政府类投资项目和金井名优茶技术升级等4个社会类投资项目。罗代黑猪扩繁场石井基地建成投产。完成双江敬老院提质改造项目。出台《金井镇税源培植方案》《金井镇关于振兴工业实体经济的实施方案》。召开企业家座谈会6次，解决融资、用地等痛点难点问题18个，促成湖南扬海环保、晟通鑫茂等企业落户。完成2宗土地出让，长沙立诚机械智能制造生产基地开工。组织开展手工制茶师、乡村茶艺师、乡村导游、民宿管家、好厨娘等实用型技能培训，培育现代农业领军人才4人、乡村工匠22人和新型职业农民94人。（易爱玲）

【政务服务】 2021年，金井镇推进“一窗受理、一网通办”，受理服务事项2847件，完成帮代办事项76453件。选派35岁以下青年干部下沉村组担任组级指导员。建立诉调对接工作站，建成1个镇级、14个村级综治中心，化解矛盾纠纷280余起，诉调对接8起，被评为长沙县普法先进单位。（易爱玲）

【民生事业】 2021年，金井镇完成镇域内联络线项目建设，推进农裕村、团山村、龙华山村等沿线40千米主要道路白改黑，提质改造观佳小学等5所学校教师宿舍，新增养老院护理床位52张，为65岁以上老人等重点人群提供免费体检1.1万余人次，组织中国共产党成立100周年表彰晚会等系列文化活动20余次，完成镇村两级换届选举，完成燃气入镇选址确认，沙田村创建市级示范“妇女儿童之家”。整改各类安全隐患1800余处，召开屋场会287次，劝导交通违法行为6000余次。成立镇级消防救援队，被评为长沙县平安建设红旗乡镇。（易爱玲）

开慧镇

【概况】2021年，开慧镇面积11474公顷，户籍人口43411人，地方一般公共预算收入614万元，社会固定资产投资21.6亿元，规模工业总产值1.76亿元，社会消费品零售总额777万元，新增大个体企业3家，新增规模工业企业1家。是年，被评为湖南乡村振兴2021年十大优秀案例典型乡镇。（洪　亮）

【基层治理】 2021年，开慧镇完成县乡两级人大换届选举工作，选举产生县人大代表13名，镇人大代表74名；组织召开镇十八届人民代表大会第一次会议，选举产生新一届的人大、政府领导班子。推进镇域内17个专项领域安全隐患大排查大整治，开展交通联合执法90余次，消除道路交通安全隐患40余处，开展专项整治行动50次，检查生产经营单位100家次，立案2起。开展“我为群众办实事”活动，推动镇村干部召开“屋场夜话”130余次，整治地域道交安全隐患16处。帮助村民就近就地就业，组织免费技能培训120余人次。实施开慧小学教师周转房和板仓中心幼儿园维修改造，推动首个民间教育基金“板仓教育基金”募资700万余元，开展低收入特殊人群动态监测帮扶，确定监测户24户继续开展结对帮扶，引导参与产业发展、就地就近就业。（洪　亮）

【基础设施建设】 2021年，开慧镇打造“大爱小镇　开启智慧”人文IP，推动开慧故里国家AAAAA级旅游景区创建。打造文旅标志性项目建设，推进新开慧中学、慧润旅游（总部）接待中心、研创综合楼及二期标准化厂房建设；完成板仓人工湿地治污项目等6个生态项目建设；投资500万余元完成石坝桥危桥改造、李家山社区石坝河河道治理等民生项目9个；投资400万余元推进微民生项目40个。10个村（社区）集体经济收入均25万元以上，壮大村级集体经济经验做法获《湖南省基层党建工作简报》专题推介。推进镇域人居环境整治，改厕800座。开展入河排污口整治、非法采砂整治、“清四乱”等专项行动，铺排“小农水”项目109个，投入资金424.5万元。推进思慧湖水质治理、骄杨路沿线小微水体整治、污水管网改造。（洪　亮）

【乡村振兴】 2021年，开慧镇发动群众筹资165.8万元，筹料折合779.69万元，筹工2.3万余个，自发腾地2.95公顷，投资2900万余元打造美丽宜居村庄点14个，建设美丽庭院699户；做强“院士农业”，打造院士工作站，构建伊润国际酵素循环农业产业园，中国工程院院士印遇龙牵头组建国家级科技小院，开展现场教学23期，惠及农民1500余人次，帮助农民增收500余万元；讲好厅官当村官、行长当组长、市民当农民等经典人才故事，打造板仓教育基金、大学带小学等特色人才品牌，新乡贤经验做法获《湖南乡村振兴蓝皮书》收录出版。探索与望城区白箬铺镇跨区域打造人才振兴发展联盟，搭建开慧乡村创客孵化基地、青年创业人才党支部2个高质量人才服务平台。分类构建乡村人才资源库，入库本土人才253名、在外人才58人。

（洪　亮）

【文旅融合】 2021年，开慧镇举办“百年风华正青春”长沙市庆祝中国共产党成立100周年大型融媒体采访活动，承办“致敬建党百年”万人入党宣誓仪式。推进湖南省特色文旅小镇建设，全镇接待游客200万余人次，综合旅游收入2亿余元。开创文旅合作新模式，整合村集体、大学生创业团队、企业三方合作入股成立文旅公司，9名大学生加入创业团队。

（洪　亮）

福临镇

【概　况】 2021年，福临镇镇域面积82平方千米，户籍人口29492人。全镇固定资产投资70106万元，比2020年增长34.75%；社会消费品零售总额4822.2万元，比2020年增长38.05%。全年在7个村（社区）创建美丽宜居村庄8个，投资总额1257万元，惠及农户483户。疫情防控常态进行。排查监测境外及重点地区人员200余人，核查相关线索约2330条，对重点场所开展日常巡查检查100余次，全面开展疫苗接种。9月，福临镇综合文化站入选湖南省委宣传部“第九届全国服务农民、服务基层文化建设先进集体”推荐名单。

（马　智）

【政治建设】 2021年，福临镇组织中共福临镇第七次代表大会，选举产生中共福临镇第七届委员会委员9名、中共福临镇纪律检查委员会委员7名及出席中共长沙县第十四次代表大会代表7名；完成各村（社区）下设党支部换届选举工作，选举产生下设支部委员84名。开展中国共产党成立100周年系列活动。组织开展“光荣在党50年”纪念章颁发、“七一”慰问、省市县各级“两优一先”推荐、庆祝中国共产党成立100周年总结表彰等活动，评选市级优秀共产党员1人；县级优秀共产党员2人、优秀党务工作者2人、先进基层党组织3人等。巩固“五零”村（社区）建设成果，推行党员联户“135”工作模式，有1101名党员开展设岗定责并公开承诺，890名党员参与联户，联系4242户群众，建设“五零”五星级示范户721户，“五零”五星级示范组24个。

（马　智）

美丽宜居村庄——开慧镇开慧村余家坳

（2021年10月25日摄，开慧镇政府 供图）

【项目建设】 2021年，福临镇福商汇飞地楼新引进企业25家，总入驻企业45家。石牯牛水闸建成并投入使用；完成省道323线起点段绿化提质工程；配合县交通局开展县道053线提质改造项目（投资额4600万元）的拆迁腾地、协调；配合县重点项目建设事务中心开展县道024线提质改造工程施工；启动2021年道路安全隐患整治（年度）工程；推进棚户区改造配套项目实施，开展影珠山北向环山公路水毁修复工程，进行景区道路除险治理；申报公路建设项目30个，会同交通局公路科完成现场踏勘核实定位。申报公路养护项目24个，计4415平方米混凝土换板大修。协作完成高花美丽宜居点示范点建设工作。12月，影珠山景区被评为国家AAAA级旅游景区，推进《福临镇文旅产业发展规划》《影珠山森林公园生态修复总体规划》编制。（马　智）

【综合治理】 2021年，福临镇规范镇综治维稳和矛盾纠纷调处中心、村（社区）综治工作站三级平台建设，建立矛盾纠纷联调、社会治安联防、重点工作机制。处理行政案件32起，行政处罚35人，治安处罚13起，治安调解11起，立案27起，破案17起，刑拘40人。健全矛盾纠纷排查调处机制，排查化解各类矛盾纠纷58起，调解成功48起，涉及金额 37万余元。开展安全生产计划执法58次，根据《全县工贸企业事故防范集中攻坚行动方案》，开展执法15次。取缔6家违法经营烟花爆竹店，移送案件3起，行政拘留6人。开展专项行动60次，检查企业及各生产经营单位 914 家次，发现并排除一般安全隐患 535 处。按照“一单四制”，整改销号重大安全隐患 1 处，警示约谈相关单位负责人 9 人次，立案处罚 50 起（包含行政执法案件），处罚金额 9.57 万元。推行“最多跑一次”改革，全年完成就近办业务 25612 件，完成“一网通办”平台事项 3305 件。建立健全河长制工作体系，落实两级河长巡查制度与河道保洁制度。采取强硬执法手段整治违法焚烧现象，立案 10 起，罚款 6500 元。受理群众环境问题举报 12 条，全部整改完成。做好卫片图斑整改，复耕复绿 38 处，拆除违章建筑 2 处约 2000 平方米。（马　智）

【民生事业】 2021 年，福临镇走访慰问困难家庭和困难退役军人 698 户，发放慰问金 95.72 万元；大病医疗救助 63 人 54.22 万元；临时救助 84 人 13.02 万元。城乡居民养老保险参保 5938 人，参保金额 231.23 万元。制定 2021 年劳动技能培训方案，开展育婴员、养老护理员等技能培训。开展适龄妇女两癌筛查，督促家庭医生签约履约，启动 65 岁以上老年人和重点人群健康体检。（马　智）

【文化建设】 2021 年，福临镇组织举办“童心向党，红色故事我来讲”读书分享会、“百年荣光，星火“湘”传党史知识有奖问答、“庆祝建党百年·共建美丽乡村”书画展等各项文化活动 20 场次。推进文旅融合。依托“陈树湘”和“影珠山”2 张名片，开辟 9 条党史教育红旅线路，开展 6 期“红旅小镇·闪耀福临”新名片专题宣传推广，接待团体 415 批次，接待 14.8 万人次，开设党课和宣讲 232 余堂。镇综合文化站获“第九届全国服务农民、服务基层文化建设先进集体”省级推荐名单。福临镇《探访“断肠师长”故里　重温高于生命的革命理想》在党史学习教育官网要闻区发布。（马　智）

青山铺镇

【概况】 2021 年，青山铺镇面积 4619 公顷，户籍人口 20465 人，财政总收入基础税源 3853 万元，一般预算收入基础税源 1692 万元，固定资产投资总额 4.9 亿元，社会零售商品总额 366 万元，外贸进出总额 55 万美元。是年，青山铺镇被评为全国乡村治理示范镇，创建“省四级敬老院”；建成河长制主题公园，把浔龙河打造为长沙市“美丽幸福河”，被评为长沙市现代农业发展先进单位、“长沙市卫生镇”，天华村被评为“长沙市卫生村”。

2021 年，青山铺镇 940 名党员联系服务群众 4700 户，为群众月均办实事 300 件以上。以天华调查旧址现场教学点为载体，培训专职红色讲解员 5 名，培育群众红色宣讲员 28 名，培养镇、村干部红色宣传员 62 名。长沙县红十字会天慧园分队志愿服务常态化，开展文明创建志愿服务；树立全国“敬老爱老助老模范人物”张碧双、“全国五好家庭”熊壮、“一米先生”朱柱等先进模范人物，在推动乡村治理、浓厚文明新风上发挥示范带头作用。（孙　洁）

【乡村振兴】 2021 年，青山铺青山铺镇打造“天华红”“社区紫”“洪河绿”3 个美丽宜居村庄集群，建成 2 个市、县美丽宜居村庄示范观摩点。美丽宜居村庄建设项目涵盖文书塘组、王家冲组，实施子项目 12 个。引流对接红色文旅产业，打造文书塘“乡村客厅”，融党性教育、文化旅游、产品展销、组级议事等功能于一体，将天华调查旧址每年 10 万余人次的游客引流到文书塘。发展绿色休闲产业，构建“村级集体经济 + 组级集体经济 + 农户”的运营模式，配套文书塘“乡村食堂”“乡村民宿”。（孙　洁）

【产业发展】 2021 年，青山铺规划低碳智慧产业园区，推动工业用地向

2021 年 9 月，福临镇综合文化站入选湖南省委宣传部“第九届全国服务农民、服务基层文化建设先进集体”推荐名单。图为福临镇综合文化站

（福临镇政府　供图）

2021年，青山铺镇天华村文书塘　　（青山铺镇政府 供图）

工业板块、工业园区聚变，临汨罗工程机械配套产业园规划建设180公顷“青山工业园”；规划打造天华红色产学研示范区，列入“全省文旅融合发展示范项目”创建名单，纳入县“北斗七星”项目，推进“红色综合体”（党性教育、游客服务、文明实践、产品展销）项目建设；与省市县委党校合作开发红色产学研精品课案，与省艺校、省艺术家协会合作打造“大沙里文化创意村落”；引入英杰生物科技项目，“狮翊”葡萄酒庄建设用地获批。推动洪河万亩粮食示范片招商，打造新时代“稻作公园”，发动镇村干部、乡贤、“两代表一委员”等招引30余家企业落户。（孙　洁）

【招商推介会】 2021年6月，青山铺镇举办乡村振兴招商推介会，青山铺镇政府现场分别与8家园区、企业、机构签订合作意向。与“青山铺子”等农业品牌达成合作协议，与湖南上嵘文化传播有限公司达成协议在洪河村落户后打造一个以研学为特色的文旅项目；与湖南不咸品牌管理有限公司签约，在天华片区落户打造专属青山的乡村露营集市，运用新媒体助推青山小镇成为网红经济的新亮点；中共长沙县委党校为刘少奇天华旧址授予“中共长沙县委党校现场教学基地”称号。　（孙　洁）

【社会事业】 2021年，青山铺城乡居民养老保险缴费人数6795人、医疗救助622人次，春节慰问困难家庭重度55户，中度90户，一般160户。低保213户376人，特困135户146人。动态管理低保、特困供养人员，完成疑似残疾人鉴定20人次。组织144人参与无偿献血，处理回复信访案件8件。　（孙　洁）

【基础设施建设】 2021年，青山铺集中投入近3000万元升级基础设施，完成3个闸坝水毁修复工程、10.17千米农村公路硬化及“白改黑”工程，城赛路拓改工程竣工验收，提质改造中心学校、镇卫生院等基础设施；推进“厕所革命”、垃圾分类减量，卫生改厕3589座，建成镇村垃圾处置、资源回收利用体系。　（孙　洁）

安沙镇

【概况】 2021年，安沙镇域面积15942公顷，户籍人口56536人。财政总收入12712万元，基础税收收入24642万元，地方一般预算收入11665万元，比2020年增长38.2%；建安、房地产非基础税收11084万元。规模工业总产值21.97亿元，比2020年增长29.50%，社会零售品销售总额3.19亿元，比2020年增长19.90%，固定资产投资57.2658亿元。市外境内招商引资到位资金1.2亿元。新增“四上”企业5家，大个体户6家。是年3月，陈干武被中央精神文明建设指导委员会办公室评为“诚实守信中国好人”，安沙镇人民武装部被长沙市委、长沙市警备区评为“基层人民武装部全面建设五星级达标单位”及“2021年度先进基层人民武装部”。　（黄赛军）

【产业发展】 2021年，安沙镇统筹发展新技术、新产业、新业态、新模式经济和未来产业等，湖南琨基建设集团有限公司、湖南志鹏建设集团有限公司、湖南松雅建设集团有限公司等总部经济项目落户，新加坡玮仕集团、长沙县大铃仓储有限公司等一批优质产业集聚。投资11.16亿元推进7个重大项目建设，铺排拆迁项目43个，腾地80.87公顷。完成香堤北路大桥、安沙大道、金安大道等基础设施建设。出台企业联系帮扶机制和奖扶政策，帮助民营企业取得授信额度1.5亿元，新增市场主体个体868户，企业458家，指导33家企业申报上级资金398.2万元。　（黄赛军）

【乡村振兴】 2021年，安沙镇推广“粮食生产全流程社会化服务”模式，种粮面积20公顷。铺排花卉园基础设施项目16个，花卉园生产基地面积246.67公顷，智能温室大棚1万平方米，连栋大棚10万平方米，花卉产业年产值2.5亿元。推进14个美丽宜居村庄点建设，打造美丽庭院703户，油铺村被评为“省级美丽乡村建设村”，万家铺等6个村被评为“市级美丽乡村建设村”；推进66

2021年12月，湖南琨基绿色智慧建筑产业园项目落户安沙镇，图为琨基公司总部临时办公大楼　（安沙镇政府 供图）

处小微水体建设，关山水库、油新河被评为“市级样板河湖”，新华村创建“市级小微水体示范片”。支持村级集体经济合作社参与花卉、中药材种植、稻虾养殖等近郊休闲综合经济体发展，16个村（社区）集体经济年收入均为30万元以上，三合社区等4个村（社区）集体经济收入均为50万余元。　（黄赛军）

【城乡建设】 2021年，安沙镇投入2.89亿元，推进毛塘片区5.74千米道路、景观、风貌提质项目。完成黄桥安置区、梓福园墓地、花卉园等镇级项目以及松雅湖生态新城项目规划调整工作。整改卫片图斑158处，拆除违建1.4万平方米。推进“平安安沙”建设，以“屋场会”等形式开展反电诈、禁毒、扫黑除恶、法治建设等宣传。检查企业场所4934家，立案3360起，办结投诉749件。

（黄赛军）

【民生社会事业】 2021年，安沙镇春节慰问困难群众482人，93.6万元。困难居民医疗救助196人次，发放困难居民救助金额1984519。大病补充医疗报销36人次15.48万元。全镇新增就业550人，农村转移劳动力新增就业233人。开展就业技能培训900余人次，创业培训3300余人次。城乡居民养老保险缴费人数16401人633万元。实行联村党政、联村干部结对帮扶机制，对12户38人监测户实现动态管理。铺排道路提质改造项目30个，排查治理道路安全隐患65处。实施“精准惠民微建设”项目6个，安沙镇综合性养老服务中心运营，被评为“长沙市2021年基层人力资源和社会保障平台标准化建设优秀乡镇”。推进实施民生实事项目43个，解决民生实事436件、群众诉求6800余个，全年帮代办事项1.5万件，完成镇村两级换届选举工作。疫情防控工作，处理摸排大数据近4万条，发动辖区群众参与疫苗接种8.14万针次。　（黄赛军）

【文化教育】 2021年，安沙镇举办第七届“安沙杯”篮球赛，承办长沙县“三湘农民健康行”暨“5·29”计生协会纪念日活动。和平村“儿童防溺水 我们在行动——暑期防溺水宣讲团走进乡村公益活动”得到人民网、新湖南等媒体宣传推介。5月，长师附属春建小学获首届全国中小学云上运动会湖南省十强校园。长沙快板《田汉精神永传承》参加湖南省文化和旅游厅组织开展的“艺心向党·云游湖南”——庆祝中国共产党成立100周年主题作品创作和征集活动中，被评为戏曲类优秀作品。参加长沙县“永远跟党走”庆祝中国共产党成立100周年群众合唱比赛，获总决赛金奖；参加“百年风华 红动星沙”长沙县第十一届全民健身广场舞大赛并获银奖。　（黄赛军）

【和平村入选第三批湖南省乡村旅游重点村】 2021年，安沙镇和平村重视人文历史旧居恬园—棠坡清代名居的修缮保护。5月，恬园整体提质完成，村部建有村图书室、娱乐室、妇女儿童之家、运动场等文体设施。以棠坡清代民居为中心，先后引进湖南融康农业有限公司、湖南省桑蚕科学研究所等企业，注册恬园富硒矿泉水商标，有杨梅园、红枣园、葡萄园三大果园。开发杨梅、茶叶、红枣、葡萄、橘子等水果以及中药材如金银花、杜仲、厚朴、天麻等林副产品等旅游商品，实现林业经济产业化。全村有农家乐、民宿10家，床位200余个，有天艺山庄、和平饭店等。全年接待游客16.2万人次，旅游从业人员246人，人均旅游收入2.2万元，全村村民平均收入由3200元到提高到25480元，其中，旅游业产生的人均收入8000元。12月14日，和平村被评为湖南省乡村旅游重点村。

（黄赛军）

北山镇

【概况】 2021年，北山镇面积14500公顷，户籍人口53423人，一般公共预算收入2228万元，固定资产投资19.06亿元，规模工业总产值9.74亿元。外贸进出口281.67万美元，规模工业研发经费投入3178.7万元。新增“四上”企业2家。举办“永远跟党走”庆祝中国共产党成立100周年群众合唱比赛等。完成11个村（社区）“两委”班子换届工作，选派46名优秀机关党员干部与村（社区）下设支部一对一联点共建，开展设岗定责、公开承诺的党员1608名，党员联户10543户，开展走访7996次，解决“五零”问题479个。完成“我为群众办实事”300余件。（刘　容）

【项目建设】 2021年，北山镇投资3700万元的“两河七口”截污提质7个子项目完成竣工验收。北山产业园一期规划9.47公顷，正进行征地报批。产业园招商中洽谈项目26个，金树机械等3个项目通过二次招商形式供地。投资800万元的北山大道辅道（K0+740～K1+400路段）项目完成进度75%。（刘　容）

【农业农村】 2021年，北山镇早稻播种面积3280公顷，夏秋粮种植面积3432.67公顷。完成白沙河新云村河段治理工程、新桥社区盘中坝重建工程、北山灌区节水配套改造项目狮山片管道尾端建设工程，完成白沙河二期高仓段河道治理3520米、石常港水毁河道治理1174米。推进生态移民，完成荣合桥安置区二期132户、启动明月山安置区62户、分散安置91户。启动6个美丽宜居村庄示范点建设并通过验收，筹资37.5万元，筹劳353个，筹料价值9.8万元，铺排子项目45个，涉及农户308户1208人。统筹村级集体经济发展，11个村（社区）均年收入25万元。（刘　容）

【民生事业】 2021年，北山镇落实常态化疫情防控措施，全镇完成新冠肺炎疫苗接种65134剂次32559人。城乡低保应保尽保，全镇享受最低保障人员554户943人，在保特困供养人员425人。城乡居民养老保险和医疗保险参保率100%。完善养老服务基础设施，完成北山敬老院护理区改造。推进儿童之家建设，村、社区覆盖率100%。优化政务服务功能，提升便民服务水平，全年受理各类政务服务事项2863件。采取上门指导方式破解企业用工难题，全年春季招聘会198人现场达成用工意向，首期电商网络创业培训25人结业，帮助村（居）民就近就业增收。统筹推进农村基础设施建设，推进县道037、县道038提质改造工程，投入825万元建成村级公路15千米，开展道路养护728.25千米（其中，县道36.2千米，乡道38.45千米，村组道路620千米），农村路网更畅通。申报山塘、沟渠、河坝等小农业水整治项目104个。（刘　容）

【社会治理】 2021年，北山镇完成农户无害化厕所改造500座。发放宣传海报4000余份，开展巡查80余次，联合行动30次，发现并处理违规焚烧4处。加强白沙河河段及5条支流水质监测、河道保洁、问题清零，水质基本稳定在Ⅲ类标准。全年拆除历史违建6处4590平方米。结合新一轮创建全国（县级）文明城市工作，组织党员、群众志愿队开展平安出行、垃圾分类、移风易俗等志愿服务活动300余次，发放宣传资料3000余份，依托16支“五老”“银发”“青年”宣讲团队，开展义务宣讲400余次。构建镇村组三级人民调解网格化机制，调解各类矛盾纠纷70余起，成功率95%。开展护路联防工作，发放爱路护路宣传资料2000余份，借助微信平台发现并消除各类涉铁安全隐患100余起，2021年获市委办“一事一奖”150例。开展“一村一课堂”禁毒知识宣讲，发放宣传资料2万余份。开展生产经营单位安全排查900余次，整改问题隐患1000余处。开展“多合一”场所消防安全排查整治，发放宣传资料1200余份，镇专职消防队伍参与处置火情15起。开展食品安全联合执法检查80余次，查办案件20起，食品监测合格率99%以上，药品监测合格率100%。（刘　容）

人物 · 荣誉

编辑　刘晓柏

先进个人

【沈裕谋】 男，汉族，1971年8月出生，湖南省浏阳市人，博士学位，中共党员。1990年6月参加工作，历任浏阳市张家冲煤矿干事、生产技术科长、工会主席、副矿长，浏阳市文家市镇党委书记，浏阳市委常委、浏阳市委办公室主任，长沙市开福区委常委、区委办公室主任、区长、区委书记，长沙县委书记等职。2020年12月至2021年8月，任中共长沙市委常委、长沙经济技术开发区党工委书记、中共长沙县委书记、长沙高铁新城党工委书记（兼）。2016年7月至2019年3月担任开福区委书记期间，沈裕谋实施“升级发展、成就北富”行动。2018年，开福区地区生产总值1045亿元，同年9月入选中国高质量发展百强区。2019年3月任长沙县委书记后，沈裕谋坚持党建引领，聚焦经济抓产业、抓城市、抓民生，提出“率先现代化、追赶前三强”“率先打造三个高地，建设现代化示范区”。2020年，长沙县获国家级荣誉23项、省级荣誉50项，其中，疫情防控获党中央、国务院、中央军委嘉奖，国务院真抓实干激励4项；首次被评为县域发展质量优等级县市，稳居县域经济与县域综合发展百强第四位；连续14年蝉联中国最具幸福感城市（县级）。2021年6月29日，沈裕谋被中共中央组织部授予“全国优秀县委书记”称号。

（周进银）

【郝鹏】男，汉族，1979年4月出生，宁夏中宁人，工学博士，中共党员，山河智能装备股份有限公司挖掘机研究总院院长。郝鹏20年来始终用创新坚守初心、用技术浇灌收获、以实干笃定前行。他率先提出人机交互及信息传递方式五种动力系统匹配算法模型，突破国外竞争对手在该领域的垄断，有效解决挖掘机复杂工况下突变大负载的技术难题。提出一整套挖掘机控制功能及算法，打造出系列省油中大型挖掘机，相比传统挖掘机省油10%以上，节能技术达到国际领先水平。主持完成湖南省科技计划项目“高效率低排放矿用挖掘机”，液压主阀回路的设计和电液控制系统软件达到国际领先水平。累计申请专利20余项，发表论文20余篇，获湖南省科技成果、中国发明专利优秀奖等10余项。带领团队创新开发出从0.8吨到90吨的50余款挖掘机精品，申请专利100余项，近10年累计销售收入超过125亿元。郝鹏先后被授予全国“五一劳动奖章”“全国劳动模范”等称号。2021年6月，郝鹏被中共中央组织部授予“全国优秀共产党员”称号。（彭　辉 黄政鸿）

【万爱军】男，汉族，1975年7月出生，本科学历，中级工程师，高级技师，广汽三菱品质管理部整车品质科工作。从事汽车技术解析工作20年，解决玻璃升降器异响、外倾角超差等关键性课题100余项。曾获2016年长沙市“十行状元，百优工匠”（汽车修理工）竞赛第一名，湖南省“十行状元，百优工匠”（汽车修理工）竞赛第二名，被评为湖南省“十行状元，百优工匠”竞赛活动百优工匠（汽车修理工）、2016年中国汽车业十大工匠、湖南省技术能手，被授予2017年长沙市“五一劳动奖章”、湖南省“五一劳动奖章”称号。在2020年10月举行的长沙市发动机竞赛中，其执教团队5人进入前十名，1人获长沙市“十行状元”称号，4人获长沙市“百优工匠”称号。2021年4月，万爱军被中华全国总工会授予全国“五一劳动奖章”称号。

（李钒溦）

【万兴兰】 男，汉族，1974年8月出生，2002年6月加入中国共产党，现任长沙县市场监督管理局党组成员、县食安办副主任。自2010年从事食品安全监管工作以来。在《中国食品安全报》等媒体发表文章257篇，组织刊登专栏142期。作为全县食品安全监管专家组核心成员，万兴兰在全国率先开创农村集体聚餐公司化服务模式，在全省率先成立县级食品安全检测中心；在全市率先提出打造透明厨房，在全市最早提出全面禁止销售和使用散装食用油的做法。2015—2017年，长沙县食品安全监管方式连续3年被评为全国民生示范工程。自2016年以来，他带领全县执法人员深入开展“清源”等专项行动70余次，立案查处食品安全违法案件1715起，查扣不合格食品3万余千克。2014年被评为长沙县劳动模范，2016年被评为长沙市优秀共产党员。2017—2019年，连续3年被评为长沙市食品安全工作先进个人；2021年2月，被国务院食品安全委员会评为“全国食品安全工作先进个人”。

（张贺明）

【罗奥】男，汉族，1984年3月出生，长沙县人，中共党员，农学硕士。2013年5月起在长沙县农业局农产品质量安全监管科工作，2016年1月任长沙县农业和林业局粮油与种子管理科副科长，2016年8月任长沙县扶贫开发办公室主任，2019年2月任长沙县农业农村局扶贫开发事务中心主任。作为全县扶贫工作业务负责人，罗奥负责全县脱贫攻坚任务推进落实，务实高效，无私奉献，为全县精准扶贫工作做出积极贡献。在其带领下，全县所有贫困户全部高质量脱贫，所有贫困村全部如期实现脱贫攻坚目标。长沙县扶贫开发事务中心于2020年获得长沙市脱贫攻坚专项奖励，长沙县扶贫工作在历年省、市扶贫考核中多次评价为“好”。2019年10月，罗奥被湖南省扶贫开发领导小组评为“湖南省百名最美扶贫人物”。2021年4月，罗奥被中共湖南省委、湖南省人民政府评为湖南省脱贫攻坚先进个人。

（徐　赛）

【石争】男，汉族，1977年5月出生，

长沙县北山镇人，中共党员，硕士研究生。2007年7月任长沙县物价检查所所长，2009年10月任共青团长沙县委书记、党组书记，2012年3月任长沙县路口镇党委副书记，2012年4月任长沙县路口镇镇长，2015年12月任长沙县金井镇党委书记，2020年4月长沙县春华镇党委书记。他始终将提高脱贫质量作为最大的政治责任，既负责全面又蹲点包村，遍访贫困户，为群众摆脱贫困搭桥领路，高质量实现春华镇全面脱贫。发展特色农业，助创业脱贫。将时鲜花卉产业作为支柱产业，投资100万元打造花卉产业扶贫种植基地，帮扶全镇9个村154户400名建档立卡贫困户或边缘户学习花卉种植技术，一个产业周期内人均增收1030元。搭建销售平台，助创收脱贫。动员本地重点企业向困难劳动力提供实操岗位，累计实现农村人口转移就业1000余人次，组织专业技术人员免费培训100余次。组建物流配送体系，打造“龙头企业＋其他经济组织＋农户”的产销渠道。通过销售运输配送体系，将贫困户、扶贫企业扶贫产品配送至长沙市34家企事业单位，2020年以来累计配送扶贫产品230万余元。盘活资产资源，助创新脱贫。推动春华镇第一批特色民宿集中开业，带动当地农民就业，促进农产品销售。鼓励各村（社区）党总支培育农民合作公司，开拓集体资产抱团发展之路，形成村民共建共享的新型集体经济发展“塅港”模式。全镇9个村（社区）每年集体经济收入266万元，村均年收入20万元以上。2021年4月，石争被中共湖南省委、湖南省人民政府评为湖南省脱贫攻坚先进个人。

（张　琪）

【陈长辉】男，汉族，1968年2月出生，长沙县人，中共党员，本科学历。2003年1月任长沙县果园镇副镇长，2007年10月任果园镇党委委员、副镇长。2010年4月任泉塘街道办事处任党工委委员、办事处副主任，2012年9月任长龙街道办事处政协联络处主任，2017年1月任长沙县政协农业农村和人资环委副主任，2018年4月至2020年3月兼任江背镇朱家桥社区第一书记（扶贫队长），2020年3月起兼任果园镇金江新村第一书记（扶贫队长）。驻村帮扶以来，陈长辉走访所有建档立卡贫困户（28户82人），以及老党员、老干部、知名人士和其他困难群众等，当好扶贫政策宣传员。开展产业扶贫和就业扶贫，指导贫困户发展养牛、养鸡、养蜂、种油茶等产业。2020年帮助贫困户种植油茶2343株、牡丹924株等，助销扶贫产品30万余元，户均增收5000元以上，贫困户人均纯收入增至2.1万元。2020年为贫困户解决困难20余个，帮助贫困户实现微心愿10余件。发展集体经济，盘活村集体资产，金江村集体收入由2019年的60万余元增至100万元。2021年4月，陈长辉被中共湖南省委、湖南省人民政府评为湖南省脱贫攻坚先进个人。

（徐　赛）

【曹丹】女，汉族，1987年6月出生，湖南长沙人，中共党员，硕士研究生学历。2013年9月参加工作，历任长沙县果园镇杨泗庙社区支部书记助理、园镇人民政府扶贫专干、果园镇人民政府农办副主任、果园镇扶贫工作站站长、果园镇扶贫工作站站长（兼财政所副所长）等职。2021年6月起任长沙县果园镇党政办主任、兼便民服务中心主任。她准确掌握精准扶贫政策精神，通过入户宣讲、文艺会演等宣传脱贫攻坚政策。先后主持制定《果园镇精准扶贫工作要点》《果园镇精准扶贫督查工作实施方案》，争取各级支持，实现县、镇干部直接联户帮扶工作全覆盖。组织开展青年文明号“百号联百户”、捐资助学、春节慰问、扶贫日义诊、龙虾节扶贫产品义卖等活动。通过“合作社＋农户”产业扶贫模式，组织长沙县红花蜜蜂养殖合作社等扶贫企业开展芦花鸡、蜜蜂养殖以及东红牡丹种植等产业帮扶，开设新型农民大课堂，邀请专业技术人员进行技术培训。与湖南省农村信用社联合社合作开展扶贫小额信贷，累计为困难群众发放小额信贷387.9万元。设置扶贫产品销售点，联系敬老院、后盾单位、商会等积极促推消费扶贫，2020年销售扶贫产品130万余元。依托长沙县家味浓香生态种养专业合作社开设扶贫车间，帮助10名贫困劳动力解决就业；开发5个扶贫公益性岗位，依托田汉文化园、田汉艺术小镇等项目优先安排贫困劳动力就业。2018年10月28日，曹丹被中共湖南省委、湖南省人民政府评为湖南省脱贫攻坚先进个人；2020年，被评为长沙市青年岗位能手，并获长沙县人民政府嘉奖；2021年4月，被中共湖南省委、湖南省人民政府评为湖南省脱贫攻坚先进个人。

（徐　赛）

【梁武】男，汉族，1989年9月出生，湖南长沙人，中共党员，硕士研究生学历。2016年2月参加工作，历任福临镇公共服务中心副主任、扶贫专干等职。2021年2月任福临镇农业综合中心主任、扶贫工作站站长。自2017年6月开始从事扶贫工作以来，梁武坚持下村入户、走访调查，指导帮助各村（社区）开展扶贫工作，帮助贫困村影珠山村制订计划，参与制定《福临镇精准扶贫实施方案》《福临镇产业扶贫实施方案》等。通过政策争取、因户施策，全镇234户建档立卡贫困户全面脱贫，生活水平明显改善。铺排产业项目，贫困村影珠山村“稻蛙共生”综合种养项目，贫困户全覆盖，实现分红单人户1652.67元、多人户1813.95元；帮助金牛村实施长效产业扶贫项目，2019年户均分红511.6元，2020年户均分红711.6元。组织建档立卡贫困户参与就业培训，开展“家政服务”“维修电工”等职业技能培训活动，100余人受益。2020年，梁武获长沙市脱

贫攻坚专项“记功”奖励。2021年4月，梁武被中共湖南省委、湖南省人民政府评为湖南省脱贫攻坚先进个人。（徐　赛）

【陆加良】女，汉族，1970年12月出生，长沙县开慧镇人，中共党员，大专学历。2005年7月至2010年3月在葛家山村计生助理，2014年3月至2020年10月任开慧镇葛家山村村委委员，2020年10月任开慧镇葛家山村党总支委员、村委委员。2014年，陆加良主动承担葛家山村脱贫攻坚任务，带领全村贫困户实现稳定脱贫。她把贫困户当亲人，熟知每家情况，总是第一时间帮助贫困户解决困难，长期帮助有智力残疾的余洪伟母子3人等贫困户。先后争取3家镇内企业支持，带动贫困户致富。长期帮助贫困户推销农产品，实现创收。2017年，陆加良被评为长沙县“千名帮扶成效突出干部”；2021年4月，被中共湖南省委、湖南省人民政府评为湖南省脱贫攻坚先进个人。（徐　赛）

【林金良】男，57岁，1964年11月出生，长沙县金井镇湘丰村人，1994年加入中国共产党，大专文化。1991年12月参加工作，历任脱甲乡军民村支委委员，金井镇军民村副书记、村主任，金井镇西山村支部书记、村主任等职。2016年3月起任金井镇湘丰村党总支部书记、村委会主任。林金良扎根基层、服务群众，带领党员干部从事义务劳动，2018—2020年义务出工1700余个。制定湘丰村十年发展规划，将“坚持党建引领，以一街带五园发展，打造现代农业产业板块和建成全国美丽乡村示范村”定为发展布局总体目标。湘丰村旅游观光产业初具规模，年均游客量超60万人，促进湘丰村一、二、三产业融合发展，支持和鼓励村民就业创业。2018年，帮助本地劳动力1200余人就业，务工收入近4000万元。创新土地制度和集体产权制度等改革，组织召开干部、群众座谈会30余次，走访村民、听取群众意见100余条（次），湘丰村成为国家农村综合性改革试点村，村级集体经济收入由2016年的8万元增至2018年的56万元。2021年6月25日，林金良被中共湖南省委授予“湖南省优秀共产党员”称号。（周进银）

【李军】男，汉族，1976年2月出生，长沙市雨花区跳马街道人，1996年6月加入中国共产党，1996年8月参加工作，先后在长沙天山水泥厂、江背镇、县司法局、县城管局、县执法局等单位工作。2016年1月起，李军先后担任县执法局直属分局星沙中队副中队长、春华分局负责人、春华行政执法队副队长、黄兴行政执法队副队长。2020年年初，面对突发的新冠病毒感染疫情，李军第一个响应号召，主动参加党员突击队，带领队员逐一检查集镇各门店，配合做好企业复工复产和返乡人员情况摸排工作，连续40余天吃住在单位。在抽调至黄兴镇参与拆违攻坚工作后，李军主动放弃节假日休息，带领队员走村入户摸排建档、走访宣传，成功拆除会议会展城核心区域各类违建900余处，拆除中港物流园及长沙轨道维保运营基地违章建筑5万余平方米。2021年3月26日上午，在带领执法队员执勤过程中，李军发现黄兴镇境内香樟路隧道上方辅道有电线脱落堆积在路面。为消除安全隐患，李军第一时间联系黄兴镇城市管理服务中心，并在现场指挥交通。一辆汽车挂到电线，正托举电线的李军被带飞掉入香樟路隧道内而受重伤，经送医院抢救无效不幸因公牺牲。4月13日，李军被中共长沙县委追授为“长沙县优秀共产党员”。6月25日，李军被中共湖南省委追授“湖南省优秀共产党员”称号。（周进银）

【骆从辉】男，汉族，1975年8月出生，湖南资兴人。1996年6月加入中国共产党，1996年7月参加工作，先后在资兴市碑记乡政府、资兴市信访局、中共资兴市委组织部、中共长沙县委组织部工作。2017年11月起任长沙县委组织部副部长、基层办主任、两新工委书记等职务。骆从辉从事党务工作16年，推进基层党建创新发展，打造出一系列在全国有一定影响力的党建品牌。以党支部“五化”建设为着力点，通过创新推行分类定标、分类设置、分类指导、分类管理“四分”工作法，基层战斗堡垒更加巩固。组织排查整顿农村发展党员违规违纪问题工作，累计排查中共十八大以来新发展党员3895名，制定党员发展管理制度文件。先后推出“党建+”模式、党建“020”服务、党员“三务”积分管理、小区治理“三五模式”等创新举措，长沙县农村基层党建、村级集体经济、村级活动场所建设、党员教育管理等做法多次被《湘组信息》《组工信息》等进行推介。《“口袋里”党建小阵地，“零距离”党建大服务》被评为2018年全国基层党建创新最佳案例，《构建“全链条”机制让外来流动党员在城市“安家”》被评为2019年全国基层党建创新最佳案例，《探索小区治理“三五”新模式　打造城郊结合部基层治理新样板》被评为2020年全国基层党建创新最佳案例。2021年6月25日，骆从辉被中共湖南省委授予“湖南省优秀党务工作者”称号。（雷凤仙）

【黄季明】黄季明，男，长沙县果园镇人，1965年3月出生，1985年5月参加工作，2012年6月加入中国共产党，现任长沙县果园镇新明村党总支书记、村主任。2011年，黄季明放弃稳定收入的服装厂，回村担任村干部。立足村情实际，谋划出一条依靠有机生态资源、发展生态产业的振兴之路。2014年换届选举，黄季明再次当选村书记。推进党员网格化包组联户、定期听民声访民情，将其定为新明村党建服务制度。五年内新明村党员群众义务投工8000余个，筹资1200万余元，完成村组级道路、入户道路硬化2.5万米；10条组级道路通电路灯；整修和改造32口山塘，新修11个坝闸。2019年，果园镇田汉大道延长至新明的田新公路建设启动，新明村党总支20个昼夜入户做工作，获得村民签字同意书：不要一分钱的腾地补偿。2018年，新明村启动农村综合改革试点工作，全面探索“生态环境保护、乡风文明建设、集体经济发展、农民致富增收”四种机制。通过综合改革，新明村成立集体经济合作社、凤形泉实业公司两个集体企业，发展劳务服务、鲜切花种植、太阳能发电、基础设施整理等项目，村集体经济收入由2012年的3万元增至2020年的200万元。2021年6月25日，黄季明被中共湖南省委授予“湖南省优秀党务工作者”称号。

（周进银）

【邓涛】男，汉族，1962年11月出生，湖南祁东人，中共党员，任广汽三菱汽车有限公司（以下简称“广汽三菱”）副总经理、党委委员。2020年初突发新冠肺炎疫情，邓涛带领团队抓实防疫防控和复工复产，代表主机厂多次与供应商所在地政府沟通，协助其解决原材料供应不足、物流运输不畅等课题。化解企业复工难题，带动上下游产业链顺畅衔接，提升供应链抗风险能力。他从牵头建立“党建引领降本增效”大部屋机制，优化顶层设计，到实地走访供应商，参与商务谈判，促进公司提质增效。2017年以来，广汽三菱连续4年实现资材费、采购费递减，累计降低成本18.9亿元。在其关心指导下，广汽三菱实施“十大幸福工程”，从食堂餐饮到班车通勤，从福利保障到薪酬优化，从环境改善到软硬件升级，后勤综合服务满意度和员工幸福指数提升。截至2020年，广汽三菱累计生产整车70余万台，实现工业总产值860亿元，税收114.8亿元。2019年7月，邓涛被中共广州汽车集团股份有限公司委员会评为“优秀共产党员”。2021年6月25日，邓涛被中共湖南省委授予“湖南省优秀党务工作者”称号。

（彭　辉 黄政鸿）

【刘斌】男，汉族，1984年9月出生，湖南桂阳县人，中共党员，现任广汽菲克涂装工艺工程师、“刘斌工匠创新工作室”室长。他扎根前处理电泳生产线15年，潜心钻研各项设备和工艺，实现56项创新，其中，3项创新获得发明专利证书。3项获得实用新型发明专利。在其努力下，公司2016年全面实现电泳“零”打磨，电泳品质“零”缺陷，树立行业标杆，每年为公司节约成本1000余万元。他带领团队攻克减少前处理电泳废水排放课题，将单台废水排放从3.28吨降至1.14吨，每年减少工业废水排放29万吨。牵头负责“削除K8车身电泳流痕”和“电泳细菌管控100%无生菌”创新课题，每年为公司节约成本117万元。2021年，主持完成12个工艺优化课题，为公司节能降耗113万元。带领团队完成课题972个，为现场解决实际安全问题217项，完成成本、人员、环境等创新课题755项，申报发明专利31项，为公司节约成本1.09亿元，其中，最高单项节约1728余万元。2017年3月，刘斌被《中国汽车报》评为“中国汽车制造‘十大汽车工匠’”。2018年7月，刘斌被共青团中央、国家人力资源和社会保障部授予“全国青年岗位能手”。2021年6月7日，刘斌被湖南省委非公有制经济组织和社会组织工作委员会授予“湖南省两新领域优秀党务工作者”称号。

（彭　辉 黄政鸿）

【谭林】男，汉族，1981年9月出生，湖南省长沙县人，中共党员，博士学历。2017年部队转业后创办天河国云，任总经理、党支部书记。他专注于高新技术的研究与应用，其公司快速成长为湖南省区块链行业龙头企业，国内区块链行业领军企业。累计申请和授权区块链发明专利68项，软著37项。公司拥有成熟的公有链、联盟链、私链的快速部署技术方案，曾承担国家自然科学基金重大项目《区块链背景下金融风险防范与治理研究》等。天河国云区块链底层技术纳入2021年湖南省政府工作报告，作为打好关键核心技术攻坚战十大任务之一。2021年6月7日，谭林被湖南省委非公有制经济组织和社会组织工作委员会授予“湖南省两新领域优秀共产党员”称号。

（彭　辉 黄政鸿）

【夏宇】男，汉族，1977年11月出生，长沙县金井镇人，中共党员。参加医疗卫生工作20余年，主动担当作为，热情服务群众，从一名普通医生成长为领导干部。负责完成医院整体搬迁，创新打造出“四部制”服务模式，实现临床与保健的融合，其多次在全国各级会议上推介工作经验。同时推进长沙县妇幼保健院进入快速发展期，综合实力进入全国县级妇幼保健百强，2021年组织该院创建成为全省首家县域三级妇幼保健院。带领团队连续奋战180余天，推进长沙市大数据“智慧医疗”建设试点，实现全县240家公立医疗机构医疗信息的开放共享与业务协同。2020年新冠病毒感染疫情防控期间，转战于全县医疗救治、定点救治医院、定点酒店、黄花机场抗疫，5天4晚改建完定点救治医院并迅速收治患者，负责期间收治疑似和确诊病例200余人次，实现医务人员零感染，完成各类归国人员酒店隔离，高质量严防输入守好长沙“东大门”。2021年7月，夏宇被湖南省人民政府授予湖南省科学技术进步奖二等奖。（罗　兰）

表10　2021年“中国好人”长沙县入选人物一览表

姓 名	事迹	入选时间	所属类别
陈干武	七旬老人六年坚守承诺替去世儿子还债23万元	2021年3月	诚实守信
朱有志	“厅官”拒绝百万年薪，扎根红色土地12年助推乡村振兴	2021年3月	敬业奉献

（资料来源：县总工会）

表11　2021年“湖南好人”长沙县入选人物一览表

姓 名	事迹	入选时间	所属类别
陈干武	七旬老人六年坚守承诺替去世儿子还债23万元	2021年2月	诚实守信
朱有志	“厅官”拒绝百万年薪，扎根红色土地12年助推乡村振兴	2021年2月	敬业奉献
黄　文	长沙好邻居火海救人高位截瘫，一年后登记捐献遗体器官	2021年6月	见义勇为
王　曙	长沙“寻亲志愿者”3年帮4716名走失人员找到家人	2021年12月	助人为乐

（资料来源：县总工会）

表12　2021年“长沙好人”长沙县入选人物一览表

姓 名	事迹	入选时间	所属类别
王　曙	长沙“寻亲志愿者”3年帮4716名走失人员找到家人	2021年第一季度	助人为乐
李　军	执勤中托举掉落的通信电缆，不幸遭遇意外，因公牺牲	2021年第一季度	敬业奉献
黄海明	长沙残疾修补大叔扎根小镇30余年，坚持“三不要原则”诚实经营	2021年第一季度	诚实守信
叶　腊	80后孝女照顾患病父亲和智残弟弟，用爱撑起苦难家庭	2021年第一季度	孝老爱亲
周永亮	“绝不让一名学生因贫困而失学”的周永亮通过职业教育精准扶贫方式，开办“民盟　同心班”，5年来，为来校就读的数千名边远贫困学生资助100万余元爱心善款	2021年第一季度	助人为乐
邓建超	57岁老人突破身体极限，勇救3名落水儿童	2021年第二季度	见义勇为
陈小华	8年如一日照顾瘫痪在床的母亲、无人看管智力障碍的弟弟、重病无人照料的继父，就像永不停歇的陀螺一样婆家娘家两头跑，用柔弱双肩撑起娘家一片天	2021年第二季度	孝老爱亲
罗长生	长沙叔爷爷25年守护脑瘫侄孙，用爱诠释好人担当	2021年第二季度	孝老爱亲
黄利霞	15年温暖相伴，用爱与奉献搭建老人们温暖的家	2021年第三季度	敬业奉献
陈文强	老党员赤手夺刀，紧急关头救下重伤群众	2021年第四季度	见义勇为
刘虎踞	23岁“中国好邻居”奋不顾身救火护“邻舍”	2021年第四季度	见义勇为

（资料来源：县总工会）

表 13　2021 年长沙县“星沙好人”入选人物一览表

姓名	事　迹	入选时间	所属类别
杨耀南	七旬老人 15 年如一日照顾百岁高龄母亲	2021 年第一季度	孝老爱亲
曾　敏	十年如一日，她用肩膀扛起一个家	2021 年第一季度	孝老爱亲
杨永沃	八旬老人 12 年义务辅导学生 1500 余人	2021 年第一季度	助人为乐
罗来国	20 年不变的承诺，卸任村书记坚持驱车 40 千米为智障群众理发	2021 年第一季度	助人为乐
刘　忠	十年如一日无偿照顾残障“五保户”兄弟	2021 年第一季度	助人为乐
欧俊龙	基层电力工人勇救落水群众，成功化险情	2021 年第一季度	见义勇为
刘大志	新任村干部奋不顾身跳水救人	2021 年第一季度	见义勇为
李　军	执勤中托举掉落的通信电缆，不幸遭遇意外，因公牺牲	2021 年第一季度	敬业奉献
黄利霞	15 年暖心相伴，用爱与奉献搭建老人们温暖的家	2021 年第一季度	敬业奉献
袁　曙	为 23 名流浪者“无名氏” 办证落户，践行“服务无止境”的铮铮誓言	2021 年第一季度	敬业奉献
何　佳	十几年不离不弃悉心照顾儿子、丈夫，瘦弱的肩膀扛起风雨飘零的家	2021 年第二季度	孝老爱亲
鲁　杜	6 年来坚持照顾替儿还债的“中国好人”，接力孝心	2021 年第二季度	孝老爱亲
刘　芳	二十蕴芳华，醉心公益助残事业	2021 年第二季度	助人为乐
陈　亿	无偿捐献造血干细胞悬浮液，为孩子点亮生命之光	2021 年第二季度	助人为乐
徐福平	烈火与年轮前的“逆行者”	2021 年第二季度	见义勇为
毛　威	退伍不褪色，熊熊烈火中的英勇逆行者	2021 年第二季度	见义勇为
郭观凤	4 万余元现金遗落政务大厅，保洁员拾金不昧	2021 年第二季度	诚实守信

续表

姓名	事　迹	入选时间	所属类别
刘跃武	复员军人坚守初心，劳动致富不忘乡邻	2021年第二季度	诚实守信
禹红云	“优秀讲师”为提升公司及园区周边外协单位焊接人员技能，两年培训内部员工580人次，外协单位28家，共计392 人次	2021年第二季度	敬业奉献
曹　丹	通过产业扶贫、就业扶贫等措施，实现全镇190余户建档立卡户全部脱贫	2021年第二季度	敬业奉献
李明强	父爱如山，抚养表侄20载	2021年第三季度	孝老爱亲
胡　敏	爱胜血缘养育情，大爱无私护幼苗	2021年第三季度	孝老爱亲
唐漫霞	笑对坎坷人生 ，“肚子缝纫姐”忙公益	2021年第三季度	助人为乐
卢腊华	默默无闻献爱心，诚实做人踏实做事的农村党员	2021年第三季度	助人为乐
黄科延	“田秀才”扎根田间47载，心脏里装有8个支架仍耕耘	2021年第三季度	敬业奉献
何年平	带病不下火线，日夜坚守征拆一线，以脚步丈量民情	2021年第三季度	敬业奉献
李星其	抱病跳水救人，演绎人间真情	2021年第三季度	见义勇为
陈文强	67岁退休老党员危急时刻挺身而出，赤手夺刀救下重伤群众	2021年第三季度	见义勇为
刘虎踞	23岁“中国好邻居”奋不顾身救火护“邻舍”	2021年第三季度	见义勇为
廖艳芳	青春无悔，为爱负重，用柔弱肩膀为患有精神疾病的叔叔撑起一片晴朗天空	2021年第四季度	孝老爱亲
叶　腊	“80后”孝女照顾患病父亲和智残弟弟，用爱撑起苦难家庭	2021年第四季度	孝老爱亲
王　曙	业余时间做公益，两年帮助1833名流浪人员回家	2021年第四季度	助人为乐

续表

姓名	事　迹	入选时间	所属类别
唐　晋	为他人着想，建至亲情谊	2021 年第四季度	助人为乐
邓建超	57 岁老人突破身体极限，勇救 3 名落水儿童	2021 年第四季度	见义勇为
龚　顺	退伍不褪色，危急关头，他是勇敢的逆行者	2021 年第四季度	见义勇为
祖文伟夫妇	信守承诺，夫妻两人替同组村民抚养孩子长大	2021 年第四季度	诚实守信
杨楚良	为民服务五十载，传承中医报乡亲	2021 年第四季度	诚实守信
乐　翔	做事先做人，万事勤为先	2021 年第四季度	敬业奉献
史润东	草根明星助力“厚德建设”，戏曲传承“小梅花”发新芽	2021 年第四季度	敬业奉献

（资料来源：县总工会）

立功军人

【吴军】男，汉族，1972 年 2 月出生，长沙县安沙镇和平村人，获军队科技进步一等奖一次、二等奖三次，三等奖两次，因获 2018 年度国家教学成果一等奖（第一完成人），并作为教研室主任带领全体人员获得集体三等功一次、空军先进基层党组织等荣誉，在 2020 年度中立二等功。

（曹　勇）

【王勇】男，汉族，1975 年 11 月出生，长沙县湘龙街道石子村人，正式飞行以来，累计安全飞行 4900 余小时，带头提升飞行技术水平，主动培养帮带年轻飞行员，素质全面过硬，为部队建设和任务完成做出突出贡献，在 2020 年度中立二等功。

（曹　勇）

【李贵斌】 男，汉族，1972 年 7 月出生，长沙县安沙镇五龙山村人。在 2020 年度工作任务中，贡献突出，立二等功。

（曹　勇）

【邹晓】男，汉族，湖南长沙人，1987 年 1 月出生，2005 年 9 月入伍，2008 年 12 月入党，毕业于海军工程大学，学士学位。2009 年开始从事海军飞行事业，在飞三型战机，历任参谋、助理工程师、业务主任、副参谋长、中队长等职，现任海军某师参谋部中校科长，海军一级空中战勤人员。参加国防和军队建设 17 年来，邹晓矢志强能备战、苦练打赢本领，常年执行海空战备执勤及重大演习研练任务，常态直面威胁勇与强敌过招，与战友守护奋飞在海空一线，在祖国的领海、领空上共铸起蓝色钢铁屏障。坚持研战、谋战、练战、为战，争当精武强能、练兵备战的排头兵、领头雁，安全飞行 2000 余小时，参加海空巡逻、紧急升空、重要演训任务年均不少于 20 次，带教培养空中战勤业务骨干 10 余人，主导研提战机战 / 训法 3 套，牵头撰写军事课题成果 10 余篇。多次获部队嘉奖，2017 年立三等功 1 次，2020 年被评为“四有”优秀个人标兵，2021 年立二等功 1 次。

（曹　勇）

先进集体

【共青团长沙县委】2021 年 4 月，共青团长沙县委被共青团中央评为“全国五四红旗团委”。共青团长沙县委致力服务地方经济社会发展和青少年发展，开展“青年大学习”“青春心向党·建功新时代”等主题活动和宣讲 210 余场；推出“青春无畏”“星青年开讲啦”等品牌宣传项目。召开共青团长沙县第十八次代表大会，完成 19 个镇（街）、215 个村（社区）团组织换届；深入基层送培训 38 次，组织集中培训 10 次，学社衔接、青年之家等各项数据排名全市前列，2018 年起连续 3 年获得市级以上“五四红旗团委”“五四红旗团支部”“优秀共青团员”“优秀共青团干部”荣誉称号 58 个，资助和培育64个公益慈善项目，募集善款172万元，资助帮扶1690名贫困青少年，援助龙山县、沅陵县和西藏山南地区，累计对口帮扶物资、资金60余万元。开展禁毒、防艾、婚恋交友等活动150余场；开展青年岗位建功，成立县级农创联、82支青年突击队、先锋队，27个集体和个人被评为“湖湘青年英才”“青年文明号手”“十佳领头雁”等省市荣誉。牵头成立全省首个共青团校地联盟，并挂牌21个高校实践基地；组织青年志愿者开展志愿服务400余场次；开展“筑梦青春·心系家乡”大学生暑期实习活动，引导鼓励100名优秀青年人才回乡就业创业。

（饶　锦）

【长沙县农业农村局】 2021年4月，长沙县农业农村局被中共湖南省委、湖南省人民政府评为“湖南省脱贫攻坚先进集体”。长沙县农业农村局是长沙县精准扶贫工作领导小组办公室所在单位，牵头负责全县扶贫工作，推动全县脱贫攻坚工作进入全省前列。全县12个省定贫困村率先脱贫摘帽，4588户130167名贫困人口高质量脱贫，在2017—2020年连续4年省扶贫考核中3年评价为“好”。加强对全县脱贫攻坚业务工作的具体指导，加强与各行业部门的调度，推动形成脱贫攻坚合力。科学制定各类扶贫政策，完善各项扶贫工作体系，创新开展各项扶贫工作，保障脱贫攻坚责任和政策落实到位。精准落实各项扶贫政策，开展产业扶贫长效机制建设，实现4个100%的产业扶贫目标，贫困户家家有产业，户户有增收门路；9家企业省级就业扶贫基地，吸纳在岗省内贫困劳动力300余人；建成21家就业扶贫车间，开发扶贫公益岗位100个。探索创新6种壮大新型村级集体经济的实现形式，2018年在全省率先全面消除“薄弱村”；“党建+‘五零’村（社区）”探索“三化”赋能的“智慧五零”建设新路径，打造“五美与共”的乡村样板，打造推进脱贫攻坚与乡村振兴“星沙样本”。

（徐　赛）

【金井镇人民政府】 2021年4月，金井镇人民政府被中共湖南省委、湖南省人民政府评为“湖南省脱贫攻坚先进集体”。自精准扶贫工作开展以来，金井镇积极开展脱贫攻坚工作，将精准扶贫工作纳入全镇年度重点工作。书记、镇长负责扶贫攻坚总指挥，行业部门紧密配合，驻村工作队、村支两委干部坚持包村、包片；搭建扶贫工作网络平台，建立及时反馈机制，根据实际情况优化具体措施，瞄准突出问题，因户施策，全镇广大群众生产生活条件明显改善。2个省级贫困村（蒲塘村、双江社区）于2016年出列；全镇建档立卡贫困户587户，1598人全部脱贫；村容村貌改善，基础设施建设基本完善，产业和就业扶贫取得成效，群众内生动力增强，贫困家庭生活水平改善。做细做实教育、医疗、住房等基础保障，通过“雨露计划”、慈善助学、社会帮助学等方式帮助减轻上学负担，享受教育资助近2000人次，补助金额220万余元，医保医疗救助政策覆盖率100%，兜底保障应保尽保，最低保障额度逐年提高。小额信贷帮扶解决产业资金问题，定期推荐就业，并建立长效产业帮扶机制。

（徐　赛）

【中共长沙县委办公室驻黄花镇黄花村驻村工作队】 2021年4月，中共长沙县委办公室驻黄花镇黄花村驻村工作队被中共湖南省委、湖南省人民政府评为“湖南省脱贫攻坚先进集体”。自2017年起，由中共长沙县委办公室派出驻村工作队到黄花镇黄花村开展精准扶贫驻村帮扶工作，4年间为困难群众解决实际困难和问题2000余件次，贫困户住房、残疾证、低保等历史遗留问题、棘手难题全面解决，贫困户对精准扶贫工作满意度100%。申请产业扶贫资金近200万元，开展“分红式”和“参与式”产业扶贫，发展产业扶贫项目10余个。申请扶贫资金20万余元，组织35户贫困户开展“参与式”产业扶贫，分散种植绿化草皮7.33公顷，2019年以来帮助贫困户销售扶贫小草皮100万余元。创新“扶志、扶智”工作方法，先后组织“绣娘”“厨师”“绿化草皮种植”等技能培训，开展“脱贫之星”评比竞赛活动、组织参观学习产业扶贫先进典型案例、宣传报道脱贫先进人物故事等，增强脱贫技能。开展“微心愿”、助学、助残、送温暖、送图书、消费扶贫党日主题等活动，为贫困户修建入户道路、禾场、小花园等，投入100万余元。（肖　勇）

【长沙思胜智能设备有限公司】 2021年4月6日，长沙思胜智能设备有限公司生产部被授予“湖南省工人先锋号”。该公司创建于2015年2月，注册资金1500万元，总资产4000万余元，是一家专业从事高精度数控拉削机床研发、制造与销售于一体的高新技术企业。2020年，公司生产部制造各类数控拉床80台，产值4800万余元。先后为株洲331厂、湘潭江麓机器、三一重工等提供各类专用拉床。创新研发新产品，研发制造出端面齿专用拉床、筒式拉床、数控内螺旋拉床、程控上拉式内拉床、数控双伺服大吨位拉床等智能型产品，多项产品填补国内空白。L55720双油缸上拉式内拉床获中国机床工具工业协会“春燕奖”；SS-6026端面齿专用拉床获省工信厅首台重大技术装备奖励。

（陈留洋）

统计资料

编辑　周进银

表 14　2021 年长沙县综合统计表

指标名称	计算单位	2021 年	2020 年	占 2020 年的百分比（%）
一、行政区域				
乡镇（街道）	个	18	18	100
街道	个	5	5	100
镇人民政府	个	13	13	100
村民委员会	个	114	114	100
居民委员会	个	103	103	100
二、土地面积	平方千米	1756	1756	100
粮食播种面积	公顷	75666.7	75866.7	99.7
三、人口情况				
年末总人口（户籍人口）	万人	83.4	82.6	101.0
其中：城镇人口	万人	50.1	49.3	101.6
乡村人口	万人	33.3	33.3	100
年末总人口（常住人口）	万人	140.0	137.6	101.7
其中：城镇人口	万人	104.5	102.6	101.9
四、地区生产总值（当年价）	万元	20032973	18083429	110.8
第一产业	万元	885680	871314	101.6
第二产业	万元	10681142	9452038	113.0
其中：工业	万元	8893749	7784820	114.2
第三产业	万元	8466150	7760077	109.1
五、地区生产总值（可比价）	万元	19457938	18083429	107.6
第一产业	万元	957032	871314	109.8
第二产业	万元	10056785	9452038	106.4
其中：工业	万元	8390140	7784820	107.8
第三产业	万元	8444121	7760077	108.8
交通运输、仓储及邮电通信业	万元	781713	724502	107.9
批发和零售业	万元	1334350	1259009	106.0
住宿和餐饮业	万元	439285	386464	113.7

续表

指标名称	计算单位	2021 年	2020 年	占 2020 年的百分比（%）
金融业	万元	590938	558754	105.8
房地产业	万元	972050	937676	103.7
其他行业	万元	4271704	3842847	111.2
六、地区生产总值构成	%	100	100	—
第一产业	%	4.4	4.8	—
第二产业	%	53.3	52.3	—
其中：工业	%	44.4	43.0	—
第三产业	%	42.3	42.9	—
七、人均生产总值	元 / 人	144309	134409	107.4
八、农林牧渔业总产值	万元	1495595	1458811	102.5
其中：农业	万元	1066142	982604	108.5
林业	万元	45793	46058	99.4
牧业	万元	272155	330788	82.3
渔业	万元	33753	27758	121.6
农林牧渔专业及辅助性活动产值	万元	77752	71603	108.6
九、规模工业总产值	万元	17318061	15459904	112.0
十、粮食总产量	吨	506075	491519	103.0
按播种面积亩平	千克	445.9	431.9	103.2
十一、全社会固定资产投资	万元	—	—	109.9
十二、社会消费品零售总额	万元	6434423	5615183	114.6
十三、进出口总额	亿美元	152.6	128.1	119.1
其中：出口总额	亿美元	110.3	76.8	143.6
十四、实际使用外资	万美元	19984	13396	149.2
十五、地方一般公共预算收入（省市县收入）	万元	1418702	1339870	105.9
一般公共预算支出	万元	1778278	1947015	91.3
十六、全体居民人均可支配收入	元	50267	46587	107.9

（资料来源：县统计局）

表 15　2021 年长沙县人口及变动情况统计表

地　区	年末总户数（户）	年末总人口（人）		
		合计	合计中	
			城镇人口	乡村人口
长沙县	287645	833514	500568	332946
星沙街道办事处	30697	76490	76490	0
榔梨街道办事处	12271	34318	29488	4830
湘龙街道办事处	17208	41541	41541	0
泉塘街道办事处	15417	37925	37925	0
长龙街道办事处	4153	11451	11451	0
黄兴镇	28151	89802	38939	50863
江背镇	20636	61700	36883	24817
黄花镇	27438	78782	31713	47069
春华镇	14884	48001	25414	22587
果园镇	7841	25971	21236	4735
路口镇	9882	29324	16988	12336
高桥镇	9183	29515	10503	19012
金井镇	19887	65824	20226	45598
安沙镇	21452	56536	32007	24529
北山镇	17989	53423	22525	30898
青山铺镇	7378	20008	9438	10570
福临镇	9900	29492	19857	9635
开慧镇	13278	43411	17944	25467

续表

地区	年末总人口（人）					
	性别		年龄			
	男	女	0—17岁	18—34岁	35—59岁	60岁及以上
长沙县	410897	422617	177820	165095	337844	152755
星沙街道办事处	37024	39466	19935	17794	31681	7080
㮾梨街道办事处	16309	18009	7584	6588	13652	6494
湘龙街道办事处	20170	21371	11605	8863	17503	3570
泉塘街道办事处	18752	19173	10257	9371	15531	2766
长龙街道办事处	5505	5946	2767	2480	4424	1780
黄兴镇	43404	46398	21607	17384	34697	16114
江背镇	31066	30634	11906	11559	25516	12719
黄花镇	38101	40681	17950	15650	30711	14471
春华镇	23910	24091	9923	9063	19476	9539
果园镇	12930	13041	5170	4899	10646	5256
路口镇	14654	14670	5419	5470	12082	6353
高桥镇	14940	14575	5166	5536	12573	6240
金井镇	33280	32544	12044	12259	27559	13962
安沙镇	27818	28718	11088	10808	22392	12248
北山镇	26785	26638	8995	9332	21874	13222
青山铺镇	9927	10081	3671	3777	8028	4532
福临镇	14909	14583	4791	5713	11885	7103
开慧镇	21413	21998	7942	8549	17614	9306

续表

地区	本年度人口变动（人）					
	出生			死亡		
	合计	男	女	合计	男	女
长沙县	7359	3792	3567	6552	3726	2826
星沙街道办事处	995	529	466	208	124	84
榔梨街道办事处	250	119	131	244	136	108
湘龙街道办事处	532	278	254	110	60	50
泉塘街道办事处	495	261	234	114	63	51
长龙街道办事处	128	58	70	65	46	19
黄兴镇	883	435	448	523	317	206
江背镇	501	242	259	588	329	259
黄花镇	717	375	342	508	297	211
春华镇	382	184	198	359	212	147
果园镇	188	87	101	278	170	108
路口镇	222	112	110	296	149	147
高桥镇	192	95	97	335	200	135
金井镇	460	254	206	924	465	459
安沙镇	460	239	221	540	294	246
北山镇	351	188	163	508	303	205
青山铺镇	133	70	63	177	105	72
福临镇	177	103	74	365	204	161
开慧镇	293	163	130	410	252	158

续表

地区	本年度人口变动（人）			
	迁入		迁出	
	省内迁入	省外迁入	迁往省内	迁往省外
长沙县	10260	2177	4618	1370
星沙街道办事处	3259	695	1730	363
榔梨街道办事处	356	72	116	40
湘龙街道办事处	2259	271	926	147
泉塘街道办事处	2300	589	980	170
长龙街道办事处	95	37	12	6
黄兴镇	286	67	94	73
江背镇	198	39	73	62
黄花镇	502	156	182	102
春华镇	102	29	37	25
果园镇	93	20	17	27
路口镇	56	18	31	31
高桥镇	42	14	38	38
金井镇	115	41	76	86
安沙镇	222	40	85	48
北山镇	160	27	118	34
青山铺镇	37	10	19	26
福临镇	61	19	40	23
开慧镇	117	33	44	69

（资料来源：县统计局）

表16　2021年长沙县人口和计划生育情况统计表

指标名称	计算单位	2021年	2020年	占2020年的百分比（%）
一、人口自然变动情况				
1. 年内出生人数	人	5461	10248	53.3
2. 出生率 *	‰	6.98	13.14	53.1
3. 年内死亡人数	人	4624	5174	89.4
4. 死亡率 *	‰	5.91	6.32	93.5
5. 年内自然增长人数	人	837	5074	16.5
6. 自然增长率 *	‰	1.07	6.5	16.5
二、计划生育情况				
1. 政策内生育率	%	98.06	97.92	100.1
2. 已婚育龄妇女	人	137525	142007	96.8
3. 已落实节育措施人数	人	90229	95817	94.2
4. 节育率	%	65.61	67.47	97.2
5. 有一子女育龄妇女人数	人	69015	75823	91.0
6. 政策内（原计划内）出生人口	人	5355	10035	53.4
其中：二孩数	人	2752	5386	51.1
7. 政策外（原计划外）出生人口	人	106	213	49.8
其中：一孩数	人	10	11	90.9
二孩数	人	14	17	82.4
多孩数	人	82	185	44.3
8. 计划生育率	%	98.06	97.92	100.1

说明：以上数据由县卫健局提供。*“出生率”“死亡率”“自然增长率”均按照计生统计情况测算

（资料来源：县统计局）

表 17　2021 年长沙县外贸和旅游情况统计表

指标名称	计算单位	2021 年	2020 年	占 2020 年的百分比（%）
一、贸易情况				
进出口总值	亿美元	152.6	128.1	119.1
其中：出口总额	亿美元	110.3	76.8	143.6
进口总额	亿美元	42.3	51.3	82.5
二、外资情况				
实际使用外资	万美元	19984	13396	149.2
三、旅游情况				
1. 接待游客人数	万人次	2101	1680	125.1
2. 旅游总收入	亿元	198	187.7	105.5
3. 旅行社总数	个	16	14	114.3
4. 星级乡村旅游点	个	46	44	104.5
5. 星级饭店个数	个	3	3	100
其中：五星级	个	1	1	100
四星级	个	2	2	100
6. 星级饭店客房总数	间	821	821	100
7. 等级景区个数	个	11	10	110

说明：以上数据由县商务局、县文旅局提供

（资料来源：县统计局）

表 18　2021 年长沙县劳动就业和社会保障情况统计表

指 标 名 称	计算单位	2021 年	2020 年	占 2020 年的百分比（%）
城镇新增就业人员	人	18236	17012	107.2
城镇登记失业率	%	1.95	3.06	
安排下岗失业人员再就业	人	17247	10332	166.9
其中：大龄就业困难对象再就业	人	4987	4076	122.4
下岗失业人员再就业培训	人	315	181	174.0
农村富余劳动力转移就业增加人数	人	3050	3700	82.4
农村劳动力转移培训	人	4180	3261	128.2
企业基本养老保险参保人数	人	829768	720585	115.2
机关养老保险参保人数	人	22449	20524	109.4
城乡居民养老保险参保人数	人	406996	417926	97.4
基本医疗保险参保人数	人	921656	884681	104.2
其中：城镇职工基本医疗保险参保人数	人	302824	256982	117.8
城乡居民基本医疗保险参保人数	人	618832	627699	98.6
失业保险参保人数	人	197917	185334	106.8
工伤保险参保人数	人	179986	168970	106.5
社会保险基金总收入	亿元	72.5	69.3	104.6

说明：以上数据由县人社局、县医保局提供

（资料来源：县统计局）

表19　2021年长沙县工商登记企业（年末数）情况统计表

指标名称	计算单位	2021年	2020年	占2020年的百分比（%）
工商登记年末数合计	户	42835	36491	117.4
1. 农林牧渔业	户	3086	3107	99.3
2. 工业	户	2529	2166	116.8
3. 建筑业	户	4965	3783	131.3
4. 交通运输仓储及邮电通信业	户	2103	1785	117.8
5. 信息传输、计算机服务和软件业	户	1712	1296	132.1
6. 批发和零售贸易餐饮业	户	11569	10048	115.1
7. 金融保险业	户	339	332	102.1
8. 房地产业	户	1146	967	118.5
9. 租赁和商务服务业	户	6754	5585	120.9
10. 科学研究、技术服务和地质勘察业	户	5807	5102	113.8
11. 水利、环境和公共设施管理业	户	213	160	133.1
12. 居民服务和其他服务业	户	836	695	120.3
13. 教育	户	264	234	112.8
14. 卫生、社会保障和社会福利业	户	89	73	121.9
15. 文化、体育和娱乐业	户	1423	1082	131.5

（资料来源：县统计局）

表 20 2021 年长沙县工商登记个体户（年末数）情况统计表

指标名称	计算单位	2021 年	2020 年	占 2020 年的百分比（%）
工商登记年末数合计	户	105850	97784	108.3
1. 农林牧渔业	户	2599	2227	116.7
2. 工业	户	2472	2625	94.2
3. 建筑业	户	319	257	124.1
4. 交通运输仓储及邮电通信业	户	9207	7918	116.3
5. 信息传输、计算机服务和软件业	户	676	644	105.0
6. 批发和零售贸易餐饮业	户	74914	69526	107.8
7. 金融保险业	户	9	11	81.8
8. 房地产业	户	146	156	93.6
9. 租赁和商务服务业	户	4114	3706	111.0
10. 科学研究、技术服务和地质勘察业	户	195	182	107.1
11. 水利、环境和公共设施管理业	户	16	17	94.1
12. 居民服务和其他服务业	户	9472	9019	105.0
13. 教育	户	44	30	146.7
14. 卫生、社会保障和社会福利业	户	302	289	104.5
15. 文化、体育和娱乐业	户	1365	1171	116.6

说明：以上数据由县市监局提供

（资料来源：县统计局）

表21　2021年长沙县环境卫生事业情况统计表

指标名称	计算单位	2021年	2020年	占2020年的百分比（%）
一、完成工作量				
收运垃圾	吨	416334	372284	111.8
清扫街道	万平方米	1380	1380	100
保洁从业人数	人	3210	2652	121.0
二、环卫专用设备				
垃圾运输车	辆	88	80	110.0
扫路车	辆	49	47	104.3
洒水车	辆	101	95	106.3
三、环卫设施				
公共厕所	座	124	124	100
其中：本年新建	座	0	0	—
垃圾站	个	104	104	100
其中：本年新建	个	0	0	—

说明：以上数据由县城管局提供

（资料来源：县统计局）

表 22　2021 年长沙县环境污染治理情况统计表

指标名称	计算单位	2021 年	2020 年	占 2020 年的百分比（%）
一、环境污染治理本年完成投资总额	万元	116589	105962	110.0
二、环保设施情况				
1. 地表水在线监测设施数	套	9	9	100
2. 空气自动监测站数	座	3	3	100
3. 污水处理厂数	座	28	28	100
三、工业“三废”排放情况				
1. 工业废水排放总量	万吨	1476.5	1871.9	78.9
工业废水排放达标量	万吨	1458.8	1846.6	79.0
工业废水排放达标率	%	98.8	98.6	100.2
2. 工业废气排放总量	万标立方米	4459471	5423765	82.2
工业烟尘排放量达标率	%	95	94.2	100.8
3. 工业固体废物产生量	吨	357164	280800	127.2
工业固体废物综合利用量	吨	344384	227096	151.6
四、城市环境质量状况				
1. 地表水质达标率	%	100	100	100
地表水水质满足III类标准的断面比例	%	100	100	100
地表水水质满足Ⅳ类标准的断面比例	%	100	100	100
2. 城镇污水处理率	%	99	98.8	100.2
城镇污水处理量	万吨	15442	17014	90.8
3. 空气质量达标率	%	90.4	91	99.3
城市全年空气质量良好以上天数	天	330	333	99.1

说明：以上数据由长沙市生态环境局长沙县分局、县住房和城乡建设局提供

（资料来源：县统计局）

表 23　2021 年长沙县资源情况统计表

指 标 名 称	计算单位	2021 年	2020 年	占 2020 年的百分比（%）
行政区域土地面积	平方千米	1756	1756	100
森林总蓄积量	万立方米	477	459	103.9
活立木总蓄积量	万立方米	509	490	103.9
森林面积	公顷	69893.6	69893.6	100
森林覆盖率	%	49.8	49.8	100
林地总面积	公顷	76860.3	76860.3	100

说明：以上数据由县自然资源局、县林业事务中心、县统计局提供

（资料来源：县统计局）

表 24　2021 年长沙县农林牧渔产值情况统计表

指 标 名 称	计量单位	2021 年	2020 年	占 2020 年的百分比（%）
农林牧渔业总产值（现价）	万元	1495595	1458811	102.5
农业产值（现价）	万元	1066142	982604	108.5
林业产值（现价）	万元	45793	46058	99.4
牧业产值（现价）	万元	272155	330788	82.3
渔业产值（现价）	万元	33753	27758	121.6
农林牧渔服务业产值（现价）	万元	77752	71603	108.6
农林牧渔业总产值（可比价）	万元	1618821	1275340	126.9
农业产值（可比价）	万元	1046885	918117	114.0
林业产值（可比价）	万元	49604	48242	102.8
牧业产值（可比价）	万元	415921	211778	196.4
渔业产值（可比价）	万元	29581	26681	110.9
农林牧渔服务业产值（可比价）	万元	76830	70522	108.9
农林牧渔业总产值增速	%	11.0	3.5	

（资料来源：县统计局）

表 25　2021 年长沙县茶叶水果生产情况统计表

指标名称	计量单位	2021 年	2020 年	占 2020 年的百分比（%）
一、茶叶产量	吨	39826	36510	109.1
绿茶	吨	31388	26946	116.5
青茶	吨	0	0	—
红茶	吨	6590	6623	99.5
黑茶	吨	1380	2455	56.2
黄茶	吨	0	0	—
白茶	吨	468	486	96.3
其他茶	吨	0	0	—
二、水果总产量	吨	80592	78288	102.9
1. 园林水果	吨	43885	43138	101.7
其中：橘	吨	17497	16826	104.0
柚	吨	4175	4016	104.0
桃	吨	5038	5992	84.1
李	吨	3770	3620	104.1
梨	吨	1650	1787	92.3
葡萄	吨	10600	10004	106.0
2. 瓜果类水果	吨	36707	35150	104.4
三、年末茶园面积	千公顷	7.07	6.95	101.6
其中：当年采摘	千公顷	6.35	6.23	101.9
四、年末果园面积	千公顷	4.99	4.99	100
其中：橘园	千公顷	0.61	0.61	100
桃园	千公顷	0.46	0.46	100
梨园	千公顷	0.44	0.44	100
葡萄园	千公顷	0.54	0.54	100

（资料来源：县统计局）

表 26　2021 年长沙县规模以上工业企业主要经济指标统计表

指标名称	计量单位	总计	国有企业	集体企业	股份制企业	外商及港、澳、台商投资企业	其他经济类型
企业个数（个）	个	467	2	2	409	48	6
资产总计	亿元	2150.3	0.5	0	1251.1	896.4	2.3
营业收入	亿元	1613.8	0.2	0	953.6	656.5	3.5
营业成本	亿元	1312.7	0.2	0	774.4	535.1	3.0
营业税金及附加	亿元	13.3	0.002	0	4.7	8.6	0.02
营业利润	亿元	89.3	0.01	0	49.7	39.6	0.05
利润总额	亿元	94.7	0.01	0	54.1	40.6	0.06

说明：财务指标值包含上汽大众、不包含切分单位数据

（资料来源：县统计局）

表 27　2021 年长沙县房地产开发企业投资情况统计表

指标名称	计量单位	2021 年	2020 年	占 2020 年的百分比（%）
房地产企业数	个	139	140	99.3
计划总投资	万元	16828130	15573988	108.1
自开始建设累计完成投资	万元	11464740	11227398	102.1
本年完成投资	万元	2915132	2655621	109.8
按构成分：建筑工程	万元	2190360	1815069	120.7
安装工程	万元	188543	226146	83.4
设备工器具购置	万元	57169	44693	127.9
其他费用	万元	479060	569714	84.1
按工程用途分：住宅	万元	2002952	1632826	122.7
办公楼	万元	80147	122247	65.6
商业营业用房	万元	532886	431688	123.4
其他	万元	299147	468860	63.8

（资料来源：县统计局）

表 28　2021 年长沙县全社会消费品零售总额汇总统计表

指标名称	计量单位	2021 年	2020 年	占 2020 年的百分比（%）
社会消费品零售总额	万元	6434423	5615183	114.6
一、按销售单位所在地分				
1. 城镇	万元	4947285	4310985	114.8
2. 乡村	万元	1487138	1304198	114.0
二、按行业分组				
1. 批发业	万元	508423	434822	116.9
2. 零售业	万元	5679169	4975387	114.1
3. 住宿业	万元	73844	65300	113.1
4. 餐饮业	万元	172988	139675	123.9

（资料来源：县统计局）

表 29　2021 年长沙县限额以上批发零售业销售情况汇总统计表

指标名称	法人企业数（家）	从业人数（人）	商品销售额（万元）	批发额（万元）	零售额（万元）
总计	226	226	5019523	3140425	1869459
一、批发业	136	136	3118419	3046893	61887
1. 按批发行业小类分					
农、林、牧、渔产品批发	6	6	48475	45347	26
食品、饮料及烟草制品批发	16	16	313848	309889	3959
纺织、服装及家庭用品批发	18	18	126210	126037	0
医药及医疗器材批发	16	16	441721	436841	1059
矿产品、建材及化工产品批发	28	28	492384	471864	18945
机械设备、五金产品及电子产品批发	49	49	1642754	1605113	36675
贸易经纪与代理	1	1	27246	27246	0
其他批发业	2	2	25782	24558	1224

续表

指标名称	法人企业数（家）	从业人数（人）	商品销售额（万元）	批发额（万元）	零售额（万元）
2. 按登记注册类型分					
内资企业	134	134	2123836	2052310	61887
有限责任公司	15	15	460026	458632	1
股份有限公司	1	1	181958	181958	0
私营企业	117	117	1477934	1407801	61886
其他企业	1	1	3919	3919	0
港、澳、台商投资企业	1	1	63054	63054	0
港澳台商独资企业	1	1	63054	63054	0
外商投资企业	1	1	931529	931529	0
中外合资经营企业	1	1	931529	931529	0
二、零售业	90	90	1901104	93532	1807572
1. 按零售行业小类分（2017）					
综合零售	5	5	66567	6580	59987
食品、饮料及烟草制品专门零售	5	5	7695	0	7695
文化、体育用品及器材专门零售	1	1	940	0	940
医药及医疗器材专门零售	2	2	37609	0	37609
汽车、摩托车、零配件和燃料及其他动力销售	60	60	1708403	50156	1658248
家用电器及电子产品专门零售	2	2	4851	0	4851
五金、家具及室内装饰材料专门零售	1	1	1402	0	1402
货摊、无店铺及其他零售业	14	14	73638	36796	36842
2. 按登记注册类型分	—	—	—	—	—
内资企业	88	88	1780172	57308	1722864
国有企业	1	1	29526	0	29526
有限责任公司	1	1	3077	0	3077
股份有限公司	20	20	620285	4419	615866
私营企业	66	66	1127284	52889	1074396
港、澳、台商投资企业	2	2	120932	36224	84708
港澳台商独资企业	1	1	81731	0	81731

（资料来源：县统计局）

表30　2021年长沙县重点民生实事项目统计表

类别	序号	考核项目	计量单位	工作目标	累计完成工作量	完成工作进度（%）	提供单位
省考项目	1	建成芙蓉学校	所	1	1	100	县教育局
	2	增加公办幼儿园学位	个	10500	14378	136.9	县教育局
	3	城市低保标准	元/人·月	不低于750	750	100	县民政局
	4	城市低保人均救助水平	元/人·月	不低于515	579.21	112.0	县民政局
	5	农村低保标准	元/人·年	不低于9000	9000	100	县民政局
	6	农村低保人均救助水平	元/人·月	不低于377	457.71	121.0	县民政局
	7	困难残疾人生活补贴	元/人·月	不低于140	已完成	100	县民政局
	8	重度残疾人护理补贴	元/人·月	不低于100	已完成	100	县民政局
	9	建设特困供养服务床位	张				
	10	（其中护理床位）	张				
	11	实现城镇新增就业	人	16300	18240	111.9	县人社局
	12	完成政府补贴性职业技能培训	人次	17000	41038	241.4	县人社局
	13	（其中农村转移就业劳动者培训）	人次	6000	6660	111.0	县人社局
	14	农村适龄妇女及城镇低保适龄妇女“两癌”免费检查	人	13500	14432	106.9	县妇联 县卫健局
	15	实施疾控中心标准化建设工程，市、区县（市）疾控中心达到国家标准	家	1	1	100	县卫健局
	16	完成孕产妇免费产前筛查	人次	8700	9013	103.6	县卫健局
	17	推进中医药服务基层全覆盖，社区卫生服务中心、建制乡镇卫生院中医药服务有人员、有场地、有服务、有设施。	个	17	17	100	县卫健局
	18	实施农村公路安防设施	千米	10	10.09	100.9	县交通局
	19	农村公路（乡乡通三级路、旅游路、资源路、产业路）提质改造	千米	30	35	116.7	县交通局
	20	建成4G基站	个	20	20	100	县工信局

续表

类别	序号	考核项目	计量单位	工作目标	累计完成工作量	完成工作进度（%）	提供单位
	21	建设乡村公共部位安防设备等	个	1200	1552	129.3	县公安局
	22	实施困难残疾人家庭无障碍改造	户	100	100	100	县残联
	23	康复救助残疾儿童	人	260	300	115.4	县残联
	24	办理法律援助案件	件	460	498	108.0	县司法局
	25	开工建设城镇老旧小区	个	14	14	100	县住建局
	26	改新建农村户用厕所	个	5400	5400	100	县农业农村局
	27	改新建农村公共厕所	座	10	10	100	县农业农村局
	28	10千伏及以下行政村配电网改造工程	万元	4000	4000	100	县供电公司
市考项目	29	全市4G和5G通信基站建设	个	669	670	100.1	县工信局
	30	新开工城镇危旧房屋改造	栋	4	5	125.0	县住建局
	31	新建智慧社区健身中心	个	23	23	100	县文旅局
	32	实现特殊病种门诊医疗药店各乡镇（街道）全覆盖	家	50	53	106.0	县医保局
	33	完成消防站建设	个	1	1	100	县消防救援大队
	34	新改建停车场	个	31	59	190.3	县交通委
	35	增加停车位（含路侧停车位）	个	16000	28096	175.6	县交通委
	36	既有多层住宅加装电梯	台	—	—	—	—
	37	新改建农村公路	千米	130	163.045	125.4	县交通局
	38	标准化村（社区）综合文化服务中心建设	个	15	15	100	县文旅局

（资料来源：县统计局）

表 31　2021 年长沙分区、县（市）主要经济指标统计表

地区	地区生产总值（亿元）		第一产业增加值（亿元）		第二产业增加值（亿元）		其中：规模以上工业增加值	第三产业增加值（亿元）		地方一般公共预算收入（亿元）		固定资产投资	社会消费品零售总额（亿元）		新增“四上”及房地产开发企业数（个）
	绝对额	增长（%）	绝对额	增长（%）	绝对额	增长（%）	增长（%）	绝对额	增长（%）	绝对额	增长（%）	增长（%）	绝对额	增长（%）	个数
芙蓉区	1268.2	8.3	0.01	—2.9	158.3	—0.1	5.3	1109.9	9.5	36.9	—9.3	6.2	658.6	14.5	172
天心区	1215.4	7.8	1.4	—5.4	374.2	4.2	5.3	839.7	9.5	67.2	5.7	9.3	463.0	13.6	116
岳麓区	1502.0	7.8	10.6	—3.8	428.1	3.4	5.4	1063.3	9.7	67.5	22.7	9.3	614.9	12.3	182
开福区	1135.3	8.0	1.1	—5.4	162.3	0.5	7.0	972.0	9.4	66.6	10.2	3.7	584.0	14.2	104
雨花区	2360.0	7.4	5.7	5.8	1298.8	5.2	7.8	1055.5	10.0	80.2	2.7	5.7	755.1	14.1	124
望城区	1002.8	7.2	56.7	8.7	427.3	5.2	7.1	518.9	8.6	86.0	17.1	10.0	461.0	15.9	139
长沙县	2003.3	7.6	88.6	9.8	1068.1	6.4	7.0	846.6	8.8	132.6	5.3	9.9	643.4	14.6	161
浏阳市	1616.6	7.3	130.2	9.6	840.9	6.4	7.1	645.4	7.9	104.3	11.6	10.0	442.0	15.6	118
宁乡县	1167.0	7.3	131.3	9.5	493.0	6.2	8.5	542.7	7.6	72.8	19.0	8.3	489.4	15.3	103

（资料来源：县统计局）

附　　录

编辑　周进银

文件目录

表 32 2021 年长沙县委规范性文件（长县发）一览表

发布文号	文件标题	发布日期
长县发〔2021〕1 号	中共长沙县委 长沙县人民政府 关于全面打造乡村振兴标杆区加快农业农村现代化的实施意见	7 月 9 日
长县发〔2021〕10 号	中共长沙县委 印发《关于做好乡镇领导班子换届工作的实施意见》的通知	5 月 6 日
长县发〔2021〕14 号	中共长沙县委 长沙经济技术开发区管理委员会 长沙县人民政府 关于印发《长沙县长沙经开区打造国家重要先进制造业高地三年行动计划（2021-2023 年）》的通知	6 月 1 日
长县发〔2021〕15 号	中共长沙县委 长沙经济技术开发区管理委员会 长沙县人民政府 关于印发《长沙县长沙经开区建设国家自主创新示范区三年行动计划（2021-2023 年）》的通知	6 月 1 日
长县发〔2021〕16 号	中共长沙县委 长沙经济技术开发区管理委员会 长沙县人民政府 关于印发《长沙县长沙经开区打造内陆地区开放高地三年行动计划（2021-2023 年）》的通知	6 月 1 日
长县发〔2021〕17 号	中共长沙县委 长沙县人民政府 关于印发《长沙县持续提升空气质量 坚决打赢蓝天保卫战三年行动计划（2021-2023 年）》的通知	6 月 25 日
长县发〔2021〕19 号	中共长沙县委 印发《关于贯彻落实“三重一大”事项集体决策制度的实施办法（试行）》的通知	7 月 20 日
长县发〔2021〕21 号	中共长沙县委 印发《关于推进清廉星沙建设的实施意见》的通知	11 月 11 日
长县发〔2021〕22 号	中共长沙县委 印发《长沙县落实市委第一巡察组〈关于专项巡察长沙县落实省委巡视整改情况的反馈意见〉整改方案》的通知	12 月 2 日

（资料来源：县委办）

表 33 2021 年长沙县委规范性文件（长县办发）一览表

发布文号	文件标题	发布日期
长县办发〔2021〕4 号	中共长沙县委办公室 长沙县人民政府办公室 关于印发《长沙县自然资源卫片执法检查工作责任追究办法》的通知	3 月 11 日
长县办发〔2021〕8 号	中共长沙县委办公室 长沙经济技术开发区管理委员会办公室 长沙县人民政府办公室 关于印发《贯彻落实省委常委、长沙市委书记吴桂英调研长沙县讲话精神责任分工方案》的通知	4 月 8 日
长县办发〔2021〕12 号	中共长沙县委办公室 关于印发《关于开展党建美学十大行动落实“党建聚合力”工程的实施方案》的通知	7 月 20 日
长县办发〔2021〕18 号	中共长沙县委办公室 长沙县人民政府办公室 关于印发《长沙县县级议事协调机构管理办法》的通知	12 月 9 日
长县办发〔2021〕19 号	中共长沙县委办公室 长沙县人民政府办公室 关于印发《长沙县实施“五好”教育工程的三年行动方案（2021—2023 年）》的通知	12 月 26 日

（资料来源：县委办）

表 34　2021 年长沙县委规范性文件（长县办）一览表

文号	文件名称	发布日期
长县办〔2021〕3 号	中共长沙县委办公室　长沙县人民政府办公室　关于下达长沙 2021 年重大项目投资计划的通知	2 月 22 日
长县办〔2021〕5 号	中共长沙县委办公室　长沙经济技术开发区管理委员会办公室　长沙县人民政府办公室　关于印发《贯彻落实 2021 年长沙市推进“五个十大”项目责任清单》的通知	2 月 24 日
长县办〔2021〕6 号	中共长沙县委办公室　长沙县人民政府办公室　关于成立长沙县浏阳河文化旅游产业带规划建设领导小组的通知	3 月 30 日
长县办〔2021〕7 号	中共长沙县委办公室　长沙县人民政府办公室　关于印发《长沙县营商环境优化工程 2021 年行动方案》的通知	8 月 18 日
长县办〔2021〕8 号	中共长沙县委办公室　长沙县人民政府办公室　关于成立长沙县松雅湖生态新城建设指挥部的通知	9 月 29 日
长县办〔2021〕10 号	中共长沙县委办公室　长沙县人民政府办公室　关于印发《长沙县全面推行林长制实施方案》的通知	10 月 30 日
长县办〔2021〕11 号	中共长沙县委办公室　长沙经济技术开发区管理委员会办公室长沙县人民政府办公室　印发《关于开展“千人帮千企”暖企行动实施方案（2021—2023 年）》的通知	12 月 2 日

（资料来源：县委办）

表 35　2021 年长沙县政府重要文件（长县政发）一览表

文号	文件标题	发文日期
长县政发〔2021〕2 号	长沙县人民政府　长沙经济技术开发区管理委员会　关于公布鼓励非湖南省户籍人员留县（区）过年十项举措的通知	1 月 22 日
长县政发〔2021〕3 号	关于公布长沙县流域面积 10 ～ 50 平方千米河流管理范围划界成果的通告	2 月 8 日
长县政发〔2021〕6 号	关于认定乡村振兴重点帮扶村的公告	4 月 9 日
长县政发〔2021〕8 号	关于印发长沙县绿线管理办法的通知	7 月 13 日
长县政发〔2021〕9 号	关于印发长沙县国民经济和社会发展第十四个五年规划和二〇三五年远景目标纲要的通知	7 月 19 日
长县政发〔2021〕14 号	长沙县人民政府关于印发长沙县“纾困增效”暖企十二条措施的通知	11 月 26 日
长县政发〔2021〕15 号	关于公布湖南省长沙县古树名木补充调查资源名录和湖南省长沙县古树名木后备资源名录的通知	12 月 14 日

（资料来源：县政府办）

表 36 2021 年长沙县政府重要文件（长县政办发）一览表

文号	文件标题	发文日期
长县政办发〔2021〕1 号	关于印发长沙县“精美长沙”建设工作实施方案（2021-2022 年）的通知	1 月 19 日
长县政办发〔2021〕2 号	关于印发长沙县政府投资信息化建设项目管理暂行办法的通知	1 月 22 日
长县政办发〔2021〕4 号	关于调整初中学业水平考试与高中阶段学校招生有关事项的通知	2 月 25 日
长县政办发〔2021〕5 号	关于印发长沙县商务楼宇认定办法和长沙县促进楼宇经济发展的若干措施的通知	4 月 1 日
长县政办发〔2021〕7 号	关于印发长沙县促进互联网租赁自行车规范发展实施方案的通知	6 月 10 日
长县政办发〔2021〕8 号	关于印发长沙县园区赋权目录的通知	6 月 15 日
长县政办发〔2021〕9 号	关于印发长沙县新建商品房“交房即交证”改革工作方案的通知	6 月 23 日
长县政办发〔2021〕12 号	关于印发长沙县县长质量奖评审考核办法的通知	7 月 19 日
长县政办发〔2021〕14 号	关于进一步加强政府投资项目概算管理有关事项的通知	7 月 26 日
长县政办发〔2021〕15 号	关于印发健康长沙县行动实施方案的通知	8 月 17 日
长县政办发〔2021〕16 号	关于印发长沙县临时救助实施细则的通知	8 月 20 日
长县政办发〔2021〕17 号	关于印发长沙县发展壮大新型农村集体经济十条措施的通知	9 月 19 日

（资料来源：县政府办）

表 37 2021 年长沙县政府重要文件（长县政办函）一览表

文号	发文标题	发文日期
长县政办函〔2021〕1 号	关于印发长沙县基本医疗保险和生育保险市级统筹工作方案的通知	1 月 25 日
长县政办函〔2021〕3 号	关于进一步做好我县全民所有制企业整合改革工作的通知	2 月 3 日
长县政办函〔2021〕4 号	关于印发长沙县淘汰砖瓦轮窑生产企业落后产能工作实施方案的通知	2 月 4 日
长县政办函〔2021〕6 号	关于印发长沙县创建省级食品安全示范县实施方案的通知	2 月 25 日
长县政办函〔2021〕8 号	关于印发长沙县综合行政执法协作管理规定的通知	3 月 25 日
长县政办函〔2021〕12 号	关于下达 2021 年政府委托审计项目的通知	4 月 20 日

续表

文号	发文标题	发文日期
长县政办函〔2021〕13 号	关于印发长沙县 2020 年湖南省自然资源例行督察反馈问题整改工作方案的通知	4 月 25 日
长县政办函〔2021〕15 号	关于印发长沙县“百日奋战 扮靓星城”市容环境整治实施方案的通知	4 月 3 日
长县政办函〔2021〕16 号	印发关于支持镇（街）协同招商暂行管理办法（试行）的通知	5 月 11 日
长县政办函〔2021〕17 号	关于印发长沙县食品安全监管事权清单的通知	5 月 17 日
长县政办函〔2021〕19 号	关于统一规划体系更好发挥全县发展规划战略导向作用的通知	6 月 17 日
长县政办函〔2021〕20 号	关于印发长沙县城区临街建筑立面清洗整治工作方案的通知	6 月 18 日
长县政办函〔2021〕21 号	关于印发长沙县政府产权公共租赁住房资产划转和管理体制改革工作实施方案的通知	6 月 21 日
长县政办函〔2021〕22 号	关于印发长沙县招商引资项目引进事前评估及事中事后监管实施细则的通知	6 月 21 日
长县政办函〔2021〕23 号	关于印发长沙县 2021 年度大气（噪声）、水、土壤污染防治和农村生态环境保护行动计划的通知	6 月 29 日
长县政办函〔2021〕24 号	关于建立企业破产处置府院协调联动机制的通知	7 月 12 日
长县政办函〔2021〕25 号	关于印发长沙县电子商务进农村综合示范项目实施方案的通知	7 月 16 日
长县政办函〔2021〕26 号	关于印发长沙县 2021 年深化“放管服”改革重点任务分工方案的通知	7 月 22 日
长县政办函〔2021〕28 号	关于印发长沙县开展打击欺诈骗保套保挪用贪占医保基金集中整治工作方案的通知	8 月 5 日
长县政办函〔2021〕29 号	关于印发 2021 年长沙县（经开区）垃圾分类工作方案的通知	9 月 1 日
长县政办函〔2021〕30 号	关于对 2021 年度国务院、省政府真抓实干和市政府创新实干重大政策奖励事项实行责任管理的通知	9 月 1 日
长县政办函〔2021〕32 号	关于印发《2021 年长沙县冬种工作实施方案》和《2021 年长沙县高标准农田和“民办公助”小农水项目冬修工作实施方案》的通知	10 月 18 日
长县政办函〔2021〕33 号	关于印发长沙县既有小区品质提升三年行动方案（2021—2023 年）的通知	10 月 28 日
长县政办函〔2021〕34 号	关于进一步加强农村地区“两站两员”建设的通知	10 月 29 日
长县政办函〔2021〕35 号	关于印发长沙县推进智慧安防小区、单位、村庄建设工作方案的通知	11 月 24 日
长县政办函〔2021〕36 号	关于印发长沙县依申请惠企政策“免申即享”试点工作方案的通知	12 月 21 日

（资料来源：县政府办）

组织机构及负责人

中共长沙县委员会

书　记　沈裕谋（2021.07 止）
　　　　付旭明（2021.08 任）
副书记　张作林（2021.07 止）
　　　　陈永高（2021.07 任）
　　　　周　虔（女，2021.07 止）
　　　　杨应龙（2021.07 任）
常　委　杨应龙
　　　　赖坤明（2021.07 止）
　　　　王国良（挂职，2021.07 止）
　　　　谭浩然（2021.07 止）
　　　　郭　瑞（女）
　　　　杨　溢（女）
　　　　黄　波
　　　　陶建军（2021.08 任）
　　　　刘　重
　　　　王永军
　　　　彭正球（2021.08 任）
　　　　朱智勇（2021.08 任）

中共长沙经济技术开发区工作委员会

书　记　沈裕谋（2021.08 止）
　　　　付旭明（2021.11 任）
副书记　张庆红
　　　　贺代贵（2021.04 止）
　　　　赵文骄（2021.10 任）
委　员　周志远
　　　　常利民
　　　　袁　钊（2021.11 止）
　　　　张湘鸿
　　　　赖坤明（2021.07 任）

长沙经济技术开发区管理委员会

主　任　张庆红
副主任　常利民
　　　　袁　钊（2021.11 止）
　　　　张湘鸿
　　　　赖坤明（2021.07 任）
一级调研员
　　　　刘逢春（2021.03 任）
二级调研员
　　　　刘逢春（2021.03 止）
　　　　杜海霞（女）
　　　　张贤长
　　　　刘运雄
　　　　郑安龙（2021.03 任）
　　　　唐益民（2021.03 任）
　　　　戴新煌（2021.10 任）
三级调研员
　　　　郑安龙（2021.03 止）
　　　　蒋君山
　　　　黄恩晓
　　　　黄庆怀
　　　　陈建辉
　　　　唐益民（2021.03 止）
　　　　戴新煌（2021.10 止）
　　　　杨之金
　　　　田洪林
　　　　刘　曙（女）
　　　　王怀庄
　　　　李乔岚
　　　　宋登红

中共长沙经济技术开发区纪律检查工作委员会、长沙市监察委员会长沙经济技术开发区监察工作委员会

纪工委书记、监察工委主任
　　　　周志远
纪工委副书记、监察工委副主任
　　　　刘光辉
纪工委委员、监察工委委员
　　　　郑安龙
　　　　陈新明
　　　　李布春
　　　　苏　平（女）
　　　　王萍萍（女）

长沙县人大常委会

主　任　李建章（2021.10 止）
　　　　周　虔（女，2021.10 任）
副主任　周安伟（2021.10 止）
　　　　曹艳萍（女，2021.03 止）
　　　　彭军其（2021.10 止）
　　　　喻名团（2021.10 任）
　　　　曹伟兴
　　　　黄泽红（女，2021.10 任）
　　　　陈卫球（2021.03 任）
　　　　张　磊（2021.10 任）

长沙县人民政府

县　长　张作林（2021.08 止）
　　　　陈永高（2021.08 任）
副县长　杨应龙（2021.08 止）
　　　　彭迟平（2021.08 止）
　　　　喻名团（2021.08 止）
　　　　毛　葵（2021.08 止）
　　　　黄泽红（女，2021.08 止）
　　　　彭正球
　　　　康　勇（2021.08 止）
　　　　陈永高（2021.08 止）
　　　　郭　瑞（女，2021.08 任）
　　　　刘　广（2021.10 任）
　　　　卢　铓（2021.10 任）
　　　　邱友梅（女，2021.10 任）
　　　　冯页新（2021.10 任）
　　　　吴　昊（2021.10 任）
　　　　吴正华（2021.10 任）

政协长沙县第九届委员会

党组书记、主席
　　　　王益枝（2021.10 止）

党组副书记、副主席
郭艳红（女，2021.10 止）
副主席 李楚屏（女，2021.10 止）
陈沃辉（驻会，2021.10 止）
张小春（2021.10 止）
党组成员、副主席
范新国（2021.10 止）
党组成员、秘书长
文清良（2021.10 止）

政协长沙县第十届委员会

党组书记、主席
王国良（2021.10 任）
党组副书记、副主席
毛 葵（2021.10 任）
副主席 张小春（驻会，2021.10 止）
党组成员、副主席
李建军（2021.10 任）
副主席 王文凯（2021.10 任）
陈 洁（女，2021.10 任）
党组成员、秘书长
文清良（2021.10 任）

中共长沙县纪委

书 记 刘 重
常务副书记
刘义红
副书记 吴 曲（2021.04 止）
庄 虎（2021.10 止）
符广宇（2021.08 任）
肖红波（2021.10 任）
常 委 胡皓珅（女）
符广宇（2021.08 止）
熊大坤
黄艳宇（女，2021.04 任）
杨全党（2021.08 任）
监察委
主 任 刘 重
副主任 刘义红
吴 曲（2021.04 止）
庄 虎（2021.12 止）
肖红波（2021.12 任）
委 员 胡皓珅（女）
符广宇（2021.12 止）
李 杰
余 伟
杨全党（2021.12 任）

县委工作机构

县委办公室

主 任 谭浩然（2021.07 止）
朱智勇（2021.07 任）
副主任 祖春峰（常务，2021.07 止）
罗眺辉（副主任，2021.07 止；常务，2021.07 任）
李 勇（2021.07 止）
张先坤（2021.05 止）
罗德兴（2021.07 任）
杨 响（2021.12 任）
彭 涛（2021.12 任）
彭春华（兼）
纪检组组长
杨 宇（女，2021.04 止）
袁 霞（女，2021.04 任）

县委组织部

部 长 郭 瑞（女，2021.07 止）
陶建军（2021.07 任）
常务副部长
李建军（2021.12 止）
周习彬（2021.12 任）
副部长 李顺林（兼）
祖春峰（兼）
骆从辉（2021.12 止）
屈小青（女，2021.03 止）
刘 琳（女，2021.03 任）
唐 雯（女，2021.12 任）
纪检监察组组长
张海伦（女）

县委宣传部

部 长 杨 溢（女）
常务副部长
章铭康（2021.12 任）
张电波（2021.12 止）
宣传部副部长
罗征宇（2021.04 止）
陈合宴
梁 爽（女，2021.04 任）
纪检监察组组长
张新明（2021.04 止）
曾为中（2021.04 任）

县委统战部

部 长 周 虔（女，2021.07 止）
杨应龙（2021.08 任）
常务副部长
吴 英（女，2021.03 止）
黄建国（2021.04 任）
副部长、侨联主席
姚 军（2021.03 止）
范燎亮（2021.04 任）
副部长、工商联党组书记
艾 英（2021.03 止）
王行楚（2021.04 任）
副部长、民宗局局长
林友祥
纪检监察组组长
聂建新（2021.04 止）
黄 英（女，2021.04 任）

县委政法委

书 记 黄 波
常务副书记
王伟山
副书记 黄建国（2021.02 止）
王宏伟（2021.03 任）
罗 佳（2021.03 任）
派驻纪检组组长
范伟霞（2021.04 止）
冯典伟（2021.05 任）
政治工作办公室主任
刘拥军

县委巡察办

巡察办主任
苏宽良（2021.04 止）
张先坤（2021.04 任）
巡察组组长
别 若
袁国栋
赵军林
巡察办副主任
陈席华
李晗蓉（女）
巡察组副组长
王新华（2021.04 任）
余 乐（女，2021.06 任）

黄扬波（女，2021.06）
王　芳（女，2021.04 止）
王　雁（女，2021.06 止）

县委网信办（县互联网信息办公室）

主　任　高　洁（女，2021.12 止）
陈　卓（2021.12 任）
副主任　唐建辉（女，2021.04 止）
童　创
余　洋（2021.04 任）

县委编办

主　任　胡　革
副主任　向　前
陈晓芬（女，2021.04 任）

县委党校（县行政学校）

校　长　周　虔（女，2021.07 止）
杨应龙（2021.09 任）
常务副校长
罗静良（女，2021.03 止）
饶　晗（2021.04 任）
教育长　何　浪（女）
副校长谢社江（2021.04 止）
谭剑剑
汪　浩（2021.09 任）

杨开慧纪念馆

馆长、党组副书记
彭春华（2021.12 止）
刘高祥（2021.12 任）
党组书记
杨晓明（女，2021.12 止）
张电波（2021.12 任）
党组成员、副馆长
饶培元
胡一舟

长沙经济技术开发区党工委和管委会工作机构

·工作机构·
办公室

党工委、管委会办公室

主　任　周　芳（女）
副主任　梁颖昊（女）
蒋勇文
邱永峰
袁　鸣
综合处（值班室）处长（主任）
李艳芳（女）
联络接待处处长
廖　旋（女）
文电档案处处长
张建平
秘书处（优化处）处长（经济研究室主任）
李　淞
机关运维保障处处长
张　鹏

督查室

主　任　唐益民（兼）

人力资源与社会保障局

局　长　刘　曙（女）
副局长　陈小英（女）
曾知山
劳动关系联络处（综合处）处长
孙泽群
干部人事处（机构编制处）处长
周　彬
人才工作处处长
左　雄
绩效考核管理处处长
陈海燕（女）

党群工作局

局　长　熊　伟
副局长　周祎刚
黄　姿（女）
综合处（统战处）处长
黄维弟
党建处（群团处）处长
彭　辉
宣传处处长
胡　鸽（女）

纪检监察审计室

主　任　刘光辉
副主任　李布春
王萍萍（女）
综合审理处处长
汪赞华
监督检查处处长
邵劲节
审计监督处处长
莫景淇（女）

招商合作局

局　长　黄天际（2021.12 止）
副局长　周枝栋
王　项
齐迎美（女）
王仲湘
招商一处（综合处）处长
刘杰灵（女）
招商二处处长
刘　军
招商三处（合同管理处）处长
刘晓蕾（女）
外向型经济发展处（自贸区服务管理处）处长
凌成增

经济发展和企业服务局

局　长　范丁贵
副局长　郭　英（女）
肖　锐
朱正海
卢俊义
综合发展处处长
段苏媛（女）
投资管理处处长
郭小明
统计处处长
李坤田
科技与产业促进处处长
杨佳文
生态环境处处长
董文佳（女）

财政局

局　长　胡立忠（兼）
常务副局长（主持全面工作）
石　浪
副局长　易波勇

贺正强
郑　波
综合处处长
秦道永
预算处处长
吴　彪
经建处（PPP办）处长
陈　龙
行财处处长
周　旭（女）
国资处处长
谭玉梅（女）
金融事务处处长
孙　英（女）

社会事业局

局　长　沈建民（兼，2021.02任）
常务副局长（主持全面工作）
徐震山
副局长　莫　阳（女）
王学知
综合协调处处长
王　婷（女）
公共服务处处长
袁　川
综治信访处处长
余　岚

重点项目推进服务局

局　长　李乔岚
副局长　王　璎（女）
王　伟（2021.04止）
综合处（全程代办管理处）处长
谢　媛（女）
基础设施服务处处长
袁大伟（2021.04止）
项目推进管理处处长
赵春丹（女）

自然资源和规划建设局

局　长　汤照照
副局长　胡祥伟
熊远求
谭苏明
陈玖颖
李　巍
综合计划处处长
缪　丽（女）
规划编制处处长
夏成龙
征地管理处处长
黄莲莲（女）
土地供应处处长
易紫高
总工室主任
袁大伟（2021.04任）
拆迁处处长
易向阳
工程处处长
周麒麟

市场监督管理局（知识产权局）

局　长　宋登红
副局长　袁忠东
杨学工
知识产权处（综合处）处长
喻　巍
信用监管处处长
何志刚
质量发展处处长
刘　勇
权益保护处处长
曹　瑾（女）

行政审批服务局

局　长　邱友梅（女，2021.07止）
覃　芳（女，2021.07任）
副局长　谭四新
胡　嵩（女）
张　娴（女）
市场监督审批处处长
范　军
经济审批处处长
黄　妮（女）
建设审批处处长
何　剑

自贸区创新发展局

局　长　胡超纲（2021.04任）
安委办（应急办）
主　任　田洪林（兼）
应急管理与安全生产协调处处长
许朝晖

·党群组织·
企业工作委员会

中共长沙经济技术开发区企业委员会

书　记　贺代贵（2021.04止）
赵文骄（2021.12任）
专职副书记
王怀庄
副书记　熊　伟
宋登红
委　员　朱正海
蔡光云（兼）
陈小沐（兼）
孙建南（兼）

机关委员会

书　记　贺代贵（2021.04止）
赵文骄（2021.12任）
专职副书记
王怀庄
副书记　熊　伟
组织委员
刘　曙（女）
宣传委员
周　芳（女）
纪检委员
刘光辉
青年委员
石　浪
群工委员
徐震山
统战委员
李乔岚

妇女工作委员会

副主任（主持工作）
饶佳威（女，2021.12止）
肖　梁（女，兼，2021.12任）
委　员　陈　果（女，兼，2021.12止）
贺琼玲（女，兼，2021.12止）
彭　清（女，兼，2021.12止）

谢　媛（女，兼，2021.12 止）
贺　年（女，兼，2021.12 任）
廖　旋（女，兼，2021.12 任）

总工会
副主席　陈　晋
罗　菁（女，兼）
综合服务部部长
刘　瑛（女）
权益经济部部长
唐朝晖

共青团工作委员会
副书记（主持工作）
朱正海（兼，2021.12 止）
彭　辉（2021.12 任）
委　员　袁　鸣
翟　亮
段苏媛（女）
黄　宇（兼）
周舒越（女，兼）
陈　杰（兼）
苏冰阳（兼）
丁文文（女，兼）

・派驻机构・

长沙经济技术开发区消防救援大队
大队长　徐　毅（2021.12 止）
孔博煜（2021.12 任）
政治教导员
陈　源

国家税务总局长沙经开区税务局
党委书记、局长
潘平波（女，2021.03 任）
党委副书记、副局长
潘平波（女，2021.03 止）
党委委员、副局长
浦王灿（2021.01 止）
喻兴无
熊明干（2021.01 止）
徐周灿（2021.01 止）
崔向阳（2021.01 止）
伍少波
金湘明
张又能
党委委员、纪检组组长
黄　波

新安派出所
所　长　孟　湘（2021.11 止）
张海宇（2021.12 任）
教导员　祖小乐（2021.12 任）
副所长　陈炎奎（2021.11 止）
罗立新
彭汉文
郝荣华

泉塘派出所
所　长　朱江波（2021.11 止）
缪　海（2021.11 任）
教导员　黄　丹
副所长　张　甫
王朝阳（2021.11 止）
陈东辉
刘建勇（2021.11 任）

长沙县公安局交通警察大队新安中队
中队长　邹　唯（2021.01 任）
指导员　杜友良（2021.01 任）

长沙县人民检察院驻经开区检察联络室
主　任　朱永会

长沙县人民法院长沙经济技术开发区法庭
庭　长　李　娟（女）
副庭长　杨柳青（女）

・直属事业单位・

政务服务中心
主　任　肖志成
副主任　肖　梁（女）

投资评审中心
主　任　陈宇星
副主任　谢意平（女）

政府采购与招投标中心
主　任　黄　科
副主任　余　浪

创业服务中心
主　任　吴信村
副主任　李　敏（女）

人力资源公共服务中心
主　任　翟　亮
副主任　于志刚

征地拆迁安置事务所（征地服务中心）
所　长　王　伟（2021.04 任）
副所长　余　洪
朱松林

建设工程质量安全监督站
站　长　谢成塔
副站长　陈学敏

法律事务中心
主　任　蒋勇文
副主任　杨　杰

产业发展事务中心
主　任　夏绿林
副主任　万晓娟（女）

星沙产业基地管理中心
主　任　黄士玮
副主任　余向阳
洪　琼
纪检组长
高　鹏

土地储备中心
主　任（空　缺）

长沙经济技术开发集团有限公司
党委副书记、总经理、董事
谭超纲
党委副书记、副总经理、董事
马　鑫
党委委员、监事会主席、纪委书记
吕向龙
董　事　李雪春

党委委员、副总经理

罗卓群

副总经理

王　睿（女）

长沙经济技术开发区城建开发有限公司

党支部书记、执行董事、总经理

陈海龙

党委副书记、监事会主席、纪委书记

肖泽祥

党委委员、副总经理

熊志新

周　高

喻浪平

·产业园区·

黄花产业基地

党工委书

朱智勇（2021.05 止）

张　辉（2021.05 任）

党工委副书记、管委会主任

熊　创（2021.03 止）

冯　城（2021.03 任）

县人大专门委员会及县人大常委会工作机构

办公室

主　任　陈　诚（2021.03 止）

彭朝溪（2021.03 任）

副主任　游　滋（女，2021.03 止）

陈　意（2021.03 任）

选举任免联络工作委员会

主　任　彭　涛（2021.03 止）

陈　诚（2021.03 任）

副主任　隆　晓（女，2021.12 止）

禹　玥（2021.12 任）

民族华侨外事委员会

主任委员

刘新平（2021.03 止）

吴　英（女，2021.03 任，2021.12 止）

张应军（2021.12 任）

监察和司法委员会

主任委员

李德兴（2021.03 止）

李学文（2021.03 任）

副主任委员

陈　意（2021.03 止）

唐　炯（2021.03 任）

财政经济委员会（预算工作委员会）

主任委员

卢文杰（2021.07 止）

李　勇（2021.07 任，2021.12 止）

隆　晓（女，2021.12 任预算工作委员会主任、财经委主任提名人选）

副主任委员

肖　勇

教育科学文化卫生委员会

主任委员

尹小龙

副主任委员

黄　栋（2021.05 止）

陈　灿（女，2021.09 为提名人选；2021.10 当选）

环境与资源保护委员会

主任委员

江　涌

副主任委员

刘　丹（女）

农业与农村委员会

主任委员

何都益（2021.03 止）

鄢兴杰（2021.03 任，2021.12 止）

李　洪（2021.12 任）

副主任委员

张力强

社会建设委员会

主任委员

朱忠良

副主任委员

邹　媛（女）

县政府工作机构

县人民政府办公室

主　任　刘高祥（2021.12 止）

胡朝钦（2021.12 任）

副主任　唐宪伟（2021.03 止）

唐自力

徐　杨（2021.12 止）

陈　勇

高　军

杨　曲（2021.12 止）

田　博（2021.12 任）

龚　毅（2021.12 任）

余青燕（女）

龙世华

邓湘宁（2021.09 任）

陆　宇（兼，2021.09 止）

田　勇（兼，2021.09 任）

纪检组长

杨　立（女）

县发展和改革局

党组书记、局长

胡超钢（2021.05 止）

党组书记

王乐君（2021.05 任，2021.07 止）

代理局长、书记主持工作

邓剑侠（2021.07 任，2021.09 止）

党组书记、局长

涂亚鹏（2021.09 ～ 12 为提名人选；2021.12 任）

党组副书记、副局长

邓剑侠

党组成员、副局长、投资项目事务中心主任

李晓阳（2021.04 止）

副局长、投资项目事务中心主任

王贺春（2021.04 任）

县纪委监委驻县发改局纪检监察组组长、县发改局党组成员

廖名跃

党组成员、副局长

彭　伟（2021.04 止）

邹玉屏（女，2021.04）

党组成员、总经济师

邹玉屏（女，2021.04 止）

县工业和信息化局

党组书记、局长

李学文（2021.04 止）

栗　柱（2021.04 任，2021.12 止）

李　勇（2021.12 任）

副局长　周　伟

晏　明（女）

县教育局

党委书记、局长

陈卫球（2021.03 止）

熊　创（2021.04 任，2021.12 止）

李文杰（2021.12 任）

党委副书记、副局长

张　杰（2021.03 任，2021.10 止）

肖红波（2021.10 任，2021.12 止）

杨新赞（2021.12 任）

党委副书记、主任督学

范文丰（2021.05 任）

党委委员、纪检组长

邓冰星（女）

党委委员、副局长

彭　刚

杨伏梅

县科学技术局

党组书记、局长

黎文革（2021.01 任，2021.03 止）

党组书记

骆从辉（2021.12 任）

局　长　章蕙羽（女，2021.05 任）

党组成员、副局长

黄龙辉

王凯艳（女）

县应急管理局

党委书记、局长

周　创（2021.12 止）

杨　曲（2021.12 任）

党委委员、副局长

吴奇勇

党委委员、总工程师

彭　坚

党委委员、政工室主任

黄丽娜（女）

党委委员、副局长

杨进昌（2021.05 任）

党委委员、副局长

周万清（2021.04 止）

县民政局

党组书记

王志国（2021.11 止）

高新良（2021.12 任）

局　长　王志国（2021.11 止）

高新良（2021.12 任）

副局长　吴文先（2021.04 止）

陈　展（2021.05 止）

符　杰

李　军（2021.06 任）

李祖荫（2021.05 任）

县退役军人事务局

局党组书记、局长

李壮宇

局党组成员、副局长

张　莽

唐德洋（2021.05 止）

邓曙光（2021.05 任）

县财政局

党组书记、局长

胡立忠（2021.12 止）

陈　波（2021.12 任）

党组副书记、副局长

孙卫国

党组成员、副局

长冯梅秀（女，2021.05 止）

胡立明

苏宽良（2021.05 任）

党组成员、纪检组长

胡学军（2021.04 止）

李文芮（女，2021.04 任）

党组成员、总会计师

罗　冲（女）

县人力资源和社会保障局

党组书记、局长

徐虎踞（2021.07 止）

祖春峰（2021.07 任）

党组副书记、副局长

杨溪阁

党组成员、总会计师

聂畅宇（女，2021.05 止）

党组成员、副局长

周兴武（2021.04 任）

聂畅宇（女，2021.05 任）

县自然资源局

党组书记、局长

胡朝钦（2021.12 止）

周　创（2021.12 任）

党组成员、副局长

戴定安

陶　权

李明惠（女，2021.04 止）

石碧娟（女）

张　宇

党组成员、测绘总工程师

龚　毅（2021.12 止）

县交通运输局

党组书记、局长

周习彬（2021.12 止）

王志国（2021.12 任）

党组成员、副局长

邹国良（2021.05 止）

袁　康（2021.05 任）

党组成员、副局长

李辉浩（2021.05 任）

党组成员、总工程师

张朝阳（2021.05 止）

县水利局

局长、党组书记

高新良（2021.12 止）

栗　柱（2021.12 任）

党组成员、副局长

裴治宇

陈宇波

党组成员、总工程师

童亚祁

县农业农村局

党组书记、局长、主任

鄢兴杰（2021.03 止）

叶照君（2021.03 任）

党组副书记、副局长

彭　鹏（2021.03 任）

李志明（2021.03 止）
党组成员、副局长
彭长林（2021.05 止）
曾建新
杨　晓（2021.05 止）
饶勋奇（2021.05 任）
党组成员
陈　恳（2021.09 任）
杨　洪（2021.05 任）
党组成员、纪检组长
范乐赛

县商务局
党组书记
彭　鹏（2021.12 任）
局　长　王　玲（女，2021.07 止）
陈　洁（2021.12 任）
党组成员、副局长
游松明（2021.04 改非）
蒋建平
赵　波（2021.01 任）
陈刚旭（2021.04 任）

县文化旅游广电体育局
党组书记、局长
李顺林（2021.12 止）
高　洁（女，2021.12 任）
党组副书记、副局长
李　彪（2021.04 止）
党组成员、副局长
罗　晶（女，2021.04 止）
刘雁冰（女）
杨文跃
张劲松
李　瑜（女，2021.04 任）
副局长戴正林

县卫生健康局
党委书记、局长
唐　锋（女，2021.12 止）
舒　曲（2021.12 任）
党委成员、副局长
陈　瑛（女）
陈万磊（2021.04 止）
王　旭（2021.05 任）
党委成员
夏　宇（2021.04 止）
副局长　范　佳（女）

县医疗保障局
党组书记、局长
刘桂良（2021.12 止）
唐　锋（女，2021.12 任）
党组成员、副局长
龚发军
周　艳（女）

县审计局
党组书记、局长
饶晓刚（女，2021.11 止）
柳　怡（2021.12 任）
党组成员、副局长
晏　均（2021.09 止）
唐利坤（女，2021.04 止）
王　雁（女，2021.06 任）
朱新光（2021.09 任）

县统计局
党组书记
谭振华
党组成员
陈立云（2021.04 止）
刘　刚（2021.05 任，2021.12 止）
彭　宇（女）
赵飞飞（女）
局　长　谭振华
副局长　陈立云（2021.04 止）
刘　刚（2021.05 任，2021.12 止）
彭　宇（女）
总统计师
赵飞飞（女）

县行政审批服务局
党组书记
李红军（女，2021.03 止）
蒋炳桃（2021.03 任，2021.07 止）
局　长　王文凯（2021.12 止）
党组书记、局长
刘桂良（2021.12 任）
党组成员、副局长
张慧利（女）
党组成员、副局长
肖　宇

县信访局
党组书记、局长
陆　宇（2021.05 止）
党组书记
彭万贵（2021.05 任，2021.07 止）
党组书记、局长
田　勇（2021.07 任）
党组成员、副局长
陈群芳（女）
熊哲峰（2021.05 任）

县住房和城乡建设局（县人民防空办公室）
党组书记、局长
李　洪（2021.12 止）
党组成员、副局长
曾尚亮
总工程师
徐柱杰（2021.04 任）
党组成员、县人防办专职副主任
苏　安（2021.07 任）
副局长　张新生

县市场监督管理局（县知识产权局）
党组书记、局长
饶逢春（2021.05 止）
党组书记
张登武（2021.05 任，2021.07 止）
党组书记、局长
庄　虎（2021.09 任）
党组成员、副局长
万兴兰
李凤英（女）
刘志伟（2021.04 任）
黄向阳（2021.09 止）

县城市管理局
局　长　沈建民
党组副书记
陈自力（2021.04 任）
副局长　李　彦（2021.07 任）

县行政执法局

党组书记、局长

王海燕（女，2021.12 任）

舒 曲（2021.12 止）

党组副书记、副局长

盛振宇（2021.04 任）

陈自力（2021.04 止）

曹 平

杨胜喜（女）

纪检组长、党组成员

肖 钢

党组成员、副局长

吴 建

县大数据中心

党组书记、主任

张应军（2021.12 止）

刘 刚（2021.12 任）

党组成员、副主任

柳 林

余 洋（2021.04 止）

罗 卉（女，2021.04 任）

县政协工作机构

办公室

主 任 文清良

副主任 文 越

委员学习联络委

主 任 胡孟东（2021.03 止）

唐宪伟（2021.03 任）

提案委

主 任 陶自立（2021.03 止）

黎文革（2021.03 任）

副主任 袁书钦

经济科技和外事委

主 任 王行楚（2021.03 止）

李红军（2021.03 任）

副主任 胡小丽

农业农村和人资环委

主 任 童晓庆

文教卫体和文史委

主 任 熊 健

副主任 陈 敏

社会法制和民族宗教委

主 任 彭少波

副主任 刘利娟（2021.03 止）

信息中心（办公室二级机构）

主 任 周 思

政法机关

县公安局

党委书记、局长

彭迟平（2021.08 止）

刘 广（2021.08 任）

党委副书记、政委

王 坚

党委副书记

周刚强

党委委员、副政委

罗俊强

党委委员、副局长

宋晓峰（2021.05 止）

韩 伟

吴 鑫

刘 波

张 志

县纪委驻县公安局纪检监察组组长

范 屹（2021.01 任）

县人民检察院

党组书记、检察长

盛 智（2021.07 止）

许琼山（2021.07 任）

副检察长

文军伟

党组成员、副检察长

何志刚

汪海渊

党组成员、政治部主任

谢 唯

检委会专职委员

胡 力

欧春燕（女）

县人民法院

党组书记、院长

丁念红

党组副书记、副院长

王利兵

副院长

朱忠义

党组成员

胡志宏

党组成员、副院长

肖 强

党组成员、政工室主任

邓梦曦

党组成员、执行局局长

王懿林

专职委员

袁波勇

肖红斌

县司法局

党组书记、局长

王海燕（女，2021.12 止）

徐 杨（女，2021.12 任）

党组成员、副局长

吴文斗（2021.07 止）

康广平（2021.07 止）

彭 慧（女）

吴征斌（2021.08 任）

党组成员、政治工作办公室主任

杨 玲（女）

县委、县政府直属事业单位

星沙松雅湖商务区管委会

党工委委员、书记

何 典 (2021.07 止)

石 争（2021.07 任）

党工委委员、副书记

廖春红（2021.05 止）

卢文杰（2021.07 任）

党工委委员、纪工委书记

唐 妙（女）

党工委委员、管委会副主任

何 伟

王倩文

县现代服务业发展中心

党组书记、主任

曹 剑

党组成员、副主任

谭　芸（女）

朱华磊

县供销合作社

党组书记、理事会主任

曹　青

党组成员、监事会主任

周春林

党组成员、理事会副主任

游　江（2021.04 止）

米湘峰（2021.05 任）

曾　威

县重点建设项目事务中心

党组书记

汤志国（2021.04 任）

主　任　龙　驻（2021.04 任）

党组成员、副主任

冯勇波

张　勇

周　术（2021.05 任）

姜有君

县征地服务中心

党组书记、主任

蒋卫民

党组成员、副主任

陶玉欣

杨　照（2021.07 止）

杨利洪（2021.07 任）

县机关事务中心

党组书记、主任

周向阳（2021.03 任）

党组成员、副主任

马志文

邹　均

县融媒体中心

党组书记、主任、总编辑

饶　晗（2021.04 止）

何静宜（2021.04 任）

党组成员、副主任、副总编辑

周　萍（女，2021.04 止）

罗　卉（女，2021.04 止）

张水湘（女）

冷　冰（2021.07 任）

张　曦（2021.07 任）

派出机构

中国（湖南）自由贸易试验区长沙片区临空管理委员会

党工委书记

付旭明（2021.07 任）

沈裕谋（2021.03 任，2021.07 止）

党工委委员、管委会主任

谭浩然（2021.07 任）

王国良（2021.03 任，2021.07 止）

党工委委员、管委会副主任

孟立祥（2021.03 任）

宁　铁（2021.07 任）

黄天际（2021.11 任）

朱智勇（2021.03 任，2021.07 止）

党工委委员、纪工委书记

魏　检（2021.07 任）

黄花综合保税区管理委员会

党工委书记、管委会主任

王国良（2021.03 止）

党工委委员、管委会副主任

孟立祥（2021.03 止）

长沙临空产业开发区管理委员会

党工委书记

朱智勇（2021.03 止）

党工委委员、管委会副主任

李俊开（2021.09 止）

曹江辉（2021.09 止）

刘向上（2021.09 止）

县现代农业创新示范区

党工委书记

何静宜（2021.03 止）

柳　怡（2021.05 任，2021.12 止）

主　任　柳　怡（2021.05 止）

罗征宇（2021.05 任）

副主任　张　任（2021.04 任）

骆　敏

纪工委书记

李小甜（女）

农村集体经济发展中心主任

刘小兰（2021.06 止）

周　川（2021.06 任）

黄兴会展经济区管理委员会

党工委书记

张　辉（2021.05 止）

余　米（女，2021.07 任）

党工委委员、管委会主任

余　米（女，2021.07 止）

黄向阳（2021.09 任）

党工委委员、管委会副主任

熊哲峰（2021.07 止）

解　帅（2021.05 止）

张　为

张　芬（女）

陈湘平（2021.07 任）

王永兴（2021.09 任）

党工委委员、纪工委书记

曹　蜜（女）

群团机构

县总工会

党组书记、主席

彭克让（2021.03 止）

党组书记、副主席

艾　英（2021.03 任）

党组成员、副主席

傅亿安（女）

胡海艳（女）

陈　渊（2021.04 止）

挂职副主席

杨志刚（2021.10 止）

兼职副主席

肖力钧

团县委

团县委书记

吴晓芬（女，2021.09 止）

团县委副书记

侯　韬（2021.09 任）

李　瑜（女，2021.04 止）

陈亚萍（女）

唐志宇（2021.04 任）

挂职副书记

刘致邦

县妇联

主　席　饶晓刚（女）
副主席　袁　惠（女）
　　　　罗　晶（女）
党组书记、主席
　　　　袁　雁（2021.12 止）
　　　　饶晓刚（女，2021.12 任）
党组成员、副主席
　　　　袁　惠（女）
　　　　罗　晶（女，2021.04 任）
副主席　游　艳（2021.04 止）

县工商联

主　席　张小春（2021.12 止）
　　　　王文凯（2021.12 任）
党组书记
　　　　艾　英（2021.03 止）
　　　　王行楚（2021.04 任）
副主席　陈　全
　　　　徐立平（女，2021.04 任）

县残联

党组书记
　　　　罗扬坤
理事长　罗　坚
党组成员、副理事长
　　　　刘子仁
副理事长
　　　　高爱娥（女，2021.04 止）
　　　　游　艳（女，2021.04 任）

县科协

党组书记
　　　　彭　辉（2021.03 止）
　　　　姚　军（2021.04 任）
主　席　刘正超
党组成员、副主席
　　　　伍　晗（女）
　　　　李良辉

县红十字会

常务副会长、党支部书记
　　　　夏声朝（2021.01 任，2021.12 止）
专职副会长、党支部书记
　　　　余荣荣（2021.12 任）

镇·街道

·黄兴镇·

中共黄兴镇委员会

书　记　张　韧（2021.04 任）
副书记　张　韧（2021.04 止）
　　　　朱　峰（2021.04 任）
　　　　杨　骏（2021.03 任）
　　　　陈　明（2021.03 止）
委　员　黎　栋
　　　　曹　光（2021.05 止）
　　　　章汉湘（2021.04 止）
　　　　李少葵
　　　　罗　佳（2021.03 止）
　　　　解　帅（2021.05 任）
　　　　李振兴（2021.05 任）
　　　　丁　罗（2021.05 任）
　　　　易　娟（女，2021.05 任）

人大主席团

主　席　黎　栋（2021.05 提名，
　　　　　2021.08 当选）
　　　　曹　光（2021.05 止）
　　　　副主席赵博为（2021.05 提名，
　　　　　2021.08 当选）
　　　　周　川（2021.05 止）

人民政府

镇　长　张　韧（2021.04 止）
　　　　朱　峰（2021.04 提名，
2021.08 当选）
副镇长　章汉湘（2021.04 止）
　　　　黎　栋（2021.05 止）
　　　　李振兴
　　　　丁　罗（2021.05 止）
　　　　易　娟（女，2021.05 提名，
　　　　　2021.08 当选）
　　　　杨　浩
　　　　杨　洪（2021.05 止）
　　　　王在峰（2021.05 提名，
　　　　　2021.08 当选）
　　　　刘曙山（2021.05 提名，
　　　　　2021.08 当选）
　　　　周雅可（2021.11 提名）
　　　　李　可（女，2021.11 提名）

·江背镇·

中共江背镇委员会

书　记　苏　波（2021.05 任）
　　　　张登武（2021.05 止）
副书记　周勤超（2021.03 任）
　　　　喻孟华（2021.03 止）
　　　　朱　峰（2021.05 止）
　　　　刘　威（2021.05 任）
　　　　张　溢（2021.09 止）
委　员　唐　懿（2021.05 任，2021.12 止）
　　　　蒋　明
　　　　赵流江（2021.05 任）
　　　　雷　坚
　　　　王中专（2021.05 任）
　　　　董建伟（2021.05 任）
　　　　戈承武（2021.05 止）
　　　　李祖荫（2021.05 止）
　　　　陈　虎（2021.05 止）
　　　　唐志宇（2021.05 止）

人大主席团

主　席　唐　懿
　　　　戈承武（2021.05 止）
副主席　王艺斯（2021.05 任）
　　　　黄贵新（2021.05 止）

镇人民政府

镇　长　周勤超（2021.03 任）
　　　　喻孟华（2021.03 止）
副镇长　蒋　明（2021.05 任）
　　　　王中专（2021.05 任）
　　　　谢丽萍（女，2021.11 任）
　　　　李祖荫（2021.05 止）
　　　　禹　玥（女，2021.12 止）
　　　　陈　虎（2021.05 止）

政协联络处

主任、负责人
　　　　刘　威（2021.05 任）
　　　　李祖荫（2021.05 止）

·黄花镇·

中共黄花镇委员会

书　记　朱智勇（2021.05 止）
　　　　张　辉（2021.05 任）
副书记　熊　创（2021.03 止）
　　　　冯　城（2021.03 任）
　　　　刘　鎏
委　员　刘镇西（2021.05 止）

杨新赞（2021.05 任，2021.12 止）
彭勇金（2021.05 任）
马　进
缪　波
柳碧波（2021.03 止）
谭　仲（2021.05 任）
范文丰（2021.05 止）
宗书尧（2021.05 任）
杨　响（2021.05 止）

人大主席团

主　席　刘镇西（2021.05 止）
杨新赞（2021.05 提名，2021.08 当选）
副主席　冯伟桥（2021.05 止）
朱克娜（女，2021.05 提名，2021.08 当选）

镇人民政府

镇　长　熊　创（2021.03 止）
冯　城（2021.05 提名，2021.08 当选）
副镇长　彭勇金
缪　波
何年平
彭东浩（2021.03 提名，2021.08 当选）
韩　玮（2021.05 提名，2021.08 当选）
姜　博（2021.11 提名）
杨　响（2021.05 止）
徐立平（女，2021.03 止）

政协联络处

主　任　马　进（2021.06 止）
刘　鎏（2021.06 任）

·春华镇·

中共春华镇委员会

书　记　石　争（2021.07 止）
何　典（2021.07 任）
副书记　刘智平（2021.03 止）
屈小青（2021.04 任）
周益巍（2021.04 止）
邓志强（2021.04 任）
委　员　袁　康（2021.05 止）
游益龙（2021.05 止）
唐新明（2021.05 止）
胡晓明（2021.05 止）
王彬宇（2021.05 止）
刘　佩（女）
张伟夫（2021.05 任）
唐　进（2021.05 任）
罗　奥（2021.05 任）

人大主席团

主　席　袁　康（2021.05 止）
王彬宇（2021.05 任）
副主席　黄扬波（女，2021.05 止）
陈柏安（2021.05 任）

镇人民政府

镇　长　刘智平（2021.03 止）
屈小青（2021.04 任）
副镇长　李　威（2021.05 止）
游益龙（2021.05 止）
胡晓明（2021.05 止）
王彬宇（2021.05 止）
张伟夫（2021.05 任）
罗　奥（2021.05 任）
鲁专娟（女，2021.05 任）

政协联络处

主　任　游益龙（2021.05 止）
邓志强（2021.04 任）

·果园镇·

中共果园镇委员会

书　记　郭贺亭（女，2021.08 止）
王　玲（女，2021.08 任）
副书记　彭朝溪（2021.04 止）
周益巍（2021.04 任）
周勤超（2021.04 止）
柳碧波（2021.04 任）
委　员　田　博
李光成（2021.04 止）
付　窈（女，2021.05 止）
田　涤
龚金果（2021.05 止）
郭又嘉（2021.05 任）
叶　柱（2021.05 任）
毛　青（2021.05 任）
欧饶浩杰（2021.05 任）

人大主席团

主　席　田　博（2021.09 任）
副主席　毛　青（2021.05 止）
张璐莎（女，2021.09 任）

镇人民政府

镇　长　彭朝溪（2021.04 止）
周益巍（2021.09 任）
副镇长　田　涤
龚金果（2021.05 止）
叶　柱（2021.05 止）
欧饶浩杰（2021.09 任）
胡　燮（2021.09 任）

政协联络处

主　任　田　涤（2021.05 止）
柳碧波（2021.05 任）

·路口镇·

中共路口镇委员会

书　记　杨志仁（2021.03 任）
副书记　杨　骏（2021.03 止）
李晓阳（2021.03 任）
游　滋（女，2021.03 任）
委　员　邓志强（2021.03 止）
李光成（2021.03 任）
谢浪波
周　正（2021.05 任）
龙　也（2021.05 任）
祖舟馨子（女，2021.05 止）
周　曦（女，2021.05 任）
杨进昌（2021.05 止）
严　灿（女，2021.05 任）
龙　平（2021.05 止）
刘　威（2021.05 止）

人大主席团

主　席　邓志强（2021.03 止）
李光成（2021.03 任）
副主席　严　灿（女，2021.05 止）
李　博（2021.05 任）

镇人民政府

镇　长　杨志仁（2021.03 止）
李晓阳（2021.03 任）
副镇长　严　灿（女）
刘　威（2021.05 止）
龙　平（2021.05 止）
杨进昌（2021.05 止）
余　丰（2021.05 止）
周　正（2021.05 任）
龙　也（2021.05 任）
蒋　华（2021.05 任）

政协联络处

主 任 刘 威（2021.05 止）

游 滋（女，2021.05 任）

·高桥镇·

中共高桥镇委员会

书 记 彭万贵（2021.05 止）

姜海纳（2021.05 任）

副书记 姜海纳（2021.05 止）

刘 伟（2021.05 任）

侯 韬（2021.09 止）

戴 敏（女，2021.09 任）

党委委员

胡永俊

王 旭（2021.05 止）

杨 华（2021.05 任）

夏卫书（2021.05 止）

朱 娟（女）

杨 炯

周 正（2021.05 止）

向累林（2021.05 任）

秦 勤（2021.05 任）

人大主席团

主 席 胡永俊

副主席 粟 昕（2021.05 止）

熊 骋（女，2021.05 任）

镇人民政府

镇 长 姜海纳（2021.05 止）

刘 伟（2021.05 任）

副镇长 朱 娟（女）

杨 炯

周 正（2021.05 止）

向累林（2021.05 任）

粟 昕（2021.05 任）

政协联络处

主 任 夏卫书（2021.05 止）

侯 韬（2021.09 止）

戴 敏（女，2021.09 任）

·金井镇·

中共金井镇委员会

书 记 叶照君（2021.04 止）

刘智平（2021.04 任）

副书记 黄 轲（2021.04 止）

章 李（2021.04 任）

陈魁宇（2021.05 止）

杨 响（2021.05 任，2021.12 止）

委 员 柳 勇（2021.04 止）

黄 超

周 术（2021.05 止）

孙应德

余荣荣（2021.12 止）

张 振（2021.05 任）

袁 潇（2021.05 任）

罗辉琴（女，2021.05 任）

李 胜（2021.12 任）

人大主席团

主 席 黄 超

副主席 张 瑜（女，2021.05 止）

胡金薇（女，2021.05 任）

镇人民政府

镇 长 黄 轲（2021.04 止）

章 李（2021.04 任）

副镇长 周 术（2021.05 止）

孙应德

袁 潇（2021.05 止）

张伟夫（2021.05 止）

邓书琴（2021.09 止）

罗辉琴（女，2021.05 任）

陈 鑫（2021.05 任）

张杰士（2021.12 任）

政协联络处

主 任 孙应德（2021.12 止）

李 胜（2021.12 任）

·开慧镇·

中共开慧镇委员会

书 记 李坤明

副书记 陈 祥（2021.03 止）

李明惠（女，2021.04 任）

龙 江（2021.04 任）

委 员 冯典为（2021.04 止）

柳 建（2021.05 任）

王万颖（女）

李辉浩（2021.04 止）

罗欢玲（2021.03 止）

周 翔（2021.04 止）

黄 鹏

李志勇（2021.05 任）

黎 幸（2021.05 任）

王楚璐（2021.05 任）

人大主席团

主 席 冯典为（2021.04 止）

柳 建（2021.05 任）

副主席 王楚璐（2021.04 止）

邓媛媛（女，2021.05 任）

镇人民政府

镇 长 李明惠（女，2021.04 任）

副镇长 李辉浩（2021.04 止）

周 翔（2021.04 止）

黄 鹏

李志勇

黎 幸（2021.04 止）

陈 海（挂职，2021.01 任，2021.10 止）

罗焱钦（2021.05 任）

政协联络处

主 任 李辉浩（2021.04 止）

龙 江（2021.05 任）

·福临镇·

中共福临镇委员会

书 记 王乐君（2021.04 止）

陆 宇（2021.05 任）

副书记 罗卫滋

邹子龙

委 员 沈建强（2021.04 止）

陈 琳（2021.05 任）

李国栋（2021.04 止）

陈 书（2021.05 任）

刘志高（2021.04 止）

陈雅婷（女，2021.04 止）

梁 爽（女，2021.04 止）

杨 程

艾 兵（2021.05 任）

周 倜（2021.05 任）

陈 佳（2021.05 任）

人大主席团

主 席 沈建强（2021.04 止）

陈 琳（2021.05 任）

副主席 艾 兵（2021.04 止）

范 骥（女，2021.05 任）

镇人民政府

镇 长 罗卫滋

副镇长 刘志高（2021.04 止）

陈雅婷（2021.04 止）

杨 程

艾　兵（2021.05 任）
章蕙羽（女，2021.03 止）
戴理昱（2021.05 任）
王贞瑾（女，2021.05 止）

政协联络处

主　任　刘志高（2021.04 止）
邹子龙（2021.05 任）

·青山铺镇·

中共青山铺镇委员会

书　记　周向阳（2021.04 止）
张　荣（女，2021.04 任）
副书记　陈渊智
向林霖
委　员　兰伟强（2021.04 止）
罗胜利（2021.04 止）
杨　华（2021.05 止）
龙　也（2021.05 止）
王　容（女，2021.05 任）
谢　敏（2021.05 任）
陈乐逊
戴　明（2021.05 任）
朱　硕
纪　瑶（女，2021.05 任）

人大主席团

主　席　兰伟强（2021.05 止）
王　容（女，2021.05 任）
副主席　任建龙（2021.05 止）
王仕民（2021.05 任）

镇人民政府

镇　长　陈渊智
副镇长　罗胜利（2021.04 止）
龙　也（2021.05 止）
戴　明（2021.05 任）
朱　硕
纪　瑶（女，2021.05 止）
任建龙（2021.05 任）

政协联络处

负责人　朱　硕（2021.05 止）
向林霖（2021.05 任）

·安沙镇·

中共安沙镇委员会

书　记　涂亚鹏
副书记　梁　山
王新华（2021.03 止）
童　洁（女，2021.03 任）
委　员　龙　江（2021.03 止）
陈　祥（2021.03 任）
刘　坤
王　丹（女）
徐柱杰（2021.03 止）
黄　栋（2021.06 任）
唐　懿（2021.05 止）
陈　虎（2021.06 任）
戴　明（2021.05 止）
缪树强（2021.06 任）

人大主席团

主　席　龙　江（2021.03 止）
陈　祥（2021.03 提名，2021.08 当选）
副主席　胡　达（2021.02 当选，2021.03 止）
周彦俊雄（2021.05 提名，2021.08 当选）

镇人民政府

镇　长　梁　山
副镇长　徐柱杰（2021.03 止）
黄　栋（2021.05 提名，2021.08 当选）
唐　懿（2021.05 止）
陈　虎（2021.05 提名，2021.08 当选）
戴　明（2021.05 止）
唐炼波（2021.02 当选）
彭兴双（2021.11 提名）
罗冰倩（2021.11 提名）

政协联络处

主　任　徐柱杰（2021.03 止）
童　洁（女，2021.06 任）

·北山镇·

中共北山镇委员会

书　记　蒋炳桃（2021.03 止）
黄　轲（2021.04 任）
副书记　商　瑜（2021.04 止）
邱赞亮（2021.08 任）
彭齐芳（女，2021.05 任）
委　员　范小林（女）
龚海军（2021.04 止）
余　乐（女，2021.05 止）
何泽宇（2021.05 止）
吴赐华
刘小兰（2021.05 任）
陈　中
张　奎
柳佳龙（2021.05 任）

人大主席团

主　席　范小林（女）
副主席　柳佳龙（2021.05 止）
欧阳志（2021.05 任）

镇人民政府

镇　长　商　瑜（2021.04 止）
邱赞亮（2021.08 任）
副镇长　吴赐华（2021.05 止）
龚海军（2021.04 止）
陈　中
张　奎
任永胜（2021.08 任）

政协联络处

主　任　吴赐华（2021.04 止）
彭齐芳（女，2021.05 任）

·星沙街道·

中共星沙街道工作委员会

书　记　魏　检（2021.07 止）
石　争（2021.07 任）
副书记　郭　刚（2021.04 止）
喻孟华（2021.04 任）
陈　明（2021.04 任）
委　员　涂开来（2021.05 止）
曹　光（2021.05 任）
粟　光（2021.05 止）
柳　勇（2021.05 任）
唐百宁（2021.05 止）
周广积（2021.05 任）
罗德兴（2021.07 止）
陈中山
饶　珏（女，2021.09 任）
王能武（2021.05 任）
尹红兵（2021.04 止）

人大主席团

主　席　曹　光（2021.05 任）
涂开来（2021.05 止）
副主席　王能武（2021.05 止）
张　莎（女，2021.05 任）

街道办事处

主　任　郭　刚（2021.04 止）
喻孟华（2021.04 任）
副主任　唐百宁（2021.06 止）
周广积（2021.06 任）
饶　珏（女，2021.09 任）
王能武（2021.05 止）
陈　恳（2021.09 止）

李光裔（2021.09 任）
尹红兵（2021.04 止）
罗德兴（2021.09 止）

政协联络处

主　任　尹红兵（2021.04 止）
陈　明（2021.03 任）

·湘龙街道·

中共湘龙街道工作委员会

书　记　章铭康（2021.12 止）
副书记　宋　辉（2021.03 任）
刘　登
委　员　粟　力（2021.05 止）
潘　军（2021.03 止）
刘　伟（2021.05 止）
张　任（女，2021.03 止）
彭齐芳（女，2021.05 止）
王伟明（2021.05 止）
刘镇西（2021.05 任）
李治宏（2021.05 任）
唐百宁（2021.05 任）
童　浜（2021.03 任）
毛新宇（2021.03 任）
张　瑜（女，2021.05 任）

人大工作委员会

主　任　粟　力（2021.05 止）
刘镇西（2021.05 任）
副主任　童　浜（2021.03 止）
李佳龙（2021.07 任）

街道办事处

主　任　宋　辉（2021.03 任）
副主任　潘　军（2021.03 止）
刘　伟（2021.05 止）
张　任（2021.03 止）
童　浜（2021.03 止）
毛新宇（2021.03 止）
张　瑜（女，2021.03 任）
李治宏（2021.05 任）
余　丰（2021.05 任）

政协联络处

主　任　刘　伟（2021.05 止）
刘　登（2021.05 任）

·泉塘街道·

中共泉塘街道工作委员会

书　记　宁　铁（2021.07 止）
书　记　蒋炳桃（2021.07 任）
副书记　李文杰（2021.12 止）
章　李（2021.04 止）
李志明（2021.04 任）
委　员　沈建强（2021.05 任）
王立新（2021.04 止）
粟湘鸿（2021.04 止）
李　欢（女）
龙青松（2021.05 任）
陈　展（女，2021.05 任）
陈　琳（2021.05 止）
杨新赞（2021.05 止）
黄　军
陈雅婷（女，2021.05 任）

人大工作委员会

主　任　王立新（2021.04 止）
沈建强（2021.05 任）
副主任　龙青松（2021.05 止）
张瑞波（2021.08 任）

街道办事处

主　任　李文杰（2021.12 止）
副主任　李　欢（女）
陈　琳（2021.05 止）
杨新赞（2021.05 止）
冯伟桥（2021.06 任）
陈　展（女，2021.06 任）

政协联络处

主　任　李　欢（女，2021.05 止）

·榔梨街道·

中共榔梨街道工作委员会

党工委书记
吴　昊（2021.06 止）
张登武（2021.07 任）
党工委副书记
苏　波（2021.05 止）
吴晓芬（女，2021.09 任）
杨　章（2021.05 任）
党工委委员
罗　芳（女）
夏卫书（2021.05 任）
付　窈（女，2021.05 任）
龙　平（2021.05 任）
周　翔（2021.05 任）
罗岳峰

人大工作委员会

主　任　罗　芳（女）
副主任　杨　照（2021.07 任）

街道办事处

主　任　苏　波（2021.05 止）
吴晓芬（女，2021.09 任）
副主任　付　窈（女，2021.05 任）
龙　平（2021.05 任）
李　威（2021.05 任）

政协联络处

主　任　杨　章

·长龙街道·

中共长龙街道工作委员会

书　记　覃　芳（女，2021.07 止）
商　瑜（2021.07 任）
副书记　宋　辉（2021.03 止）
张栋材（2021.04 任）
杨全党（2021.08 止）
陈魁宇（2021.09 任）
委　员　黄　英（女，2021.04 止）
王　军（2021.05 任）
王　容（女，2021.05 止）
向　宽
杨伟进（2021.05 止）
朱会雄（2021.05 任）
舒　景
童　洁（女，2021.04 止）
祖舟馨子（女，2021.05 任）
柳尚峰（2021.05 任）

人大工作委员会

主　任　黄　英（女，2021.04 止）
王　军（2021.05 任）
副主任　胡孟洪（2021.05 止）
陈琼瑶（2021.07 任）

街道办事处

主　任　宋　辉（2021.03 止）
张栋材（2021.04 任）
副主任　向　宽
杨伟进（2021.05 止）
朱会雄（2021.05 任）
舒　景（2021.08 止）
胡　杰

政协联络处

主　任　舒　景（2021.08 止）
陈魁宇（2021.09 任）

省、市垂直管理单位

国家税务总局长沙县税务局

党委书记、局长
潘平波（女，2021.03 任）

党委副书记、副局长
潘平波（女，2021.03 止）
党委委员、副局长
浦王灿（2021.01 止）
喻兴无
熊明干（2021.01 止）
徐周灿（2021.01 止）
崔向阳（2021.01 止）
伍少波
金湘明
张又能
党委委员、纪检组组长
黄　波

县供电公司

总经理、党委副书记
杨　俊（女）
党委书记、副总经理
胡弘莽
纪委书记、工会主席
王　剑
副总经理
刘　巍
许成卓
王　巍
龚　辉（2021.06 任）

长沙市生态环境局长沙县分局

党组书记、局长
杨喜平
党组成员、副局长
舒易波
孙欣栋
党组成员、总工程师
石欣灵（女）

县烟草专卖局

党组书记、局长、经理
周　勇
党组成员、纪检组组长
刘光庆
党组成员、副局长
李越前
党组成员、副经理
李　菁（女）

县气象局

局长、党支部书记
叶　峰
副局长　王健龙
孙潇樑

县邮政分公司

党委书记、总经理
邹　玲（女）
副总经理
文拥军
丑　军

县电信分公司

总经理　李　刚
副总经理
李复湘（女）
艾曜明
郭天翔
总经理助理
谢玉婷（女）

县移动分公司

经　理　周海春 (2021.09 任）
副经理　冯湘韶
高　阳
姚翔辉 (2021.10 任）

县联通分公司

经　理　张次政
副经理　徐　锋
李文浩

中国人寿保险股份有限公司长沙支公司

经理、党支部书记
杨　熠（女）
副经理、工会主席
徐杰雄
副经理　刘　江

人保财险长沙支公司

经　理　范　激（2021.11 止）
许敬传（2021.11 任）

驻县金融机构（部分）

中国银行星沙支行

行　长　陈双全
副行长　李运红
刘其鸿
李小艳
纪委书记
曹　阳

建设银行星沙支行

行　长　刘辉华
三级风险经理
李　念
纪检组组长
王义亮
副行长　高　平
龚文湘
蒋云志（2021.04 任）
葛凌霄（2021.04 止）

农业银行长沙县支行

行　长　丁　超
副行长　杨　勇（2021.04 任）
纪委书记
周　敏（女）
副行长　谈　微（女，2021.03 止）
陈　瑶（女）
行长助理
胡　龑
刘　嘉

工商银行星沙支行

行长、党委书记
吴资伟
副行长　李海波
杨　磊
彭　拓
李　娜
杨　璠
纪检委员、工委主任
彭杰明

长沙银行星城支行

党支部书记、行长
李　枫
副行长　常　备
任文力
李　佳
行长助理
王　英

邮储银行长沙县支行

行　长　晏鄂龙（2021.03 止）
李育龙（2021.05 任）
副行长　甘咏刚
殷　涛（2021.03 任）

（各单位　供稿）

索　引

编辑　周进银

说 明：

一、本索引分主题索引和表格索引。

二、主题索引中文标目按汉语拼音音序排列（彩页、特载、专文、大事记、概况条目、附录除外），数字和字母开头的标目排在前面；标目后的数字表示内容所在的页码，数字后的英文字母 a、b、c 分别表示该页码的左、中、右栏。

三、表格索引，以表格题目为标目，仅标注所在页码，不标注分栏。索引按照表序依次排列。

主题索引

A

B

C

K

L

M

T

W

Z

表格索引